KB064764

오사카총영사의 1000일

오사카총영사의 1000일

기자출신 외교관의 한일우호 분투기

오태규 지음

오사카총영사의 1000일

기자출신 외교관의 한일우호 분투기

초판 1쇄 인쇄 2021년 11월 25일
초판 1쇄 발행 2021년 11월 30일

지은이 오태규
펴낸곳 논형
펴낸이 소재두
등록번호 제2003-000019호
등록일자 2003년 3월 5일
주소 서울시 영등포구 당산로 29길 5-1 502호
전화 02-887-3561
팩스 02-887-6690
ISBN 978-89-6357-253-6 03340
값 21,000원

이 책은, 내가 오사카총영사로 재직 중이던 2020년 10월 말, 일본에서 출간된 일본어판 〈총영사 일기〉의 증보판이라 할 수 있다.

일본어판은 '현직 총영사가 현지에서 현지어로 된 책을 출판'하는 것이 여러 모로 의미가 있다는 생각 때문에, 불가피하게 2020년 7월 말로 글을 마감했다. 그러나 나의 임기는 글 마감 시점으로부터 약 10개월, 책이 나온 뒤로부터는 거의 7개월이나 더 이어졌다. 물론 책 출판 이후에도 임기 말까지 꾸준히 글을 썼다. 한글판은 일본어판 출판 이후에 쓴 글을 모두 담았다. 따라서 한글판이야말로 총영사 임기 시작부터 끝까지 활동을 모두 담은 '총영사 일기'의 완결판이라고 할 수 있다.

또한 일본에서 책이 출판된 뒤, 현지 동포사회 및 일본 각계에서 당황스러울 정도로 많은 호의적인 반응이 쏟아져 나왔다. 현지의 주요 매체들 대부분이 주요 기사로 다뤄주었다. 동포와 일본인 지인, 학자들도 코로나 감염 사태에도 불구하고 책 내용을 매개로 다양한 분야의 사람들과 대화하는 기회를 많이 만들어 주었다. 이를 통해 동포 및 일본 사회 속으로 한 발 더 들어가 소통하고 이해하는 소중한 경험을 하였다. 외교관이 하는 일 중에서 가장 주요한 것이 현지에 사는 동포 및 주재국 시민과 폭 넓고 깊게 소통하면서 나라가 하는 일을 이해시키는 것일 터인데, 이 책은 코로나 사태 속에서도 그런 일들을 가능하게 해주었다. 따라서 한글판의 가장 큰 특징은 일본어판 출판 이후 질적으로 달라진 활동이 많이 들어간 것이다.

현지에서 책을 낸 뒤 나온 여러 가지 반응 중에서도 두 가지가 특히 마음

속 깊이 남는다. 하나는 민단이 발행하는 기관지 〈민단신문〉2020년 12월 2일자의 기사다. 이 신문은 신간 소개란에 내 책을 소개하면서 '서민과 외교관의 분투기'란 제목을 달았다. 내가 마음속으로 달고 싶은 제목이었다. 내용에서도 유명한 일본의 진보파 지식인 오타 마코토 씨가 세계여행을 하면서 쓴 명저 〈난데모미테야로우何でも見てやろう〉'무엇이든지 부딪혀보자'라는 뜻을 생각나게 하는 책이라고 과찬을 해주었다. 또 하나는 일본의 대표적인 사상가인 우치다 다쓰루 선생이 내가 귀국한 뒤 〈시나노마이니치신문〉2021년 6월 8일자 석간 1면에 쓴 '오태규 총영사에 관해'라는 제목의 칼럼이다. 우치다 선생은 이 칼럼에서 한일관계가 최악으로 불릴 만큼 어려운 시기에 나와 같은 사람이 한일 가교 역할을 맡아주어 일본에도 행운이었다고 말했다. 두 글 모두 나에게 앞으로도 한일관계 개선을 위해 더욱 노력해 달라는 부탁을 담은 '애정의 표현'이라고 생각한다.

6월초 코로나 사태 속에서 3년여 만에 귀국했지만, 코로나와 더위, 주변 생활 정리에 치여 지인들에게 귀국인사도 제대로 하지 못했다. 이런 차에 소재두 논형 출판 사장이 이 책의 한국어판 출판의 의미를 알아주고 서둘러 책을 내주었다. 깊은 감사를 드린다. 이 책을 지인들에 대한 뒤늦은 귀국인사로 대신하고 싶다. 또 이 책이 어려운 상황에 있는 한일관계를 푸는 데 작은 보탬이 되길 바란다.

2021년 10월

나는 '주오사카대한민국 총영사'로 임명되기 전까지 약 32년 동안 신문기자로 일했다. 대학을 졸업하고 병역의무를 마치자마자 들어간 첫 직장이 신문사였고, 신문사를 퇴직한 뒤 다른 직장을 거치지 않고 바로 오사카총영사로 임명됐다. 그러니 나에게 신문기자는 첫 직업, 총영사는 둘째 직업인 셈이다.

저널리스트에서 공관장대사 또는 총영사으로 바로 전직하는 경우는 세계 어느 나라에서도 흔치 않은 일일 것이다. 한국에서도 신문기자가 정부의 관료로 발탁되어 일한 뒤 공관장이 된 경우는 더러 있지만, 나처럼 바로 공관장이 된 사례는 없는 것 같다.

저널리스트와 공관장은 일의 면에서 정반대의 성격을 가지고 있다고 할 수 있다. 저널리스트의 역할이 외부에서 정부가 하는 일을 감시하고 비판하는 것인 데 비해, 공관장은 정부의 정책이나 방침을 주재국 정부나 국민에게 전파하고 설명하는 일을 주로 한다. 저널리스트가 '정부 밖의 감시자'라면 공관장은 '정부 안의 행위자'라고 할 수 있으니 변신의 폭이 작다고 할 수 없을 것이다. 더구나 나는 2017년 7월부터 5개월 동안 '한·일 일본군위안부 피해자 문제 합의 검토 태스크포스' 위원장으로 일한 전력도 있다.

이런 특이한 배경과 경력 때문인지, 나의 오사카총영사 임명에 관해 한국과 일본 양쪽에서 많은 관심이 집중되었다. "외교 경험이 전혀 없는 기자 출신"이라는 점에서 '낙하산 인사'라는 시각이 있었는가 하면, '2015년 한·일 위안부 합의'를 비판적으로 검토한 태스크포스의 위원장을 맡은 경력이 한일관계에 부담이 될 것이라는 우려도 나왔다. 이런 지적은 충분히 있을 수 있는 반응이었다고 생각한다. 돌아보면 오히려 이러한 지적이 총영사로서 내가 해야 할 일을 더욱 선명하게 해주고, 더욱 열심히 업무를 할 수 있도록 한 자극제가 되었다고 생각한다.

'낙하산 공관장', '반일 공관장'의 이미지를 불식시키고 말이 아닌 행동으로 성과를 보여주기 위해, 무엇을 어떻게 해야 할까? 30여 년 동안 저널리스트로서 쌓은 경험과 식견을 활용해, 주재국 시민과 동포들에게 진실하게 다가가는 것이 가장 좋은 방법이 아닐까 하고 자문자답했다. 이 책의 소재가 된 글도 그런 과정에서 나온 산물이다.

외교관으로 일 하면서, 외교관과 기자가 하는 일의 성격이 다른 것 같지만 의외로 비슷한 부분이 많다는 것을 느끼게 되었다. 외교관은 주재국의 인사를 만나면서 얻은 중요한 내용을 본국에 보고한다. 영어로 말하면 '네트워크'network와 '리포트'report가 주요 업무다. 기자도 사람을 만나 취재를 하고 그 결과를 기사로 보고하는 것이 주된 일이다. 네트워크와 리포트라는 점에서 일의 내용이 거의 비슷하다. 다만, 외교관은 동료 외교관이나 상사를 대상으로 보고서를 작성하지만 기자는 일반 독자를 상대로 기사를 쓴다는 점이 다를 뿐이다.

그러나 세상이 바뀌었다. 외교는 외교관들끼리만 하는 '그들만의 리그'인 시대는 지나가고 있다. 민주주의의 진전과 함께 외교 분야에도 시민의 목소리가 커지면서, 시민을 주체 또는 대상으로 하는 공공외교의 중요성이 날로 커지고 있다. 요즘은 시민의 목소리가 반영되지 않은 외교관만의 폐쇄적인 외교 교섭은 실패하는 경우가 많다. 특히 국민의 대다수의 관심사인 사안일 경우가 더욱 그렇다. 대표적인 사례가 2015년의 한·일 일본군위안부 합의다.

최근 한국정부가 공공외교의 중요성을 강조하고, 특히 자국민을 대상으로 한 공공외교에 힘쓰고 있는 것도 이런 변화를 반영한 것이라고 할 수 있다. 나는 공관이 하는 외교 활동에는 여러 가지가 있지만, 공관이 하는 일을 주재국 국민과 동포들에게 될 수 있는 대로 많이 알리고 공유하는 것이 매우 중요하고 효과적인 외교라고 생각한다.

이런 생각으로 2018년 4월 17일 오사카에 부임한 뒤부터 바로, 총영사로서 하는 활동 가운데 공개해도 되는 내용을 페이스북에 〈오사카 통신〉이란 이름으로 투고하기 시작했다. 시민과 함께하는 외교가 아무리 중시되는 시대라고 하지만, 외교 활동 중에는 외부로 공개하지 못하는 일과 행사도 많이 있다. 그럼에도 공개와 비공개의 경계를 잘 구분하여 될 수 있으면 공개의 영역을 넓히려고 노력해왔다고 자부한다. 일반적으로 외교관이 외교활동에 관해 직접 공개 투고하는 것은 드물고 낯선 일이겠지만, 기자 출신인 나에게는 익숙한 일이고 잘할 수 있는 일이었다. 더욱이 '외교관 순혈주의'의 약점을 보완하기 위해 민간인을 공관장에 기용하려는 문재인 정부의 '하이브리드잡종' 인사정책에도 이런 활동을 통해 조금은 긍정적으로 기여할 수 있지 않을까 생각했다.

오사카, 교토를 비롯한 간사이지역은 고대시대부터 한반도와 교류가 가장 먼저 시작되었고, 지금도 인적 교류가 가장 활발하며, 일본에서 재일동포가 가장 밀집해 사는 곳이라는 3대 특징을 지니고 있다. 이런 점에서 이 지역은 일본 전역에서 한일 우호와 협력의 잠재력이 가장 큰 '공공외교의 보고'라고 해도 과언이 아니다. 나는 양국 정부 간 관계가 좋지 않더라도, 아니 좋지 않을수록 간사이지역이 지니고 있는 이런 자산을 활용해 '간사이지역이 주도하는 한일우호 관계'를 만들고 싶었다. 간사이지역의 활발한 교류와 협력을 통해 양국의 갈등이 조금이라고 완화되길 바랐다. 재임하는 동안 일본의 지자체, 경제계, 학계, 언론계, 문화계의 인사들과 폭넓게 만나 경청하고 소통하려고 노력했다. 민단을 비롯한 다양한 동포 단체 및 동포들과 행사도 하고 식사도 하면서 기쁨과 어려움, 고민을 함께 나누려고 노력했다.

이 책은 내가 부임한 이래 2020년 7월 말까지 각종 활동을 하면서, 보고 느끼고 말하고 생각한 것을 일기처럼 기록한 글을 모은 것이다. 신문기자 출신의 '초보 총영사'가 관할지역 오사카부, 교토부, 시가현, 나라현, 와카야마현을 무대로 발로 뛰면서 기록한 '현장 보고서'라고 하는 것이 더욱 적절할 듯하다. 외교 일정이 연례적으로 그리고 반복적으로 이뤄지는 경우가 많아 주제가 겹치고 내용이 중복된 경우도 있지만, 시간의 흐름에 따라 나의 생각의 변화와 확장을 살펴볼 수도 있지 않을까 하는 생각에서 그대로 뒀다.

총영사 재임 중에 책을 출판하는 것이 마음에 부담이 되었지만, 오히려 그렇기 때문에 더욱 의미가 있다는 주위의 권유에 따라 7월 말까지로 하여 원고를 마감했다. 하지만 앞으로도 재임 중에는 중단 없이 투고를 계속할 생각이다. 일반적으로 공관장의 임기가 3년 정도이므로 2021년 상반기까지는 페이스북이나 블로그https//:ohtak.com/, 일본어 책 출판 뒤 폐쇄에서 글을 만나 볼 수 있을 것이다.

원래 출판을 염두에 두고 쓴 글은 아니었다. 그럼에도 출판까지 오게 된 데는, 부탁도 하지 않았는데 투고 초기부터 블로그까지 만들고 손수 일본어 번역까지 하면서 글을 차곡차곡 올려준, 도쿄특파원 시절 때부터의 지인 오구리 아키라 형의 힘본문 85페이지 참조이 절대적이었다. 이 책의 일본어 표현은 그가 일본어로 번역해 놓은 글 중에서 용어 및 문장, 그리고 제목을 극히 일부 다듬은 것 말고는 전적으로 그의 번역에 의존했다. 다시 한 번 감사의 말을 전한다. 전 아사히신문 서울특파원 하사바 기요시 형과 저술가 가와세 슌지 씨가 관할지인 오사카에 있는 동방출판사를 소개해주었다. 출판 과정에서 도움을 준 비서실의 김진실, 장정훈 비서 그리고 동방출판사의 편집자 기타가와 미유키 씨에게도 감사를 드린다. 또한 항상 곁에서 '가차 없는 야당의 역할'을 해주고 있는 처 정현진에도 고마움을 전한다.

마지막으로 이 책이 어려운 한일관계 속에서도 양국 시민의 마음과 마음을 이어주고, 한국과 재일동포 사회, 그리고 동포 개인 개인의 거리를 좁혀주는 접착제나 촉매제, 위안제가 되길 바란다.

2020년 8월 말일
도지마강이 바라다 보이는 관저에서

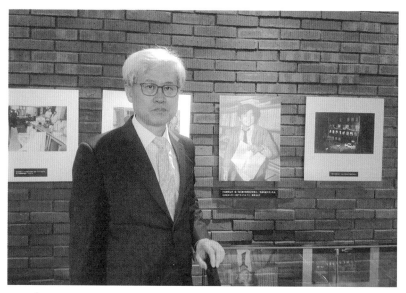

아사히신문사 한신지국 안에 설치된 자료관 앞에서

오사카총영사의 1000일

오늘은 휴일이지만, 이케바나꽃꽂이 인터내셔날 오사카지부의 제27회 페스티발이 열려, 문화외교 차원에서 부부 동반으로 참석했다.

꽃꽂이라는 문화를 특화해 일본의 매력을 세계에 알리고 있는 모습을 보고 부러움과 함께 우리나라도 우리나라만의 매력을 세계에 잘 알릴 수 있는 문화를 계발하고 전파하는 데 더욱 노력해야겠다고 생각했다.

오늘은 아침까지 일정에 없던 아사히신문사 한신지국을 방문했다.

아침에 신문을 읽다가 31년 전의 5월 3일 일본의 헌법기념일, 우익단체 회원으로 추정되는 범인이 산탄총을 가지고 이 지국에 침입해 근무하고 있던 기자 한 명을 살해하고 다른 한 명에게 중상을 입힌 사건과 관련된 사설을 보고, 현장이 오사카 근처임을 알게 됐다. 언론인 출신이기 때문에 언론의 자유를 유린한 현장을 직접 보고, 언론 자유에 관한 연대감을 표하고 싶었다.

한신지국장을 비롯한 지국 임직원들이 갑작스런 방문임에도 불구하고 환영하고, 감사의 뜻을 표해줬다. 언론 자유, 민주주의를 지키는 데는 국경이 없다는 걸 확인한 보람 있는 날이었다.

오늘 오후에는 총영사관 직원 몇 명과 스포츠를 통한 문화외교를 했다.

축구 국가대표 출신인 윤정환 씨가 감독을 맡고 있는 세레소 오사카가 홈 경기장인 나가이스타디움에서 브이화렌 나가사키와 경기가 있어, 응원 겸 격려하기 위해 갔다.

결과는 우리가 기를 불어넣었기 때문인지 3-1로 승리했다. 경기가 끝난 뒤 윤 감독과 만나 인사를 하고 저녁까지 함께 한 뒤 헤어졌다.

윤 감독은 자신이 누구보다 효과적인 '문화 외교관'이란 점을 이미 잘 알고 있었다. 앞으로 이곳에서 대한민국의 우수성과 존재감을 알리는 데 좋은 동반자가 될 것 같은 예감이 들었다.

2018.5.7.
아사히신문사
오사카본사를 예방

이번 주부터 오사카를 포함한 간사이지역에 있는 언론사를 방문하기 시작했다.

오늘은 아사히신문사 오사카본사를 방문해 인사를 했다. 역시 일본을 대표하는 신문답게 오구라 가즈히코 사장과 후루가와 쓰다에 편집국장 모두 언론 자유의 중요성과 언론의 역할에 관한 인식이 확고해 보였다.

후루가와 국장은 내가 기자 출신임을 특별히 배려해, 보통은 외부인 접근 금지 구역인 편집국의 작업현장까지 일일이 안내하면서 설명해줬다.

한국에는 잘 알려져 있지 않지만, 원래 아사히신문은 간사이지역에서 창간된 신문이다. 그래서인지 신문사 안내 층에 가장 오래된 아사히신문의 나무 현판이 전시되어 있다.

현지 언론은 그 나라를 이해하는 데, 또 우리의 생각을 효과적으로 전하는 데 가장 중요한 매개체다. 그래서 현지 언론과 소통이 더욱 중요하다고 생각한다.

오사카총영사관이 5월부터 시작할 예정인 신축공사를 앞두고 10-13일 새로운 곳으로 이사한다.

1974년 재일동포들이 어려운 생활 속에서도 조국 사랑의 일념으로, 오사카의 가장 요지인 미도스지 도톤보리 근처에 지금의 총영사관을 지어 기부해 줬다. 눈물 나도록 고마운 일이다. 헌데 이 건물이 1995년 한신·아와지 대지진 때 충격을 받고 지은 지도 오래되어 더 이상 사용하기가 어렵게 됐다. 그래서 기존 청사를 해체하고 같은 자리에 새 건물을 짓기로 했다. 3년 뒤에는 최신식 건물로 탈바꿈된 새 청사로 돌아올 예정이다. 오사카에서 가장 중심지에 들어설 초현대식의 주오사카대한민국총영사관의 위용이 벌써부터 기대된다.

이사를 기념하여 오늘 전 직원들이 해체를 앞둔 영사관 건물 앞에 모여 기념사진을 찍었다.

5월 9일, 어제는 한일관계에서 특별한 날이었다. 문재인 대통령이 한국 대통령으로서 6년 반 만에 일본을 방문했고, 한일, 한중일 정상회담도 성공적으로 이뤄졌다. 최근 몇 년 간 한일관계는 아래는 뜨겁고 위는 차가운 '하열상랭'이었는데, 이번 문 대통령의 방일을 계기로 '하열상온'의 기운이 생겼다고 생각한다.

여기 오사카에서도 마침 오사카 문화원 개원 20주년 기념행사로 대한민국예술원 미술전 일본특별전이 열렸다. 일본 유식자들이 개막식에 대거 참석해 뜨거운 열기를 느낄 수 있었다.

나는 '간사이로부터 한일 우호관계를 선도하자'는 기치를 내걸고 일하고 있는데, 그렇게 될 것이라는 느낌을 어제 행사에서 강하게 받았다. 부임 뒤 처음 하는 관저만찬의 손님으로 어제 참석한 예술원 회원들을 맞았는데, 모두 80살 이상의 고령임에도 한국 예술 특유의 힘을 느끼게 했다.

2018.5.11.

일본에서 한국청년의 취업 기회 증대

청년 취업난이 한국의 가장 큰 문제 중의 하나다. 일본의 인구 구조변화 덕에 그나마 일본 쪽에 청년 취업 기회가 커진 것은 다행이다.

오사카총영사관도 한국 청년의 어려움을 덜어주기 위해 노력하고 있다. 다음은 오사카총영사관의 청년 취업지원 활동을 소개하는 〈연합뉴스〉 기사다.

서울=연합뉴스 왕길환 기자 = 주오사카총영사관총영사 오태규은 일본 기업에 취업하고자 하는 한국 청년들에게 면접 통과 방법 등 노하우를 알려주는 맞춤형 캠프를 10-11일 서울 서초구에 있는 KOTRA IKP에서 연다고 9일 밝혔다.

KOTRA와 공동 개최하는 캠프로 닛산, 구보타, 로손 등 일본 기업의 서류 전형에 합격한 구직자 70명이 참가할 예정이다.

이들 기업은 21-22일 서울 강남구 삼성동 코엑스 D홀에서 KOTRA가 마련하는 '2018 글로벌 일자리대전'에 참여해 한국 인재를 선발한다.

캠프 참가자들은 일본의 비즈니스 문화와 특징을 비롯해 면접의 기본 포인트와 자주 하는 질문 등을 알아보고, 면접 답안을 미리 작성하는 동시에 질의·응답을 통해 실전 연습을 한다.

또 자기소개와 PR 방법을 배우고, 취업 성공 및 실패 사례 등을 들으면서 본인의 역량을 최종 점검한다.

오사카총영사관의 양재국 부총영사는 "일본 기업들이 한국 청년 인재들의 매력을 충분히 느낄 수 있도록 면접 기법 및 비즈니스 일본어 사용법 등 실제 면접 전 마지막 점검 차원에서 캠프를 준비했다"며 "이번 교육이 일본 취업에 필요한 필수 역량을 갖추는 데 도움이 되기를 바란다"고 기대했다.

2018.5.14.
긴키대의
신개념 도서관

지난 주부터 오사카지역의 언론사를 방문하기 시작한 데 이어, 이번 주부터는 대학을 방문하기 시작했다. 한일 사이의 교류를 더욱 깊고 길게 하려면 고급 학문의 교류가 중요하다고 보기 때문이다.

이곳은 국립대로는 교토대, 오사카대, 사립대로는 리츠메이칸대, 도시샤대, 긴키대, 간사이대, 간세이학원대 등 명문대가 즐비하다.

오늘은 가장 첫 순서로 긴키대를 방문해 호소이 요시히코 학장과 인사를 했다. 호소이 학장은 한국대학의 국제화 노력을 높게 평가해줬다. 고마운 말이다. 하지만 나는 카페처럼 꾸민 이 대학의 도서관이 더욱 부러웠다. 일본 학생들도 요즘 책을 잘 읽지 않는데, 신 개념의 도서관을 만든 뒤부터는 도서관을 찾는 학생이 크게 늘었다고 한다.

2018.5.15.
한국예술원 미술전·일본특별전:
한국의 보도

오사카문화원 개원 20주년 기념으로 열린, 대한민국예술원 미술전 일본특별전시전 기사가 국내에 크게 보도됐다. "정말 일본에서 만나기 쉽지 않은 전시회"라는 말이 일본 참가자들 사이에서도 나온 훌륭한 행사였다. 다음은 〈재외동포신문〉이 전한 관련 뉴스다.

일본 오사카 한국문화원장 박영혜은 지난 5월 9일 오후 5시, 한국문화원 미리 내 갤러리와 누리홀에서 문화원 개원 20주년 기념으로 '대한민국 예술원 미술 전 일본특별전' 개막식을 가졌다.

개막식에는 오태규 총영사를 비롯해 나덕성 대한민국예술원 회장, 오용호 민 단 오사카 단장, 박영혜 문화원장, 데가와 동양도자미술관 관장, 사사키 간사이 오사카 21세기협회, 와카나 마이니치신문사 부대표 등 오사카 문화계 및 주요 언론사 관계자 약 130명이 참석해 성황을 이뤘다.

특히, 이번 전시 개막식을 위해 특별히 작품을 출품한 박광진 대한민국예술원 미술분과위원장, 전뢰진, 이신자, 유희영 회원 등도 참석해 자리를 빛냈다. 아울 러 이번 오사카 특별전은 대한민국예술원 개원 이래 지난해 베이징에 이어 두 번째 해외전시가 돼 큰 의미가 있다.

오태규 총영사는 축사에서 "평창동계올림픽 이후 4월 27일 역사적인 남북정 상회담 등 한반도에 세계의 이목이 집중되고 있는 가운데, 오늘 문재인 대통령 이 한국 대통령으로서 6년 5개월 만에 일본 땅을 밟아 도쿄에서 개최 중인 한중 일 정상회담에 참석 중"이라며, "이러한 중요한 때에 열리는 이번 전시는 한국 의 문화예술 발전에 커다란 공적을 남긴 대한민국예술원 회원의 작품을 오사카 에서 만날 수 있는 귀중한 전시"라고 설명했다. 이어서 나덕성 대한민국예술원 회장은 "오사카 전시를 통해 한일 양국이 서로 문화예술로 소통하고, 나아가 우 호 증진에 이바지함으로써 예술적 화합을 이룰 수 있는 작은 계기가 되기를 바 란다"고 말했다.

데가와 오사카시립 동양도자기미술관 관장은 "미술 관계자로서 해외에서도 높이 평가받고 있는 한국예술원 미술분과 회원 작품을 오사카에서 감상할 수 있는 기회를 얻게 되어 매우 기쁘다"고 소감을 말했다.

한편, 이번 일본 특별전은 6월 2일까지 개최되며 한국화, 서양화, 조각, 서예, 공 예 등, 미술 각 분야에서 한국을 대표하는 예술원 회원 17명의 최근 작품과 예

카페 같은 분위기로 만든 긴키대의 도서관

오사카총영사의 1000일

술원 소장 작품 등 총 19점의 작품이 전시된다.

주요 전시작품은 ▲한국화가 민경갑 회원의 '절제된 정열 17-5' 등 3점 ▲서양화가 이준 회원의 '행사' 등 9점, ▲조각가 백문기 회원의 '표정' 등 4점 ▲서예가 이수덕 회원의 '대해명월' ▲공예가 이신자 회원의 '기원' 등 2점이다. (유소영 기자)

이번 주엔 언론사 방문의 폭을 확대해, 현지 텔레비전 방송국을 찾아가기 시작했다. 가장 먼저 일정을 잡은 곳은 닛케이 계열의 테레비 오사카였다. 이곳에서는 현재 〈월계수 양복점 신사들〉을 비롯해 3편의 한국 드라마를 방영하고 있다.

같은 날 마이니치방송MBS도 방문했는데, 이곳도 직원 수십 명이 한류 팬클럽을 구성해 케이팝 등을 즐기고 있다고 한다.

이렇게 밑바닥에 잠재되어 있는 한국에 대한 호감 분위기를 어떻게 위로 끌어올리고 확대할 것인가가 앞으로 나의 고민이 될 것 같다.

그리고 관청이나 대학, 언론사를 방문하면서 부러운 것은 건물 벽에 걸려 있는 그림을 비롯한 장식물이다. 특히, 마이니치방송사 안에는 차실을 만들어놨는데 그것만으로도 충분한 문화외교를 하고 있는 것 같았다. 한 번의 투자로 길게, 그리고 힘 안들이고 할 수 있는 전시품 외교에 우리도 힘을 기울일 때라고 본다.

19토일과 20일일에는 히가시오사카시와 오사카시 이쿠노구에서 열린 민족학급 어린이운동회에 다녀왔다.

민족학급이란, 간단히 말해 일본의 공립 초중학교 안에 설치된 재일동포 등을 위한 과외학급이다. 이 학급에서는 강사들이 일주일에 몇 시간씩 동포 학생에게 한글과 우리문화 등을 가르치고 있다. 재일동포 등이 많은 오사카 지역의 특성을 반영한 제도다. 또한 재일동포들이 투쟁을 통해 일본 교육당 국으로부터 얻어낸 성과물이기도 하다.

19일의 히가시오사카의 운동회는 23회, 20일의 동부 어린이운동회는 33회의 역사를 자랑한다. 참석한 부모와 강사 등 관계자들의 말을 들어보면, 어려서 자신의 뿌리, 정체성을 확인하는 중요한 행사다. 이들이 이곳에서 소 수자로 생활하면서도 민족의 문화와 말, 뿌리를 잊지 않고 밝게 사는 것을 보 니, 마음이 뿌듯했다.

지금 재일동포 사회는 1, 2세에서 3세로 세대교체가 진행되고 있고, 점차 그 숫자와 참여 열기가 줄어들고 있는 게 큰 문제인데, 어린이들의 밝고 당당 한 모습을 보니 세대교체도 그리 비관적이지 않다는 생각이 든다. 어려운 환경 속에서도 민족교육을 위해 애쓰고 있는 모든 분들께 감사의 마음을 전한다.

2018.5.23.
와카야마현청과
와카야마신보사 방문

22일 오사카 외곽으로 보폭을 넓혀 와카야마현으로 부임 인사를 하러 갔 다. 오사카 총영사관은 관할지역이 오사카부, 교토부, 나라현, 와카야마현, 시 가현 등 5군데다.

우선 와카야마현 니사카 요시노부 지사를 만나 인사를 하고, 민단 및 와 카야마현 일한친선협회 간부들과 점심을 겸한 간담회를 했다. 이어 와카야마 현의 가장 큰 신문사인 와카야마신보사를 방문해 쓰무라 슈 사장과 한일교류 문제에 관해 환담을 하고, 재일동포 및 한국에 관심을 가지고 보도해 줄 것을

운동회 개회식을 기다리는 아이들

부탁했다. 애석하게도 와카야마시 시장은 일정이 맞지 않아 만나지 못했다.

와카야마현은 해양과 산지를 겸비한 풍부한 자연환경과 먹거리를 내세워 한국 관광객을 유치하려는 노력을 활발하게 펼치고 있었다. 모두들 한국과의 교류에 관심이 많아 서로 윈윈하는 관계가 될 수 있겠다는 생각이 들었다.

그제에 이어 어제는 나라현을 방문했다. 나라현 하면 금세 떠오르는 것이 호류지법륭사 도다이지동대사와 길거리의 사슴이 연상될 정도로, 한국 사람들에게 친숙한 지방이다. 고대 백제, 신라와 인연도 가장 깊은 곳이다.

나라현에서는 먼저 아라이 쇼고 지사와 면담하고, 이어 민단 간부들과 점심을 하면서 얘기를 나눴다. 아라이 지사는 지난해 총영사관 주최의 국경일 리셉션에서 축사를 한국말로 외워서 할 만큼 지한파이자 친한파로 알려져 있다.

오후에는 경주시와 자매관계에 있는 나라시의 나카가와 겐 시장과 만나 양국 사이의 교류 활성화, 특히 일본에서 한국으로 가는 관광객을 늘리는 방안을 화제로 얘기를 나눴다. 이어 나라신문사를 방문해 아마리 하루오 대표를 만나 재일동포 및 한국에 관한 각별한 관심을 부탁했다.

25일에는 하루 종일 교토를 방문해, 부임 인사를 다녔다.

사무실에 도착하자마자 교토로 출발해 귀무덤이총에 헌화하는 것으로 교토 일정을 시작했다. 귀무덤은 임진왜란 때 왜군이 전공을 증명하기 위해 수만 명의 조선군 전사자의 귀와 코를 잘라왔는데, 이를 묻어둔 무덤이다. 슬프고 아픈 역사의 현장이다. 이런 아픈 역사가 되풀이돼서는 안 되겠다는 결의를 다지고, 희생자들의 명복을 빌었다.

이후 차례로 니시와키 다카토시 교토부 지사 면담, 교토민단 관계자 점심 간담회, 오가타 요시미 교토부경찰본부장 면담, 가토카와 다이사쿠 교토시장 면담, 교토신문사 방문 등 빡빡한 일정을 소화했다. 교토 일정을 마치고 사무실에 오니 5시반 가까이 됐다.

오늘 방문 중 가장 기억에 남는 것은 귀무덤을 방문해 헌화하고, 교토부 지사와 교토시장과의 면담 때 귀무덤의 관리에 더 신경써줄 것을 요청한 것이다. 사실 귀무덤은 한국 사람이 느끼는 역사적 무게에 비해 관리가 소홀한 느낌을 받았다. 어두운 역사든 밝은 역사든, 역사는 미래에 교훈이 되어야 한다는 점에서 일본을 위해서도 귀무덤 관리에 더욱 신경쓰는 것이 좋다고 생각한다.

2018.5.27.
간사이지역은 한국계 민족학교의 본거지

26일토과 27일일은 길일인 모양이다. 오사카, 교토에는 한국계 민족학교가 세 곳 있다.

오사카에 백두학원 건국학교, 금강학원 금강학교 2곳, 교토에 교토국제학원 교토국제학교가 있다. 일본에 도쿄한국학교를 포함해 한국계 민족학교가 모두 4개뿐이니, 간사이지역이 민족학교의 본거지라고 해도 과언이 아니다.

이 세 학교가 주말을 이용해 일제히 체육대회를 했다. 오사카의 두 학교는 토요일에, 교토는 일요일에 했다. 나는 시간을 쪼개어 세 학교의 행사에 모두 참석했다. 재일동포 사회가 세대교체기에 들어간 시기에 후세를 잘 육성할 필요가 있고, 이런 책임을 맡아야 할 곳이 바로 민족학교라고 생각하기 때문이다.

실제, 이들 학교의 운동회에 가보니, 왜 민족학교가 필요하고 중요한지 알 수 있을 것 같았다. 교육은 백년대계라는 말을 실감한 주말이었다.

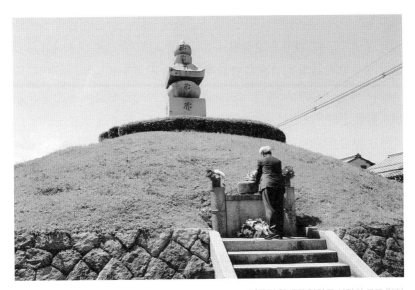

귀무덤 참배와 헌화로 시작한 교토 일정

오사카총영사의 1000일

5월 26일자 〈교토신문〉에 나와 관련된 기사가 나왔다. 25일 부임인사를 위해 교토부청을 방문해 니시와키 교토지사를 만나 나눈 얘기다.

도널드 트럼프 미국 대통령이 6월 12일 싱가포르 북미회담의 취소를 갑자기 발표한 다음날이어서, 북미대화가 화제에 올랐다. 나는 회담 중지 발표에도 불구하고 "큰 흐름은 갈등에서 평화로 변하고 있다. 큰 산은 이미 넘었고, 지금부터 작은 산을 넘는 게 남은 것 같다"고 설명했다.

그런데 실제 26일 남북 정상이 판문점에서 2번째로 만나 이런 흐름이 틀리지 않음을 확인해 줬다. 결과적으로 나도 거짓말은 안한 셈이 됐다.

참고로 〈교토신문〉은 교토부와 시가현을 중심으로 조간 45만 부, 석간 20만 부를 찍는 중견 지역신문이다.

5월의 마지막 날 오전, 새로 이사한 총영사관 회의실에서 코트라 오사카무역관, 한국관광공사 오사카지사, 한국농수산식품유통공사 오사카지사 등 정부기관과 부산, 전남 등 지자체 사무소, 파견 및 현지 기업, 동포관계 대표 등 30여 명이 참석한 가운데 2018년 상반기 기업활동지원협의회를 했다. 아울러 도시락으로 점심을 하면서 청년을 위한 해외취업지원협의회도 했다.

무역, 관광 등은 한반도 정세가 좋은 방향으로 변하면서 열기가 달아오르고 있다는 보고가 있었고, 일본 시장 개척과 관련한 경험 등 유익한 정보를 교환했다. 또 취업과 관련해서도 현지에서 기업을 하면서 겪은 실패와 성공 경험도 나눴다. 역시 일은 순혈주의보다는 잡종주의로 해야 성공 가능성이 높은 것 같다. 어려운 환경 속에서도 무역, 취업 전선에서 분투하는 이들의 모습이 믿음직했다. 회의가 끝난 뒤 영사관 그림 앞에서 단체 기념사진도 찍었다.

6월 1일, 나라현에 있는 덴리 천리대를 방문해, 나가오 노리아키 학장과 인사를 나눴다. 1838년 일본에서 창시된 신흥종교인 덴리교 재단이 세운 학교로, 한국과 관계가 매우 깊다. 두 가지 면에서 그렇다.

하나는 1925년 대학 설립과 함께 조선어한국어과를 만든, 일본 최초의 대학이다. 외교관을 비롯해 한국어를 구사하는 전문가를 일찍부터 배출하기 시작한 한국어 교육의 선구자라고 할 수 있다. 다른 하나는 그 유명한 조선시대 안견의 〈몽유도원도〉를 소장하고 있는 곳이다.

나가오 학장과 학문, 지식의 교류를 포함한 한일협력 문제에 대해 대화를 나눈 것 외에 덴리교 본부 건물과 각국의 귀한 민속 유물 등을 보관, 전시하고 있는 참고관일종의 박물관도 둘러봤다.

덴리대는 덴리시에 있는데, 시의 이름은 덴리교 때문에 붙여진 것이라고 한다. 8만 명 정도의 덴리시 시민 가운데 약 30퍼센트가 덴리교 신자라고 한다. 시내 곳곳의 건물이 기와지붕으로 돼 있는데, 양식이 중국식도 한국식도 아닌, 그렇다고 일본에서 흔히 볼 수 있는 것도 아닌 독특한 양식이다.

어제는 마음의 양식을 소화불량에 걸릴 정도로 폭식했다.

우선 오후 1시부터 백두학원 건국학교에서 열린 '윤동주 시 낭송대회'에 갔다. '축사'를 위해 초대받은 줄 알고 갔는데, 주최 측에서 심사위원뿐 아니라 즉석 심사평, 수상까지 맡겨 당혹스러웠다. 하지만 낭송대회 덕분에 오랜만에 윤동주 시에 흠뻑 젖었다.

한글이 모국어가 아닌 10명과 한글이 모국어인 5명으로 편을 나누어 경연을 벌였다. 시를 낭송하는 그들의 표정과 억양을 보고 들으니, 등수에 관계없이 모두 윤동주처럼 느껴졌다. 덕분에 윤동주 시로 나를 돌아보는 시간도 가졌고, 윤동주의 6촌동생인 무식하게도 이제까지 몰랐다 세시봉의 윤형주 씨의 노래를 라이브로 듣는 호사도 누렸다.

이 행사를 마친 후 오후 6시부터 열린 '오사카문화원 개원 20주년 기념 k-pop 커버댄스 일본 경연대회'에 갔다. 이 대회에는 일본 전국에서 예선을 거쳐 올라온 13팀이 참가했다. 서울에서 열리는 서울신문사 주최 세계대회 출전 자격을 얻은 1등 팀은 오사카 대표였다. 이들은 하늘을 진동시킬 에너지로 심사위원과 관객의 일치된 호응을 받았다. 나도 일본 안의 k-pop 열기가 대단하다는 말은 들었지만, 이렇게 뜨거운지는 이 대회를 직접 보고야 알게 됐다.

낮부터 저녁 늦게까지 이어진 일정이었지만 정신이 충만해진 하루였다.

2018.6.4.
민족교육 선생님
체육대회에 참가

오늘 3일에는 민족교육 관계자 친선체육대회가 열려 참가했다. 마음은 30대인데 몸은 망륙의 모순을 실감했다.

대회는 건국학교 운동장에서 열렸고, 건국학교·금강학교·교토국제학교 세 민족학교 선생님들, 오사카지역의 일본 공립학교에서 운영하는 민족학급과 민족클럽에서 가르치는 강사 선생님들을 포함해 70여 명이 참가했다.

청백적록의 4팀으로 나누었는데, 나는 백팀에 배정됐다. 경기는 10종목이 있었는데, 나는 오후에 다른 일정이 있어 아쉽게도 공 집어넣기, 2인3각 달리기, 공굴리기 세 종목만 출전하고 자리를 떴다.

재일동포 사회가 장기적으로 유지 발전하려면 민족교육이 잘 돼야 하고, 민족교육이 잘 되려면 선생님들이 좋은 길잡이가 돼야 한다고 본다.

2018.6.5.
교토대, 오사카대,
리츠메이칸대 방문

오늘은 아침부터 오사카, 교토의 명문 국립, 사립대 3곳오사카대, 교토대, 리츠메이칸대을 차례로 방문해 총장, 이사장들에게 부임 인사를 했다. 교토대와 오사카대는 일본에서도 정상급의 국립대이고, 리츠메이칸대는 도시샤대, 간사이대, 간세이학원대와 함께 간사이지역을 대표하는 4대 명문이른바 간칸도리츠 사학의 하나다.

침팬지 연구의 제1인자이자 국립대협의회 회장인 야마기와 쥬이치 교토대 총장, 데이터 정보처리의 권위자인 니시오 소지로 오사카대 총장, 모리시마 도모미 리츠메이칸대 이사장 모두 한일의 더욱 깊고 활발한 교류를 위해 지식, 학문, 대학 교류가 필요하다는 데 적극 공감했다.

최고의 학자들과의 대화는 긴장됐지만 지적 호기심을 채워주는 충만감도 제공해줬다.

2018.6.8.
민단 주최 부임 환영회 기사:
김길호의 〈제주 투데이〉 칼럼

나의 총영사 부임 민단 환영식과 관련해, 이곳에 사는 언론인이 〈제주투데이〉에 칼럼을 썼다. 나와 관련된 내용이라 얼굴이 약간 화끈거리지만 보도된 내용이니 공유한다.

오태규 오사카 총영사 환영회

"안녕하십니까. 지난 4월 17일 총영사로 부임한 오태규입니다. 저의 이름을 이렇게 크게 써 붙인 것을 보는 것은 처음입니다." 겸연쩍은 미소를 살며시 띠며 말문을 연 오태규 총영사의 인사에 민단 오사카본부 5층 홀에 모인 4백여 명의 객석에서 웃음이 쏟아졌다. 사실이다. 연단 바로 뒤에 〈오태규 총영사 환영회吳泰奎 總領事 歡迎會〉의 간판은 지금 선거가 한창인 고국의 후보자들 이름만큼이나 크게 써 붙였으니 놀라지 않을 수 없다. 지난 5월 14일 오후 6시부터 열린 오태규 오사카총영사 환영회에는 관할지역 오사카부, 교토부, 나라현, 시가현, 와카야마현의 민단 간부와 산하 단체장들이 모인 맘모스 환영회이니 그에 걸맞는 간판이었다.

"주오사카총영사관은 오늘부터 새로운 건물에서 업무를 시작합니다. 이사 전날 아침, 총영사관 앞에서 전 직원이 모여서 기념사진을 찍었습니다." "사진을 찍고 나서 저는 영사관 앞에 색 바랜 간판을 보고 눈물이 고였습니다." "이 간판에는 1974년 9월 15일, 주오사카 대한민국 총영사관 건설기성회 고 한녹춘 회장님을 비롯하여 오사카, 교토, 시가, 나라, 와카야마현의 민단지방본부 단장 및 유지 여러분들께서 총영사관을 건설, 기증하였다는 내용이 새겨져 있었습니다." "조국과 일본에서 냉대를 당해도 여러분은 절약하고 돈을 모아 오사카의 최고 중심지인 미도스지에 태극기를 게양할 건물을 지어 조국에 기증하였습니다." "저는 대한민국이 존재하는 한 재일동포 여러분들이 나라를 사랑하는 마음을 잊어서는 안 된다고 생각합니다." "총영사관의 새로운 건물에 재일동포 여러분들의 고난과 고투, 애국적인 행동을 제일 잘 보이는 장소에 전시할 것을 이 자리에서 약속합니다." 한국어로 인사를 하고 우리말을 모르는 동포들을 위해서 일본어 번역 자료가 배부되어 오총영사의 이 발언에 객석에서 박수가 울려나왔다. 총영사관의 신축 공사를 위해 5월 10일부터 13일까지 임시 총영사관에 이전을 하고 14일부터 업무를 시작했는데, 이것은 동포들의 사려깊고 세심한 배려였다. 이러한 배려는 다른 곳에서도 엿볼 수 있었다." 저의 취임에 대해서는 한일우호관계에 악영향을 끼칠 경력을 갖고 있어서, 일부에서는 걱정하는 소리도 있다는 것을 알고 있습니다." "저는 이러한 우려를 더욱 더 노력하라는 '격려의 질책'이라고 받아들이고, 또 사전에 주의를 받은 '좋은 예방 접종'으로서 받아들일 생각입니다." 필자도 이 건에 대해서는 지난 5월 6일 제주투데이에 '오사카총영사 자리'라는 기사에서 우려된다는 내용을 썼었다. 외교부장관 직속 기관 '한일 일본군 위안부 피해자 문제 합의 검토 태스크포스' 위원장이었던 오태규 총영사는 2017년 12월, 이 합의서는 피해자의 의견을 충분히 수렴하지 않았다는 지적 등의 검토 보고서를 발표하여 일본 정부의 심한 반발과 항의가 있었다. 이러한 우려에 대한 오 총영사 스스로의 각오에, 환영회에 참석했던 필자는 이 문제를 슬쩍 피하지도 않고 정면으로 대처하는 오 총영사의 발언에 긍정적인 생각을 가졌다. 오 총영사가 테이블을 돌면서 인사를 나눌 때 필자의 기사를 읽었다고 해 잠깐 대화를 나눴다. 가까이서 본 오 총영사는 50대인데도 불구하고 순백의 백발 머리가 무척 인상적이었다. 저는 총영사로서 네 가지 일울 추진할 것입니다. 첫째, 동포사회간, 동포와 일본사회가 더 사이좋은 관계가 되도록 지원하겠습니다." "둘째, 군림하지 않고 봉사하는 총영사관으로 일하겠습니다. 셋째, 일본사회에 한국의 좋은 이미지를 홍보하겠습니다. 넷째, 정치, 경제는 물론 문화, 예술, 스포츠 등의 교류를 확대하겠습니다." "이러한 것을 한마디로 말씀 드린다면 '간사이발, 한일우호 관계 구축'이 될 것입니다." "여러분, 한 사람의 꿈은 좀처럼 이뤄지지 않지만 많은 사람의 꿈은 이루어지기 쉽습니다. 앞으로 간사이지방에서 한일우호관계를 구축하기 위해서 노력하겠으니 여러분의 많은 성원부탁 드립니다." 신임 인사말들을 여기저기서 들어 때로는 교과서적이고 추상적인 미사여구가 식상할 때도 많았다. 순백의 백발인 오태규 총영사의 인사말은 그 머리색처럼 순수하게 들렸는데 많은 기대를 걸어본다.(본문 일부를 매끄럽게 다듬었음)

한반도 정세와 관련해, 아베 신조 일본 총리의 '미국 추종', '대북 압박' 일변도 외교의 전환을 촉구하는 사설이 9일 〈아사히신문〉에 실렸다.

남북 정상회담, 북미 정상회담을 계기로 일본의 외교 고립을 우려하는 지식인들의 얘기가 나오고 있긴 하지만, 전국지의 사설에서 본격적으로 아베 총리의 그간 발언을 조목조목 들춰가며 문제를 지적하고 외교정책의 전환을 촉구한 것은 처음인 것 같다. 제목은 '미국 의존에서 탈피할 때다'다.

9일에는 오사카시 중앙체육관에서 열린 배구 국가대항전인 국제배구연맹FIVB 발리볼네이션스리그VNL 구경을 갔다. 마침 오사카부 일한친선협회 회장이 오사카배구협회 회장 일도 맡고 있어, 일본과 폴란드 경기를 보러 갔다. 결과는 키와 힘에서 절대 우위에 있는 폴란드가 가볍게 3-0으로 이겼다.

국내에서도 보지 못한 배구 국가대항전을 오사카에서 보며 일본의 배구 열기를 현장에서 느끼고, 일본배구협회 간부들과 인사를 나누는 기회를 가졌다. 팀은 한국과 라이벌 관계지만 단체끼리는 매우 협조적이라면서 현장에 온 나를 따뜻하게 맞아주었다. 이런 친교도 공공외교의 하나일 것이다.

외교부 동북아시아국장 출신인 조세영 동서대 특임교수가 쓴, 외교에 관한 대중 교양서 〈외교외전〉을 일거에 읽었다. 일본에 부임하기 전 필자에게 받은 책을, 좀 여유를 찾게 된 지금에야 완독했다.

〈한겨레〉에 연재할 때도 거의 빼놓지 않고 읽긴 했으나, 언론계에 있을 때와 외교일선에 있는 지금과는 책이 주는 의미가 다르다. 연재물에 위안부 태스크포스 활동 등 새로운 내용을 추가한 것도 있으나, 서 있는 위치에 따라 같은 내용이어도 수용성의 차이가 크다는 걸 실감했다. 나에겐 실무적인 측면에서 큰 도움이 되지만, 일반 사람들에게도 외교와 외교관을 이해하는 데 큰 도움을 주리라고 본다.

외교를 쉽게 설명하는 듯하지만, 곳곳에 무거운 생각거리가 박혀 있는 게 이 책의 매력이다.

2018.6.14.
한국총영사가 방문한 것은 처음:
파나소닉

지방선거날인 13일은 한국에선 휴일이지만 해외공관은 일을 한다.

이날은 이 지역에서 출발한 세계적인 기업 파나소닉을 부임인사차 방문했다. 먼저 창업자 마쓰시타 고노스케의 일생을 전시해 놓은 역사관을 둘러본 뒤 창업자의 손자로 이 회사 부회장인 마쓰시타 마사유키를 만났다.

마쓰시타 부회장은 한국 총영사가 이 회사를 방문한 것은 처음이라며 환대를 해주었다. 회사 건물 국기 게양대에 태극기를 게양해 놓고 현관 입구 전자 게시판에도 나의 방문을 환영한다는 글을 띄워 놨다. 방문 전부터 기념사진 찍는 위치까지 지정해 보내는 등 지나치게 신경을 쓴다는 생각도 들었으나, 가서 경험해보니 그것이 최대의 환대였음을 알 수 있었다.

젊을 때 세탁기를 담당한 관계로 절친이 됐다는 고 구본무 엘지 회장의 죽음을 애도하며, 한국과 인연을 강조했다. 그리고 두 나라 관계가 흔들리지 않고 가기 위해선 경제, 문화, 스포츠 등의 교류와 협력이 중요하다는 데 의견을 같이했다.

13일 저녁 중국 총영사 초청으로, '일본어를 하는 오사카지역의 총영사 모임'의 교류회가 있었다.

먼저 만두를 만드는 체험을 한 뒤 저녁 식사와 함께 친교하는 시간을 가졌다. 서로 고민하는 게 비슷하다. 정보도 공유하고, 다른 문화도 이해하고, 공동의 주제에 협력도 할 수 있는 좋은 모임이다.

모임 준비를 하면서 앞치마에 각 국의 국기를 붙여놓은 주최국인 중국 총영사의 배려와 본 행사 전에 만두 빚기 체험을 넣어 자국 음식문화를 알리는 모습을 보며 초보 총영사로서 한 수 배웠다. 작년 가을부터 각국이 돌아가면서 주최를 하고 있다는데, 다음은 한국 차례로 지명 되었다.

영어권 총영사들의 일본어 실력이 대단했다. 한자권도 아닌 나라 사람들이 얼마나 많은 시간과 노력을 쏟았을지 짐작이 갔다.

오사카에 부임해 가장 큰 지진을 겪었다. 진도 6이라고 한다. 오전 8시경 우두둑하는 소리가 나면서 집안이 서 있을 수 없을 정도로 흔들렸다.

급하게 바닥에 엎드리면서 무릎에 약간의 찰과상을 입었다. 집 안 여기저기서 화분, 액자 등이 파손되는 등 무시무시했다. 집이 진앙지에서 가깝고 12층이어서 흔들림이 더욱 심했던 것 같다.

일본어를 하는 오사카지역 총영사 모임의 친선 파티

출근하자마자
지진대응상황실 설치

오전 9시경 출근하자마자 5층 회의실에 지진대응상황실을 설치했다. 동포와 관광객의 피해 여부를 파악하고 현지 정보 및 대응 방안을 홈페이지와 SNS를 통해 전파하기 시작했다. 민단과 관련 기관에 연락을 취하고 신고전화 등을 통해 파악한 결과, 아직 피해자는 없었다.

총영사관 직원도 교통 두절로 일부 출근하지 못했으나 안전은 모두 확인됐다. 이후 상황을 주시하면서 계속 비상태세를 취할 예정이다.

2018.6.19.

오사카 지진과 관련해
〈NHK〉와 인터뷰

내가 어제 오사카 지진과 관련해 〈NHK 월드〉와 인터뷰한 내용이 방송됐다. 다음은 방송 내용이다.

오태규 오사카한국총영사의 인터뷰 내용을 전해드리겠습니다.

오사카에서 발생한 마그니튜드 6.1의 지진 때, 오사카한국총영사관에서는 지진 발생 직후부터 상황대응실을 설치했습니다. SNS를 통해 앞으로 일주일 정도 재일동포 및 한국인 여행객에게 여진 및 2차 재해에 경계를 하도록 주의를 촉구하고, 공공교통기관의 정보를 발신하고 있습니다.

이번의 지진대응을 돌아보며 재외공관의 재해 때 역할, 그리고 우려되는 난카이 트로프 거대 지진의 대비에 관하여 들어 보겠습니다. (이하 생략)

19일 오사카시 이쿠노구에 있는 나카가와소학교를 방문해 민족학급 수업을 참관했다. 전날 지진으로 취소하려고 했는데, 학교 쪽에서 와도 된다고 해 방문했다. 이 학교는 재학생 325명 중 137명이 민족학급에 참석하고 있다. 국적에 관계없이 한국 뿌리가 있는 학생이 60%나 된다고 한다.

가보니 교장 선생님도 환대해주고, 학생들도 한국 총영사가 온다고 많은 준비를 하고 기대하고 있었다고 해 마음이 가벼워졌다.

참관한 수업은 4학년생 19명이 모여 하는 '고향 찾기'라는 수업이었다. 대다수 학생이 4세 또는 3세였다. 이 중 제주도가 고향인 학생이 무려 15명, 전남이 2명, 경남과 경기가 각 1명 순이었다. 수업 시간에 학생들이 선생의 질문에 서로 경쟁하듯 손을 들고 적극적으로 임하는 모습이 인상적이었다.

수업이 끝난 뒤 5명의 학생이 내 앞에서 자신들이 민족학급에서 한국과 관련한 것들을 배우는 이유와 계기를 발표하며 민족학급을 응원해 달라고 할 때는 눈물이 살짝 고였다.

나의 수업 참관이 이들 학생뿐 아니라 민족교육을 위해 노력하는 분들에게 힘이 됐으면 좋겠다.

어제 윤동주, 정지용 시인이 다니던 교토의 도시샤대를 방문해, 마쓰오카 다카시 학장을 만났다.

이 학교를 세운 니지마 조는, 메이지유신이 일어나기도 전에 격변하는 세계를 알기 위해 미국으로 밀항했다. 보스턴에서 기독교 교육을 받고 기독교

민족학급 학생들의 수업을 참관하고 함께 기념사진

정신에 기초한 '양심적인 인재'를 양성하기 위해 이 학교를 세웠다. 2025년이 건학 150주년이 된다.

건학 정신이 '양심 교육'이고, 자유주의, 기독교주의, 국제주의를 교육 이념으로 삼고 있다. 그 선구적인 자세에 고개가 숙여진다.

이런 건학 정신이 한국의 민주화 정신과 유사성이 있기 때문인지 마쓰오카 학장과 대화는 굳이 호흡을 맞출 필요도 없었다. 마쓰오카 학장은 풍부한 자료를 준비해 놓고 학교 설명과 한국과 교류의 중요성을 정성을 다해 설명해줬다. 마침 23일 아침 신문을 보니, 도시샤대의 2025년 비전을 설명하는 전면광고가 눈에 띄었다.

면담은 공대가 있는 교타나베 캠퍼스에서 했다. 그래서 일부러 고쇼 옆의 이마데가와 캠퍼스까지 30분 정도 이동해, 캠퍼스 안에 나란히 서 있는 윤동주, 정지용 시비를 둘러보고 왔다. 마치 애국열사에 참배하는 심정으로.

2018.6.24.
기분전환과 민정시찰을
겸해 오사카성에

일본 제2의 도시 오사카를 충격에 빠뜨렸던 6·18 오사카 지진이 일어난 지 일주일이 지났다. 일본 기상청은 일주일 안에 비슷한 규모의 여진이 올 수 있고, 더구나 장마철이어서 산사태 등의 추가 재해가 발생할 수 있다고 경계했다.

그러나 다행스럽게도 아직까지 작은 규모의 여진 외에 특별한 상황은 없다. 그래도 공관은 만일의 사태에 대비해, 비상체제를 유지하고 있다.

오늘은 마침 지진 뒤 맞는 첫 주말이고, 날씨도 화창해 민정 시찰 겸 기분 전환을 위해 혼자서 오사카의 상징 장소인 오사카성 주변을 천천히 둘러봤다. 일본 사람뿐 아니라 한국 등 각 국에서 온 관광객들이 언제 지진이 있었냐는 듯이 구경과 뱃놀이 등을 하며 화창한 주말을 즐기고 있었다. 사람을 압

윤동주의 서시가 새겨져 있는 도시사대의 윤동주 시비 앞에서

오사카총영사의 1000일

도하는 듯이 서 있는 오사카성 천수각도 이런 인간의 모습을 위에서 지긋이 내려다보고 있는 듯했다.

오늘 지인의 소개로 교토세이카대를 방문했다. 학부과정에 만화, 디자인, 대중문화, 예술, 인문의 5개 학부, 대학원에 만화, 디자인, 예술, 인문의 4개 연구과를 두고 있는 독특한 대학이다. 모두 4천여 명이 재학 중인데, 외국 유학생 비율이 20%를 넘고 그 중 한국 학생이 가장 많다고 한다.

교토시와 함께 일본 최대 규모의 '교토국제만화박물관'을 운영하는 등, 만화학부가 유명하다. 이곳의 만화학부 졸업생들이 한국에서 교수 등으로 많이 활약하고 있고, 만화학부에 입학하려는 한국의 젊은이들이 많다고 한다.

더욱 놀라운 사실은 이곳의 학장총장 격이 아프리카 말리 출신의 우스비 사코 교수올 4월 취임라는 점이다. 거의 완벽한 일본어를 구사하는 사코 학장은 한국 사정에도 매우 밝은 지한, 친한파로, 한국과 교류에 깊은 관심을 보였다.

교토대에서 건축학으로 석사, 박사과정을 이수한 사코 학장은 지성과 긍정의 이미지를 발신하는 호인이었다. 만남 자체가 즐거운 사람이랄까. 앞으로 한국과 학술, 문화교류에 좋은 동반자가 될 것 같다.

'돌고 움직이는 모든 것'은 다 만든다는 모터 제조 세계 제일의 회사, 1973년 4명의 사원으로 시작해 10만 명 이상의 사원을 거느리고 있는 회사, 일을 위해서는 휴일도 반납해야 한다는 회사에서 2020년까지 '잔업 제로'의 목표를 선언할 정도로 돌변한 회사. 성적이나 머리보다 밥 빨리 먹고 오래 달리기 잘하고 목소리 큰 사람을 뽑는다고 해 한국에서도 유명해진 회사. 바로 일본전산NIDEC 본사를 어제 방문했다.

'하면 된다, 안 되면 될 때까지 한다'는 독특한 경영철학을 가진 나가모리 시게노부 회장은 아쉽게도 못 만났지만, 외교관 출신인 다나베 류이치 감사역을 만나 국제화시대에 맞춰 변화하는 이 회사의 경영전략과 철학을 들었다. 모터는 반도체와 비교될 정도로 중요한 미래 산업의 쌀이라는 생각으로 모터로 특화해 세계 제일의 회사를 이뤘다고 한다. 다나베 감사역은 요즘은 해외 공장의 확산에 따라 회사운영도 국제기준에 맞게 조정하고 있다고 말했다. 다른 것은 다 바꾸고 변해도 생산성만은 포기하지 않는 나가모리의 경영철학이 회사를 계속 성장하게 하는 원동력이라는 설명에, 고개가 끄덕여졌다.

사옥을 같은 교토지역 선배 글로벌 기업인 교세라보다 일부러 조금 높게 지어 교토에서 가장 높은 건물로 만든 데서도 엿볼 수 있듯이, 회사 안이 도전정신과 경쟁심으로 가득차 보였다. 이 회사도 한국 총영사의 방문을 태극기 게양으로 환대해주며, 한국과 경제협력에도 큰 관심을 보였다.

2018.6.29.
'최근의 한반도 정세와
한일관계 전망' 강연

어제 간사이지역의 퇴직, 현직 기자들의 모임인 '저널리즘연구회'의 초청으로, 첫 외부 강연을 했다. 강연 제목은 '최근의 한반도 정세와 한일관계 전망'이었다.

오랜만에 1시간 정도의 발표를 일본말로 하려니, 혀가 꼬이는 등 어려움이 많았다. 그래도 '언론 동지'들의 환대 분위기 속에서 진지한 대화를 나눈 것이 성과라면 성과였다.

일본전산 로비의 지구모형

역시 기자 출신들이어서 날카로운 질문들이 연발했다. 나는 작은 것에 집착하지 말고 큰 흐름으로 지난해 말과 지금 상황을 비교해 보면, 한반도 정세가 갈등에서 화해로 얼마나 크게 바뀌었는지 알 수 있을 것이라고 설명했다. 이 과정에서 변화의 흐름을 주도한 문재인 대통령의 역할이 컸다는 점, 이런 변화는 이미 되돌리기 어려운 지점까지 와 있는 것 같다는 점을 강조했다. 특히, 70년 동안 적대했던 북한과 미국의 정상이 세계가 다 보는 가운데 약속한 것은, 실무자 차원에서 이뤄진 9·19 합의와 비교할 수 없을 정도로 무게가 다르다고 말했다. 무거운 주제임에도 기자라는 직업의 공통점이 있어서인지 시종 따뜻함을 느낀 것은 나의 주관적인 판단일까?

2018.6.30.

'밥을 같이 먹는다는 것'의 중요성

어제 저녁 오사카부 공립학교에서; 한국 뿌리를 가지고 있는 학생들을 대상으로 '우리 것'을 가르치는 민족학급 강사들을 만났다.

행사 제목은 거창하게 '총영사와 민족강사들의 대화'라고 되어 있으나, 실은 어려운 환경 속에서 힘들게 일하고 있는 민족강사들과 밥 한 끼 나누자는 생각으로 만든 자리다. 내가 그들과 자리를 함께하고 밥을 같이 먹는 것이 힘이 된다면 좋겠다는 그 이상도 그 이하도 아니다.

사실 나는 다른 사람과 밥을 같이 먹는다는 의미를 잘 몰랐는데, 최근 부임 인사를 하면서 만난 야마기와 주이치 교토대 총장으로부터 받은 책을 읽고, 같이 밥 먹기의 중요성을 새삼 깨달은 바 있다. 고릴라 연구의 일인자인 야마기와 총장에 따르면, 고릴라에서도 볼 수 있듯이 같이 밥을 먹는 것은 밥을 함께 먹는 사람끼리의 '평화선언' 같은 것이란다. 그는 1992년 일본의 고이즈미 준이치로 총리가 방북했을 때 김정일 위원장과 악수는 했지만 같이 식사를 하지 않은 사실을 지적하면서, 만약 그때 같이 두 사람이 식사를 같이

했으면 두 나라는 완전히 화해하지 않았을까 라고 말했다.

나도 뒤돌아보면, 밥을 먹은 사람과 그렇지 않은 사람, 먹고 싶은 사람과 그렇지 않은 사람 사이에 큰 차이가 있음을 느낀다. 역시 같이 밥을 먹고 대화를 하는 것은 서로 이해하고 서로 힘을 주는 출발점이라는 것을, 이번 행사를 통해 다시금 확인했다. 또한 같이 밥 먹기에 버금가는 중요한 일은 현장주의가 아닐까 생각한다. 2시간 반 정도 이들과 함께 있으면서 내가 머리로만 알던 민족교육의 실상과 중요성을 생생하게 알 수 있었다. 책상에서는 1년이 가도 알 수 없는 것을, 현장은 몇 시간 안에 알려주기도 하는 것 같다.

"점점 쇠퇴하고 왜소화하는 재일동포 사회를 부활시킬 막중한 책임을 진 민족강사 여러분, 우리의 작은 소찬이, 그리고 몇 시간의 동석이 큰 힘으로 전화하길 빕니다."

총영사관과 재일동포, 관광객을 포함한 영사관 밖 사람들과 만나는 창구는 크게 세 가지라고 본다. 하나는 민원인 등 관계자와 직접 얼굴과 얼굴을 맞대고 만나는 것, 둘은 전화를 통해 접하는 것, 셋은 홈페이지와 SNS 등 온라인을 통해 소통하는 것이다.

어느 것 하나 중요하지 않은 것이 없지만, 세상의 변화와 함께 온라인 소통의 중요성이 더욱 커지고 있음을, 이번 지진과 관련한 대응을 하면서 절실하게 느꼈다. 앞으로 온라인을 통한 소통의 중요성은 더욱 커질 게 분명하다. 세상의 흐름에 맞을 뿐더러, 많은 사람과 쉽고 빠르게 그것도 쌍방향으로 접할 수 있는 장점이 있기 때문이다.

그런 차원에서 뜨거운 여름, 오사카를 찾는 관광객들에게 열중증일사병 예방과 관련한 주의 및 안내 사항을 총영사관 홈페이지 http://overseas.mofa.

go.kr/jp-osaka-ko/index.do에 베너로 올려놨으니 참고하기 바란다. 금강산도 식후경이라는 말이 있듯이, 여름 오사카 관광은 '관광도 건강을 챙긴 뒤'다.

여름철 열중증(熱中症, 열사병) 관련 유의사항

기온이 올라가는 날이나 습도가 높은 고온다습한 경우에 발생하는 열중증으로 인해 구급 이송되는 일이 많아지면서, 일본 소방청에서는 열중증에 주의할 것을 당부하고 있습니다.

일본 전국에서 2018.6.18-6.24간 열중증 열중증 의심증세 포함으로 667명이 구급 이송되었습니다.

뇌의 체온 조절 기능 장애로 더운 환경에 오래 노출된 경우에 발생하는 병입니다. 열사병은 일사병 또는 열중증이라고도 합니다.

열중증을 예방하기 위해서는 넓은 챙 모자를 써서 머리와 목 부분을 햇볕으로부터 보호하고, 행동 중에는 적당량의 물을 틈틈이 마셔야 합니다.

여름 무더위에 간사이지역을 여행하시는 우리 국민들께서는 열중증에 각별히 유의하시고 여행 중 열중증이 의심되시는 분들은 수분을 충분히 섭취하시고 신속히 그늘로 이동하는 등 초동 대응을 하시기 바랍니다.

2018.7.4.
한일협력의 상징,
우토로 마을 방문

교토부 우지시에는 한국과 관련한 시설이 두 개 있다.

하나는 우토로 지구의 재일동포를 위한 주택단지고, 또 하나는 윤동주 시비다.

우토로 지구는 이미 한국에서도 많은 보도를 통해 알려졌듯이, 일제시대 우지의 비행장에서 일했던 조선인 노동자들이 모여살고 있는 곳이다. 이들이 이곳에서 쫓겨날 위기에 처하자, 주민들과 한일 양국의 시민단체가 연대

우토로마을회관의 세월호 희생자 벽화

해 새 삶터를 만들어줄 것을 요구했다. 이런 요구를 한일 정부가 받아들여 지난해 말 40호 규모의 아파트를 건축해 일부 주민이 입주했다.

아직 10여 가구가 남아 있는데, 이들을 위한 두 번째 아파트 공사가 곧 시작될 예정이다. 어제 완성된 건물도 살펴보고 두 번째 공사에 관한 시의 협력도 요청하기 위해 우지시청을 방문했다. 물론 시장과 부임인사도 겸해서다.

이에 앞서 지난해 10월 말 우지강가에 세워진 윤동주 시비도 찾아갔다. 윤 시인이 마지막으로 여행한 곳이 사진에 남아 있어, 이곳에 시비를 세웠다고 한다. 윤 시인의 시비는 그가 다녔던 도시샤대 교정, 그의 하숙집 터지금은 교토예술대 다카하라 캠퍼스를 비롯해 3곳에 있다.

이밖에도 우지시는 10엔짜리 동전에 들어 있는 뵤도인평등원, 뵤도인과 함께 세계문화유산으로 등록된 우지가미신사, 그리고 먹을 것으로는 말차가 유명하다.

2018.7.6.

국제파이자 친한파인 시가현 지사와 환담

어제 5일은 빗속을 뚫고 시가현청을 방문해 미카즈키 다이조 지사를 만났다. 지난달 말 실시된 지사선거 때문에 관할지역 지사들 가운데 가장 늦게 만났다. 민주당 출신으로 중의원 3선 경력의 미카즈키 지사는 이번이 재선이다.

아직 40대인 그는 재일 외국인의 지방참정권을 지지하고 다문화 공생을 내걸고 있는 국제파이자 친한파 정치인이다. 초면부터 서로 월드컵에서 일본과 한국이 선전한 것을 화제로 삼아, 양국 사이에 다양한 방면의 협력을 하자는 데 의기투합했다. 지사와 면담이 끝난 뒤에는 시가 민단 간부들과 점심을 같이했다.

옛 지명이 오미인 시가는 3국 시대부터 한반도와 교류가 깊고, 조선시대 조선통신사가 오간 주요 통과지다. 이런 인연이 알려지면서 한국 관광객도 많이 늘고 있다고 한다.

시가현에는 현 전체 크기의 6분의 1에 해당하는 일본 제일의 호수 비와호서울시 면적과 거의 비슷가 유명하다. 현청에서 보면 바로 바다 같은 호수가 보인다.

일본의 대표적인 외교 전략가인 다나카 히토시 전 외무성 심의관이 지난 3일 일본기자클럽에서 회견을 했다. 이 회견 내용이 유튜브에 올라 있다.참고 : https://youtu.be/ttBYrcNkNzM

분량이 2시간 정도 되고, 일본어 강연이다. 그래도 일본어를 알고, 외교에 관심 있는 사람은 시간을 내어 충분히 들어볼 만한 가치가 있다고 본다.

외교는 국내의 정치적인 이익이 아니라 국익을 위해 해야 하고, 주장이 아니라 결과를 내는 게 중요하다는 말은 일본에만 해당하는 것이 아니다. 세계정세의 변화, 아베 외교의 문제, 북핵 문제, 납치 문제 해법 등 들을 만한 얘기가 많다. 우리도 이런 수준 높은 전직 외교관이 많이 나왔으면 좋겠다.

오늘 닷새 만에 맑은 오사카 하늘을 봤다. 하늘에 구멍이 뚫린 듯 하염없이 쏟아져 내리는 비와 먹구름에 짓눌려 있던 마음도 모처럼 활짝 개는 느낌이다. 역시 인간의 삶은 날씨에 가장 많은 영향을 받는다는 걸 느낀다.

어제는 큰비가 오는 가운데서도, 오사카문화원 주최 '한복진 궁중요리 연구가 초청 한국궁중요리 세미나'가 오사카 교세라돔 부근 허그뮤지엄 허그홀에서 열렸다. 폭우 때문에 예약한 사람이 많이 취소해 회장이 텅 빌까 걱정했는데, 멀리 나고야에서도 손님이 왔다. 케이팝에 버금가는 한국음식의 인기를 실감했다.

원래 일본 사람들은 회장에 와서도 조용히 앉아 질서정연하게 지켜보는 게 일반적이다. 그런데 이날은 좀 달랐다. 한복진 씨가 만들어 진열해 놓은 음식을 한두 사람이 나와 사진을 찍자, 시간이 지나면서 행렬을 이뤘다. 그리고 이 음식은 원래 시식용이 아니었는데 시식을 하도록 허용하자, 수많은 사람들이 몰려나와 장터 같은 분위기로 변했다.

"빨간 신호등도 함께 건너면 무섭지 않다"는, 영화 감독 비토 다케시가 일본 사람의 성향을 평한 말이 문득 떠올랐다. 하지만 그보다도 한국 음식의 뜨거운 인기가 자랑스러웠다.

2018.7.10.
사회적 가치와 인간성을 중시하는 기업: 오므론

어제 교토에 본사를 두고 있는 세계적인 기업 오므론을 방문했다. 체온계, 혈압측정기 등으로 한국에도 잘 알려진 기업이다.

일정상 사장은 못 만났지만, 니토 고지 최고재무관리자CFO 겸 글로벌전략본부장이 나와 오므론이 추구하는 기업의 가치와 전략에 관해 상세하게 설명해줬다. 한국에 대한 투자와 한국 인재 채용 등에 관해 의견도 교환했다.

니토 본부장을 응접실에서 기다리는 사이, 방을 둘러보니 기업의 가치를 적어 놓은 패가 눈에 띄었다. 사회적 필요의 창조, 끊임없는 도전, 인간성의 존중 세 가지였다. 역시 잘 되는 기업은 뭔가 다른 데가 있다고 생각했다. 이 회사의 창립자 다테이시 가즈마가 일본전산의 초창기 때 나가모리 시게노부 회장에게 벤처자금을 대줘 사업을 일으키는 데 도움을 줬다고 한다. 니토 본부장은 그런데 지금은 일본전산이 오므론보다 더 큰 회사가 됐다고 쓴웃음을 지었다.

이 회사의 본사는 교토역 근처에 있는데 건물 위에서 고도 교토의 풍경이 한 눈에 들어온다. 불교와 인연이 있는 듯 선불교에서 나오는 '일화개오엽一華開五葉'이란 글이 쓰인 족자가 벽에 걸려 있었다.

2018.7.11.
일본과 세계평화를
위한 민족교육 강조

어제 오사카부 히가시오사카시를 방문해, 노다 요시카즈 시장과 인사를 나눴다. 오사카부는 오사카시를 비롯해, 33개 시, 9개 정, 1개 촌으로 이뤄져 있다.

히가시오사카는 인구 약 50만 명으로, 부 안에서 오사카, 사카이시 다음으로 크다. 중소기업이 많고, 외국인 1만7천 명 중 재일동포가 1만 명 정도라고 한다.

외국인이 많이 사는 특성도 있어, 시의 국제 감각도 높은 편이다. 3선의 노다 시장도 다문화공생에 큰 힘을 쏟고 있다. 재일동포를 대상으로 한 민족학급도 활성화되어 있다. 나는 노다 시장에게 재일동포뿐 아니라 일본, 더 나아가 평화로운 세계를 위해서도 민족학급을 더욱 많이 도와 달라고 했다.

올해 초 새로 당선된 오사카민단 오용호 단장도 이곳 출신이다.

2018.7.12.
이웃집 아저씨처럼 푸근한
오사카시립대 학장

11일 오후 오사카시립대학을 방문해, 아라카와 데쓰오 학장한국의 총장 격과 학술과 학생 교류 등에 관해 의견을 나눴다. 이웃집 아저씨처럼 푸근한 인상의 아라카와 학장의학박사은 학생, 학술 교류에 적극적인 관심을 보였다.

오사카시립대는 내년에 오사카부립대와 통합할 예정인데, 이렇게 되면 일본 최대 규모의 공립대가 된다고 한다. 상인의 도시인 오사카에서 1880년 오사카상업강습소로 시작해, 지금은 8학부 10연구과, 학부생 6595명, 대학원생 1652명, 교직원 2215명의 큰 학교로 성장했다. 이 학교와 인연이 있는 학자난부 요이치로, 야마나카 신야 2명이 노벨상을 수상했다. 마침 학교를 방문하는 날, 조간신문에 이 학교의 전면광고가 났는데 이를 봤다고 하니까 매우 좋아했다.

2018.7.13.
미국인 선교사가 설립한
간세이학원대

13일 오후, 대학 방문 시리즈의 하나로 간사이지역의 사학 명문인 간세이학원대를 방문했다. 미국인 선교사 월터 러셀 램버드가 1889년 세운 학교로, 교토의 명문 사학 도시샤대처럼 기독교를 바탕으로 한 교육 이념을 지니고 있다. 도시샤대는 기독교 세례를 받은 일본인이 세웠지만 간세이학원대는 외국인 선교사가 세웠고, 도시샤대는 교토가 근거지인데 간세이학원대는 고베가 근거지다. 두 학교 모두 캠퍼스의 건물에서 기독교 분위기가 물씬 풍긴다.

무라타 오사무 학장은 한국 대학과 학생을 보내고 받는 등 활발하게 교류를 하고 있다면서, 한국인 대학 재학생의 군 입대로 인한 휴학을 휴학 기간에 가산하지 않도록 최근 제도를 바꿨다고 설명해줬다. 제주도 출신 학생 6명을 제주교육청 추천으로 입학시키는 입학제도도 운영하고 있다.

내년부터 문과 이과 가리지 않고 전 학생을 대상으로 인공지능AI과 관련한 교육을 시킬 예정이라고 한다. 국제화 시대에 어울리는 진취성이 느껴지는 학교였다.

비가 그치자마자 무더위인가. 오사카의 낮 온도가 40도 가까이를 오르내린다. 길거리에도 사람을 찾기 어렵다.

오늘은 오사카문화원 개원 20주년 기념으로 제15대 심수관 초청 강연회가 열렸다. 1598년 임진왜란 때 남원에서 가고시마로 끌려온 조선 도공 심당길1대이 사쓰마야키를 만든 이래, 15대까지 420년의 역사를 이야기하는 기획이다.

나는 오후에 다른 행사가 있어 강연회 참석은 못하고, 15대 심수관 씨와 점심을 같이하고 강연회장에서 기념사진을 찍는 데 만족했다. 그는 1990년 한국에 1년 정도 머물며 김치 독 만드는 공방에서 고생한 얘기 등 흥미진진한 얘기를 해주었다. 나중에 더 얘기를 듣기로 하고 아쉽게 헤어졌다.

하지만 마침 강연에 앞서, 7월 4일-10일까지 오사카 아베노하루카스 긴테츠본점에서 심수관 15대의 전시회가 열려, 마지막 날 관람한 바 있다. 비록 아마추어의 눈이지만, 세밀함과 나비와 잠자리를 비롯한 생물을 함께 표현한 것이 그의 특징으로 보였다.

어제 프랑스혁명기념일 행사에 다녀왔다. 각 공관은 1년에 한 번씩 국경일 기념행사를 하는데, 프랑스총영사관은 토요일임에도 불구하고 혁명기념일에 맞추어 실시했다.

프랑스총영사관은 간사이지역에 있는 10여개 총영사관 가운데 유일하게 교토에 있다. 휴일인데다 날씨도 덥고교토의 14일 공식 최고기온 38.5도 멀어서

15대 심수관 씨의 작품

인지 손님이 그리 많지 않았다.

나는 각국 경축일 행사는 내가 가야지만 상대도 참석하는 상호주의가 작용하는 점, 초임으로서 한 번에 많은 사람을 사귈 수 있다는 점을 감안해, 가급적 모두 참석하는 편이다. 이제까지 이탈리아, 미국, 프랑스 행사에 참석했다.

나라별로 다소 차이가 있었지만 대체로 서양 나라들은 행사를 실용적으로 한다는 걸 느꼈다. 다만 프랑스와 이탈리아는 전통을, 미국은 현대를 강조하는 것이 좀 다른 듯하다.

이번 프랑스 행사에는 16일 열리는 월드컵 결승전에 프랑스가 진출한 것을 의식해 행사장 곳곳에 미니 축구공을 배치해 놓은 게 눈에 띄었다.

2018.7.19.

"들어가지 마라"에서 "들어가지 마시오"로

자기 식구 자랑은 팔불이나 하는 것이라고 하지만, 오늘은 우리 총영사관이 한 '작지만 큰 성과'를 자랑 좀 하려고 한다.

'들어가지 마라'라고 되어 있는 도로 표지판을 '들어가지 마시오'로 바꾼 사연이다.

간사이공항에서 오사카 시내를 오가는 도로 양편에 있는 표지판이 한국 사람들이 보기에 불쾌감을 줄 수 있는 용어로 돼 있다는 사실을 제보를 통해 알게 된 때는 5월 말이었다. 즉각 담당 영사와 행정직원이 표지판 설치 책임 기관을 찾아 수정을 요구했다. 하지만 잘 아시다시피 일본 쪽은 대응이 늦고 절차에 매우 시간이 걸리는 게 보통이다.

더구나 일본 쪽 기관은 명령형 문구에 잘못된 점이 없다며 수정에 난색을 표했다. 그럼에도 우리 영사관 담당 직원들이 하루가 멀다 하고 담당자와 접촉하며, 이런 표현은 이곳을 지나는 수많은 한국 사람을 기분 나쁘게 하고, 일본의 이미지에도 나쁜 영향을 준다고 끈질기게 수정을 요구했다.

이런 노력 끝에, 7월 10일 오사카부로부터 우리의 요청대로 문구를 고쳤다는 연락이 사진과 함께 도착했다. 한 달여에 걸쳐 겨우 이런 것 고쳤냐고 할 수도 있지만, 나는 이런 작은 성과가 매우 자랑스럽다.

센 리큐와 요사노 아키코를 낳은 사카이시

어제 오사카부에서 오사카시 다음으로 큰 사카이시를 방문해, 다케야마 오시미 시장과 인사를 나눴다. 어느 때와 마찬가지로 문화를 포함한 다방면 교류와 민족교육 지원을 화제로 이야기를 나눴다. 사카이는 인구 83만 명의 오랜 역사를 지닌 도시로, 재일동포도 4천 명 이상이 살고 있다.

중세부터 무역과 상업도시로 유명해, 패권을 잡으려면 먼저 사카이의 상인과 손을 잡아야 했다고 한다. 이 도시가 배출한 인물로는 일본 차도의 대명사로 불리는 센 리큐와 19세기 말 20세기 초의 유명한 여성 문인 요사노 아키코가 있다. 이 두 사람의 이름을 따서 만든 '사카이 리쇼노모리' 기념관에서 이 도시의 역사와 문화를 일별해 볼 수 있다.

세계에서 가장 크다는 닌토쿠 천황릉을 포함한 모즈 고분군이 시내에 산재해 있으며, 특산품으로는 칼이 유명하다.

한일우호의 상징적인 외교관, 아메노모리 호슈

25일, 더운 날씨 속에서도 시가현의 조선통신사 관련 시설과 유적지를 방문했다.

오사카에서도 편도 두 시간은 족히 걸리는 먼 곳이기 때문에 사무실에 들르지 않고 바로 아메노모리 호슈암이 있는 나가하마시의 다카쓰키정으로 갔다. 아메노모리 호슈1668-1755는 임진왜란 이후 한일 우호를 위해 애쓴 외교관으로 조선통신사 방문 때 두 차례 수행한 바 있다. 싸우지 말고 속이지 말고 성의를 다해 이웃나라와 사귀어야 한다는 성신교린 외교의 주창자로, 1990년 노태우 당시 대통령의 방일 궁중 만찬사에 소개되면서 한국에도 널리 알려지게 됐다.

먼저 아메노모리의 고향인 다카쓰키의 민속자료관을 방문해 이곳과 한국의 교류와 지역 문화의 개황을 본 뒤, 30분 정도 떨어진 호슈화에 갔다. 이곳에서 차를 마시며 아메노모리의 얘기를 듣고 그가 직접 남긴 책도 보았다.

이곳 관계자들과 점심을 함께 한 뒤, 조선통신사 정사, 부사, 종사관이 숙박했던 히코네성 근처의 절 소안지와 통신사들이 중간에 쉬었던 오미 하치만별원을 둘러봤다. 그리고 근처에 있는 통신사들이 다닌 특별한 길을 표시한 '조선인가도' 표석 앞에서 기념사진도 찍었다. 종일 거의 차만 타고 움직인 힘든 일정이었으나, 시가현과 한국의 끈끈한 관계를 확인한 하루였다.

2018.7.29.
한국과 인연이 깊은
교토의 세계적 기업: 교세라

27일, 교토에 본사를 두고 있는 세계적 기업 교세라를 방문했다.

교세라는 창립자이자 명예회장인 이나모리 가즈오와 한국과의 특별한 인연으로, 한국에도 많이 알려져 있다. 이나모리 회장의 부인이 육종학자로 유명한 우장춘 박사의 넷째 딸이다. 우 박사는 구한 말 민비 시해 사건에 연루되어 일본으로 피신한 우범선이 일본 여성과 결혼해 낳은 아들이다. 이나모리 회장은 파나소닉의 마쓰시타 고노스케, 혼다의 혼다 소이치로와 함께 일본에서 존경 받는 3대 기업가의 한 명으로 꼽힌다.

원래는 한국과 깊은 인연을 고려해 이나모리 회장을 직접 만나려고 노력했으나, 아쉽게도 가노 고이치 관련회사 집행본부장을 만나는 것으로 일정

우마하치만의 조선인가도비 앞에서

다카쓰키정민속자료관의 아메노 모리 호슈 동상

이 조정됐다. 건물에 들어가니 1층 로비가 미술관으로 꾸며져 있는 게 눈에 띄었다. 첫눈에 전시된 그림과 조각품이 범상치 않아 보였다.

접견실에서 만난 가노 이사는 1990년대 한국 근무 경험과 한국인 친구와 우정, 이 회사가 운영하는 프로축구팀 교토 상가와 박지성의 인연 등을 화제로 삼아 따뜻하게 맞아줬다. 본사에만 20명 정도의 한국인이 일하고 있는데 5명이 작년에 입사했다고 한다.

사시가 경천애인. 경영이념이 '모든 종업원의 물심양면의 행복을 추구하는 동시에 인류와 사회의 진보 발전에 공헌하는 것'인데 이를 모든 직원이 숙지하고 있다고 한다. 또 1959년 창사 이래 한 해도 적자가 없었고, 종업원도 줄인 적이 없다고 자랑했다. 역시 잘 되는 기업은 뭔가 남다른 데가 있다.

2018.7.30.
관광지로 변한
이쿠노 코리아타운

29일, 예정에 없던 오사카 이쿠노구의 코리아타운을 다녀왔다. 20여 년 전 코리아타운이란 간판과 표지도 없었던 시절과는 비교도 할 수 없을 정도로 변했다.

사실 이날은 일본 제1야당인 입헌민주당의 에다노 유키오 대표가 사카이에서 강연회를 한다고 해 집을 나섰다. 그러나 강연장에 가보니 회의장이 텅 비어 있었다. 이쪽으로 태풍이 온다는 예보가 있어 전날 저녁에 강연회를 취소했는데, 소통 부족으로 헛힘만 쓰게 된 것이다.

휴일에도 불구하고 나왔는데 아무 성과 없이 그냥 되돌아가려니 못내 아쉬웠다. 그래서 갑자기 기수를 코리아타운으로 돌려 현장학습을 하기로 했다. 이번에 오사카로 와서 쓰루하시역 근처 상점가는 몇 번 갈 기회는 있었지만, 거기서 걸어서 10여 분 정도의 거리에 있는 코리아타운엔 가보지 못한 터였다.

마침 가는 날이 장날이라고 태풍은 지나갔지만 물기를 머금은 열기가 턱 밑까지 밀려왔다. 그래도 많은 젊은이들이 몰려와 500미터 정도 길이의 상점가 양쪽에 줄지어 있는 한국음식점, 옷가게 등에서 쇼핑을 하느라 북적거렸다. 그저 재일동포 밀집 거주지에 불과했던 이곳이 이렇게 관광지로 변했구나 하는 격세지감을 느꼈다. 1시간 정도의 짧은 현장 탐방을 하면서 많이 발전했다는 감개와 함께 코리아타운이 지금보다 더욱 발전할 수는 없을까, 또 그렇게 되도록 도와줄 수는 없을까 하는 숙제도 안고 돌아왔다. 이런 생각과 함께 고베에 있는 차이나타운의 모습이 눈에 떠올랐다.

2018.7.31.
분위기가 많이 다른
한국과 일본의 정치행사

오늘은 교도통신사 주최의 이시바 시게루 전 자민당 간사장 강연회가 오사카에서 열렸다. 자민당 총재 3선을 노리고 있는 아베 신조 총리에 유일한 대항마로 나선 그가 때마침 오사카에서 하는 강연인지라 흥미가 있었다.

강연은 11시 30분부터 1시간 정도 했다. 자민당 총재 선거를 앞두고 있고, 오사카지역이 이시바 의원의 지역구인 돗토리와 인접한 때문인지 열기가 강연 시작 전부터 느껴졌다.

이시바 의원은 무투표 당선의 총재선거가 되선 절대 안 된다며 출마 의사를 거듭 확인했다. 이어 1시간 동안 야당과 국민에 대한 설득과 설명보다 수의 힘으로 밀어붙이는 아베 식 정치를 꼬집는 데 많은 시간을 썼다. 이어 양극화, 인구 감소, 지방 균형발전, 성장전략, 성 평등 등 폭넓은 문제에 관한 소신을 밝혔다. 마지막엔 중앙이 아닌 지방, 권력자가 아닌 일반시민이 나서 정치를 바꿔야 한다는 말로 강연을 매듭지었다.

나름대로는 아베 총리에 대한 강한 대항 의지를 피력했지만, 이미 승패가 굳어져 있는 탓인지 아베 총리를 거명해 비난하지는 않았다. 한국과 달리, 강

20년 전에 비해 상전벽해가 된 코리아타운의 모습

오사카총영사의 1000일

연회 뒤 질의응답도 없었다. 가장 뜨거운 정치인의 강연회도 질서정연한 분위기에서 시종 이뤄지는 걸 보니 역시 한국과 일본의 정치행사는 분위기가 매우 다르다는 걸 실감했다.

그래도 이시바 의원만이 아니라 많은 일본 정치가들은 아무런 원고도 보지 않고 1시간 이상 자신의 정견을 조리를 갖추어 자유자재로 말하는 게 보통이다. 그런 능력이 부럽다.

2018.8.2.
제1차 북일 정상회담 뒤의
'한반도정세 강연회'

8월의 첫날, 염천 속에서 오사카총영사관 주최로 민단 대강당에서 한반도 정세 공개 강연회가 열렸다. 제목은 '남북 정상회담 이후 한반도 정세와 새로운 한일·북일관계 전망'. 북미회담이 성사되기 전에 미리 준비하면서 잡은 제목이지만, 하고 보니 '북미 정상회담'도 제목에 넣었으면 더욱 좋았을 것 같았다는 생각이 들었다.

강사는 정세현 전 통일부 장관남북 정상회담 이후 한반도 정세과 남기정 서울대 일본연구소 교수한일·북일관계를 모셨다. 그 분야에서 최고의 전문가라고 할 수 있다.

원래는 남북 정상회담 일정이 정해지는 것을 보고 6월 초로 일정을 잡았다가 6월 12일 북미 정상회담이 잡히면서 6월 21일로 한 차례 연기했었다. 그런데 6월 18일 예기치 않은 오사카 지진이 일어나면서, 다시 8월 1일로 날짜를 조정했다. 재삼의 조정 끝에 겨우 날은 잡았으나 이번은 40도 가까이 되는 무더위가 이어지면서 청중이 얼마나 모일지 불안한 마음이 들었다.

그러나 막상 뚜껑을 열어 보니 대강당에 미리 준비해 놓은 자리가 모자랄 정도로 성황을 이뤘다. 일본 안의 한반도 정세에 관한 관심이 크고, 최고 수준의 강연자를 초청하고, 홍보를 열심히 한 것이 서로 상승작용을 한 때문이라고 본다. 특히, 이번 강연회에는 평소에 잘 오지 않던 다양한 분야의 재일동포와 일본인이 참석해 자리를 빛내 줬다.

정 전 장관은 남북, 북미 정상회담의 역사적 의미를 설명하며 이로 인한 한반도 냉전해체 흐름이 되돌릴 수 없는 기세로 자리 잡아 갈 것이라고 말했다. 남 교수는 일본이 동북아 정세 변화에 참석하지 않는 것은 '국제정치의 모기장 밖'에 있는 것이 아니라 '역사의 모기장 밖'에 있는 것이라면서 한국과 함께 동북아 평화 만들기에 동참해야 함을 역설했다.

2시간여의 강연 뒤 만족한 모습으로 돌아가는 청중의 모습을 보면서, 소통의 중요성을 다시 한 번 느꼈다.

2018.8.9.
휴가 기간 중 북미 정상회담
관련 기사를 탐독

월요일6일부터 수요일8일까지 휴가를 다녀왔다. 휴가를 다녀오니 최고기온이 37, 8도를 오르내리던 날씨가 33도로 고개를 숙였다. 휴가 중 더위로 바깥나들이는 거의 못했지만 그야말로 피서를 했으니 휴가는 제대로 한 셈이다. 덕분에 읽고 싶던 이런저런 책과 잡지를 두루 독파하는 시간을 가졌다.

특히, 8월호 잡지에는 북미 정상회담과 관련한 특집이 충실하게 실려 있어 좋은 공부가 됐다. 잡지 천국이라고 할 수 있는 일본에는 말도 안 되는 내용을 장사 속으로 써대는 선정성 잡지도 많지만, 휘발성이 강한 신문과 방송에서는 볼 수 없는 좋은 내용의 글이 담긴 수준 높은 잡지도 많다. 개인적으론 진보성향의 〈세계〉, 중도보수의 〈중앙공론〉, 보수성향의 〈문예춘추〉가 그런 잡지라고 생각한다.

〈세계〉에는 이종원 와세다대 교수와 히라이 히사시 전 〈교도통신〉 서울 특파원의 대담이, 〈문예춘추〉에는 사토 마사루 전 외무성 주임분석관과 다나카 히토시 전 외무성 심의관의 기고가 실렸다. 〈중앙공론〉에도 사토 전

분석관의 글이 실렸다. 대부분의 글들이 지금 일본 사회에서 표면적으로 횡행하고 있는 남북 및 북미회담에 대한 부정적 평가와 달리, 회담의 역사적인 의미를 짚으며 일본도 이런 흐름에 주도적으로 참여해야 한다는 논지였다. 납치 문제도 '입구론'이 아닌 '출구론' 내지 '병행론'을 촉구하고 있었다. 나름대로 견식 있는 독자들이 보는 잡지의 성격을 반영한 것이 아닌가 생각한다.

개인적으로 가장 흥미 있었던 글은 〈문예춘추〉에 실린 〈AP통신〉의 에릭 탈마지 평양지국장의 르포 〈미국인 기자의 평양 현지 리포트〉였다. 6·12 북미정상회담 전후의 분위기와 북한의 시장화, 김정은 위원장의 경제 중시정책을 취재해 썼는데, 다른 데서는 보지 못한 북한의 생생한 모습을 엿볼 수 있었다. 우리나라의 미디어도 그의 기고를 받으면 좋지 않을까 하는 생각이 들었다.

2018.8.12.

고향의 집, 교토를
다문화공생의 중심지로

9일 저녁 윤기 이사장이 운영하는 노인 요양 복지시설 교토 '고향의 집'에서 열린 '마음의 교류회'에 참석했다. 윤 이사장은 목포의 고아원 '공생원'을 만들어 수많은 고아를 보살펴온 일본인 고 윤학자다우치 지즈코 씨의 아들이다. 부모의 유업을 이어받아 지금 일본의 사카이, 오사카, 고베, 교토에서도 재일동포와 일본인을 위한 노인 요양시설을 운영하고 있다.

이날 모임은 교토의 고향의 집을 후원하고 있는 재일동포, 교토시 관계자를 비롯한 일본인 등에 감사를 표하기 위해 윤 이사장이 1년에 한 번씩 마련하는 자리였다. 오사카총영사관 관할지역에 있는 시설이기도 하지만 윤기 이사장과는 오래전부터 아는 사이여서 초대를 받고 즐거운 마음으로 참석했다.

예전 재일동포를 비롯해 가난한 사람들이 밀집해 살았던 교토의 히가시구조 지역에 9년 전 세워진 고향의 집 강당에, 가도카와 다이사쿠 시장, 교토민단 간부, NGO 관계자 등 후원자 70명이 모여 음식을 즐기며 담소를 나눴다. 모녀 일본 단가 시인으로 유명한 이승신 씨도 참석해, 최근 한국에서 펴낸 저서 〈왜 교토인가〉를 소개하기도 했다.

가도카와 시장을 비롯해 많은 참석자들은 교토 고향의 집 설립 당시 겪었던 어려움 등을 회고하며, 한때 빈곤 지역의 대명사였던 이곳을 앞으로 다문화 공생, 국제화의 중심지로 만들자는 데 뜻을 함께했다.

한일 사이에 이런저런 어려움도 있지만 이와 같은 좋은 움직임도 있다는 걸 느꼈다.

2018.8.13.
한국관광공사 주최
'일한 구루타메훼스'

11일, 오사카 남항 인덱스 오사카에서 열린 한국관광공사 주최 '일한 구루타메훼스' 행사에 참석했다. '구루타메훼스'가 무슨 말인지 언뜻 들어오지 않겠지만, 요리를 뜻하는 프랑스어 구루메, 오락과 축제를 뜻하는 엔터테인트먼트와 페스타를 합쳐 만든 일본식의 조어다.

최근 일본에서 일고 있는 케이팝과 한국음식 붐을 살려, 한일협력과 교류에도 기여하면서, 단기적으로는 한국관광을 촉진하기 위해 기획한 행사이다. 간혹 단발로 이런 행사가 이뤄지긴 했지만, 이번처럼 대중문화와 음식을 한자리에 모아 하는 행사를 오사카에서 개최한 것은 처음이다.

이곳에 부임해서 이런 종류의 행사에 몇 번 참석했지만, 정말 열기가 대단했다. 이 행사 역시 규모에 비례해, 이틀간 정말 많은 일본인들이 참가했다. 행사가 시작하기 전부터 입장객이 긴 줄을 이루고, 각 지자체나 기업이 마련한 부스 관계자들과 인사를 나누기도 어려울 정도로 사람이 빽빽했다.

나도 행사에 인사말을 하기 위해 참석했는데, 한일우호 형성의 일익을 담당하고 있는 사람으로서 즐거운 일이다. 다만 이런 열기를 어떻게 전반적인 한일우호 관계로 이어지게 할 수 있을까 하는 것은 과제가 아닐 수 없다.

특히, 이번 행사에는 카라의 전 멤버 한승연, 아이돌 그룹 B.A.P, 스누퍼 등이 참석해 열광적인 환영을 받았다. 역시 그들이 주역이었다. 나처럼 의례적인 인사를 하러 참가한 사람은 조역 중의 조역이다. 그래서 '한국의 따끈한 음식과 문화를 즐기면서 이열치열로 이 뜨거운 여름을 이겼으면 좋겠다'는 아주 짧은 인사말을 한 뒤, 무대 뒤로 얼른 물러섰다.

오늘은 제73회 광복절이다. 나에겐 공관장으로 맞는 첫 광복절이어서인지 더욱 각별하게 느껴진다. 해외 공관은 한국 휴일 중에는 삼일절, 광복절, 개천절, 한글날만 쉬는데, 사실 휴일이 아닌 것과 마찬가지다. 이날 현지에서 열리는 기념행사에 참석해야 하기 때문이다.

오사카 총영사관 관할지역은 오사카부, 교토부, 나라현, 시가현, 와카야마현인데 광복절엔 다섯 곳 모두 지역 민단 주최로 광복절 기념식이 열린다. 총영사관 직원들도 여기에 참석하는데, 가장 중요한 일이 행사에 가서 대통령 경축사를 대독하는 것이다. 그래서 오사카총영사관도 영사들을 다섯 팀으로 나눠 각 지역으로 파견한다. 나는 가장 큰 지역인 오사카와 교토 행사에 참석했다. 쉽게 말해, 대통령 광복절 경축사를 두 번 대독하는 영광을 누렸다.

여러 지역에서 같은 시간에 식을 열면 물리적으로 동시 참석할 수 없으므로 교토는 오후에, 나머지 지역은 오전에 식을 한다. 참석해 보니, 역시 오사카와 교토는 교포 밀집 거주 지역이고 민족학교가 있어서인지 회의장이 꽉 찼다. 오사카민단 강당에는 500명 가까이, 교토민단엔 150명 정도가 참석했다.

이번 대통령 경축사에는 다른 때와 달리, 일본의 과거사 인식에 관한 비판이 없었다. 오후에 집에 들어와 뉴스를 보니, 일본 언론도 그 대목을 강조해 보도했다. 〈NHK〉는 대통령 경축사 중 "아베 총리와도 한일관계를 미래지향적으로 발전시키고, 한반도와 동북아 평화번영을 위해 긴밀하게 협력하기로 했습니다"라는 부분만 녹음을 따 보도했다. 〈아사히신문〉 석간도 서울발 기사에서 광복절 경축사에 이전과 달리, 일본 정부의 역사인식에 대한 비판이 없었다는 점을 주목했다.

2018.8.19.
민족학교는 재일동포사회의
중심이 되어야

17일금, 1박2일 일정으로 시가현 오쓰시의 비와호 주변 호텔에서 열린 제55회 재일본한국인 교육연구대회에 참석했다. 도쿄와 오사카, 교토 등에 있는 민족학교와 각 지역의 한글학교의 선생님들이 매년 하는 교사 연수회 성격의 행사다. 올해가 55회째니까, 꽤 유서가 깊다고 할 수 있다. 일본에서 고투하고 있는 교사들이 이렇게 모여 서로 격려하고 친교를 다지며 정보를 교환하고, 민족교육의 중요성을 다지는 것만으로도 의의가 크다고 생각한다. 그러나 민족학교는 점차 왜소화되는 재일동포 사회의 재생산을 담당할 인재를 길러내는 터전이라는 점에서 좀 더 무거운 사명을 띠고 있다고, 나는 생각한다.

나는 축사에서 민족학교가 지금 다섯 가지 점에서 중요하다면서 분발을 당부했다. 첫째, 민족학교는 재일동포 사회의 중심이고 되어야 한다는 점, 둘째, 조국과 재일동포 사회를 연결하는 탯줄이라는 점, 셋째, 한국과 일본을 이어주는 다리라는 점, 넷째, 한일 두 나라 차원을 뛰어넘어 국제적인 인재를 길러내야 한다는 점, 다섯째, 마지막으로 이런 모든 것을 통해 재일동포 사회를 이끌어갈 차세대 인재를 키워야 한다고, 나름의 의견을 밝혔다.

비와호의 아름다운 자연환경이 만들어 주는 화기애애한 분위기가, 민족교육의 방향과 과제를 놓고 고민하는 선생님들의 마음을 위로하고 지친 몸에 활력을 줬을 것으로 생각한다. 나도 모처럼만에 아름다운 자연이 몸과 마음에 주는 좋은 기운을 받고 돌아왔다.

20일부터 22일까지 2박3일간 도쿄 출장을 마치고 돌아왔다. 도쿄의 뉴오타니호텔에서 열린 제26회 한일포럼에 참석하기 위한 첫 출장이었다.

김대중-오부치 공동파트너십선언 20주년을 맞이하는 해이고, 한반도 정세가 빠르게 변하는 와중에서 열린 포럼이어서인지, 갈등보다는 협력에 방점을 둔 충실한 회의가 됐다. 한일협력에 관한 두 나라 학생들의 토의와 제언도 좋았고, 저출산 고령화와 미중 무역갈등 등 한일 두 나라가 공동으로 직면한 문제에 관한 토론과 모색도 좋았다.

개인적으로는 제3회 한일포럼상 수상자로, 오사카총영사관과도 관계가 깊은 조선통신사 '유네스코 세계기록유산' 등재에 힘쓴 한일 두 나라 단체 NPO법인 조선통신사연지연락협의회, 재단법인 부산문화재단가 선정된 것이 무엇보다 기뻤다. 나는 나라에 매어 있는 몸이라 회의에서 발언하기보다는 듣기에 집중할 수밖에 없었지만, 모든 세션에 개근하면서 현장에서 활용할 수 있는 많은 아이디어를 얻었다.

오늘 교토부 마이즈루시를 다녀왔다. 오사카에서 자동차로 2시간 반 정도 걸리는 먼 곳이다.

그곳 바닷가에서 우키시마마루 침몰 사고 제73주년 희생자 추도식이 열렸다. 우키시마마루 침몰 사고는 일제시대 징용자 및 가족들이 일본의 패전 직후 고국으로 돌아오던 중, 1945년 8월 24일 이들을 태운 일본 해군 수송선 우키시마마루가 마이즈루항 앞바다에서 폭음과 함께 침몰하면서 한국인 승선자 등 많은 사람이 숨진 사건을 말한다. 일본 정부는 승선 인원 3735명, 사망자는 549명 승무원 25명, 승객 524명이라고 발표했다. 그러나 아직 사고의 정확한 진상은 밝혀지지 않은 채 있다.

원래 추도식은 사고 당일인 24일 열릴 예정이었으나, 24일 태풍이 이 지역을 지나는 것으로 예보되어 하루 순연되어 열렸다. 추도식은 사고가 일어난 바다가 한 눈에 보이는 곳에 만들어진 '순난의 비'가 있는 공원에서 열렸다. 1978년 이곳에 추모비를 세운 공원이 조성된 이래, 매년 여기서 추도식이 열리고 있다.

40년 동안 이어지는 추도식이 고국 귀환을 직전에 두고 숨진 분들의 원통한 넋을 위로하고, 진상 규명을 위한 작은 힘이 되길 바란다. '망각 대 기억의 대결'에서 기억이 이겨, 불행한 역사의 재발을 막기를 기원한다.

바닥이 훤히 보일 듯한, 바로 저만큼 떨어진 잔잔한 바다 속이 비극의 현장이라는 사실이 믿기지 않는다.

2018.8.28.
와카야마시와
오쓰시 시장을 예방

27, 28일 각각 와카야마시와 오쓰시가 현청 소재지를 방문해, 오바나 마사히로, 고시 나오미 시장과 인사를 나눴다. 두 곳 모두 현청 소재지여서 부임 초 현 지사를 만나러 가는 길에 함께 보려 했으나 상대 측 사정으로 그러지 못했다. 그래서 따로 일정을 잡게 됐다.

두 시 모두 현청 소재지인데다 인구가 30만 명 대로 비슷한 규모다. 와카야마시는 35만7987명, 오쓰시는 34만2694명이다. 두 시 모두 시장이 재선

마이즈루시민이 세운 우키시마마루 순난비

인데, 오바나 시장은 자민당, 고시 시장은 분열 전 민주당 소속이었다.

두 곳이 고대부터 한국과 교류, 인연이 깊고, 재일동포도 비교적 많이 사는 곳이어서 상호 이해와 협력을 강화해 나가자는 데 쉽게 의견을 모을 수 있었다. 두 곳 다 자연 풍광도 수려해, 한국 관광객 유치에 관심이 많았다.

와카야마와 오쓰에는 각기 와카야마현, 시가현 민단 본부도 있다. 올해가 마침 이들 지역 민단 창립 70주년이어서, 민단 본부에 들러 격려하는 기회도 가졌다. 어려운 환경 속에서도 조직을 유지하고 발전시키기 위해 노력하는 분들께 작은 힘이라도 됐으면 한다.

2018.8.31.
고려 창건 1100년 기념
고려청자 특별전

올해는 고려 창건 1100년이 되는 해다. 나는 부끄럽게도 이런 사실을 모르고 있었다. 오사카에 있는 오사카시립동양도자미술관이 고려 건국 1100년 기념 고려청자 특별전9.1-11.25을 준비한다는 소식을, 지난 6월 이 미술관에 부임인사를 가면서 비로소 알았다. 이 미술관은 '이병창 컬렉션'을 비롯해, 세계에서도 가장 귀중하고 풍부한 한국 도자기를 소장하고 있다.

그런데 고려 건국 특별전을 하는 곳이 여기만이 아니라는 걸 또 알게 됐다. 1978년 고려불화 특별전을 기획해 고려불화의 우수성과 존재를 세계에 알린 나라의 야마토문화관을, 28일 방문하면서 여기서도 고려 금속공예 특별전10.6-11.11을 한다는 소식을 들었다. 일본 우키요에부세화 연구의 대가인 아사노 슈고 씨가 관장으로 있는 이곳은, 한중일 3국 미술품만 다루는 전문 미술관이다.

이곳에서 얘기를 나누던 중 나라의 또 다른 미술관인 이스이엔·네이라쿠 미술관에서도 비색과 상감의 고려청자·이조분청사기 특별전10.1-2.24을 연다는 사실, 그것도 세 미술관이 연대해 고려 창건 1100년 기념 전시회를 한다는 걸 추가로 알게 됐다.

혹시 전시회 무렵에 오사카지역에 오는 한국 분들은 이들 미술관을 방문해, 국내에서도 쉽게 접하기 어려운 고려 미술의 진수를 맛보는 것도 좋을 것 같다.

2018.9.2.
한국예술에 대한
'흥미 잠재력' 큰 간사이지역

8월의 마지막 날인 지난 금요일에는 오사카시가 자랑하는 공연장인 심포니홀에서, 한국 오케스트라의 공연이 열렸다. 오사카 한국문화원 개원 20주년을 기념해 'K-Classic Concert'라는 이름으로, 프라임 필하모닉 오케스트라지휘자, 장윤성가 공연을 했다. 오사카 문화원이 김대중-오부치 한일 공동파트너십선언 20주년을 계기로 설립됐으니, 공동선언 20주년 기념 콘서트라고도 할 수 있다.

한국의 오케스트라 공연은 오사카지역에는 거의 열린 적이 없다. 오사카지역의 언론사, 문화계 대표, 재일동포, 일본 사람 등 1천 명이 넘는 관객이 참석한 가운데 성황리에 공연이 이뤄졌다. 예술을 통한 한일 교류의 좋은 기회였다.

공연이 끝난 뒤 돌아가는 일본 사람들도 나한테 '훌륭한 공연이었다', '역시 한국의 예술은 파워가 있다'고 찬사를 보냈다. 나는 음악에 문외한이지만 공연을 지켜본 사람으로서 인사치레만은 아니라는 걸 느꼈다.

고대부터 한일 사이의 유대가 깊은 간사이지역은 한국의 예술, 문화에 대한 '흥미 잠재력'이 매우 큰데, 모처럼 수준 높은 한국의 정통 예술이 찾아와 불꽃을 당겨줬다는 인상을 받았다. 많은 사람이 일상에서 즐기는 대중문화가 더욱 활성화되도록 하기 위해서라도 한국의 정제된 미와 멋을 보여주는 수준 높은 고전과 정통 예술의 교류가 활발해져야 하지 않을까 하는 생각을 했다.

정말 고마운 일이다. 나의 오랜 지인인 일본인 선배가, 아니 선배라기보다 일본인 형이 나에게 큰 선물을 해줬다.

내가 총영사로 부임한 뒤 페이스북을 통해 전하고 있는 〈오사카 통신〉이란 제목의 글을, 전용 블로그https://ohtak.com/,일본어판 책 출판 뒤 폐쇄로 만들어 일목요연하게 보도록 해줬다. 편집도 예쁘게 해주고, 글에 제목까지 달아줬다. 더욱 고마운 것은 직접 일본어로 번역해, 일본어판을 올려주고 있다는 것이다.

블로그 제목은 영어로 'A Korean diplomat in Japan', 부제는 일본어로 '関西地域から日韓友好関係の礎をつくる'로 달아줬다. 부제는 내가 이곳에서 하고 싶어하고, 기회 있을 때마다 강조하는 말이어서 더욱 고맙다. 영어 제목은 메이지 초기 일본에서 근무했던 영국 외교관 Earnest Satow가 쓴 책 'A diplomat in Japan'에서 따왔다고 하는데, 나로서는 영광스럽기 그지없다.

이제 일본인 형이 만들어준 전용 블로그까지 생겼으니, 나의 발신은 그 자체로 '한일우호 협력사업'이 된 셈이다. 또 이렇게 신경을 써주는 일본 분이 있으니 더욱 품질 높은 글을 써야겠다는 의무감이 든다.

2018.9.4.

여러 자연재해가
한꺼번에 몰려온 오사카

올해 오사카에는 정말 여러 자연재해가 많이 몰려왔다. 6월 18일 큰 지진이 일어나 부임한 지 얼마 되지 않은 사람을 놀라게 하더니, 이어 몇 주 동안 계속된 큰비, 40도를 넘나드는 더위까지 재해의 연속이다.

9월 들어 지긋지긋한 더위가 좀 고개를 숙이나 했더니, 4일엔 25년 만에

들이닥친 초강력 태풍으로 오사카 전역이 하루 종일 소연했다. 사무실에서 텔레비전으로 온 종일 피해 상황을 파악하면서 현지에 사는 재일동포와 여행객에 정보를 발신하느라 정신없이 하루를 보냈다. 비보다도 바람이 무서웠는데, 초속 50미터나 되는 바람에 차가 뒤집히고 나무가 부러지는 일이 곳곳에서 벌어졌다. 대중교통과 선박, 비행기도 거의 모두 멈췄다.

공관도 피해가 나지 않도록 전날부터 철저히 대비를 했지만 강풍에 유리창 두 장이 깨지는 피해를 입었다. 인명 피해가 없는 게 그나마 다행이었다. 태풍은 속도가 빨라 저녁엔 영향권 밖으로 빠져나갔으나, 간사이공항이 침수되고 연륙교가 배에 부딪혀 틀어지는 바람에 폐쇄됐다. 공항에 묶여 있는 한국 관광객들이 걱정이다.

이런 상황에 대응해 오사카총영사관은 비상체제를 가동하면서, 교통정보 등을 시시각각 발신하고 있다. 하루빨리 항공편이 열려 관광객 등의 불편이 최소화되길 빈다.

2018.9.9.
한일 관광 1천 만 명 시대,
'양에서 질로' 전환을

올해는 한일 관광의 역사, 한일 인적 교류사에서 획기적인 해가 될 것이 분명하다. 1965년 국교 정상화 당시 양국을 왕래한 사람의 숫자가 1만 명 정도에 불과했다는데, 올해는 1000만 명을 넘을 것이 확실하다.

2017년에는 945만 명이 양국을 왕래했다. 일본에 간 한국 사람이 714만 명, 한국에 온 일본 사람이 231만 명이었다. 하지만 올해는 양쪽 모두 상대국 방문자가 늘고 있고, 일본의 증가율이 더욱 높다고 한다.

양국의 인적 교류가 느는 데는 가깝고 싸고 짧게 다녀올 수 있다는 장점도 있지만, 올해의 증가는 남북 정상회담과 북미 정상회담을 통한 한반도 평화 분위기 조성, 아베 신조 총리와 문재인 대통령의 상호 방문 등 정상급 교류 재개 효과가 크다고 생각한다.

두 나라 사이를 1년에 1000만 명이 넘는 사람이 오간다는 것은 대단한 일이다. 아마도 바다로 경계를 두고 있는 나라 사이엔 유례가 없는 일일 것이다. 그러나 한일 인적 교류에는 두 가지 아쉬운 점이 있다. 두 나라 사이에 불균형이 심하다는 것, 질보다 양의 교류에 치중되어 있다는 것이다.

부임 전부터 이런 문제의식을 가지고 있던 차에 한국관광공사 오사카지사, 오사카문화원과 함께 '한일 인적 교류 1천만 명 시대의 과제'를 주제로 한 심포지엄을 열기로 했다. 순전히 관광 전문가의 눈으로만 보는 심포지엄을 열어 과거의 교류를 반성해 보고, 어떻게 하면 균형 있고 지속가능한 질 높은 관광 교류가 이뤄질 수 있는지를 모색해 보자는 취지였다.

그런데 안타깝게도 행사일이 오사카를 휩쓸고 간 태풍의 피해가 가시지 않은 9월 7일이었다. 그래서 참석하기로 약속한 사람들이 다수 불참했다. 그러나 일본 쪽 발표자 3명의 발표 내용은 애초 의도에 맞는 훌륭한 내용이었다. 한국이 일본 관광객을 많이 유치하려면, 서울, 부산, 제주의 3극 집중체제에서 벗어나야 하고, 한국에 흥미가 많은 20-30대에 주목해야 하며, 체험형 상품개발에 힘써야 한다는 제안이 눈에 띄었다. 또 3대가 함께 여행할 수 있는 여행 상품 개발이 필요하다는 의견도 나왔다.

나는 축사를 통해 "한일 인적 교류 1천만 시대를 맞아, 이번 심포지엄이 두 나라 관계를 '양에서 질로' 바꾸는 전환점이 되길 바란다"고 말했다. 이날 나온 얘기대로 실천하면, 그럴 가능성이 충분히 있다고 생각했다.

2018.9.15.
조립식 주택의 선구자:
다이와하우스 방문

9월 13일, 오사카시에 본사를 두고 있는 다이와大和하우스공업주식회사를 방문했다. 4월 부임한 이후 담당 지역의 주요 기업을 방문해 인사를 하고 경제협력 등을 모색하고자 하는 작업의 일환이다.

다이와하우스는 주택 건설 자재를 공장에서 미리 만든 뒤 현장에서 조립하는 프리패브릭 주택일본식 표현으로, 프리패브 주택의 선구자다. 1959년 발매한 프리패브 주택 '미제트하우스'가 대 히트를 치면서 급성장했고, 2017년에는 단독주택 공급에서 일본 내 2위를 차지했다. 지금은 주택 건설과 임대 판매에만 머물지 않고, 도시개발, 환경에너지, 의료개호, 로봇 판매까지 사업 영역을 확대하고 있다.

마침 이 회사를 방문하는 날이 한국에서 집값 폭등이 큰 사회문제가 되고 있는 시점과 겹치기도 해, 요시이 게이지 사장을 만나자마자 한국 집값 문제에 관한 의견을 물어봤다. 요시이 사장은 나의 당돌한 질문에도 불구하고 한국의 상황을 잘 알고 있다는 표정으로, '일본이나 한국 어느 나라도 문제의 본질은 같다. 투기 거품이다'는 요지의 답변을 거침없이 내놨다. 그리고 30년 전 일본의 경험으로 볼 때, 정부가 빠르고 적극적으로 대응하는 게 좋을 것이라고 말했다. 지금 일본도 도쿄나 교토 등 대도시 몇 곳 정도가 집값이 오르지만 이곳들도 몇 년 뒤 가격이 유지되기 힘들 것이란 말도 덧붙였다.

우연히도 이날 오후 우리나라 정부는 부동산 투기를 억제하는 대책을 발표했다. 이날의 대책이 요시이 사장이 말한 빠르고 적극적인 대책인지는 시간이 지나야 판명될 것이다. 그러나 소용돌이의 한가운데 있는 사람보다 바깥에 있는 전문가의 눈이 더욱 정확하지 않을까 하는 생각은 들었다.

요시이 사장은 프리패브 주택의 한국 진출에는 부정적인 판단을 내렸다고 했다. 콘크리트와 같은 두꺼운 벽, 중후장대형 주택을 선호하는 한국 사람들의 주택문화에 얇고 가볍지만 값은 비슷한 프리패브 주택이 먹히지 않는다고 했다. 집은 역시 비용이나 효율 못지않게 문화 및 역사와 깊게 연결되어 있구나 하는 걸 새삼 느꼈다.

정사로 참가한
조선통신사 재현 행렬

일본은 어제부터 3일 연휴다. 월요일이 '경로의 날'이라 휴일이기 때문이다. 총영사관도 현지 휴일에 맞춰 쉬기 때문에 업무를 하지 않는다.

그러나 동포 행사는 일하는 평일보다 쉬는 휴일에 많이 몰려 있어, 교민 업무가 주된 일 중의 하나인 총영사관 직원들은 휴일에도 일을 하는 경우가 많다. 다른 나라 외교관들에게 물어보니, 총영사관 사정은 세계 어디나 비슷한 것 같다.

3일 연휴의 중간일인 16일, 민단교토본부 주최로 2018 코리아페스티발이 열렸다. 페스티발의 중심 행사는 조선통신사 재현 행렬인데, 나는 조선통신사 정사로 분장하고 참석했다.

재현 행렬은 교토시 국제교류회관에서 출발해 헤이안신궁을 거쳐 돌아오는 경로로, 1시간 정도 걸렸다. 다행히 비 예보가 어긋나 우중 행렬은 피했으나, 기온이 30도 이상으로 올라 참가자들이 힘들어했다.

교토민단이 주최하는 조선통신사 재현 행사는 올해로 4번째인데, 민단쪽은 앞으로도 매년 개최할 생각이다. 행렬을 재현하는 동안 선두에서 풍물패가 공연하고 당시의 전통 복장을 한 통신사 및 수행원, 시민들이 뒤따랐는데, 주위의 사람들도 신기한 듯 멈춰선 채 사진을 찍으며 지켜봤다. 외국인 배제와 국수주의를 주장하는 한 우익단체의 차량이 한때 행렬을 따라다니며 방해 행위를 했다. 나는 이런 행위가 오히려 그들의 주목을 받을 정도로 통신사 행사가 발전된 것을 반증하는 것이라는 생각이 들었다.

재현 행렬이 끝나고, 회장에 마련된 무대에서 국서 교환식이 있었다. 나는 국서에서 "김대중-오부치 공동파트너십 선언 20주년을 맞는 뜻깊은 해에 정사로 참가하게 돼 영광"이라면서 "오늘의 행사가 '제2의 조선통신사', '제2의 김대중-오부치 선언'으로 이어지기 바란다"고 말했다.

민족학교 전통예술부의 파레이드

파레이드 후에 가진 국서교환식

2018.9.19.

일본에서 가장
오래된 대학, 류코쿠대

9월 18일에는 일본 대학 가운데 연속성으로 볼 때 가장 오래된 대학인, 교토의 류코쿠대를 방문했다. 참고로 연속성과 관계없이 가장 오래된 대학은 홍법대사 구카이弘法大師 空海가 만든 슈게이슈치인綜藝種智院, 828년에 뿌리를 둔 교토의 슈치인대다.

류코쿠대는 현재 후카쿠사, 오미야캠퍼스이상 교토, 세타캠퍼스시가현 3개 캠퍼스에 문학, 법학, 경제, 농학 등 9개 학부를 거느린 큰 규모의 불교계 대학이다. 처음엔 1639년 정토진종 혼간지본원사파의 본산인 니시혼간지서본원사의 승려 양성기관으로 시작했다. 쉽게 말해, 한국의 동국대를 연상하면 된다.

이 대학은 한국과 관련한 자료를 보유하고 있는 것으로도 유명하다. 안중근 의사의 유품인 글씨와 사진 등 88점을 소유하고 있다. 이 유품들은 2009년 안 의사 의거 100주년을 맞아, 서울에서 열린 안중근의사기념관의 특별전시회에 대여된 바 있다. 조선시대에 제작한 동양 최고의 세계지도인 혼일강리역대국도지도 모사본원본 부재도 이 학교 도서관이 소장하고 있다. 또 니시혼간지의 문주였던 오타니 고즈이가 1900년대 초반 탐험대오타니 탐험대를 이끌며 실크로드에서 많은 불교 유물을 수집했다. 이들 유물은 2차대전 종전과 함께 한국 국립중앙박물관, 중국 여순박물관, 류코쿠대 및 도쿄대 등 3국에 흩어졌다.

불교미술 전공으로 2005년 아프간 불교유적학술대 대장도 맡았던 이리사와 다카시 학장은, 한중일 세 나라에 흩어져 있는 오타니 탐험대 유물을 한데 모아 전시했으면 좋겠다는 의욕을 강하게 보였다. 그리고 불교와 관련이 있는 한국과 일본 등의 나라들이 연구 네트워크를 형성해, 공동의 불교연구를 하고 싶다는 뜻도 밝혔다. 이를 통해 지역의 연대를 다짐으로써 유엔이 제시한 지속가능 발전 목표SDGs를 민간이 앞장서 실행할 수 있지 않을까 한다고 덧붙였다. 그의 양복 깃엔 지속가능 발전 목표를 상징하는 배지가 달려 있었다.

오늘 나라현에 있는 나라여대를 방문했다. 오사카총영사관 관할 안에 있는 대학들을 부임 이후 여기저기 찾아다니며 총장, 학장들과 인사를 하고 있는 와중에 이 학교의 명성을 듣고 찾아갔다.

나라여대는 도쿄의 오차노미즈여대와 함께 일본의 '유이'한 국립여대다. 1908년 나라여자고등사범학교로 출발해, 2019년 5월 1일로 창립 100주년을 맞는다. 당시에 도쿄여자고등사범학교와 함께 일본뿐 아니라 동아시아에서 여자들이 다닐 수 있는 최고의 교육기관이었다 한다.

그런데 왜 나라에 이렇게 유명한 학교가 생기게 됐는지가 궁금했다. 이마오카 하루키 학장의 설명을 들으니, 그 과정이 극적이다. 당시 당국이 간토와 간사이지역에 하나씩 고등학교 교사를 배출하는 여자고등사범을 두기로 했는데, 간사이에서 교토와 나라가 경쟁해 나라가 1표 차로 이겼다. 그리하여 나라여자고등사범학교가 설립됐다는 것이다.

이 학교는 맥아더 군정 시절인 1949년, 각 현에 1개씩 교원 양성과정을 포함하는 국립대를 세우는 방침에 따라 나라여대로 바뀌게 된다. 도쿄여자고등사범학교는 오차노미즈여대로 바뀜 이런 이유로 나라현에는 다른 도도부현에는 다 있는 남녀공학의 국립 종합대가 없다.

이런 특성 때문에 이 학교에는 처음부터 일본 전국중국, 만주, 대만, 조선 포함에서 우수한 인재가 몰려들었다고 한다. 지금도 이런 전통이 이어져 홋카이도에서 오키나와까지 47개 도도부현의 학생들이 두루 입학하고 있다. 물론 일제 식민지시대에 많은 한국인 유학생도 있었다. 이마오카 학장은 올해 8월 동덕여대 총장이 된 김명애 교수가 나라여대가 박사과정을 개설한 뒤 외국인 최초로 학위를 딴 사람이었다고 자랑스럽게 소개했다.

그러나 이 학교도 인구 감소와 함께 구조조정의 고민에 빠져 있다. 우선 2022년에 나라교대와 법인통합을 해, 1법인 2개 학교 체제로 운영할 계획이다. 이런 형식의 대학 통합은 우리나라에는 없는데 귀추를 잘 지켜볼 필요가 있어 보인다.

9월 24일은 추석이고 한국에서는 대체휴일까지 포함해 26일까지 5일 연휴다. 하지만 해외 공관은 현지의 달력에 따라 일을 하므로 이런 혜택을 볼 수 없다. 다만 현지 휴일 외에 삼일절, 광복절, 개천절, 한글날은 한국 달력에 맞춰 쉰다. 그러나 올해는 일본의 휴일인 '추분의 날' 9월 23일이 일요일과 겹쳐 다음날인 월요일24일이 대체휴일이 됐다. 이런 우연의 일치로 올해는 일본에서도 추석 당일을 포함해 3일 연휴를 즐길 수 있게 됐다.

이틀이나 더 남은 한국의 휴일을 부러워하면서, 24일 집에서 그리 멀지 않은 곳에 있는 오사카시립 동양도자미술관에 갔다. 9월 1일부터 11월 25일까지 고려 건국 1100년 기념 '고려청자-비취의 반짝임' 특별전을 하는데, 자칫 기회를 놓칠 것 같아 발걸음을 옮겼다.

세계에서 가장 질 높은 한국의 도자기를 소유하고 있는 미술관다운 전시품이 기다리고 있었다. 전시실 앞에는 이번 특별전을 소개하고 축하하는 데가와 데쓰로 미술관장의 인사말과 배기동 국립중앙박물관장의 축사가 각각 한글, 일본어, 영어로 붙어 있었다. 의외로 관람객도 많았다.

이번 특별전은 미술관 소장품뿐 아니라 도쿄의 국립박물관, 나라의 야마토문화관 및 네이라쿠미술관, 개인 소장품까지 포함해 일본 국내에 있는 고려청자의 총출동이라고 할만 했다. 예를 들어, 전시회 포스터로 나온 청자는

이병창 씨 흉상

동양도자미술관 외관

야마토문화관 소장의 중요문화재다.

여기에 출품된 250여 점의 고려청자를 감상하다 보면, 감탄이 절로 나온다. 특별전 외에 항시 전시되고 있는 조선 시대 자기, 중국과 일본 자기도 볼 수 있다. 고려청자와 다른 자기들을 비교하면서 볼 수 있는 좋은 기회다.

이 미술관에는 한국의 일본대표부 시절 외교관을 지냈던 이병창 씨가 1999년 기증한 고려, 조선 자기 등 3백여 점으로 된 '이병창 컬렉션'이 있다. 미술관 3층 이병창 컬렉션 입구엔 그의 얼굴 조각상이 설치되어 있다.

소장품 외에 어떤 강한 지진에도 견딜 수 있게 전시할 수 있는 면진 시설, 자연 채광을 살린 조명 설계, 도자기를 360도에서 볼 수 있도록 한 디지털 관람 시설도 이 미술관의 자랑거리다.

2018.10.1.
이례적으로 한 달에
두 번이나 초대형 태풍

1일 아침에 일어나 보니, 세상이 완전히 딴판으로 바뀌어 있었다. 어제 밤, 잠들기 전까지만 해도 밖은 강한 비바람이 불고 실내의 텔레비전은 종일 일본 전국을 연결하며 대형 태풍 짜미의 행로와 상황을 전하고 있었다. 오사카는 태풍이 나고야 쪽으로 간 밤 11시 넘어서부터 바람이 강해졌다. 강풍이 창문을 세차게 때리는 긴장 속에 겨우 잠이 들었는데, 아침에 깨어 보니 이게 웬걸 맑은 하늘에 찬란한 햇빛이 비추고 있지 않은가.

어제와 전혀 다른 날씨를 보면서, 자연은 이렇게 무자비하면서도 태연하구나 하는 생각이 들었다. 이런 자연과는 맞서는 것이 아니라 맞춰 살 수밖에 없다는 생각도 들었다.

일본 사람들은 극심한 자연 재해에도 정부 책임을 추궁하기는커녕 스스로 피해를 묵묵히 받아들이는 경향이 강하다. 아마 험한 자연이 불러오는 무자비한 공세 속에서 오랫동안 학습된 '순응 디엔에이DNA'가 그들의 세포에

장착되었기 때문은 아닐까 하고 짐작해본다.

일본의 기상 용어로 '매우 강한' 급의 태풍이 1달 사이에 두 번이나 연달아 온 것은 1992년 기록을 하기 시작한 이래 처음이라고 한다. 지난달 초 간사이공항 폐쇄를 불러온 제21호 태풍 제비와 이번의 제24호 태풍 짜미다.

다행히 이번의 태풍은 오사카에는 제비 때에 비해 큰 피해를 주지 않고 지나갔다. 행로가 태평양 쪽으로 기운데다가, 제비 때 놀란 간사이공항이 미리 태풍 예정일에 활주로를 폐쇄하는 등, 당국이 선제적으로 대응한 효과가 컸다. 총영사관도 태풍이 오기 전부터 주의를 당부하는 정보를 수시로 내보냈다. 태풍이 온 당일엔 일요일이지만 대다수 직원이 출근해 24시간 비상근무를 하며 대응했다. 다행히 여행자 및 동포의 피해는 아직까지 없는 것으로 파악됐다. 이런 예방 조처 때문인지 당일 문의전화도 예상보다 적었다.

국민을 보호하는 총영사의 입장에서 몇 차례 재해를 대하며 느낀 점은, 무엇보다 예방이 중요하다는 사실이다. 둘째는 상황을 예상보다 더욱 강하게, 더욱 민감하게 상정하고 대응하는 것이 필요하다는 것이다. 그래도 외국에서 불의의 사태에 직면하는 개별 국민의 관점에서 보면, 부족하고 미흡한 점이 많을 수밖에 없을 것이다. 그 간극을 메우기 위해 공관은 공관대로 이전의 대응에서 모자랐던 점을 찾아 보완하도록 노력해야 할 것이다. 이와 함께 재해가 빈발하는 지역에 찾아오는 관광객들도 방문지에 관한 사전 정보 숙지, 재해 때 자구대책 준비 등 '내 안전은 내가 지키겠다'는 의식을 가질 필요가 있다고 본다.

24호 태풍이 지나가자마자 25호가 바로 뒤따라온다는 뉴스가 나온다. 소멸되거나 다른 쪽으로 방향을 틀었으면 좋겠다. 내가 너무 이기적인가.

노벨상 발표 시기가 시작되면서, 1일 저녁 가장 먼저 발표된 노벨 의학생리학상 공동 수상자에 일본학자가 포함됐다. 세포의 면역체계를 이용해 암을 치료하는 길을 연 혼조 다스쿠 교토대 특별교수가 그 주인공이다. 일본인으로서 노벨상을 타는 것이 24번째물리 9명, 화학 7명, 의학생리 5명, 문학 2명, 평화 1명여서 그리 놀랄 일도 아닌 것 같지만, 일본 전체가 환영 분위기로 들썩이고 있다. 노벨상의 권위가 그만큼 크다는 뜻도 될 것이다.

그중에서도 간사이지역의 열기는 더욱 뜨겁다. 수상자가 교토대 교수이고, 혼조 교수의 연구 성과를 치료약항암제 옵디보으로 만들어 생산하고 있는 회사가 오사카에 본사가 있는 오노약품공업이라는 점을 감안하면, 이 지역 사람들이 흥분하는 것도 이해할 만하다.

혼조 교수의 면역을 이용한 암 치료 방법 개발, 감염증에 대한 페니실린의 발명에 필적한다는 전문가들의 평가가 나오는 것을 보면, 대단하긴 대단한 모양이다. 그동안 암은 수술, 방사선, 항암제의 세 가지로 치료를 해왔는데, 면역치료 방법이라는 새 치료법이 더해졌을 뿐 아니라 암 정복의 가능성까지 열었다는 것이다.

이런 훌륭한 성과도 성과이지만. 나의 관심은 줄기차게 노벨상, 그것도 자연과학 분야에서 수상자를 배출하는 일본의 저력이다. 혼조 교수는 수상자로 발표된 뒤 기자회견에서 이렇게 말했다. "상이란 상을 주는 단체가 독자의 기준으로 정하는 것이다. 이 상을 받으려고 오래 기다렸다든가 그런 생각은 없다." "나의 모토는호기심과 간단히 믿지 않는 것. 확신할 때까지 한다. 내가 머리로 생각해 납득할 때까지 한다." 또 이런 말도 했다. "중요한 것은 알고 싶다는 것, 불가사의하다고 생각하는 것을 중시하는 것, 교과서에 나오는 것을 의심하고 포기하지 않는 것이다."

나는 혼조 교수의 이 말들에 답이 있다고 본다. 여기에 하나를 더하자면, 이런 탐구심이 발휘되도록 오랜 기간 기다리면서 지원해 주는 시스템이다. 그런데 한국은 이런 기본적인 토대의 차이는 보지 않고 압축 성장을 이룬 것처럼 핵심 분야 몇 곳을 선정해 돈을 집중 투자하면 바로 노벨상을 탈 수 있을 것처럼 생각하는 듯하다. 심지어 일부 사람들은 이곳 대학에 찾아와 "일본은 한국보다 영어 실력도 약한데 어떻게 노벨상을 많이 타느냐"고 묻기도 한다. 어이가 없다.

그런데 부임 이후 이곳 대학들을 방문해 학자들을 만나 보니 "이제 몇 년 뒤부터는 일본에서 노벨상 수상자가 나오기 힘들 것"이라고 푸념을 해댄다. 일본 대학에도 최근 효율과 성과를 중시하는 신자유주의 풍조가 강해지면서 시간이 들고 성과가 불확실한 기초분야를 경시하기 시작했기 때문이란다. 우리는 어떤가.

2018.10.4.
개천절 리셉션에 일본 젊은이가
K-POP 댄스 공연

10월 3일은 제4350주년 개천절이었다. 재외 공관들은 대개 1년에 한 번 주재국의 인사와 교민을 초청해 대규모 국가 리셉션을 한다. 날씨와 현지 정세 등을 감안해 택일을 하는데, 오사카총영사관은 주로 개천절을 맞아 리셉션을 열어왔다. 올해도 개천절에 맞춰 행사를 개최했다.

부임한 이래 다른 나라나 단체에서 주최하는 행사에 손님으로는 많이 다녔지만, 주인으로서 대규모의 손님을 초청해 행사를 한 것은 이번이 처음이었다. 당연히 오래전부터 신경을 쓰지 않을 수 없었다. 개인적으로 큰 행사의 주인으로서 데뷔하는 무대이기도 하지만, 공관과 나라의 실력과 품위가 드러날 수밖에 없는 중요한 행사이기 때문이다.

몇 차례의 사전 준비회의를 통해 지루한 축사 시간은 최대한 줄일 것, 남

개천절 리셉션에서 K-POP 커버댄스를 공연하는 일본 젊은이들

북 화해 분위기와 한일 협력의 메시지를 확실하게 발신할 것, 행사는 흐름이 끊기지 않도록 해 집중력을 높일 것에 의견을 모았다. 결론적으로 행사는 비교적 의도에 맞게 이뤄졌다고 생각한다.

축사와 공연, 건배사까지 30분 안에 끝내, 참석자들이 충분히 친교와 담소를 즐길 수 있는 시간을 확보했다. 행사 시작 전에 평양 정상회담의 비디오 상영과 주최 측 인사말을 통해 한반도 정세 변화를 강조하고, 일본의 젊은이들만으로 구성된 케이팝 커버댄스팀 두 팀현지의 아마추어 팀을 불러 미래세대 중심의 우호를 발신했다. 평가는 각기 다르겠지만, 나는 개인적으로 이 공연이 하이라이트라고 생각하고 준비했다.

동포들뿐 아니라, 언론, 학계, 지방자치단체, 문화계 등 다양한 분야의 일본 사람들이 다른 때보다 많이 참석했고, 전체 분위기가 최근 몇 년의 행사 중 가장 밝았다는 인사말도, 몇몇 참석자들로부터 들었다.

행사 전부터 끝날 때까지 거의 4시간 동안 6-700명의 손님을 맞으며 힘들게 보낸 하루였지만, 이날 행사를 통해 이제야 비로소 '일인 분제몫을 하는 사람의 일본식 표현'의 공관장이 됐구나 하는 성취감도 들었다.

2018.10.06.
한국과 독일이 격년으로 10월 3일에
국경일 리셉션을 하는 이유

10월 5일에는 독일총영사관에서 주최하는 '독일 통일기념일 리셉션'에 참석했다. 원래 독일의 통일기념일은 10월 3일인데, 왜 5일에 행사를 했는지 의아해 하는 사람들이 많을 것이다.

그것은 전적으로 우리나라와 관계 때문이다. 우리나라도 10월 3일 개천절에 국경일 리셉션을 하는 경우가 많기 때문에 세계 곳곳에서 행사 날이 겹친다. 그래서 많은 나라에서 독일의 공관과 협의해, 한 해는 우리나라, 다음에는 독일이 10월 3일에 행사를 하는 걸로 조정한다. 오사카의 경우도 작년엔 독일이 제 날에 행사를 했고, 우리는 하루 당겨 2일에 했다. 주재국의 초청 손님이 분산되는 것을 피하기 위한 신사협정이라 할 수 있다.

나는 공관장 초년생이기 때문에 특별한 사정이 없는 한, 외국의 국경일 리셉션에 빠지지 않고 참석하고 있다. 우선 초보자로서 개인적으로 배울 점이 많다. 손님 접대는 어떻게 하는지, 연설에선 무엇을 강조하고, 손님들은 어떤 때 잘 반응을 하는지 등을 두루 살필 수 있다. 공관으로서도 다른 공관에서 하는 좋은 점과 손님들이 반응하는 것을 눈여겨보고 응용할 필요가 있다.

내가 상대방 행사에 얼굴을 보여줘야 상대도 우리 행사에 오는 건 당연하다. 이런 행사에 가서 새로운 사람을 사귀는 재미도 쏠쏠하다. 이미 알고 있던 지인이 자신의 지인들을 소개해주면서 인맥이 조금씩 넓어짐을 느낀다. 어떤 때는 힘들게 노력해서 만나고 싶었던 사람인데 이런 행사를 통해 쉽게 연결되기도 한다. 또 우연히 예기치 않은 사람을 사귀는 경우도 있다. 이날 행사에서도 어떤 부인이 동료 부부 몇 쌍의 사진을 찍어 달라고 해 찍어줬는데, 내가 한국총영사인 줄을 뒤늦게 알고 당황하는 그들과 한참 얘기를 나누었다.

독일의 행사에서는 리셉션 회장 식탁 위에 소형 독일 연방기를 올려놓은 점, 입구에 유네스코 문화유산으로 등록된 지역의 사진을 전시한 점, 건배를 건배사를 하는 사람과 독일총영사 부부가 단상에 같이 올라 한 점이 눈에 띄었다. 또 둘 다 연설이 길긴 했지만, 말하는 사람을 주최 측 인사말과 건배사로 최소화한 것도 주목할 만했다. 또 한 가지는 리셉션 때 주재국 국가 연주인데, 대부분의 나라들은 자국과 주재국의 국가를 부르거나 연주한다. 이번 독일의 경우는 부르지 않고 관현악단이 양국의 국가를 연주만 했다. 그런데 우리나라는 행사장에 양국의 국기를 걸어놓거나 배치는 하지만, 일본 국가를 부르거나 연주하지는 않는다. 우리나라 국가도 부르지 않는다. 나는 일본과 복잡 미묘한 관계 때문에 우리나라만 이런 식으로 행사를 하는 줄 알았더

독일 통일기념행사 모습

니, 중국도 마찬가지였다. 중국도 9월 28일 건국기념일 리셉션을 했는데, 양국의 국가 제창 없이 행사를 했다.

10월 9일 저녁과 10일 오전 연달아 강연을 했다. 외교관이 하는 주요한 일 중의 하나가 주재국 인사나 동포를 대상으로 연설이나 강연을 하는 것이지만 이런 식으로 연달아 하는 것은 드문 일이다.

강연, 연설을 비교적 자주 할 수밖에 없으니 담담하게 맞이할 것 같지만, 어느 연설이나 강연이든 준비하는 과정은 항상 힘들고 떨린다. 대상이 누구냐에 따라 같은 주제라도 표현이나 강조점을 달리 할 수밖에 없다. 지루하지 않으면서 메시지를 확실하게 전해야 하니, 전체의 흐름을 구성하는 데 신경을 많이 쓸 수밖에 없다.

첫 번째 강연 대상은 오사카부 의회의 한일친선의원연맹 소속 의원들, 두 번째는 한국에서 수학여행 온 고등학생들이었다. 의원들이 의뢰한 강연 제목은 '한국과 오사카의 우호 촉진을 위하여'였고, 학생들을 대상으로 한 강연 주제는 '글로벌 리더십'이었다.

오사카부 의회는 보수성향의 오사카유신회, 자민당, 공명당 소속이 절대다수다. 반면 재일동포가 많이 사는 오사카의 특성상 친구나 사업, 학교, 음식, 문화 등 한국과 관련한 한두 가지의 화제는 꼭 가지고 있다. 그래서 이들을 대상으로는 백제와 신라 시대부터 지금까지 교류의 역사와 사례를 들면서, 한국과 오랜 역사가 축적된 이곳의 자산을 살려 한일우호의 견인차가 되자는 메시지를 보냈다.

한국의 고등학생들에게는 현재 오사카를 찾은 많은 수의 한국 젊은 관광객, 한국의 케이팝과 음식을 즐기는 일본 젊은이들의 모습을 전하며, 상대를 이해하기 위해서는 구경을 하는 것에서 한 걸음 더 들어가 상대의 문화, 역사, 생활을 아는 것이 중요함을 강조했다.

두 강연을 마치고 곰곰이 생각해 보니, 전체로 보면 같은 내용을 순서만 달리해 얘기한 셈이 됐다. 오사카부 의원들에게는 과거의 인연으로 시작해 현재로 이야기를 풀어나갔다면, 한국 고등학생들에겐 현재에서 과거로 거슬러 올라가며 얘기를 했다. 부의회 의원들을 상대로는 과거의 역사부터 시작하는 게 얘기를 부드럽게 풀어나가는 데 좋을 것이란 생각을 미리 했지만, 학생들에겐 아무런 생각 없이 얘기를 시작했는데, 얘기가 현재부터 과거로 자연스럽게 흘러갔다.

어떤 식으로 얘기를 풀어가든 중요한 것은 청중이 화자의 말에 얼마나 호흡을 같이 하느냐이다. 변변치 않은 경험이지만 준비 과정에서 메시지, 핵심 단어, 얘기 순서, 사례 등을 놓고 고민을 많이 하면 할수록 공명 효과가 커지는 건 분명한 것 같다. 그래도 끝나면 항상 부족하고 아쉬운 게 연설이고 강연이다. 마치 시시포스의 돌처럼, 아무리 밀어 올려도 자꾸만 밀려 내려오는 것 같다.

2018.10.13.
'신문도 내는 디지털미디어'가 된
〈뉴욕타임스〉

신문, 방송의 위기는 일본도 마찬가지인 듯하다. 이곳에 부임한 뒤 만난 언론사 간부들은 이구동성으로 "젊은이들이 종이 신문을 보지 않는다", "광고 수입이 줄어들어 경영이 힘들다"고 말한다. 사실, 전통 미디어의 위기는 한일만이 아니라 세계적인 현상이다.

내가 신문기자 출신이기 때문에, 아무래도 미디어와 관련한 뉴스나 화제에 관심이 많다. 12일 아침 〈아사히신문〉에 아서 살츠버거 〈뉴욕타임스〉 발행인의 전면 인터뷰가 나왔다.

전체가 흥미롭지만 몇 대목이 더욱 눈길을 끈다. 그는 언론을 위협하는 '위험한 힘'으로, 광고 수입으로 지탱해왔던 사업 모델의 변화, 언론사에 대한 신뢰의 저하, 페이스북과 구글 등 거대한 플랫폼의 등장 세 가지를 들었다. 또 뉴욕타임스가 종이신문사인가 디지털미디어인가라는 질문에는 "이미 후자디지털미디어가 되었다고 생각한다"고 말했다.

최근 재편하고 있는 편집국의 방향에 관한 질문에는 "무엇을 바꿔서는 안 되는가, 지키지 않으면 안 되는 가치가 무엇인가"가 중요하다며 다음과 같이 말했다. 나는 이 대목이 핵심이라고 본다. "그것은, 독립한 입장에서 공평하고 정확하게 행하는 독창적 현장주의, 전문성 높은 저널리즘이라고 생각합니다. 모든 것의 핵심은 여기에 있습니다."

그는 페이스북 등 플랫폼에 대해서는 플랫폼은 저널리즘을 제일로 생각하지 않기 때문에 거기에 장래를 거는 것은 위험하다면서, 새로운 독자와 시청자를 개척하는 데 협력할 필요는 있다고 말했다. 이른바 '중체서용'의 방식이다. 미디어의 신뢰 저하뿐 아니라 미디어의 양극화, 그를 조장하는 권력의 문제도 지적했다. 한국의 미디어 관계자들도 참고할 만한 이야기라고 생각한다.

2018.10.14.
한일 정치학자가 교토에서 회의:
가치관의 공유보다 과제의 공유

올해는 '한일공동선언-21세기를 향한 새로운 한일파트너십' 일명, 김대중·오부치 공동선언이 발표된 지 20주년이 되는 해다. 정확하게는 20년 전 10월 8일 선언이 발표됐다.

이 선언은 일본이 처음으로 한국을 대상으로 과거 식민지배에 대한 반성과 사죄를 하고, 한국이 전후 일본이 국제사회의 발전에 공헌한 것을 평가한 토대 위에서 미래를 위해 협력을 강화해 나아가기로 한, 역사적 문서다. 최근 몇 년 동안 한일관계가 역사인식을 둘러싼 갈등으로 나빠져 있는데다, 최근 한반도 정세의 급변으로 양국협력의 필요성이 커지고 있는 때여서 이 선언의 의미와 가치가 더욱 조명 받고 있는 것 같다.

이런 흐름 속에서 양국에서 공동선언 20년의 계기를 살려, 한일 우호협력관계를 재구축하자는 정부, 정계, 학계, 시민사회의 움직임도 올 하반기 들어 활발하게 이뤄지고 있다. 아베 신조 총리도 9일 도쿄에서 열린 기념 심포지엄에 참석해, 치즈 떡볶이와 케이팝을 거론하며 '제3의 한류 붐'을 언급하기도 했다.

오사카총영사관도 12일, 교토의 리츠메이칸대에서 한국정치학회회장, 김의영 서울대 정치외교학부 교수, 일본정치학회 회장, 사이토 준이치 와세다대 정치경제학부 교수와 공동으로, 기념학술회의를 열었다. '급변하는 동아시아의 정세와 새로운 한일관계'를 주제로 약 5시간 동안, 동아시아 정세를 분석한 뒤1세션, 공동선언 이후 한일관계를 평가하고2세션, 가치와 과제를 통한 새로운 한일관계를 모색하는3세션 라운드테이블 자리를 가졌다.

동북아 정세를 보는 시각 등에 관해 한일 학자 사이에 시각 차이도 드러났지만, 매우 의미 있는 생각의 교류마당이었다. 가장 큰 의미는 일본에서 한국과 가장 인연이 깊은 간사이지역에서 수준 높은 한일의 지적 교류가 이뤄진 것이다. 간사이지역은 한국에 관한 관심의 크기에 비해, 이제까지 한일 사이의 지적 교류에서 소외되어 왔다고 해도 과언이 아니다. 이런 갈증이 있었기 때문인지, 참가자들의 집중력은 감탄할 만큼 대단했다. 또 양국을 대표하는 정치학자들의 모임인 정치학회가 조직적으로 결합해 학술회의를 열었다는 것도 의미가 크다고 생각한다. 앞으로 비슷한 모임이 지속, 정례화 할 수 있는 가능성이 생겼기 때문이다.

나는 회의 참가자 구성에서, 한일관계 전문가만이 아니라 미국, 중국, 유럽 등의 지역정치, 정치사상, 정치이론 등 다양한 전문가들이 첨석한 것도 아주 좋았다고 생각한다. 세계화시대의 한일관계 해법은 양자 관계에만 집착해선 찾을 수 없다고 보기 때문이다. 또 많은 학자들이 개념에 동의하기 어려운 '가치 공유'보다 쉽게 의견을 모을 수 있는 실용적인 '과제 공유'를 중심으로 협력을 모색하자고 제안했다. 현실적인 제안이라고 본다.

이런 것이 차곡차곡 쌓이고 쌓여, 한일우호의 잠재력이 큰 간사이지역이 한일우호의 최첨단 발신지로 깨어났으면 한다.

2018.10.19.
공급자(관) 중심에서 소비자(민) 중심으로
홈페이지 개편

종이와 전파가 주요 전달수단으로 활약하던 전통 미디어의 시대가 저물고, 인터넷, 모바일, 사회관계망서비스SNS가 미디어의 새로운 주력으로 떠올랐다. 정보통신기술의 발달이 몰고 온 미디어 세계의 변화다. 쉽게 말해, 전통 미디어의 시대에서 뉴미디어 시대로의 전환이라고 할 수 있다.

이런 변화의 물결이 미디어 세계에만 머물고 있는 것이 아니다. 재외국민 보호와 지원 등 대민 서비스를 주요 업무의 하나로 하고 있는 해외 공관도 예외가 아니다. 인터넷 시대가 왔다고 종이신문이 없어지는 것이 아니듯이, 직접 얼굴과 얼굴을 맞대거나 전화로 하는 업무가 없어지는 것은 아니다. 하지만 날이 갈수록 인터넷과 SNS를 통한 소통의 비중이 커지고 있다.

오사카총영사관도 이런 흐름을 반영해, 최근 홈페이지를 크게 손질했다. SNS도 기존의 페이스북 외에 트위터를 새로 개설했다.

개선 방향은 '공급자 중심'이 아닌 '소비자 중심'의 홈페이지http://overseas.mofa.go.kr/jp-osaka-ko/index.do를 만드는 것으로 잡았다. 대표적으로 홈페이지 구성에서 첫머리에 있던 '공관 소개'란을 맨 뒤로 옮겼다. 그 대신 재해 대비 등의 정보를 비롯해 총영사관에서 전하는 소식들을 한데로 모아 '새소식'이란 문패로 맨 앞에 배치했다. 운영에서도 국민에게 도움이 되는 정보 발신을 강화하는 등, 이전보다 더욱 친절한 홈페이지가 되도록 노력할 생각이다.

교토에는 윤동주 시인의 시비가 3개 있다. 그가 다녔던 도시샤대의 교정, 하숙집 터였던 교토예술대 앞, 그리고 그가 대학 친구들과 마지막 소풍을 갔던 우지시 시즈카와 강변에 시비가 세워져 있다.

도시샤대의 시비는 그의 사후 50년 뒤인 1995년, 교토예술대 앞은 2006년, 우지 강변은 2017년에 세워졌다. 묘하게 첫 시비로부터 11년씩 간격을 두고 제2, 제3의 비가 건립됐다.

첫 번째와 두 번째 시비에 새겨진 시는, 그의 불멸의 대표작인 〈서시〉다. 그런데 3번째 비엔 "내를 건너서 숲으로/고개를 넘어서 마을로"로 시작하고 닫는 〈새로운 길〉이 새겨져 있다.

10월 20일 오후 3시, 우지의 '시인 윤동주 기억과 화해의 비' 건립 1주년 행사가 열렸다. 시비 건립위원회 분들과 한국, 일본 시민들을 포함해 70여 명이 참석했다. 헌화와 인사말, '새로운 길' 낭독, 아리랑 제창 등 30분 정도 식을 거행했다. 아리랑은 윤 시인의 마지막 소풍 장소인 이곳 강변에서 친구들의 요청으로 부른 노래였다고 한다.

나는 인사말에서 "다른 두 곳의 시비에는 〈서시〉가 새겨져 있는데 이곳엔 새로운 길이 새겨져 있다"면서 "아마 그 뜻은 한일 두 나라가 갈등과 대립의 '내와 고개'를 넘어 화해와 협력의 '숲과 마을'로 가자는 것이 아닐까 생각한다"고 말했다. 윤 시인은 27살의 젊은 나이에 일제가 만든 치안유지법의 희생자가 되었지만, 아직도 그가 뿌린 평화와 자연을 사랑하는 시, 즉 그의 정신은 일본에서도 살아 숨 쉬고 있음을, 이런 행사를 보면서 확인했다. 이런 것이 문학의 힘이 아닐까.

시즈카와 강변에 있는 '시인 윤동주 기억과 화해의 비'는 우지역에서 걸어서 40분 정도, 한국 관광객도 많이 찾는 뵤도인평등원에서 20분 정도의 거

교토예술대 앞 두 번째 윤동주 시비

우지의 시즈카와 강변에 세워진 세 번째 윤동주 시비

리에 있다. 교토에 여행하는 사람들은 도시샤대-교토예술대-우지시 우지의 윤동주 시비 순례코스를 잡는 것도 의미가 있을 것 같다. 도시샤대의 시비엔 1년에 얼추 1만 명 이상의 한국 사람들이 찾는 명소가 됐다.

2018.10.21.
재일동포와 관계 구축이
일본 다문화공생의 첫걸음

10월 중순, 간사이지역의 날씨는 최고다. 맑은 하늘에 최고기온이 22-3도 전후여서, 야외행사를 하기에 가장 좋다. 10월 초까지 마음을 놓지 못하게 했던 태풍 소식이 아득히 먼 일처럼 느껴지는 나날이다.

이런 날씨 때문인지 요즘 주말마다 행사가 많다. 20일토에는 오사카총영사관과 민단 오사카지방본부가 공동주최하는 '한일 우호친선 다문화공생 페스티발'이 열렸다. 21일에는 올해로 45회째를 맞는 사카이시의 사카이 마츠리축제가 열렸다. 모두 재일동포가 중요한 역할을 하는 행사다.

오사카의 다문화공생페스티발은 '재일동포의 수도'로 불리는 오사카답게 1천 명 이상 들어가는 회장이 재일동포 등으로 꽉 찼다. 오사카지역 출신 일본 의원들도 10명이나 참석했다. 오후 5시부터 3시간 동안, 일본 청소년과 한국 청소년, 한국에서 온 국악 퓨전 뮤지컬 팀 '판타스틱'이 열기 속에서 공연을 했다. 특히, 오사카에 있는 민족학교인 건국중고등학교의 전통예술부가 펼치는 사물놀이 등 전통놀이 공연은 청중을 압도했다. 참석한 일본 지인들도 모두 그들의 박력 넘치는 공연에 찬사를 보냈다.

사카이 마츠리의 하이라이트는, 사카이 역사를 시대별로 구분해 펼치는 가장행렬 행사다. 그런데 이곳의 행렬 가운데에서도 가장 길고 박력 있고 눈길을 끈 행렬이 조선통신사, 전통무용 팀, 태권도 팀 등으로 구성된 재일동포 행렬이었다. 나도 행렬이 지나는 길가인 베트남총영사관 앞에 설치된 연단에서 재일동포 행렬을 보고 벌떡 일어나 박수와 환호를 보냈다. 타케야마

사카이 마츠리에 참가한 재일동포 조선통신사 행렬

오사카민단 주최 다문화공생 페스티벌

사카이 마츠리에 참가한 금강학교 전통무용팀 행렬

오사미 사카이시장도 재일한국인의 협력으로 마츠리가 성공적으로 이뤄졌다고 말했다.

일본 사회의 '마이너리티 중의 매저리티'를 차지하는 재일동포의 존재는, 한국뿐 아니라 일본에도 매우 중요하다. 한국으로서는 이들이 한일을 연결해 주는 튼튼한 다리이고, 일본에겐 재일한국인과 잘 지내는 것이 일본이 성공적인 다문화공생사회로 가는 첫걸음이기 때문이다.

2018.10.23.
정치보다 먼저 눕고
정치보다 먼저 서는 것이 경제

10월 22일 월요일에는 '한국-간사이 경제포럼' 행사가 열렸다. 오사카총영사관이 주최하는 가장 비중 있는 경제 관련 행사로, 긴키산업국, 코트라 오사카무역관, 오사카부, 오사카산업진흥기구와 공동 개최한다. 또 오사카의 3대 경제단체 간사이경제연합, 간사이경제동우회, 오사카상공회의소와 제트로 일본무역진흥기구 오사카본부가 후원한다.

올해로 10회째를 맞았다. 한일 기업인과 경제단체 관계자 200여 명이 참석했다. 최근의 정치 갈등에도 불구하고, 이런 모임, 플랫폼이 10년 동안 이어져 오면서 발전해 가고 있다. 주최 측의 한 사람으로서 대견하다.

포럼의 구성은 통상 강연과 한일 양국 기업의 상대국 진출 사례 발표, 그리고 교류회로 이뤄진다. 올해의 강연 연사는 최근 급변하는 한반도의 정세 변화를 감안해 제트로 아시아경제연구소의 한국경제 전문가인 아베 마코토 씨를 초청해, '변화하는 남북정세와 한일협력의 새 전개'라는 제목의 강연을 들었다. 아베 씨는 "일본은 납치 문제 해결과 핵 폐기 등 전제조건의 해결이 필수적이라는 입장이지만, 어떻게 대북 경제협력에 관여해갈 것인가는 한국과 연대 가능성을 포함해 사전에 준비할 필요가 있다"고 말했다.

사례 발표는 한국 측에서는 부산-오사카 사이의 화물, 여객 노선을 운항

하는 팬스타그룹의 김현겸 회장이, 일본 측에서는 미용실 의자와 '헤드 스파'라는 미용 건강사업을 하는 다카라벨몬트의 나카가와 글로벌기획실장이 했다.

나는 인사말에서 "이번 10회 포럼이 한일 공동선언 20주년의 해에 열려 더욱 의미 깊은 것 같다"면서 "한반도의 화해 무드가 오면 한일 경제협력은 선택이 아니라 필수가 될 것으로 본다"고 말했다.

바람보다 먼저 눕고 바람보다 먼저 일어서는 것이 풀이라는 말이 있듯이, 정치보다 먼저 눕고 정치보다 먼저 일어서는 것은 경제가 아닐까, 하는 생각이 들었다.

10월 25일, 각각 도쿄와 오사카를 중심으로 활동하는 두 일본 언론인 모임의 초청을 받아, '문재인 정권의 평화구상과 한일관계'라는 제목의 강연을 했다.

80년대, 90년대 서울 특파원 출신자를 중심으로 구성된 도쿄의 '조선반도한반도 문제를 생각하는 언론인 모임'과 오사카의 '자유저널리스트클럽'이 공동 초청자다. 자유저널리스트클럽은 1987년 우익세력 추정의 괴한에 의한 아사히신문 한신지국 기자 살해 사건 이후, 1988년 이 지역 출신 언론인들이 언론자유를 지키자는 뜻에서 만든 단체다. 두 단체의 회원들은 대부분 신문, 방송 기자 출신들인데, 서울 특파원 또는 지한파가 핵심 역할을 하고 있다.

오사카문화원에서 열린 이날 강연회에는 양쪽 단체 회원 20여 명 외에도, 일본 시민과 재일동포도 50명 정도 참석했다. 한국 사정을 너무 잘 아는 언론인 앞에서 연설하는 것이라, 준비 단계부터 긴장이 됐다.

나는 강연에서, 문재인 대통령의 구상은 "한반도에서 다시 전쟁이 일어나는 것은 꼭 막아야 한다"는 원칙 아래, 미국, 일본 등 주변국과 협조를 강화하고 한반도 문제의 당사자로서 주도성을 발휘하면서 동북아의 다자 평화체제 구축과 평화적인 과정을 통한 남북통일을 이루려는 것이라고 요약했다. 그리고 한일관계는 역사인식 등 쉽게 풀리지 않는 문제를 폭발하지 않도록 잘 관리하면서, 북한 문제 등 긴급한 과제에 관한 협력을 강화할 필요가 있다고 강조했다.

강연은 1시간 정도 했는데, 질의응답은 종전선언을 포함한 대북 문제, 위안부 문제, 민족교육 문제 등 다양한 분야에 걸쳐 2시간 동안 이어졌다. 껄끄럽고 미묘한 질문이라도 될 수 있으면 피하지 않고 성의껏 대답하려고 노력했다.

종전선언은, 일본과 중국의 국교정상화1972와 평화조약 체결1978, 일본과 소련러시아의 관계정상화1956년 일소공동선언 이후 평화조약 미체결 상황을 거론하면서 북미의 종전선언 선행이 역사적으로 볼 때도 이상한 것이 아님을 주장했다. 특히, 문 대통령은 종전선언으로 주한미군 철수 등은 없다는 점을 확실히 하면서 종전선언이 종국적인 평화체제로 가는 과정의 마중물이라고 강조하고 있다는 점을 설명했다. 위안부 문제는 일본에 추가적인 외교 조치를 요구하지 않는 것, 2015년 12.28합의로 위안부 문제가 해결되지 않았다는 것이 두 기둥이라고 말했다. 민족교육은 과거의 재일동포의 정체성 지키기에 더해, 일본의 다문화공생사회 실현을 위해서도 중요한 과제가 됐다고 답했다.

일본 언론인들의 날카로운 질문에 다른 모임보다 몇 배 힘이 들었다. 하지만 이들이 가지고 있는 발신력의 크기를 감안하면, 안 한 것보다는 몇 배 나았다고 생각한다.

신라·고려의 보물을
일본에서 만나면서 느낀 심정

나라의 도다이지동대사 안에 있는 천황가의 보물창고 쇼소인정창원에 보관된 보물을, 일부 공개하는 제70회 쇼소인전이 10월 27일부터 나라국립박물관에서 개막했다. 11월 12일까지 쉬는 날 없이 열린다.

나는 26일 개막식과 사전 관람회에 초청을 받았다. 쇼소인전은 보물 창고에 보관되어 있는 약 9천 건의 보물 가운데 수십 점을 골라 나라국립박물관에서 일반 공개하는 행사다. 한 번 출품된 보물은 10년 이상 공개하지 않는 게 원칙이어서, 일생에 한 번밖에 볼 수 없는 것도 많다.

이번에는 처음 공개되는 10개의 보물을 포함해, 모두 56점이 전시됐다. 그 중에는 신라의 가야금, 백동 전지가위, 놋그릇과 그릇을 쌌던 신라시대 종이 문서 등도 출품됐다. 신라의 보물을 외국에서 보니, 반갑고 놀랍고 안타까운 마음이 동시에 일어났다. 쇼무성무 천황과 고묘광명 황후가 애용했다는 자개팔각거울, 봉납품을 보관했던 침향목상자 등의 보물이 이번 전람회의 대표적인 전시품으로 소개됐다.

무엇보다도 놀라운 것은 세운 지 1300년 가까이 되는 쇼소인741-750년 건립 추정이라는 목조 창고에 이런 귀중한 보물들이 온전하게 보관돼왔다는 사실이다. 단지 전쟁이 없었다는 것만으로는 설명할 수 없는 기적과 같은 일이다. 이런 덕에 나를 포함해 많은 사람의 눈이 호강하는 기회를 누렸다.

쇼소인전은 가을에 17일밖에 안 되는 짧은 기간 동안만 열리기 때문에, 매일 해외와 일본 전역에서 몰려오는 관람객으로 인산인해를 이룬다고 한다. 쇼소인전은 1946년부터 열렸는데, 도쿄에서 열린 세 번을 빼고는 모두 나라국립박물관에서 열렸다.

이날 모처럼 나라의 쇼소인전에 가는 김에, 같은 나라에서 고려 건국 1100년 특별전을 하는 두 미술관도 방문했다. 1978년 대규모 고려불화전을 열어 세계적인 충격을 줬던 야마토문화관에서는 '고려-금속공예의 찬란함과 신앙'전을 하고 있다. 10월 6일부터 시작했는데, 11월 11일 끝난다. 청자 말고도 고려의 금속공예가 이렇게 훌륭했는가 실감하게 됐다. 이른 오전 시간에 갔는데도 관람객이 많았다. 또 도다이지 옆에 있는 '네이라쿠'라는 조그만 미술관에서도 10월 1일부터 내년 2월 24일까지 '비색과 상감의 고려청자·이조 분청사기' 특별전을 하고 있었다. 작지만 매우 알찬 전시다. 하루의 시간을 잘게 나누어 세 곳을 돌아보면서 한껏 마음과 눈을 정화했다.

2018.10.28.

아리랑판타지, 안도 다다오와 고시노 준코

10월 27일토, 28일일 이틀 동안, 세계 최정상급 문화를 세 곳에서 즐겼다. 토요일 저녁에는 오사카문화원 개원 20주년 기념 국립국악관현악단 초청 공연이, 오사카 최고의 연주홀인 심포니홀에서 열렸다. '아리랑 판타지'라는 이름으로 열린 이 공연은 홀을 가득 채운 재일동포 및 일본인들에게 한국 국악의 멋을 한껏 과시했다. 아리랑환상곡부터 사철가, 판소리심청가 일부, 신뱃놀이까지 공연 모두가 관객을 홀리며, 열렬한 반응을 이끌어냈다. 세계 최고의 이름값을 톡톡히 한 공연이었다.

일요일 낮에는 일본이 낳은 세계적인 건축가 안도 다다오의 강연회에 갔다. 오사카한국청년회의소 등 간사이지역 재일동포 청년단체들이 매년 친목과 화합을 위해 '한마음 행사'를 하는데, 올해가 7회째다. 이들이 올해 행사에 안도 다다오를 초청해, 오사카민단에서 강연회를 했다. 나는 이 행사의 축사를 위해 참석해, 그의 강연을 들었다. 강연의 제목은 '아시아는 하나'.

안도 다다오는 몇 개의 슬라이드 그림을 띄워놓은 채, 거장답게 형식에 얽매이지 않고 자신의 생각을 1시간 동안 풀어냈다. 개성, 창조성, 지속성, 정열, 자연, 공동체, 미래세대가 그가 강조한 키워드였다. 자신의 경우를 예로

오사카부 청사에서 열린 고시노 준코의 패션쇼

들며, 정해진 틀 속에서 일등을 하는 것보다 자신만이 할 수 있는 일을 하는 게 중요하다는 점을 강조했다.

안도 다다오의 공연이 끝난 뒤에는 저녁에 오사카부 청사에서 열린, 일본이 낳은 세계적인 디자이너 고시노 준코의 패션쇼에 갔다. 100년 역사의 오사카부 청사 계단을 무대로 삼아 열린 패션쇼는 계단의 수직성을 살려 그의 특색이 더욱 입체적으로 잘 드러나도록 했다. 해외 활동이 많은 그가 고향인 오사카에서 패션쇼를 한 건 30년 만이다. 그는 행사 전 리셉션 회장에서 나에게 "오래 전에 한국에서 두 번 패션쇼를 한 적이 있다"고 한국과 인연을 강조했다.

이틀 동안 세 곳에서 세계 일류 무대를 보면서 느낀 감상은 "역시 세계 일류는 다르다. 다 그럴 만한 이유가 있다"였다.

2018.10.30.
세습경영이지만 탈권위·탈관료주의의
세계적 기업: 무라타제작소

10월 29일, 간사이지역 주요 기업 방문 활동의 하나로, 교토 나가오카쿄에 있는 세계적인 기초 소재 기업인 무라타제작소를 찾아갔다. 무라타제작소는 전기를 저장했다가 필요에 따라 안정적으로 회로에 공급하는 기능을 가진 적층세라믹콘덴서MLCC에서 세계 1위의 기초소재의 강자다. 한국에서도 삼성전자, 엘지전자, 현대자동차가 주요 고객이라 한다.

창업자의 3남인 무라타 쓰네오 사장은 소재 분야 최고기업의 사장답지 않게 매우 겸손하고 수수한 모습으로 회사의 경영 및 사업 방식을 설명해줬다. 이 회사는 일본 대기업 중에서도 기술자에게 개발 및 영업과 관련한 권한을 적극 이양하고, 사내 위아래 사이의 소통이 잘 되는 회사로 유명하다. 무라타 사장은 "고객에게 신속하게 대응해야 하는 적층세라믹콘덴서 등에서는 기술, 영업 담당자에게 적극적으로 권한과 책임을 이양하고, 투자 등 주요 전략은 고위층에서 결정하는 두 가지 방식을 취하고 있다"고 설명했다. 그는 또 언제든지 고위층과 직원이 자유롭게 소통하는 분위기를 만들고 있다면서 이를 위해서는 회사의 철학사시의 공유와 사내 교육이 중요하다고 말했다.

이 회사는 일본에서도 드문 세습 경영회사인데, 사원들과 소통과 현장으로의 권한 이양 등 탈권위, 탈관료주의 경영을 하고 있다. 한국의 2세, 3세 기업인들이 배울 것이 많은 회사가 아닌가, 생각한다.

한국, 중국 등의 유학생 입사자도 매년 늘려 나가고 있다고 한다. 교토 외곽의 한적한 곳에 자리 잡고 있지만, 실력과 회사 분위기에서는 세계 최고인 만큼 일본 기업 취직에 관심 있는 청년들에게 적극 추천하고 싶다.

10월 31일과 11월 1일, 1박2일 일정으로 와카야마시에 다녀왔다. 유엔이 정한 '세계 쓰나미의 날11월 5일' 을 맞아 열린 '2018 고교생 서미트 인 와카야마'에 초청을 받아 참석했다.

세계 쓰나미의 날 고등학생 서미트는 올해로 3회째다. 일본에서 170명, 외국에서 47개 국 300여 명이 참가한 큰 행사다. 한국에서도 인천 대건고 학생 4명이 지도 선생님과 함께 참석했다. 나는 참가한 한국 학생을 격려하고, 이 행사를 사실상 이끌고 있는 니카이 도시히로 자민당 간사장 등 요인들과 인사를 나눴다. 또 행사 주최자인 와카야마현 관계자들과도 더욱 친선을 다지는 기회가 됐다.

고교생 서미트 행사는 올해가 3회째인데, 이번에 가장 많은 나라가 참석했다고 한다. 첫 서미트는 고치현, 두 번째는 오키나와에서 지난해 열렸다. 다음 4회 서미트는 홋카이도가 유력하다고 한다. 모두 일본에서 열리고 있는 것은 일본이 주도한 행사이고, 개최하는 데 돈이 많이 들기 때문이 아닌가 짐

무라타제작소 현관 로비에 전시되어 있는 세라믹콘덴서 재료

작된다. 그래도 쓰나미라는 말이 세계에서 통용하는 보통명사가 될 정도로 일본과 쓰나미, 일본과 자연재해는 뗄레야 뗄 수 없는 관계에 있고, 방재 분야에서 일본이 세계 최고라는 점을 생각하면 당분간 이 행사가 일본 주도로 이뤄지는 것은 당연해 보인다.

11월 5일이 세계 쓰나미의 날이 된 데는, 이런 사연이 있다. 1854년 와카야마현 히로카와에 안세이난카이 지진이 일어나 쓰나미가 밀려왔을 때, 이 지역 출신 실업가인 하마구치 고류가 수확을 끝낸 볏단에 불 '이나모리노히'을 지펴 주민들을 높은 곳으로 유도해 많은 사람의 목숨을 구했다 한다. 또 하마구치가 지진이 끝난 뒤 당시 최대 규모의 제방을 만들어 88년 뒤 또다시 지진이 왔을 때 쓰나미 피해를 막는 데 큰 공헌을 했다. 이런 얘기가 배경이 되어 2015년 유엔총회에서, 이 지역 출신 니카이 의원 등의 제안을 받아 첫 지진이 일어난 11월 5일을 '세계 쓰나미의 날'로 지정했다. 역시 유엔 지정의 날이 되기 위해서는, 호소력 있는 얘기가 필요한 것 같다. 또 그런 사례를 잘 발굴해 제시하는 게 매우 중요할 것이다.

세계의 많은 젊은 학생들이 한데 모여 이런 모임을 한다고 금세 재해가 크게 줄어들지는 않을 것이다. 그래도 젊은이들이 한 명이라도 많이 하루라도 빨리 자연재해와 예방에 관해 고민한다면, 조금이라도 더 안전한 세계가 되지 않을까.

2018.11.4.
세 번 조우한 문 대통령의
일역 자서전 〈운명〉

문재인 대통령의 자서전 〈운명〉이 10월 4일, 일본에서 번역 출판되었다. 일본의 대표적인 인문학술 출판사인 이와나미서점岩波書店이 출간했다. 2011년 펴낸 책이고, 1년 전에 중국에서도 번역 출판된 것을 생각하면 늦은 셈이다. 더구나 일본은 한국과 가장 가까운 나라이면서 출판 대국이라는 점에서 그렇다.

최근 이 책과 관련해, 세 번의 조우를 했다. 첫 번째는 10월 25일 전·현직 일본 언론인을 대상으로 '문재인 정권의 평화구상과 한일관계'에 관해 강연을 할 때였다. 도쿄에서 온 전 서울특파원 출신의 한 사람이 나한테 책을 보여주며 "내용이 아주 좋다. 일반 일본시민들이 문 대통령을 잘 모르고 오해도 많은데 많이 읽었으면 좋겠다"고 했다.

두 번째는 10월 말 한 일본 기자와 만났는데, 그가 선물로 이 책을 주었다. 한국 책은 읽었겠지만 일본에서 나온 한국 대통령 책이어서 주고 싶다고 해, 선뜻 받았다. 책 띠지에 강상중 도쿄대 명예교수의 "못다 이룬 꿈을 이루려고 하는 운명의 인물 문재인" 이라는 글과 함께, 북한에 납치되었다가 돌아온 납치자 출신의 하스이케 가오루 니가타산업대 부교수의 글이 쓰여 있는 게 눈에 띄었다. 하스이케 교수는 "그문재인 대통령의 인생에 한국 격동의 역사가 응축되어 있다"고 말했다. 납치 일본인의 한 사람인 그가 말하는 '한국 격동'이란 과연 무엇일까?

우연이란 각자 떨어져 오기도 하지만 한꺼번에 몰려서 오기도 하는 모양이다. 11월 3일 자 〈아사히신문〉 서평란에 이 책 서평이 크게 실려 있었다. 사토 준이치 와세다대학 정치학 교수는 서평 말미에 "문 대통령은 지금 북한과 신뢰관계를 쌓으려고 이니셔티브를 발휘하고 있는데, '사람이 먼저'라는 처음의 동기 부여가 실효적인 정책으로서 결실을 거둘까"라면서 "임기가 끝난 뒤 이어질 속편을 기대한다"고 썼다. 이 책이 많이 팔려, 일본사람들이 다소 생소하게 느끼는 문 대통령의 생각과 정책을 아는 데 일조하기를 바란다.

2018.11.5.
'사천왕사 왔소' 축제에
축사를 보내지 않은 아베 총리

오사카에서 한일 민간인 주최의 가장 큰 규모의 축제인 '사천왕사 왔소四

天王寺 ワッソ' 행사가, 11월 4일 오사카성 근처 나니와궁 터에서 열렸다.

1990년 오사카에 사는 재일동포를 중심으로 시작된 축제가 벌써 27회가 됐다. 해마다 빼놓지 않고 열렸다면 29회인데, 2001년과 2002년은 후원자의 경제적인 사정이 있어 일시 중단되었다. 2003년부터 주최 측을 정비해 재개한 뒤, 지금까지 면면히 이어지고 있다.

2003년부터 재개된 행사의 가장 큰 특징은 한일 양국 정상이 이 축제를 축하하는 메시지2004년부터를 보내오는 것이다. 이것도 한일관계에 바람이 불거나 파도가 쳐도 변함없이 이어져 왔다.

문재인 대통령도 작년에 이어 올해 민간교류의 중요성을 강조하는 메시지를 보내줘, 내가 대독을 했다. 그러나 아베 신조 총리는 올해 메시지를 보내지 않았다. 굳이 10월 30일에 한국에서 나온 강제 징용 관련 대법원 판결과 직접 연결된 것으로 보고 싶지는 않다. 여하튼 아베 총리가 메시지를 보내오면 대독하기로 되어 있던 일본의 간사이 담당 대사도 불참했다.

다소 쓸쓸하지만 한국 대통령 메시지만 홀로 발표됐다. 주최 측에서 참석자들에게 이런 사정에 관해 설명을 해주지 않았으니, 참석자들도 올해는 좀 이상하다고 생각했을 것이다.

그래도 날씨는 최고였고, 축제는 여느 때와 변함없이 순조롭고 성대하게 진행됐다. 이번 축제의 주제는 '이어가다'였는데, 나에겐 어떤 어려움이 있어도 이런 민간교류는 이어가자는 뜻으로 읽혔다. 이번 축제에는 '싸우지 않고 속이지 않고 성의를 가지고 선린관계를 이루자'고 한, 에도 바쿠후시대의 조선 전문 외교관 아메노모리 호슈를 주제로 한 미니극이 공연되어 호평을 받았다.

이 축제는 처음엔 재일동포가 중심이 되어 행렬에 참가했는데 지금은 70% 정도가 일본인으로 바뀌었다고, 주최 측 관계자는 설명해 주었다. 그만큼 현지 사회에 녹아든 축제가 됐다는 뜻일 것이다.

'사천왕사 왔소' 축제에 참가한 일본인 학생들

나니와궁터에서 열린 '사천왕사 왔소' 축제

오사카총영사의 1000일

교토 외에 후쿠오카, 오카야마,
가고시마에도 있는 귀무덤

11월 7일, 교토의 귀무덤이비총, 미미하나즈카에서 위령제가 열렸다. 한국의 사단법인 겨레얼살리기국민운동본부가 2007년부터 시작했다. 2008년은 사정이 있어 열리지 못했다. 그래서 올해가 11번째이다.

한국에서 박성기 겨레얼살리기국민운동본부 이사장 등 관계자 10여 명을 비롯해, 교토와 오사카민단 간부 및 동포들, 일본의 시민 등 150여 명이 참가했다. 오사카총영사관에서도 나를 포함해 3명이 참석했다.

절기로는 입동인데도 여름 날씨를 방불케하는 따가운 햇살이 피부를 찌를 정도였다. 노천에서 1시간 반 동안 치러진 위령제는 시종 엄숙한 분위기가 지배했다. 나는 추도사에서 '1600년에 이르는 한일관계 속에서도 귀무덤은 매우 슬프고 아픈 역사를 상징한다. 우리가 오늘 이런 역사를 추도하는 것은 이런 비극이 다시 발생하지 않도록 하기 위해서일 것이다. 한일 모두 아픈 역사를 극복하고 힘을 합쳐 우호와 협력을 위해 나가자'는 취지로 말했다.

귀무덤에는 임진왜란 때 일본 침략군이 전공을 셈하기 위해 가져온 12만 명 정도의 귀 또는 코가 묻혀 있다고, 옆자리에 있던 박 이사장이 설명해 주었다. 교토뿐 아니라 후쿠오카, 오카야마, 가고시마에도 이런 묘가 있다고 한다. 당시의 인구를 감안하면 헤아리기 어려울 정도의 참사다.

귀무덤의 위치도 참 묘한 곳에 있다. 임진왜란을 일으킨 도요토미 히데요시를 모신 도요쿠니신사의 아랫쪽 왼편 낮은 곳에 자리하고 있다. 또 봉분 위에는 큰 돌 5개가 탑처럼 놓여 있다. 박 이사장은 마치 도요토미를 모신 신사가 왕이 앉는 자리라고 한다면 신하가 앉는 곳에 귀무덤이 있고, 더구나 그 위에 큰 돌을 얹어 놓아 원혼이 빠져나오지 못하게 하는 듯이 돼 있다고 말했다.

위령제가 진행되는 내내 마음이 편하지 않았다. 이렇게 많은 사람이 일본

매년 11월에 열리는 귀무덤 위령제 모습

오사카 총영사의 1000일

에서 원혼이 된 채 묻혀 있다는 것이 마음을 아프게 했고, 또 최근 대법원의 강제징용 판결로 일고 있는 일본 안의 이상기류가 과거의 아픈 역사를 불러냈기 때문이다. 과거의 아픈 역사를 교훈삼아 이런 비극이 재발되지 않도록 하기 위해서라도 귀무덤의 기억과 추모는 계속 이어질 필요가 있다고 본다.

2018.11.11.
창립 70주년 맞은
와카야마현과 나라현 민단

11월 11토, 12일일에는 재일본대한민국민단이하 민단 와카야마현 지방본부와 나라현 지방본부 창단 70주년 기념행사가 각각 열렸다. 69주년도 아니고 71주년도 아닌, 70주년이라는 의미가 있기 때문에 나도 축하를 위해 연일 두 행사에 참석했다.

오사카총영사관이 담당하고 있는 오사카부, 교토부, 시가현, 나라현, 와카야마현 중에서도 와카야마와 나라 두 지역은 동포 수가 적은 곳이다. 따라서 동포가 밀집해 사는 오사카부나 교토부에 비해, 인적·물적으로 열악하다. 그러나 역으로 말하자면, 이런 열악한 환경 속에서도 70년 동안 재일동포의 중심 단체로 활동해온 것이 대단하다고 할 수 있다. 또한 그렇기 때문에 더욱 축하를 받을 만하다고 본다.

나는 두 행사의 축사에서, 70년 동안 일본 사회의 차별 속에서도 일본 사회가 무시할 수 없는 어엿한 존재로 자리 잡아온 민단 관계자들의 노고에 박수를 보내고 최근 급격한 세대 교체기에서 민단이 다시 한 번 중심적인 역할을 해줄 것을 부탁했다.

와카야마민단 기념식은, 한국어스피치대회와 함께 열렸다. 또 한국의 팝페라 공연팀 '라루체'가 한국 노래, 일본 노래 등을 섞어 부르며 동포들의 흥을 돋우어 주었다. 그동안 쇠퇴 분위기 속에서 어깨에 힘이 빠졌던 민단 간부들과 동포들도 모처럼만에 기를 받았다고 기뻐했다.

한국민요를 부르는 와카야마 부인회 회원들

오사카총영사의 1000일

일요일 나라 행사에는 오사카의 민족학교인 금강학교의 무용단과 건국학교의 전통예술부 팀이 출연해, 멋진 축하공연을 했다. 무용단이 한국의 우아한 멋을 보여줬다면, 전통예술부 팀은 박력 만점의 연기로 참석자를 사로잡았다. 또 나라 기념행사에는 효고현 단장까지 포함해, 긴키지역의 2부 4현의 단장이 모두 참가해 단합된 모습을 보여줬다.

어떤 단체이든 10으로 떨어지는 해를 중시한다. 그를 계기로 이전의 10년을 반성하고, 앞으로 10년을 설계하는 동기를 얻기 때문일 것이다. 이런 점에서 두 민단의 창단 70주년은 또 다른 10년의 출발점이다.

박일 오사카시립대 교수는 '민단 70년의 성과와 과제'라는 제목의 나라민단 기념 강연에서, 앞으로 민단의 과제로 차세대 육성, 민족학교 유지 강화, 지방참정권, 다양해지는 젊은 세대의 포용, 귀화와 이중국적에 관한 고민 등을 제시했다. 민단이 이런 문제들을 잘 극복하면서, 이전의 70년보다 더욱 성숙하고 발전된 조직이 되길 빈다.

2018.11.17.
제4회 오사카 한국영화제에
초청된 황정민 씨

11월 17일토, 한국의 인기 영화배우 황정민 씨와 점심을 함께하는 영광을 누렸다. 올해로 4회째를 맞는 오사카한국영화제11.16-18의 특별기획인 '배우 황정민 특별전 및 토크쇼'에 어렵게 참석해 주어 감사의 뜻으로 점심자리를 마련했다.

오사카영화제는, 오사카한국문화원이 한국영화를 간사이지역에 알리기 위해 의욕적으로 하고 있는 연례행사다. 구성은 한국 영화 상영, 감독 또는 배우 초청 토크쇼로 이뤄지는데, 사실 영화제라고 하기엔 아직은 낯간지러운 수준이다. 그래도 현지의 반응이 좋아 점차 자리를 잡아가고 있다.

올해는 일본에서 개봉이 안 된 작품을 중심으로 상영회를 기획했다. 〈변산〉, 〈대관람차〉, 〈히말라야〉, 〈신세계〉, 〈베테랑〉, 〈택시 운전사〉가 상영작으로 꼽혔다. 17일엔 황정민 씨가 주연을 맡은 〈히말라야〉, 〈신세계〉, 〈베테랑〉을 연속 상영하고, 이어 황정민 씨의 토크쇼가 열렸다.

나는 오후에 다른 일정이 있어 토크쇼엔 가 보지 못하고, 점심을 같이하는 것으로 아쉬움을 달랬다. 화면 밖에서 처음 만난 황정민 씨는 매우 소탈하고 수수했다. 본인의 말로는 수줍음을 많이 타, 인터뷰나 팬 관리 등을 잘 못하는 편이란다. 이번에 오사카영화제에 참석한 것은 몇 년 전 런던의 한국문화원에서 주최한 영화제에서 좋은 인상을 받아서 용기를 냈다고 한다.

일본에서도 많이 알려진 배우여서 오사카에도 자주 왔을 법한데, 이번이 첫 오사카 방문이라니 놀랍다. 고대시대부터 한국과 인연이 깊은 곳이니 만큼 황정민 씨뿐 아니라 일본 팬들도 상대를 더욱 잘 이해할 수 있는 기회가 됐으리라고 본다. 또 이런 만남과 소통이 역사 갈등으로 삐걱거리는 한일관계를 조금이라도 치유하는 데 공헌했으리라고 본다.

이번 영화제가 열리는 극장의 객석은 350석인데, 신청자 수는 5천 명이 넘었다. 역시 문화의 힘은 대단하다.

2018.11.18.
총영사관 1층 홀에
민족학교 학생 작품 전시

11월 17일 토요일, 문화 행사로 바빴다. 영화배우 황정민 씨와 점심을 마치고 바로 공관으로 갔다. 총영사관 관할지역 안의 민족학교, 민족학급 학생들이 그리거나 만든 미술품을 공관 1층 강당에 전시하는 행사, '2018 사제동행 아트쇼' 제1회의 개막식이 열렸기 때문이다. 행사의 이름은 선생님과 학생들이 함께하는 미술전시회의 뜻을 담아, '사제동행 아트쇼'로 정했다.

이날 전시회에는 건국학교, 금강학교, 교토국제학교의 세 민족학교와 오사카부의 공립학교에 설치된 민족학급에 다니는 학생들 작품 5백여 점이 출품됐다. 초등학생부터 고등학생의 작품, 개인 작품과 공동작품, 회화와 공작까지 두루 전시되었다. 학생과 선생님, 동포 등 1백여 명이 참석해 개막식을 했다.

애초 이 행사를 기획한 동기는, 기존 총영사관의 재건축으로 임시 이전한 공관의 1층 회의실을 어떻게 활용할 것인가 하는 고민이었다. 마침 임시공관의 미술품 배치, 정리를 조언하기 위해 출장 온 본부의 선승혜 문화교류협력과장이 민족학교 학생 작품 전시 아이디어를 준 게 시작이었다.

오사카총영사관 관할지역에는 일본 전체의 우리나라 계열의 민족학교 4개 중 3개가 몰려 있다. 또 1948년 한신 교육대투쟁의 역사가 보여주듯이 민족교육의 열의가 강하다. 이런 배경 때문에 지금도 오사카지역의 공립 초중학교에 다니는 한국 뿌리의 학생 3천여 명이 학교 안에 설치된 민족학급에서 일주일에 몇 시간씩 우리 역사, 문화, 말을 배우고 있다.

이런 점을 생각하면, 사제동행 아트쇼는 단순한 미술품 전람회 이상의 뜻을 담고 있다. 민족학교와 총영사관, 지역사회와 총영사관을 구체적으로 친근하게 연결해주는 다리의 의미가 있다. 그 중에서도 앞으로 동포사회를 이끌고 갈 새싹들과 총영사관이 그림이라는 매개물을 통해 만나는 통로가 마련된 것이 가장 큰 의미라고 생각한다.

사제동행 아트쇼는 이제 발걸음을 뗐지만, 앞으로 더 기대가 된다. 이번 전시회는 내년 6월 말까지 이어지며, 학생들이 그동안 작품을 자유롭게 교체할 수 있도록 할 생각이다.

공관 1층 회의실은 이번 행사를 계기로 '꿈 갤러리'라고 이름을 붙였다. 앞으로 이 공간이 재일동포 어린이들의 꿈을 가꾸고, 총영사관과 동포사회가 더욱 친숙하게 만나는 장소가 됐으면 좋겠다. 시작은 미미하지만 시간이 갈수록 창대한 성과로 이어지도록, 동포사회와 함께 노력할 생각이다.

총영사관 꿈 갤러리에서 열린 아트 쇼 개막식

일요일인 11월 18일 오후, 오사카시 덴노지구에 있는 통국사에서 '제주 4·3 희생자 위령비' 제막식이 열렸다. 오사카지역에 사는 제주 출신 동포들이 중심이 되어 만든 '재일본 제주 4·3 희생자위령비 건립추진위원회'가 주최했다.

일본지역 뿐 아니라 해외에 4·3 희생자 위령비가 세워진 것은, 이것이 최초다. 아마 일제시대부터 오사카에 제주 출신이 많이 살고 있는 지역 특성이 작용한 것이라고 여겨진다.

러일전쟁 때 획득한 군함을 개조해 만든 연락선 '기미가요마루'가 1923년부터 제주-오사카를 오갔고, 이때 일본이 급격히 공업이 발달하고 있었던 사정과 겹치면서 오사카에 유독 제주 출신이 많이 살게 됐다고 한다. 또 4·3사건 때 생명의 위협을 느낀 사람들이 밀항 등을 통해 건너와 이미 오사카에 자리 잡고 있던 친척이나 친지에게 몸을 맡긴 경우가 많았다고 한다. 이런 사정으로 제주와 오사카, 오사카와 4·3은 아주 긴밀하게 연결돼 있다.

분단 이후 남북의 이념 대결 속에서 4·3은 "공산 폭동"으로 규정되어 말하는 것조차 금기시된 시절이, 국내에서도 오랫동안 이어졌다. 일본 안의 사정은 더욱 심했다. 사건으로부터 40년 되는 1988년에야 도쿄에서 첫 추도집회가 열렸고, 10년 뒤 오사카에서도 처음 위령제가 열렸다고 한다.

이번 위령비 건립은 4·3사건 70년을 맞아 제주 출신 동포들이 많이 사는 오사카에 제주의 비극을 잊지 않고 기억하는 기념물을 세우자는 뜻에서 추진됐다. 3.6미터 높이의 추모비 기단부에 당시 제주도의 178개 모든 마을리에서 가져온 돌을 배치해 놓아, 제주와 연결을 강조한 것이 특색이다. 재일본 4·3사건희생자유족회의 오광현 회장은 "제주에서 돌을 수집해 가져오는 일이 가장 힘들었다"면서 "이 위령비가 아마 국외에서 세워진 최초이자 마지막

오사카시 통국사에 세워진 일본 최초의 제주 4·3 위령비

위령비가 아닐까 생각한다"고 감개를 밝혔다.

이날 행사에는 오사카에 사는 재일동포 외에도 제주와 서울, 도쿄에서도 4·3 관련 단체 인사들이 많이 참석했다. 나도 총영사 자격으로 참석해, 사회자로부터 내빈소개를 받고 청중을 향해 인사를 했다. 비록 속도는 늦지만 이렇게 세상은 조금씩 변하고 있다는 것을 모두 느끼지 않았을까 생각한다. 위령비 제막식 행사에 참석하고 돌아오는 길에, 이쿠노구의 재일한국기독교회관에서 열리고 있는 4·3 관련 미술전시회에도 들렀다.

11월 23일은 일본의 '근로감사의 날'로 공휴일이다. 그래서 23일부터 3일 연휴였다. 이 기간을 이용해, 간사이지역의 민족학교건국학교, 금강학교, 교토국제학교와 민족학급 교사를 비롯한 민족교육 관계자 연수회가 1박2일 열렸다. 나도 참석했다.

이 지역에 있는 한국과 관련한 역사 유적을 탐방하고, 조선통신사 등과 관련한 강의를 듣는 빡빡한 일정이었다. 첫날인 23일에는 교토부 우지시의 우토로 마을과 에도 시대에 조선과 성신외교를 주창했던 아메노모리 호슈의 고향에 있는 호슈암을 견학하고, 저녁 때 숙소에서 특강을 들었다. 둘째날은 2차대전이 끝난 뒤 귀국하다가 배가 폭침하는 바람에 549명이 숨진 우키시마마루 폭침 사건의 현장과 조선인 강제노동자 등이 인간 이하의 조건에서 일하던 단바망간기념관을 견학했다. 이동 중에는 버스 안에서 영화 〈박열〉 등을 비디오로 관람하며 연수 분위기를 돋우었다. 나는 단바망간기념관 외에는 이미 가본 적이 있어, 첫 일정부터 합류하지 않고 바로 후쿠이현의 쓰루가에 있는 숙소로 직행했다. 숙소에 도착하니, '살아 있는 조선통신사 사전'이라고 해도 과언이 아닌 나카오 히로시 교토예술대학 객원교수가 '조

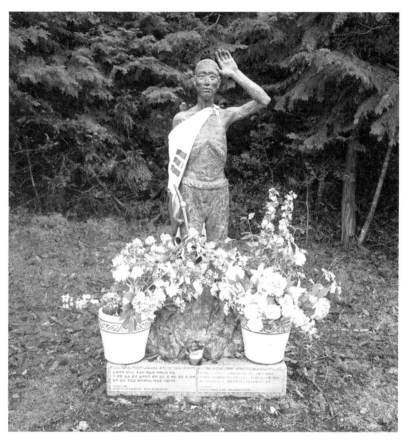

민족교육 관계자 연수 일정 때 방문한 단바망간기념관 안의 강제동원 조선인 노동자 상

선통신사의 역사에서 배우는 한일관계 전망' 특강을 시작할 찰나였다. 나카오 교수는 임진왜란 직후 양국이 대규모 외교 문화 사절단을 보내고 받은 역사에서 교훈을 얻어, 현재의 한일 갈등을 풀어나갈 필요가 있다는 취지의 얘기를 했다.

나는 '민족교육, 왜 중요한가'라는 주제로 강연을 해 달라는 부탁을 받았다. 나는 민족교육이, 1. 재일동포 사회의 거점 2. 재일동포 사회와 한국을 이어주는 탯줄 3. 한국과 일본의 가교 역할 4. 다문화 공생을 이끌 세계시민의 육성 5. 세대교체기에 든 재일동포 차세대 육성의 다섯 가지 점에서 중요하다고 본다고 말했다. 또 고국에 돌아갈 준비와 일본사회의 차별에 맞서는 차원에서 시작한 민족교육이, 이제는 시대변화에 맞춰 일본사회에 정착해 잘 살기와 다문화공생에 더욱 힘을 써야 할 것 같다고 말했다. 이어진 저녁 시간엔 건배사를 빙자해 각자의 생각을 말하는 유익한 시간을 가졌다.

24일에는 아침 식사 뒤 마이즈루의 우키시마마루 폭침 현장 근처의 순난비가 세워진 곳으로 가, 현지 시민으로 구성된 추도회 관계자로부터 바다를 보면서 당시 상황과 추도회의 활동 등에 관해 얘기를 들었다. 이어 폐쇄된 망간광산을 이용해 만든 단바시의 단바망간기념관을 방문했다. 재일동포 2세로 관장을 맡고 있는 이용식 씨는 "이곳이 일본에서 유일한 강제동원 기념관일 것"이라면서 "일본 정부의 돈을 하나도 받지 않고 가족의 힘만으로 강제노동의 현장을 기념관으로 만들어 운영하고 있다"고 말했다. 이번 일정 중에서 이곳이 유일하게 내가 가 본 적이 없는 곳이었는데, 시설을 잠시 둘러보는 것만으로도 우리 선조들이 인간 이하의 조건에서 살았구나 하는 것을 실감할 수 있었다.

전반적으로 힘든 1박2일의 연수였지만, 참가자 모두 과거 역사에서 재일동포의 삶을 배우는 귀중한 기회였다고 생각한다.

11월 26일 오후에 오사카에서 세종연구소와 한국국제교류재단이 공동 주최하는 '오사카 한일관계 심포지엄'이 열렸다. 10월 말의 대법원 강제징용 판결과 11월 중순의 화해치유재단 해산 이후 한일 사이의 긴장된 분위기 때문인지, 동포들뿐 아니라 일본인들도 적잖이 참석했다. 회의 시작부터 끝까지 청중들의 집중도 매우 높았다.

1부에서 문재인 정권 초기 청와대 안보실 제2차장을 지냈던 김기정 교수가 '한반도 정세변화와 동북아 평화'를 주제로 강연을 한 뒤 토론을 했다. 그리고 2부에서는 참석자들이 모두 나서 한일협력 방안을 주제로 토론을 했다.

남북이 주도하고, 정상들이 이끌고, 경제 이익을 중심으로 움직이는 패러다임의 변화라는 시각에서, 한반도 정세를 설명한 김 교수의 강연은 집중도가 높았다. 그러나 토론의 중점은 자연스레 최근의 한일관계를 반영해, 어떻게 두 나라 관계를 개선해 나갈 것인지로 모아졌다. 특히, 강제징용 판결과 관련해서는 충격이 매우 커 쉽게 풀리지 않을 것이라는 비관론과 갈등의 관리 및 협력확대론, 시간이 지나면서 풀려갈 것이라는 낙관론 등 다양한 의견이 나왔다.

어떤 것이 정답이라고는 말하기 어렵지만 불편한 시기에 불편한 문제를, 많은 한일 시민 앞에서 공론하는 것, 그것도 시종 자리를 떠나지 않고 경청하는 청중이 있었다는 점만으로도 의미 있는 행사였다. 백종천 세종연구소 이사장도 1부 사회를 매듭지으면서, 진정한 공공외교의 현장을 보는 것 같았다는 평가를 했다.

나도 축사를 통해, 한국정부는 대법원 판결 존중과 한일관계의 악화 방지라는 두 원칙 아래 대책을 마련하고 있음을 알렸다. 그리고 사실에 근거하지 않은 채 나오고 있는 일본 안의 대법원 판결 비판엔 그렇지 않다는 걸 설명했다. 즉, 이번 판결이 정권교체에 영향을 받았다는 주장엔 이 판결은 이명박 시절인 2012년 대법원 판결의 재확인이라고 설명하고, 1965년 한일협정의 부정이란 주장엔 한일협정을 인정한 토대에서 적용범위를 판단한 것이라는 이낙연 총리의 언급을 전했다.

2018.11.30.
민족교육의 의미를
깊이 생각한 하루

11월의 마지막 날인 30일엔 재일동포가 많이 몰려 사는 오사카시 이쿠노구에 있는 미유키모리소학교 민족학급 개설 30주년 기념식이 열렸다. 기념식에 이어 바로 민족학급 학생들의 학예발표회도 있었다.

나도 어려운 여건 속에서 우리 문화, 우리 말, 우리 역사를 가르치고 배우는 민족교육 관계자들을 격려하는 뜻에서 기념식에 참석했다. 개별적인 내빈 소개나 내빈 축사도 없이, 순수하게 학교 관계자 중심으로 진행되는 행사지만 한국 총영사의 참석이 이들에게 작은 힘이라도 되길 바라며 기꺼이 자리를 함께했다.

미유키모리소학교는 전체 학생 100여 명 가운데 70% 정도가 한국의 뿌리를 가지고 있고, 한국 또는 조선적의 학생은 10명 정도라고 한다. 이런 특성 때문에 학년마다 한 학급씩 민족학급이 설치되어 있고, 여기서 학생들이 일주일에 한 시간씩 우리 것을 배운다. 민족학급 수업만을 담당하는 상근교사도 있다.

상근교사도 없이 시간강사로 운영되는 다른 학교의 민족학급에 견주어 형편이 좋지만, 처음부터 그런 건 아니었다고 한다. 30년 전 민족학급 개설 때에는 자녀들에 우리 것을 가르쳐 주길 바라는 부모들이 돈을 모아 민족학급 강사 월급을 지원하는 것으로 시작됐다고 한다. 이 학교에서 20년간 민족학급을 담당해온 홍우공 선생은 민족학급 개설을 위해 노력한 10년을 더하면,

미유키모리소학교 민족학급 개설 30주년 기념 학예발표회

미유키모리소학교 민족학급 개설 30주년 기념 학예회에서 교사들의 깜짝 공연

30주년이 아니라 40주년이라고 하는 게 맞다면서 감개의 눈시울을 붉혔다.

　이러던 것이 학부모들의 민족교육 강화 요구운동에 힘입어 상근교사를 두는 민족학급으로 발전됐다. 그리고 2012년에는 민족학급 활성화 등의 덕택으로, 유네스코학교로 인정되었다. 유네스코학교란 유네스코의 이상을 실현하기 위해 평화와 국제연대를 실천하는 학교를 말한다.

　선생님들이 깜짝쇼로 연출한 아리랑 노래에 맞춘 사물놀이 등이 끝나자 바로 학생들의 발표회가 이어졌다. 그러나 다음 약속 때문에 발표회 첫 부분만 보고 나와야 했다. 첫 발표는 2, 3, 5, 6년 학생이 사물놀이와 부채춤, 연극 등을 함께 섞어 펼쳤는데, 정말 눈물이 날 정도로 감동적이었다. 과연 한국에 있는 학생도 그 정도 할 수 있을까 하는 생각이 들었다. 전혀 주눅 들지 않고 마음껏 우리 것을 과시하는 어린 학생들을 뒤로 하고 아쉽게 학교 문을 나섰지만, 민족교육의 의미를 다시 깊게 생각하게 한 하루였다. 아마 보지 못하고 나온 발표들도 감동적이었을 게 틀림없다. 하나를 보면, 열을 알 수 있으니까.

2018.12.2.

왜 민족교육이 중요한가

　11월 23일-24일, 오사카지역에서 민족교육을 담당하는 선생님과 관계자들이 모여 연수회를 했다. 그때 주최 측으로부터 '민족교육, 왜 중요한가'라는 제목으로 강연을 해 달라는 부탁을 받았다.

　내가 감당하기 버거운 주제이지만, 오래전부터 일본과 관련한 일을 하면서 가졌던 생각, 그리고 4월 부임한 뒤 현지의 민족교육 현장을 방문하고 관계자를 만나면서 느낀 것 등을 종합해 나 나름대로의 생각을 발표한 바 있다.

　여러 가지 부족하고 보완할 점이 많지만, 일본 안의 재일동포 민족교육에 관한 관심을 환기하는 차원에서 글을 공유한다.

| 민족교육, 왜 중요한가 |

안녕하십니까. 오사카총영사 오태규입니다. 먼저 단풍이 멋지게 물든 시기에 이렇게 아름다운 곳에서 민족학급 선생님들을 비롯한 민족교육 관계자들이 한 자리에 모여 연수를 하게 된 것을 축하합니다. 그리고 이런 의미 깊은 연수회에 참가하게 되어 개인적으로 기쁘게 생각합니다.

지난 8월 여기서 멀지 않은 시가현 비와호 근처에서 열린 제55회 재일본 한국인 교육자대회에서도 비슷한 내용의 강연을 한 바 있습니다만, 저는 재일동포 사회의 발전, 모국인 한국의 발전, 더 나아가 일본 및 세계를 위해서도 민족교육의 활성화가 매우 중요하다고 생각합니다.

지금 우리 정부와 함께하고 있는 간사이지역의 민족교육 관계자는 대략 4천 명 정도로 알고 있습니다. 오사카의 백두학원 건국학교, 금강학원 금강학교, 교토의 교토국제학원 등 3개 민족학교에 8백여 명의 학생과 150명의 선생님이 있습니다. 또 오사카부의 공립학교에 설치된 민족학급에서 우리나라 뿌리를 가지고 있는 3천여 명의 초중학교 학생이 55명의 선생님으로부터 우리 말, 우리 문화, 우리 역사를 배우고 있습니다. 아마 여러 지방자치단체 별로 하고 있는 여름캠프나 하계학교 등을 포함하면 숫자는 훨씬 많아질 것이라고 봅니다.

그러면 지금부터 민족교육이 왜 중요한지에 관해, 저 나름대로 정리한 생각을 말해 보겠습니다.

첫째, 민족학교, 민족학급을 포함한 민족교육은 바로 재일동포 사회, 재일한국인 공동체의 중심이기 때문입니다. 민족학교나 민족학급은 단지 학생들이 우리 것을 배우는 곳일 뿐만이 아니라, 학부모를 포함해 재일동포 사회를 아우르는 중심입니다. 이곳에서 어린 학생이 우리 것을 배우면, 그것이 학부모 및 지역 사회로 자연스럽게 퍼져나가게 되어 있습니다. 호수에 돌을 던지면 파문이 점차 확대해 나가듯이, 학생 바로 다음에 학부모가 있고, 그 뒤에 재일동포 사회가 있습니다.

둘째, 민족교육은 한국과 재일사회를 이어주는 탯줄입니다. 학생들은 이곳에서 한국의 말, 문화, 역사를 배웁니다. 그리고 그것이 앞에서 말씀드렸듯이 재일사회로 확산되어 갈 것입니다. 그래서 우리는 모국과 서로 물리적으로, 지리적으로 떨어져 있지만 한국, 한국 것이라는 정체성을 함께 공유할 수 있게 됩니다.

셋째, 민족교육은 한국과 일본을 연결해 주는 다리이기도 합니다. 일본 속에서의 민족교육은 존재론적으로 한국과 일본을 다함께 고려하는 교육이 될 수밖에 없습니다. 또 그래야 합니다.

과거에는 모국으로 돌아가는 것을 전제로 우리 것을 배워야 한다고 하는 시대도 있었지만, 지금은 우리 것을 지키면서 일본 속에서 얼마나 잘 어울리며 사느냐가 중심이 될 수밖에 없다고 봅니다. 지금의 민족교육은 일본 속에서 살면서 우리 것을 배우고, 우리 것을 간직하면서 일본에 살아야 하는 사람을 키워내는 데 중점을 둬야 한다고 생각합니다. 실제 그렇게 하고 있습니다. 이런 교육을 통해 한국과 일본이 뗄레야 뗄 수 없는 관계를 맺는 데 기여하고 있습니다.

넷째, 민족교육은 한국과 일본 두 나라 관계뿐 아니라 국제사회에 공헌할 수 있는 인재를 길러내는 역할을 하고 있다고 봅니다. 또 그래야 민족교육의 의의가 더욱 커질 것이라고 생각합니다. 지금의 시대는 국제화 시대입니다. 국제적인 기준과 생각을 가지지 않고는 제대로 활약할 수 없는 시대가 전개되고 있습니다.

처음부터 한일이라는 이질적 요소의 공존을 가르치고 배울 수밖에 없는 민족교육은 다문화, 공생, 공존을 핵심 가치로 하는 국제화 시대의 인재를 길러내기에 가장 안성맞춤의 장소라고 생각합니다.

마지막으로 민족교육은 점차 축소되고 왜소화해가는 재일동포 사회를 강화하고 활성화할 수 있는 토대를 만드는 기초라고 생각합니다. 아무리 재일동포가 축소되어 간다고 해도 우리 것으로 튼튼하게 무장된 차세대가 계속 배출되는 한 재일동포 사회는 굳건하게 유지, 발전될 것입니다. 저는 이런 의미에서 민족교육이 살아 있는 한 어떤 어려움이 와도, 재일동포 사회는 흔들리지 않고 이어질 것이라고 확신합니다.

이렇게 중요한 민족교육이 지금 위기에 있다는 말이 나오고 있습니다. 그러나 위기는 위기라고 생각할 때에야 비로소 위기에서 벗어날 수 있습니다. 저는 이탈리아의 철학자 안토니오 그람시의 '지성의 비관, 의지의 낙관'이란 말을 좋아합니다. '상황은 비관적으로 보되 행동은 낙관적으로 하자'는 뜻이 아닐까, 저는 생각합니다.

민족교육의 위기를 돌파하기 위해서는 무엇보다 정세를 냉정하고 정확하게 보는 눈이 필요합니다. 저는 민족교육이 살아남는 것을 넘어 활성화되기 위해서는 이제까지의 민족교육의 성공과 실패를 돌아보고, 새로운 방향을 모색해야 한다고 생각합니다.

이제까지 1, 2세가 중심이 되어 전개해왔던 민족교육은 일본 사회의 탄압과 차별, 고통으로부터 우리를 지키기 위한 생존 차원의 불가피한 선택이었습니다. 재일동포들은 생존을 위해 더욱 단단한 뿌리 의식을 가지고 단결하지 않으면 안 되었고, 민족교육도 그런 상황을 반영하지 않을 수 없었다고 봅니다.

그러나 지금은 그때와는 상황이 많이 바뀌었습니다. 동포들은 조국에 돌아가 정착하는 것이 아니라 일본 사회에 남아 성공하는 길을 택할 수밖에 없는 환경에 처했습니다. 일본 사회의 차별적인 환경도 동포들의 노력과 인권과 공생을 강조하는 국제사회의 영향으로 점차 개선되어 왔습니다. 지금 일본 국회에서 출입국관리난민인정법 입관난민법 개정에 관한 격렬한 논란에서 볼 수 있듯이, 지금 일본 사회는 외국인 노동자를 받아들이

지 않으면 버티기 어려운 시대가 되었습니다. 한국뿐 아니라 일본도 다문화 공생을 선택이 아니라 필수로 하지 않으면 안 되는 상황으로 변했습니다. 이런 새로운 흐름을 반영해, 재일동포의 민족교육도 기존의 억압과 차별에 맞서는 것에 더해 다문화, 공생을 강조하지 않으면 안 되는 시대가 되었다고 생각합니다. 지금부터는 차별 극복의 한 다리가 아니라, 다문화 공생과 함께 두 기둥으로 민족교육이 걸어가야 한다고 생각합니다.

재일동포는 일본사회의 대표적인 소수자마이너리티 입니다. 최근 일본에는 필리핀, 네팔, 스리랑카 등에서 오는 사람들이 많이 늘고 있습니다. 이런 점을 감안하면, 재일동포는 역사적으로나 수적으로나 '소수자들의 맏형', 즉 영어로 말하면 '매저리티 오브 마이너리티스'입니다. 당연히 그들 소수자의 권리까지 대변하고 이끄는 맏형 노릇을 해야 합니다. 지금까지 해온 것보다 더욱 열심히 재일동포 이외의 소수자들과 연대해야 합니다. '일국주의'가 아니라 '국제주의'가 필요하다고 봅니다.

일본 사회도 소수자들과 잘 공존공영하지 못하면 지탱하기 어려운 현실임을 생각해, 소수자와 같이 살기에 더욱 힘을 써야 합니다. 이런 점에서 재일동포 민족교육의 성패는 일본 사회의 다문화, 공생사회의 성패를 좌우하는 열쇠임을 일본 사회도 알아야 한다고 봅니다. 소수자의 대표인 재일동포의 민족교육조차 용납하지 못하는 사회가, 베트남, 네팔, 스리랑카 등의 새로운 소수자와 공생할 수 없음은 불을 보듯 뻔하기 때문입니다.

재일동포 사회와 일본 사회가 함께 재일동포 민족교육이 이런 중요성을 가지고 있다는 것을 공유할 때, 비로소 일본의 다문화 공생사회는 성공으로 향할 수 있을 것입니다. 이런 경험과 비전은 일본의 공생뿐 아니라, 한국, 동아시아, 세계의 공생을 위한 좋은 길잡이가 될 수 있다고 봅니다.

여러분, 더욱 넓고 더욱 멀리 세상을 보면서, 세상을 바꾸는 민족교육을 만들어 나갑시다.

최근 우리 오사카총영사관에서는 민족학교와 민족학급 학생들의 그림을 1층 회의실에 '사제동행 아트쇼'라는 이름으로 전시하고 있습니다. 이것은 총영사관이 우리 동포사회에 보다 친근하게 다가서기 위하여 기획했습니다. 아울러 보다 많은 사람들에게 민족교육을 위한 우리들의 노력을 알릴 수 있는 기회를 제공할 수 있을 것이라고 기대하고 있습니다. 총영사관을 민족교육의 체험학습장으로 활용해주시기 바랍니다. 우리 총영사관도 여러분이 가는 민족교육의 여정에 언제나 함께 하겠습니다.

마침 이번 연수회는 우토로마을, 아메노모리 호슈암, 우키시마마루 순난지, 단바망간기념관을 더듬는 길로 짜여 있습니다. 그 속에는 아픈 역사도, 좋은 역사도 있습니다. 역사 탐방의 의미는 흘러간 일을 교훈 삼아, 밝은 미래를 설계하고 나아가는 데 있지 않을까 생각합니다. 오늘의 연수가 그런 길로 나아가는 기점이 되길 바랍니다. 마지막으로 "어리석은 자는 경험에서 배우지만, 현명한 자는 역사에서 배운다"라는 프로이센의 재상 비스마르크의 말을 상기하면서 저의 강연을 마치겠습니다.

2018.12.3.

도래인·행기·아메노모리 호슈
·시가현민단 70주년

12월 첫 주말인 1일과 2일, 시가현으로 1박2일 출장을 갔다. 2일의 시가현 민단 창립 70주년 기념식에 참석하는 김에 하루 먼저 현지에 가, 한반도와 깊은 인연이 있는 절 두 군데를 탐방했다.

오사카총영사관 담당 지역인 2부3현 오사카부, 교토부, 나라현, 와카야마현, 시가현 가운데, 올해 창단 70주년을 맞는 지방 민단이 나라, 와카야마, 시가현 민단 세 곳이다. 나라와 와카야마는 이미 11월에 기념식을 했고, 시가민단이 마지막으로 12월 2일 행사를 했다. 다른 두 지역은 지난해가 70주년이었다.

시가민단은 단원이 4천 명 정도 되는, 비교적 작은 조직인데 알차게 행사를 준비했다. 특히, 이곳이 조선통신사와 깊은 관련이 있는 점에 착안해 연 '조선통신사 심포지엄'이 눈에 띄었다.

시가현은 12차례의 조선통신사 가운데 10차례나 경유한 곳으로, 숙박지와 휴식처에 통신사 일행의 흔적이 많이 남아 있다. 조선통신사가 지나간 길을 표시하는 '조선인가도'의 표석도 있고, 옛길도 곳곳에 그대로 있다. 또 하나 이 지역과 조선통신사의 인연은 조선통신사와 깊은 관련이 있는 인물인 아메노모리 호슈가 이곳 출신이라는 점이다. 그의 탄생지인 시가현 나가하마시 다카쓰키정에는, 그를 기념하는 아메노모리 호슈암이 있다. 그곳에 보관돼 있는 책과 기록 등이 지난해 말 조선통신사 기록이 유네스코 기록유산에 등록될 때 대거 포함됐다.

민단 쪽은 행사장 입구에, 시가지역에 있는 조선통신사 기록물을 판넬로 만들어 전시했다. 동포들도 이런 사실을 처음 접하는 듯, 행사 틈틈이 많은 관심을 보였다. 특히, 일본의 최단기 총리 기록을 가지고 있는 시가 출신 우노 소스케 집안이 가지고 있는 조선통신사 시문도 전시되어 눈길을 끌었다.

시가민단은 조선통신사를 비롯해, 고대 시대부터 한반도와 교류가 왕성했던 지역의 특성을 살려 민간 차원의 교류를 활성화해 나가겠다고 다짐했다. 이날 행사에는 강제징용 판결로 한일 관계가 어려운 가운데서도 미카즈키 다이조 시가현 지사를 비롯한 일본의 유력자들도 많이 참석해, 민단 70주년을 축하해줬다.

나는 하루 전날 백제 또는 그 이전부터 한반도와 관련이 깊은 햐쿠사이지 백제사와 곤고린지 금강륜사를 방문해, 주지스님으로부터 한반도와 두 절에 얽힌 이야기를 들었다. 흔히 일본에서는 백제라고 한자로 쓰고 '구다라'라고 읽는데, 이곳은 한자음 그대로 읽고 있는 것에서도 백제와 인연의 깊이를 알 수 있다. 곤고린지는 백제계인 행기 스님이 창건했는데 이 절 자리가 그 이전부

회장에 전시된 조선통신사의 복장

기념식전에 장구를 치는 부인회 회원들

터 이곳에 영향력이 컸던 도래인 하타 씨의 기도 장소였다고 전해진다고, 이 절의 주지 스님은 설명했다.

시가현은 교토나 나라만큼 한국에 잘 알려져 있지 않지만, 고대에는 동해 쪽에서 건너온 한반도 도래인들이 여러 문화를 전파했고, 조선 시대엔 조선 통신사의 주요 행로였을 정도로 한반도와 인연이 넓고 깊다. 이런 사실을 더욱 깊게 알게 된 1박2일이었다.

2018.12.6.
오사카총영사단,
시즈오카현 초청 방문

12월 4일, 시즈오카현이 주최하는 오사카영사단 초청 시즈오카현 방문 행사에 다녀왔다. 가와카즈 헤이타 지사가 시즈오카현을 세계에 홍보하기 위해 4년째 벌이는 행사다. 나도 중국, 파나마, 인도네시아, 몽골, 이탈리아, 인도 총영사인도는 영사 대리 참석와 함께 참석했다.

첫 일정은 에도와 교토를 잇는 도로인 도카이도의 53개 역참의 풍경화로 유명한 우키요에 화가 우타카와 히로시게 미술관을 방문했다. 우키요에는 목판화로 대량생산했던 에도시대의 풍속화다. 대량생산을 위해 그림을 그리는 사람, 목판을 새기는 사람, 색을 발라 찍어내는 사람 등으로 분업해 작업이 이뤄졌다.

다음 행선지는 2017년 말 개관한 후지산세계문화센터다. 세계적인 건축가 반 시게루의 설계로, 후지산이 가장 잘 보이는 곳에 세워졌다. 그러나 유감스럽게도 날씨가 흐려 진짜 후지산은 보지 못했다. 대신 센터 안에 설치된 사진과 동영상 등을 통해 계절에 따라 다양하게 변하는 후지산의 모습을 봤다. 센터는 후지산을 거꾸로 세워놓은 형태인데, 센터 앞의 연못에는 원래의 형상이 되도록 한 것이 독특했다. 이곳에 하루에 1500명 정도의 관람객이 방문하는데, 대략 교토국립박물관이나 나라국립박물관 수준의 입장객이라고 한다.

다음으로 시즈오카방재센터에 가서 쓰나미의 무서움과 대처방법을 보여주는 영상을 보고, 시뮬레이션 지진 체험을 했다. 이어 현청에서 가와카즈 지사를 만나 얘기를 듣고 저녁에 오사카로 돌아왔다.

지사의 설명에 따르면, 시즈오카현은 인구370만 명와 국내총생산 규모가 뉴질랜드와 비슷하다. 가와카즈 지사는 도쿄와 오사카에 독립국처럼, '후지노구니후지의 나라 영사관'을 두고 있다면서, 국적과 인종에 관계없이 더불어 잘사는 것을 현의 방침으로 하고 있다고 말했다. 시즈오카현을 후지노구니라고 부르는 것은 법률적인 것은 아니더라도 정신적인 독립을 강조하기 위한 것이라고 했다. 거의 엇비슷한 정책과 행사에 힘쓰고 있는 한국의 지자체에게 좋은 본보기가 될 것이라고 생각한다.

2018.12.7.
노벨상 수상자와 인연으로
유명한 오노약품공업 방문

4월 부임 이후 관할지역 내 주요 기업 탐방을 하고 있다. 6월 자동차 윤활유 첨가제 제조기업인 산요카세이공업주을 시작으로, 파나소닉, 일본전산, 교세라, 오므론, 무라타, 다이와하우스 등 다양한 회사를 방문했다. 그리고 마침내 12월 7일 올해 마지막 일정으로 오노약품공업 본사를 찾았다.

오노약품공업은 2018년 노벨 생리의학상을 탄 혼조 다스쿠 교토대 특별교수의 연구를 토대로 면역체계를 이용한 암 치료제 '옵디보'를 개발해, 팔고 있는 회사다. 이 회사는 임시로 이전한 오사카총영사관에서 걸어서 5분 정도의 아주 가까운 거리에 있다. 그래서 사가라 교 사장을 만나자마자 "이웃으로서 이렇게 세계적인 화제가 되는 회사가 나온 것을 축하한다"고 인사를 건넸다.

이 회사는 오사카의 약재상거리인 도쇼마치에서 300년 전1717년 약제상으로 시작해, 1947년 제약회사로 변신했다. 현재는 3500명 정도의 직원이 근무하는, 일본에서 중간 규모의 제약회사다. 일본에서 대규모 제약회사는 7천 명 이상이 된다고 사가라 사장은 설명했다. 이 회사는 한국에도 50명 규모의 판매 회사를 운영하고 있다.

오노약품공업의 훌륭한 점은 중간 규모의 회사이면서도 대기업도 하기 힘든, 장기간에 걸친 투자를 통해 옵디보 같은 획기적인 신약을 개발했다는 점이다. 물론 간사이지역은 교토대, 오사카대 등 기초 의학 연구가 튼튼한 대학이 많이 몰려 있어 신약을 개발하기에 환경이 좋은 편이다. 그래도 중규모의 회사가 신약 개발에 손을 대는 것은 모험이라고 할 수 있다. 사가라 사장은 "새로운 영역에 도전하는 사풍과 연구 의욕, 이를 뒷받침해주고 새로운 시장을 개척하려는 경영진의 결단이 이런 결과를 가져왔다"고 말했다.

그는 한국법인 말고 본사에도 한국인을 비롯한 다양한 나라의 인재가 있다면서, 한국 젊은이들은 가슴이 뜨겁고, 국제무대에 나가 일하려는 진취성이 강한 것 같다고 평가했다. 또 한국의 제약업에 대해서 전반적으로는 일본에 뒤지지만 일부 바이오 분야에서 혁신적인 신약이 나오는 등 크게 발전하고 있다고 평가했다.

2018.12.21.
한일 사이의 문화 차이:
국립민족학박물관

지난 주 서울에서 열린 공관장회의에 참석했다가 돌아오니, 정신적·물리적으로 바쁘다. 한일 사이에는 물리적 시차가 없지만, 문화적 시차가 있다는 것도 확실하게 느낀다.

오사카 업무 복귀 첫날인 20일 오사카부 스이타시에 있는 국립민족학박물관을 방문했다. 쭉 해오던 일이지만 잠시의 공백 때문인지 왠지 낯설다.

국립민족학박물관은 1970년 오사카 만국박람회가 열렸던 장소지금은 자연문화공원에 자리 잡고 있다. 박물관 바로 옆에 당시 오사카 만박의 상징물인

국립민족학박물관에 전시된 한국의 탈

오사카총영사의 1000일

'태양의 탑'이 우뚝 서 있다. 1977년에 개관했는데, 민족학박물관으로는 세계 최대 규모라고 한다. 이 박물관은 안에 대학원 교육의 기능도 갖춰 문화인류학 등의 박사를 배출하고 있다. 이것도 세계 유일이라고 한다.

나는 요시다 겐지 관장 등을 만나 박물관 설명을 듣고, 문화를 통한 교류 활성화와 우호 증진을 위해 협력하자고 말했다. 모든 참석자들이 문화에 대한 이해가 교류의 기본이라는 점에 동의했다.

요시다 관장과 면담을 마치고 한국문화 전문가인 오타 신페이 박사의 안내로, 동아시아관의 한국문화와 일본문화 전시만 둘러봤다. 이번엔 시간이 없어 단축 관람에 그쳤지만, 다음엔 꼭 전체를 관람하고 싶다. 전시관은 오세아니아를 시작으로 동쪽으로 돌아 세계를 일주한 뒤 마지막에 일본에 도달하도록 돼 있는데, 전체를 보는데 대략 4시간 정도가 걸린다고 한다. 전시물의 구성도 좋지만, 일본 특유의 섬세함을 더한 가옥 등의 미니어쳐를 보는 맛도 쏠쏠하다.

2018.12.28.
2018년
종무식

12월 28일은 한 해의 업무를 마감하는 날이다. 우리나라는 해를 넘길 때 새해 첫날만 휴일이다. 그러나 일본의 경우는 좀 다르다. 우리나라처럼 공식으로 쉬는 날, 즉 빨간 글씨는 1월 1일 하루이지만, 새해를 전후해 일주일 정도일 포함 쉬는 게 관례이다. 일본 내 한국 공관도 이에 맞춰 업무를 조정한다.

그래서 오사카총영사관도 12월 28일 문을 닫고, 내년 1월 4일부터 문을 다시 연다. 우리 총영사관은 이날 오후에 1층 강당에서 음료와 과자, 과일 등을 차려놓고 조촐한 종무식을 했다. 일부 직원들의 외부 활동과 민원업무 때문에 한꺼번에 모든 직원이 참석할 수는 없었지만, 서로를 격려하며 한 해를 마무리했다. 특히, 이날 행사가 열린 장소에서는 11월 17일부터 시작한 민족학교, 민족학급 학생들의 미술작품 전시가 이뤄지고 있어 더욱 뜻깊었다.

우리 총영사관은 이 전시회를 준비하면서, 이 장소를 '꿈 갤러리'라고 이름 붙였다. 지금 생각해도 좋은 이름인 것 같다. 이 전시회는 그동안 재일동포를 비롯한 국민들이 멀게만 느꼈던 총영사관을, 동포들과 소통하는 친숙한 공간으로 바꾸겠다는 기획의 산물이다. 재일동포 사회의 미래를 담당할 젊은 청소년 재일동포와 소통하는 곳이라는 점에서, 꿈 갤러리라는 말은 매우 적절하다고 본다. 또 '더욱 낮고 열리고 친절한 자세로 국민에게 봉사하는 공관이 되자'는 나의 공관 운영 방침을 잘 보여주는 공간이라고 생각한다.

우리 총영사관 직원들은 오늘 종무식에서 올해 간사이지역을 습격한 여러 재해 등을 협력을 통해 잘 극복했듯이, 내년에도 '군림하지 않고 봉사하는' 총영사관이 되도록 더욱 노력하자고 다짐했다.

2019.1.2.
원전 폐지론자로 변한
고이즈미 전 총리

고이즈미 준이치로 전 일본 총리의 별명은 '헨진変人'이다. 우리나라 말로 하면, '별난 사람' 정도라고 할 수 있겠다.

내가 도쿄 특파원을 지냈던 기간2001-2004년은 그의 집권 기간2001-2006년의 부분 집합이다. 특파원으로 있는 동안 그가 유일한 총리였으니, 그를 주어로 하는 기사도 많이 썼다. 두 차례의 평양 방문과 한일 공동 축구월드컵 개최, 그 특유의 '극장식 정치'가 아직도 기억에 생생하다.

그런 그가 총리를 그만 둔 뒤 10년이 넘었는데도 가끔 언론에 등장한다. 최근에도 그의 수제자라고 할 수 있는 아베 신조 총리의 개헌 추진에 대해 "할 일은 안 하고 할 수 없는 것만 하려고 한다"고 사정없이 비판한 것이 보도된 바 있다. 여기서 할 일은 원전 제로완전 폐지이고, 할 수 없는 일은 개헌임을 가리킨다.

고이즈미 전 총리가 지난해 12월 31일에도 〈아사히신문〉에 등장했다. 〈원전 제로, 하려면 할 수 있다〉는 그의 첫 저서와 관련한 인터뷰다. 총리 재직 시절 원전 추진론자였던 그가 2011년 3·11 동북대지진 이후 원전 폐지 론자가 된 것은 알고 있었지만, 그 구체적인 이유가 궁금했던 차였다. 그는 2014년 도쿄도 도지사선거에서는 탈원전정책 세력과 연대해, 야당계 무소속 후보로 나온 호소카와 모리히로 전 총리를 지원했다.

그는 인터뷰에서 "총리 재직 당시 경제산업성이 말하는 '원전은 안전, 저비용, 깨끗하다'는 것을 믿었었다. 그러나 모두 거짓이었다"고 말했다. 당시 원전이 위험하다고 말하는 사람도 있었으나 진지하게 듣지 않고 속았다는 반성도 포함해, '일본은 원전이 없어도 지낼 수 있다'는 걸 알려야 한다고 생각했다고 말했다.

그는 원전이 싸다는 것에 대해서는 "원전은 정부가 지원하지 않으면 불가능하다. 정부가 지원하지 않고 세금도 사용하지 않으면, 원전이 더욱 비싸다"고 설명했다. 그는 원전 없이 에너지를 대체할 수 있느냐는 질문에는 3·11 사고 이후 2년 동안 원전이 전혀 가동되지 않았지만 정전은 없었다고 강조했다. 그는 아베 총리에게도 경제산업성에 속지 말라고 얘기했는데 반론하지 않고 쓴웃음만 짓더라면서, 아베 총리가 원전 제로에 나서면 금방 분위기가 바뀔 것이라고 했다. 이 인터뷰를 보면서, 그의 생각은 엄청 바뀌었지만 헨진 기질은 그대로라는 것을 느꼈다.

한편, 진보성향의 월간지 〈세계〉 2019년 1월호에, 문재인 정부의 신고리 5, 6호기 건설을 둘러싼 공론화 과정을 비판적으로 검토한 기사가 실려 관심 있게 봤다. 이 기사의 필자는 일본이 배울 교훈으로, 공론화 결과를 그대로 정책으로 받아들이겠다고 한 것이 찬반 과열을 불러온 문제, 왜곡 과열 보도에 대비한 미디어 대책의 필요성, 왜곡보도를 상정한 제도 설계의 필요성, 1회성이 아닌 지속적인 공론화의 필요성을 제시했다. 일본도 원전정책, 헌법 개정 등 사회적 대립이 심한 정책에 관해 숙의민주주의의 도입이 필요할 것이라면서.

오늘은 1월 4일, 일본의 공공기관 등이 2019년 업무를 시작하는 날이다. 오사카총영사관도 오늘 오전 시무식을 하고, 첫 업무를 시작했다.

그러나 출근길과 상점가는 아직 한산하다. 올해는 4일이 금요일이어서 회사나 상점가는 내친 김에 6일까지 쉬고 7일부터 업무를 시작하는 곳이 많기 때문이다. 그래도 총영사관은 문을 열자마자 민원인들이 몰려왔다. 지난해 12월 말부터 문을 닫고 있어, 그동안 기다렸던 사람들일 것이다.

오전 9시 반, 민원실 직원을 빼고 1층 꿈 갤러리에 모여 시무식을 했다. 예전엔 직원들 외에 동포 단체, 기업 대표까지 총영사관에 초청해 시무식을 했는데 올해는 직원끼리만 했다. 실용과 내실을 중시하는 정부 방침, 공관의 임시 이전에 따른 공간의 협소함을 두루 감안한 결정이다. 시무식에 공관 직원이 아닌 분들을 대거 초청하는 것이 권위주의적인 관행이 아닌가 하는 생각도 있었던 차였다. 그래도 그동안 하던 걸 안 하니 서운한 분들도 있을 것이다. 더욱 봉사하는 자세로 일을 함으로써 이런 허전함을 메워주도록 해야 할 것 같다.

시무식에서는 세 가지 점을 강조했다. 올해 오사카에서 6월 말에 열리는 주요 20개국 정상회의를 차질 없이 지원할 것, 군림하지 않고 봉사하는 총영사관의 자세를 더욱 강화할 것, 한일의 우호관계를 구축하기 위해 더욱 발로 뛸 것이다. 시무식이 끝나고 점심때는 근처 한국식당에 부탁해 가져온 떡국을 함께 먹으며 덕담을 나눴다.

오후에는 오사카부와 시, 오사카상공회의소, 간사이경제연합회, 오사카경제동우회가 공동으로 연 신년회에 참석했다. 올해 첫 공식 외부 일정이다.

마쓰이 이치로 오사카부 지사를 비롯해 마이크를 잡은 모든 사람이 2025년 세계박람회 유치를 주요 화제로 삼아 인사를 했다. 박람회 유치의 기쁨이 아직도 간사이지역을 압도하고 있다는 느낌과 함께 간사이지역의 쇠퇴하는 경제력을 박람회를 통해 되살려 보자는 절박함도 엿볼 수 있었다.

일본의 대표적인 진보 성향의 월간지 〈세계〉와 한 인터뷰 기사가 최근 발매된 2월호에 실렸다. 제목은 '위안부 문제의 난관을 어떻게 헤쳐갈 것인가'다.

잡지의 편집 특성 때문에 지난해 10월 31일에 인터뷰한 것이 이제야 나왔다. 바로 전날이 대법원의 강제동원 노동자 대법 판결이 나온 날이어서, 사실 인터뷰 시점으로는 미묘했다.

그러나 문재인 정부의 위안부 정책이 제대로 일본 안에 알려지지 않고 있는 것 같아, 인터뷰 요청에 응했다. '12.28 일본군 위안부 합의 검토 티에프' 위원장을 했던 사람으로서 책임감도 작용했다. 일본의 시민을 대상으로 위안부 문제를 바라보는 한국 현 정부의 생각을 직접 전하는 것이, 이 문제에 관한 일본 시민의 이해를 높여주는 데 도움이 될 것이라는 생각이 무엇보다 컸다.

7페이지에 걸친 긴 인터뷰이기 때문에, 위안부와 관련한 논점에 대해 비교적 상세하게 설명할 기회가 있었다. 한국에서는 여러 경로를 통해 밝힌 내용이지만, 일본에서 이런 장문의 깊이 있는 인터뷰는 처음이어서 나름 의미가 있다고 생각한다.

요지는 12.28 위안부 합의는 공개 부분만 보면 일정한 성과가 있다고도 볼 수 있지만, 소녀상 이전, 정대협 반발 억제, 국제사회에서 비판 자제, 해외

기림비 설치에 대한 한국정부 지원 자제 등을 담고 있는 비공개 부분까지 전체적으로 보면 피해자 중심 접근에 어긋난 합의였다는 것이다. 또 한일 두 나라는 이 문제를 국제사회가 쌓아온 전시 여성인권 문제의 해법에 따라 할 일을 해나는 게 필요하다는 점을 얘기했다.

한일 사이에 존재하는 역사 갈등은 문제의 성격상 한 번에 쉽게 해결되기 어렵고, 한일 사이에는 역사 갈등 말고 북한 핵을 비롯해 협력할 중요한 문제도 많으니, 갈등이 폭발하지 않도록 관리하면서 협력의 분모를 키워나가는 방법으로 한일문제를 풀어나가는 게 바람직하다는 의견을 밝혔다.

2019.1.14.
정부 사이의 대립을
민간에 확산해선 안 된다

총영사관의 1월 전반기는 각종 신년회에 참석하느라 눈코 뜰 새 없다. 오사카총영사관은 맡고 있는 지역은 2부3현이므로, 민단 신년회만 해도 다섯 곳에서 열린다. 여기에 신년회와 비슷한 시기에 성년식1월 14일이 성년의 날도 열리는데, 신년회와 별도로 하는 곳이 많다.

행사가 비슷한 시기에 몰려 있기 때문에 총영사관 직원들이 각각 지역을 나눠 참가할 수밖에 없다. 더구나 올해는 4월 지방의원과 7월 참의원 선거가 있기 때문인지 정당 신년회도 활발하다. 나는 동포가 많이 사는 오사카12일와 교토11일 민단 신년회와 초청장이 온 공명당 오사카본부9일와 입헌민주당 오사카부연합13일 신년회에 참석했다.

올해 민단 신년회의 특징은 두 차례의 선거를 의식해 일본의 각 당 국회의원들과 지방의원들이 어느 때보다 많이 참석한 점이다. 오사카민단 신년회에는 한국에서 주승용 국회부의장을 비롯한 9명의 여야 의원들도 참석해 격려를 했다. 또 강제노동 판결과 레이더 문제를 둘러싼 갈등으로 분위기가 싸늘할 것으로 걱정했는데, 다행스럽게도 한일 양쪽을 대표해 인사를 하는 사람들의 생각이 정부 사이의 갈등에도 불구하고 민간 차원의 교류 협력은 흔들림 없이 해야 한다는 데로 모아졌다.

이런 절제 분위기가 형성된 데는 아마 그동안의 학습을 통해 정부 사이의 갈등을 민간까지, 지방까지 확산해서 도움이 될 것이 없다는 교훈을 얻었기 때문이 아닐까 생각한다. 나도 인사말을 통해 정부 사이에 어려움이 있는 건 사실이지만 민간 차원에서는 지난해 1천만 명 이상이 상호 왕래를 하고 제3의 한류 붐도 일어나는 좋은 분위기도 있다는 점을 강조하면서, 이렇게 어려운 때일수록 더욱 우호, 협력에 힘쓰자고 말했다.

두 당의 신년회는 선거를 앞둔 발대식 같은 분위기였다. 공명당과 입헌민주당 모두 야마구치 나쓰오, 에다노 유키오 당대표까지 참석한 가운데 두 선거에 나갈 후보자를 단상에 세운 채 일일이 소개했다. 이 지역에 강한 지지 기반이 있는 공명당은 2천 명 정도가 참석해 세를 과시했다. 입헌민주당도 1년 전 사무실도 없는 상태에서 오사카부연합을 만들었다는데, 5백 명 정도가 회의장을 메우는 성황을 이뤘다. 역시 기사를 통해 간접적으로 접하는 정치와 현장에서 눈으로 보는 정치는 다르다는 걸 느낀다.

2019.1.21.

문제의 연속 풀이 과정이
인생이고 역사

최근의 어려운 한일관계를 생각하면 마음이 착잡하고 복잡하다. 어떤 전문가는 사상 최악이라고도 표현한다. 그러나 나는 어떤 문제에서 최상급 표현을 쓰는 사람을 별로 신뢰하지 않는다. 지적인 게으름의 반영, 또는 정치적인 목적을 위해 쉽게 동원되는 것이 최상급 표현이라고 보기 때문이다. 문세광 사건과 김대중 납치 사건이 있었던 1970년대 중반보다 지금의 한일관계가 더 나쁜가 하고 묻는다면, 그들은 과연 "그렇다"고 자신 있게 대답할 수 있을까?

그렇다고 내가 지금의 한일관계가 나쁘지 않다고 얘기하는 것은 아니다. 지금 한일관계는 분명히 나쁘다. 그런데 나쁜 것의 내용, 질이 과거와 달라진 것이 아닌가 생각한다.

어느 일본 학자의 말에 따르면, 그동안 한일 사이에 있었던 역사인식의 갈등은 정치적 수준나의 생각으로는 '수사적 수준'에서 진행되었었는데, 지난해 한국 대법원의 강제 노동 판결을 계기로 법률적 수준으로 격상되었다. 나는 이 학자의 말에 동의한다. 그래서 한일 갈등이 이전처럼 정치적인 타협으로 풀기가 더욱 어려워졌다고 본다. 왜 한일 갈등이 법적 갈등까지 왔는가에 관해서는 여러 가지 분석이 나오고 있다. 그에 관한 자세한 논의는 생략한다.

그러나 최근의 한일 갈등은 예전과 양태가 다른 것 같다. 예전에는 '윗물이 흐리면 아랫물도 흐리다'는 말처럼 정부 사이의 관계가 나빠지면, 일반 국민의 관계도 나빠지는 게 보통이었다. 그런데 최근은 정부 관계자와 매스컴이 갈등의 전면에 나서고 있지만, 민간 차원에선 별로 그런 모습을 느낄 수 없다. 주위에 있는 여러 사람들의 감촉도 비슷한 것 같다. 나는 이런 현상을 '관랭민열官冷民熱'로 정의한다. 관이나 매스컴은 치열하게 치고받는데, 일반 시민은 담담하거나 오히려 교류가 더욱 활발하다. 실제 한일은 지난해 정부 사이의 갈등 속에서도, 1050만 명 이상이 서로 양국을 오가는 1천만 명 교류 시대를 열었다.

이런 현상은 왜 나타날까. 여기부터는 나의 가설이다. 첫째, 젊은이와 나이 든 사람과의 인식 차이다. 둘째, 상대국을 직접 경험한 사람과 그렇지 않은 사람의 차이이다. 셋째, 전문가 집단과 보통 시민 사이의 차이다. 물론 이외에도 여러 원인이 있을 수 있고, 위의 세 원인이 복합적으로 작용했을 수도 있다고 본다.

이런 생각을 하고 있던 차에 마침, 1월 28일 자로 발행된 일본 주간지 〈아에라〉에 이런 현상을 다룬 기사가 났다. 기사 내용이 나의 가설을 모두 만족하는 것은 아니지만, 한일 갈등의 새 모습을 파악하는 데 유용했다. 문제를 잘 알아야 해답도 잘 구할 수 있다.

어디서든 문제는 항상 나타난다. 그러나 문제는 문제를 일으키기 위해서가 아니라 문제가 있기 때문에 나타나는 것이 아닐까. 문제의 연속적인 풀이 과정이 우리의 삶이고 역사라면, 우리는 좀 더 냉정하고 겸허하게 문제를 마주해야 한다고 본다.

2019. 1. 24.
간사이·이타미·고베공항을 운영하는 간사이에어포트

1월 24일, 2019년 기업 방문의 첫 일정으로 '간사이지역의 관문'인 간사이공항을 운영하는 간사이공항에어포트주식회사를 찾아갔다. 간사이공항에어포트는 간사이공항, 오사카이타미공항, 고베공항을 운영하는 민간회사다. 공사체제인 우리나라와는 다르다.

이 회사는 일본회사인 오릭스와 프랑스의 방시에어포트가 각기 40%씩의 지분을 가진 합작회사. 사장은 오릭스, 부사장은 방시에서 맡아 공동 경영을 하고 있다. 이날 면담에도 야마야 요시유키 사장과 엥마누엘 므낭또 부사장이 함께 나왔다.

이 회사는 간사이공항이 있는 공항섬 안에 있는데, 공항과 오사카지역을 연결하는 연륙교는 지난해 9월 태풍 21호제비 때 입은 피해에서 완전히 벗어나지 않은 상태다. 아직 일부 구간은 복구공사 중인데 3월 중에는 공사가 완료된다고 한다. 오가는 데 큰 불편은 없지만 지난해 태풍의 상흔이 아직도 남아 있다. 그만큼 태풍 피해가 컸음을 알 수 있다.

이날 면담에서도 단연 지난해 태풍이 화제가 됐다. 공항 쪽이 가장 큰 고생을 했지만, 우리 총영사관도 공항 폐쇄로 인한 대응에 애를 먹었다. 야마야 사장은 그때의 일을 교훈 삼아 다국어 정보 발신, 외국 공관과 협력 강화 등에 힘쓰고 있다고 강조했다. 또 간사이공항 외국인 입국자의 30%를 차지하는 한국인들에 대한 서비스 강화에도 힘쓰고 있다고 했다. 나도 더욱 적극적인 정보발신과 외국인에 대한 서비스 강화 필요성을 제기했다.

엥마누엘 부사장도 중간에 두 가지 질문을 했는데, 그 중 하나가 지난해 태풍 이후 한국인 입국자가 좀 줄었는데, 이것이 장기적인지 단기적인지 의견을 물었다. 나는 한국 사람들은 재해에 매우 예민한 경향이 있지만, 재해 대응체제만 잘 갖춰진다면 장기적으로 관광객은 줄지 않을 것이란 취지로 답했다. 나는 간사이공항은 한국과 이 지역을 잇는 최초이자 가장 중요한 접점이므로 더욱 활발하게 협력하자고 말했다. 두 사람도 공항의 발전을 위해서도 한국과 관계, 협력이 중요하다는 점을 강조했다.

2019.1.30.

게임, 도박 박사 과정이 있는
오사카상업대

1월 29일, 오사카상업대를 방문했다. 올해 첫 대학 방문이다. 지난해에는 지역 안의 규모가 큰 대학을 찾았다면, 올해는 규모는 작지만 강한 대학을 주로 다녀볼 생각이다. 규모가 큰 대학들은 거의 빠짐없이 가본데다, 한국의 처지에서 볼 때 이런 강소대학에서 실질적으로 배울 만한 점이 더욱 많지 않을까 하는 생각이 들었기 때문이다.

히가시오사카시에 있는 오사카상업대는 학원그룹인 다니오카학원이 경영하는 학교다. 다니오카학원은 이 학교 외에도 고베예술공과대 및 오사카여자단기대와 3개의 고등학교, 1개의 유치원을 운영하고 있다.

오사카상업대는 올해로 창학 70주년을 맞는다. 경제학부, 종합경영학부, 공공학부 등 3학부, 지역정책연구과에 학생 5천 명 규모의 대학이다. 놀라운 것은 이 학교의 취직률이 10년 이상 90%를 넘고 있다는 점이다. 다니오카 이치로 학장은 이렇게 취직률이 높은 비결에 대해, 주위에 수많은 중소기업이 있다는 점과 이들 기업과의 인적, 지역적 유대를 들었다. 그러나 이것은 객관적인 조건일 뿐, 다니오카 학장의 말을 들어보면 교육방법 또는 교육철학의 덕이 큰 것 같다.

사회조사방법론을 전공한 다니오카 학장은 모든 학생들에게 데이터에 기초해 현상을 설명하도록 하는 학습을 시키고 있다고 한다. 또 그런 데이터 기반의 연구가 현실과 꼭 맞지 않다는 점을 알게 함으로써 학생의 도전정신을 키우는 데 주력하고 있다고 한다. 이런 과정을 통해 배출된 학생들이 지역 기업에 취직하면서 학교와 기업이 상생하는 구조가 형성됐다는 것이다.

물론 이 학교도 '인구감소 속의 살아남기'라는, 한국의 많은 대학이 처한 고민을 갖고 있다. 한국의 대학보다 먼저 이런 문제에 부딪히며 고민해 온 이런 학교의 경험은 한국의 대학들에도 많은 도움이 될 것이란 생각이 들었다.

학원 설립자의 손자인 다니오카 학장은 일본 안에서 도박 연구로 가장 유명한 학자 중 한 명이다. 이 학교는 학사에서 박사까지 게임, 도박을 배울 수 있는 학교로 알려져 있다. 다니오카 학장의 부인도 학교법인 지학관을 운영하고 있는데, 지학관대는 여자레슬링으로 유명하다.

2019.1.31.
5천 명 졸업생 배출을
눈앞에 둔 건국고

1월 31일, 오사카에 있는 '민족학교' 백두학원 건국고등학교 졸업식이 열렸다.

올해가 제69회 졸업식이다. 이번에 62명이 졸업을 했다. 이제까지 이 학교가 배출한 전체 졸업생 수는 올해 졸업생까지 포함해, 모두 4824명이다. 이런 추세라면 3년 정도만 지나면 졸업생이 5천 명을 돌파한다. 적지 않은 수다. 62명의 졸업생은 모두 한국과 일본의 대학 입학이 예정돼 있다고 한다. 아직 일본의 국공립대학 입시가 끝나지 않았지만, 100% 대학 진학을 눈앞에 두고 있다고 한다.

백두학원 건국학교는 유치원부터 고등학교까지 있다. 이번 졸업생 중에는 유치원부터 다닌 학생이 4명, 초등학교부터 다닌 학생이 10여 명 있다. 이것만 봐도 이 학교가 해방 전부터 일본에 와서 뿌리를 내리고 사는 재일동포 특별영주권자, 이른바 '올드커머' 중심의 학교임을 알 수 있다. 주로 주재원 자녀들과 1980년대 이후 새로 정착한 일반영주권자 이른바 '뉴커머' 자녀가 큰 비중을 차지하는 도쿄의 한국학교와는 성격이 다르다.

나는 간사이지역의 세 민족학교 건국학교, 금강학교, 교토국제학교가 앞으로 재일동포 사회의 운명을 좌우할 정도로 큰 의미가 있다고 본다. 재일동포 사회는 귀화의 증가, 국제결혼의 증가, 저출산의 영향으로 한국 국적을 유지하는 수가 해마다 크게 줄고 있다. 이런 경향을 쉽게 막기는 어려울 것이다. 이런 상황에서 한국 출신이라는 뿌리의식을 가지고 재일사회를 이끌고 갈 차세대 지도자 육성의 중요성은 더 커질 수밖에 없다. 그런데 바로 그런 역할을 해야 하고 효과적으로 할 수 있는 곳이 바로 이들 학교다.

나는 이날 졸업식 축사를 통해 건국학교 졸업생들이 '일본 속의 한국학교'라는 어려운 관문을 통과한 만큼, 지금까지의 경험과 지식을 바탕으로 한국, 일본, 더 나아가 국제사회에 공헌하는 인재가 되길 바란다고 말했다. 어렸을 때부터 한국과 일본을 동시에 의식하면서 자라온 이들이 어려운 한일 문제를 풀 수 있는 지혜의 싹도 함께 키워왔을 것이라고 보기 때문이다. 이런 점에서 한국사회의 '일본 안의 민족교육'에 대한 관심도 더욱 커지길 바란다.

2019.2.7.
〈오사카일일신문〉의
인터뷰 기사

오사카지역의 일간지 〈오사카니치니치신문 오사카일일신문〉이 최근의 한일

관계와 민간교류, 한반도 정세 등에 관해 인터뷰를 요청해, 1월 31일 응했다. 그 기사가 2월 7일 나왔다.

신문을 받아보니, 기사가 5단 광고를 뺀 전면 크기로 실렸다. 크기보다는 내용이 중요하지만, 얼굴 사진이 말 그대로 대문짝만하게 나와 좀 쑥쓰러웠다. 기사는 내가 말하고자 하는 것을 왜곡 없이 잘 정리돼 있어 안심했다.

나는 최근의 한일관계에 대해 전시 강제동원 노동자 판결 등으로 정부 사이에 갈등이 커진 것이 사실이라면서, 갈등의 근본 원인은 과거 역사를 확실하게 매듭짓지 않은 채 1965년 협정이 체결된 데 있으므로 감정을 앞세우기보다 서로 냉정하게 해결책을 모색해야 한다고 말했다. 하지만 예전과는 달리, 정부 차원에서는 냉랭하지만 민간 차원의 교류는 따듯한 '관랭민온' 현상도 감지된다면서, 양국 인적교류가 지난해 처음으로 1천만 명을 돌파한 점, 양국에서 서로 젊은 층을 중심으로 한류, 일류 붐이 일고 있다는 것에 주목할 필요가 있다고 말했다. 2025년 오사카에서 고령화 시대에 초점을 맞추어 열리는 국제박람회는 일본을 뒤따라 노령화 사회로 가는 한국에도 많은 시사점을 줄 것이라면서, 역사, 문화적으로 예전부터 한국과 인연이 깊은 간사이 지역이 한일우호의 메카로 자리 잡도록 노력하겠다고 덧붙였다. 또 최근 한반도에서 일어나는 평화 움직임과 관련해, 비슷한 가치와 제도를 공유하는 두 나라의 협력과 연대가 필요하다고 강조했다. 또 기자 출신으로서 양국 매스컴이 '당국자 말 전하기' 중심의 공중전이 아닌 현장의 목소리를 반영하는 보도를 많이 해줬으면 좋겠다는 희망도 전했다.

2019.2.10.
축구로 맺어진 경산시와
조요시의 우정

2월 9일토, 교토부의 조요시를 처음 방문했다. 일본의 10엔짜리 동전에 새겨진 문화재 보도인평등원과 우토로마을, 윤동주의 세 번째 시비가 있는 우지시의 남쪽으로 붙어 있는, 인구 8만 명 정도의 작은 시다.

이날 이 시에서 '일한 친선 교토 사쿠라와 무궁화의 회' 줄여서 '사쿠라와 무궁화의 회' 설립 35주년 기념식이 열렸다. 35주년이라는 매듭이 지어지는 해의 의미도 있고, 더욱 중요한 것은 이 시가 오사카총영사관 관할지역뿐 아니라 일본 전국에서도 민간교류를 가장 모범적으로 하는 곳이어서 기꺼이 참석했다.

조요시는 현재 경북 경산시와 자매결연을 맺고 있고, 대구시축구협회와 어린이 및 여자대학 축구 교류를 하고 있다. 1982년 교토를 찾은 한국의 어린이 축구팀과 이곳의 팀이 친선경기를 한 것을 계기로, 83년부터 한일친선협회가 만들어졌고, 어린이 축구를 중심으로 교류가 확대되어 왔다. 2004년 독도 갈등이 불거지면서 일시 교류가 중단되기도 했으나, 민간차원 교류의 중요성에 공감한 양쪽의 노력으로 지금은 어린이 축구를 넘어 다양한 분야로 교류가 깊어지고 있다.

조요시의 '사쿠라와 무궁화의 회'는 이런 공로를 인정받아 2017년 일본 황족 출신으로 한일 교류에 힘썼던 다카마도노미야를 기리기 위해 만든 다카마도노미야기념재단으로부터 상을 받기도 했다. 이 상의 수상을 계기로 조요시의 어린이축구팀은 이 훈장과 사쿠라와 무궁화를 가슴에 새긴 유니폼을 입고 있다. 이날 기념식에도 어린이 축구팀이 이 유니폼을 입고 단상에 올라와 〈고향의 봄〉, 〈희망의 나라로〉 등의 한국 노래를 열창했다. 이 기념재단의 스즈키 사무총장도 참석해 축하를 해줬다. 한국에서도 축구교류에 처음부터 관여해온 김성열 대구광역시축구협회장 등 2명이 참석했다.

나를 비롯한 한일 양쪽의 축사자들은 모두 이구동성으로 최근 정치와 역사인식 문제로 정부 사이의 관계가 나쁘지만, 이럴 때일수록 민간 교류를 더욱 열심히 하자고 말했다. 특히, 2005년부터 10년 동안 이 모임의 회장을 맡았던 후루세 명예회장은, 교류가 중단되었던 당시 시장이었던 이마미치 시

사쿠라와 무궁화의 회 35주년 행사

장의 생각이 교류 재개에 큰 힘이 됐다고 상기했다. 그는 어려울 때일수록 'people to people', '마음과 마음의 교류'가 중요하다는 점을 강조했다고 한다. 요즘 상황에 잘 들어맞는 말이고 정신이라고 생각한다.

오사카총영사관 담당 지역에는 조요시 외에 기시와다시오사카부, 모리야마·야스시시가현가 대표적으로 민간 교류가 잘 되는 곳이다. 이들 지역은 단체장과 시 의회 의원 등 지역의 여론 주도층이 적극 참여하고 있고, 스포츠 교류와 같은 끈끈한 접착제와 온 힘을 기울여 교류를 이끌고 가는 헌신적인 활동가가 존재하고 있다는 공통점을 가지고 있다.

2019.2.12.
'한반도정세 전망과
한일관계' 강연회

2월 11일은 일본의 건국기념일로 휴일이었다. 토요일, 일요일에 이은 3일 연휴인 가운데, 11일 오사카 시내 호텔에서 '한반도 정세 전망과 한일관계'라는 제목의 강연회를 개최했다. 연휴 중이어서 참석자들이 적지 않을까 걱정을 했으나 기우였다. 200석 가까이 되는 객석이 꽉 찼다.

원인은 두세 가지가 있는 것 같다. 우선 강연자가 훌륭하다. 북한의 비핵화를 포함해 한반도 정세의 강연자는 문정인 대통령 통일외교안보 특보, 한일관계 강연자는 외교부 동북아국장 출신의 조세영 국립외교원장을 초청했다. 두 번째는 적시성이다. 2월 27, 28일 베트남 하노이에서 제2차 북미정상회담이 열릴 예정이어서 회담 전망에 관한 관심이 가장 큰 시기였다. 또 한일관계도 전시 강제동원 노동자 판결, 초계기 비행 등을 둘러싸고 갈등이 큰 상황에서 한국 정부의 생각을 듣고 싶은 사람이 많았다. 참석자들 중에서 유독 각 보도기관의 기자들이 많았던 것도 시의성이 크게 작용했다고 본다. 이런 묵직한 주제를 도쿄가 아닌 오사카에서 했다는 점도 참석자의 관심을 끄는 데 기여했다고 본다. 오사카 시민들은 오사카를 도쿄에 지지 않은 큰 도시라고 생각하지만, 실상은 일본도 모든 것이 도쿄로 집중되는 일극화 현상이 강하다. 그래서 도쿄에 뒤지지 않는 정보 획득 및 발신에 관한 갈증도 큰 것 같다. 사실, 공공외교가 상대국 시민을 대상으로 한 정보 제공 및 친근감 만들기를 목표로 하는 것이라면, 이런 틈을 잘 활용하는 것이 매우 중요하다고 본다.

이날 1부 강연에서 문정인 특보는 남북관계와 북미관계가 2018년에 크게 진전했고, 특히 남북관계가 긴장완화 차원에서 눈부시게 발전했음을 실제 일어난 일을 통해 설명했다. 남북에 비해 북미는 정체 상황에 있는 것이 사실인데, 이는 비핵화와 체제 보장을 둘러싼 북미 사이의 범위와 접근방법에 차이가 있기 때문이라고 분석했다. 이어 최근 북미의 움직임을 볼 때 하노이에서 빅딜이든 스몰딜이든 의미 있는 성과가 나올 것이라고 '조심스러운 낙관론'을 폈다.

조세영 국립외교원장은 1965년 한일협정 체제를 지탱해온 큰 기둥은 반공 연대와 경제협력이었는데, 이것이 냉전 해체와 한국의 경제 발전으로 흔들리기 시작했다고 진단했다. 또 중국의 부상도 65년 체제를 약화하는 요인으로 작용했으며, 이런 구조적인 요인 때문에 강제노동 판결을 둘러싼 갈등이 벌어져도 쉽게 억제되지 않는 것 같다고 말했다. 조 원장은 역사 갈등은 예전처럼 쉽게 억제되지 않겠지만, 한반도 및 동북아 평화라는 기둥을 보강함으로써 이런 갈등을 억제하고 협력을 강화하는 게 좋겠다는 의견을 제시했다.

강연도 훌륭했지만, 한일의 참석자들로부터 좋은 질문도 많이 나온 충실한 강연회였다. 항상 이런 모임을 주최하거나 참가할 때마다 느끼는 것이지만, 재일동포를 포함해 일본 시민들은 남의 말을 경청하고 열심히 공부한다. 이런 분위기가 부럽다.

오사카경제법과대는 한국인이 학교법인 이사장을 맡고 있는 거의 유일한 일본의 사립대다. 1971년 세워진 이 학교는 설립 당시 경제학부와 법학부로만 출발했다. 그래서 학교 이름도 경법대다.

지금은 경제학부, 법학부 외에 국제학부, 경영학부올해 신설와 대학원 과정의 경제학연구과를 두고 있다. 학생 수는 3000명 정도로, 일본에서는 소규모 대학이다.

2월 12일에는 야오시의 이코마산 자락에 자리하고 있는 이 학교를 방문해, 다바타 리이치 학장을 만났다. 다바타 학장은 러시아 경제를 전공한 경제학자다. 바로 직전에 근무했던 오사카시립대학에서 전남대와 오사카시립대 사이의 교류를 전면화하는 데 힘썼다고 한다. 그런 인연으로 한국에 관한 지식과 애정도 깊다.

이 학교는 해외 유학생이 전체의 17%, 500명 정도라고 한다. 유학생 출신 나라도 중국, 한국, 베트남, 중앙아시아 국가들을 포함해 10여 개국이 된다. 유학생의 이탈이 거의 없다고 하는데 비결을 묻자, 학교와 인연이 있는 사람의 소개로 오는 학생이 많고, 학생을 꾸짖어도 될 만큼 학생과 학교 사이의 끈끈한 인간관계를 맺는 데 신경 쓴다고 말했다. 숭실대, 경상대, 이화여대, 한국학중앙연구원 등과도 활발한 교류를 하고 있다. 스포츠로는 태권도가 유명하다. 교정에는 광개토왕비 복제품이 우뚝 서 있는 게 눈에 띄었다. 대부분의 학생과 교수가 일본인이지만, 그래도 곳곳에 한국의 냄새가 나는 느낌을 받았다.

오사카경법대 교정 안에 서 있는 광개토왕비 모조품

오사카종영사의 1000일

1945년 2월 16일은 윤동주 시인이 수감 중이던 일본 후쿠오카형무소에서 옥사한 날이다. 교토에서는 윤 시인이 숨진 날을 전후해, 그를 추모하는 행사가 매년 열린다. 윤 시인이 다니던 도시샤대 교정에서는 그가 숨진 날 이전의 토요일에 추모 행사를 하고, 윤 시인의 하숙집 앞지금은 교토예술대 다카하라 캠퍼스 앞의 추도회는 숨진 당일에 하는 게 관례다.

그런데 올해는 마침 2월 16일이 토요일이어서, 도시샤대 추모회는 숨진 당일인 16일에 열렸다. 교토예술대가 주최하는 추모회는 16일이 토요일이어서 학교가 쉬는 바람에, 하루 전인 15일로 조정됐다. 이런 사정으로 연 이틀 교토에서 윤동주 추모회가 열렸고, 나는 모두 참석했다.

14일에는 오사카총영사관과 한국산문작가협회가 3·1운동 100주년을 기념해, '윤동주와 이바라키 노리코의 만남'을 기리는 행사를 오사카에서 공동 개최했다. 이바라키 시인은 오사카에 출생한 여성 시인으로, 그가 윤동주 시인에 관해 쓴 글이 지금도 일본 고등학교 국어교과서에 실려 있다. 나는 주최자로서 이 행사에도 참석했는데, 이것까지 포함해 연속으로 3일 동안 윤동주 행사에 참석했다. 사흘 동안 연속해 행사에 참석하면서 윤 시인에 관해 듣고 배운 것이 이제까지 알고 있던 것보다 더욱 많을 만큼, 윤동주 집중 강의를 받은 셈이 됐다. 그것도 한일 양국에서 최고로 꼽힐 만한 윤동주 연구자, 전문가들의 강연과 얘기를 통해 윤 시인과 일본에 얽힌 많은 사실을 알게 됐다.

일본 고등학교용 검정 국어교과서치쿠마쇼보에 윤동주의 서시 등의 시가 담긴 이바라키 노리코 시인의 글이 어떻게 1990년부터 실리게 된 일화, 도시샤대 설립자인 니시마 죠를 기념하는 상징물조차 없는 도시샤대에 2005년 윤동주 시비가 세워지게 된 뒷얘기, 도시샤대의 채플 강당 앞에 세워진 시비가 한반도 쪽인 서쪽을 향해 있고 시비의 북쪽엔 진달래, 남쪽엔 무궁화가 심어졌다는 등의 얘기를 관계자들로부터 듣고 알게 됐다.

14일의 행사에서는 그저 윤동주 시인을 일본 교과서에 소개한 시인으로만 알고 있던 이바라키 시인이 일본 안에서 가장 반전, 평화에 철저했던 엄청난 시인이라는 걸 배웠다. 또 70년, 80년대 엄혹한 시절에 두 형을 한국의 감옥에 두고 있던 서경식 도쿄경제대 교수가 이바라키 시인의 시와 만나고, 그를 계기를 시인과 직접 만났던 이야기는 눈물 없이 들을 수 없는 역사의 한 토막이었다.

세 행사를 통해 절감한 것은, 요절한 한 불행한 시인의 삶과 시가 지금도 살아서 여전히 한일 시민 연대의 강한 끈으로 작용하고 있고, 후세 사람들이 무엇을 해야 할지 경종을 울리고 있다는 사실이다. 나는 세 행사 때 각기 인사말을 부탁받고, 3·1운동 100주년에 맞는 해에 열리는 윤동주 추모행사이기 때문에 더욱 의미가 깊다고 본다면서, 한일 사이의 관계가 좋지 않은 때일수록 3·1운동과 윤동주 시에 공통하는 평화, 비폭력, 인도주의를 살려 한일 우호를 위해 노력하자는 취지의 말을 했다.

2019.2.17.
일본 학생이 훨씬 많은
교토국제고

교토국제학원 교토국제고등학교 제54회 졸업식이 2월 16일 열렸다. 교토국제학원은 교토에 있는 유일한 한국계 민족학교다. 중학교와 고등학교 과정을 두고 있다.

이 학원은 교토에서도 예전부터 재일동포들이 많이 살고 있는 히가시구조에서 가까운 곳에 있다. 관광지 기준으로는 단풍 명소로 유명한 도후쿠지 동복사 주변의 언덕 위에 자리하고 있다. 일본 사람들이 가장 많이 찾는다는 후시미이나리신사도 그리 멀지 않다.

이 학교의 특징은 오사카의 건국, 금강학교보다 일본 국적의 학생 비율이 높다는 점이다. 올해 교토국제고의 졸업생은 41명이다. 졸업생 이름만으로 보면, 29명이 일본 이름, 12명이 한국 이름이다. 이름만 보고 국적이나 혈통을 알 수 없는 것이 재일동포 사회의 특수성이기도 하지만, 일본 국적의 학생이 많이 다니는 것만은 사실이다.

이 학교는 교토부에서 우승을 노릴 정도로 야구를 잘한다. 때문에 야구를 하려는 순수 일본 학생들의 입학이 늘고 있다고 한다. 여기에 케이팝 등 한국 문화에 매력을 느끼는 일본 학생들의 입학 희망도 많다고 한다. 이런 경향은 올해 신입생 모집에도 반영되어, 중고 모두 예년에 비해 입학하려는 학생이 크게 늘었다. 일본인 학생이 늘고 있는 경향과 한국말과 역사, 문화 등 한국 것을 가르치는 민족학교의 특성을 어떻게 조화해 나갈 것인가가 앞으로 이 학교의 과제가 될 것이다.

졸업식에 참석해 느낀 것은, 선생, 학생, 학부모, 학교 이사들의 모습이 무척 밝다는 점이었다. 이런 분위기라면 어떤 도전도 잘 헤쳐 나갈 것이란 생각이 들었다.

2019.2.22.
찾아가는 동사무소 방식의 영사 활동

오사카총영사관이 2월 22일, 재외 국민, 동포를 대상으로 새로운 사업방식을 시도했다. 이미 벌어진 일에 사후적으로 대응하는 것이 아니라, 미리 국민이나 동포들의 필요를 파악해 선제적으로 대응하는 업무방식이다. 그것도 사무실 안에서가 아니라 동포가 살고 있는 현장에 찾아가서 하는 현장 중시의 방식이다. 쉽게 말하면, 국내에서는 박원순 서울시장이 처음 시작하고 지금은 전국적으로 많이 퍼진 '찾아가는 동사무소'찾동 방식의 대민 업무를 해외공관에서도 해보자는 것이다.

이런 취지 아래, 오사카총영사관의 공관 재건축 담당과 가족관계 담당 영사가 이날 오후 오사카민단 회의실에서 100여 명의 동포를 상대로 설명회를 했다. 아울러 오사카에 있는 건국, 금강 두 민족학교 관계자도 나와 학교를 소개하는 시간을 가졌다.

공관 재건축에 관한 설명이 들어간 것은 오사카 동포 사회와 공관 건물의 끈적끈적한 인연을 고려했기 때문이다. 지금 재건축을 위해 해체 중인 옛 공관은 1974년 동포들이 모금을 해서 오사카의 가장 중심지인 미도스지 한복판에 지어준 것이다. 이런 사정 때문에 공관 재건축 일정과 동향에 관해 동포들의 관심이 매우 크다. 공사 진행 상황에 관해서는 총영사관 홈페이지에 3주 정도 간격으로 소식을 전하고 있지만, 이와 별도로 동포를 대상으로 직접 설명하는 것이 예의라고 생각하여 설명회의 맨 앞에 공관 재건축 설명을 배치했다.

또 재일동포들이 총영사관 민원업무 중에서 가장 궁금해 하는 사안이, 재산의 상속, 병역, 국적 등 재산 및 실생활과 밀접하게 관련한 가족관계 및 국적업무다. 최근 재일동포 사회가 1, 2세에서 3, 4세로 세대교체가 한창 진행하고 있는 시기여서 이런 분야에 관한 관심이 클 수밖에 없다. 그래서 가족관계 및 국적을 담당하는 영사가 직접 설명에 나섰다.

민족학교는 어려운 상황에서도 수십 년 동안 꿋꿋하게 버티면서, 민족의 정체성을 지키면서도 일본사회와 잘 어울려 살 뿐 아니라 한일 양국에 공헌할 수 있는 인재를 키워내고 있다. 하지만 학생 수가 점점 줄어드는 곤란한 상황에 있는 게 사실이다. 이렇게 훌륭한 역할을 하고 있는 민족학교를 활성화하는 지름길은 바로 동포들부터 민족학교의 필요성과 중요성, 성과를 알고 지원하는 것일 것이다. 이런 생각에서 민족학교 설명회도 같이하기로 했다.

참석한 동포들에게 이날 설명회에 관한 평가를 일일이 물어보지는 않았지만, 그들의 집중도와 열기 있는 표정에서 '만족감'을 엿볼 수 있었다. 이런 설명회가 일회성의 보여주기에 그치지 않고, '군림하는 것이 아니라 봉사하는 총영사관'을 상징하는 행사가 되길 바라는 마음도 담겨 있으리라고 본다.

교토에 있는 공익재단법인 교토시국제교류협회가 주최하는 연례 포럼 '저고리와 기모노'가 있다. 일본에 살면서도 자신의 생각과 의견을 말할 기회가 없었던 재일동포 1세, 2세의 얘기를 듣자는 차원에서 1993년부터 시작되었다고 한다. 20회를 맞은 2013년부터 재일 또는 한일관계와 관련이 있는 사람을 초청해 대담하는 형식으로 바꿔 시즌2를 실시하고 있다. 26회째인 올해는 급변하는 한반도 정세를 감안한 듯, '격동하는 한반도를 둘러싸고-동아시아의 과거·현재·미래-'를 주제로 잡아 2월 23일과 3월 2일 연속 포럼을 연다.

나는 영광스럽게도 23일 포럼의 대담 게스트로 초대를 받아 참석했다. 대담 제목은 '한국의 문 정부가 몰고 온 것', 대담 진행자는 오구라 기조 교토대 교수였다. 오구라 교수는 서울대 철학과에서 한국철학을 공부하고 〈한국은 하나의 철학이다〉, 〈조선사상전사〉 등의 책을 쓴 지한파다. 청중은 60명 정도인데, 절반 정도가 재일동포, 나머지 절반이 일본인인 듯했다.

한일관계가 강제징용 판결을 비롯해 여러 가지 일로 악화되어 있는 때여서 매우 부담되는 포럼이었다. 그래도 이렇게 어려운 때일수록 직접 시민들과 만나 한국 쪽의 얘기를 전하는 게 의미가 있다는 생각으로 요청에 응했다. 실제 날이 다가오면서, 말 한마디가 풍파를 일으킬 수 있는 예민한 상황인지라 긴장도 되고 괜히 응했나 하는 후회도 생겼다. 포럼 장소인 교토국제교류회관은 난젠지 남선사 부근의 풍광이 좋은 곳에 있고, 봄기운이 물씬 풍기는 날씨였지만, 이런 것도 긴장을 풀어주기엔 역부족이었다.

대담은 처음엔 언론인 출신으로 외교관이 된 배경 등 개인적이고 부드러운 주제로 시작되는 듯했지만, 바로 문재인 대통령은 반일인가, 3·1절 100주년으로 한일관계는 더욱 어려워지는 것 아닌가 등등 점차 난이도가 높은 쪽으로 이동했다. 위안부 문제, 강제동원 판결, 북한 핵문제를 비롯한 한반도 문제와 일본의 역할, 양국의 매스컴 문제, 재일동포 역할 등 뜨거운 문제가 화제에 올랐다. 대담도 대담이지만, 질의응답이 더욱 곤혹스러웠다. 청중석에서 까칠하기로 유명한 교토사람다운 질문이 많이 쏟아졌다.

나는 어떤 질문도 피하지 않고 내가 할 수 있는 한계 안에서 최선을 다해 답변한다는 자세로 임했다. 지금의 한국정부를 반일친북이라고 보는 일본의 시각은 잘못되었다는 것, 강제동원 판결 갈등은 식민지 지배에 대한 성격 규정을 회피한 채 맺어진 1965년 한일협정의 모순이 드러난 것으로 해결이 쉽지 않다는 것, 한반도 평화 정착에 일본의 역할이 중요하고 앞으로 더욱 커질 것이라는 등의 의견을 밝혔다. 또 한일이 지금은 어려운 관계에 있지만 공통된 요소와 가치가 많기 때문에 장기적으로 관계가 좋아질 것이고, 그렇게 되도록 서로 노력하자고 말했다. 재일동포들에겐 한일관계 악화로 어려움에 처하게 해 미안하지만, 이제까지 불굴의 정신으로 일본사회의 어려움을 이겨왔듯이 같이 힘을 합쳐 이번 어려움도 이겨 나가자고 호소했다. 3시간 동안 긴장 속에서 포럼을 끝내고 나니, 그래도 피하기보다는 응하길 잘했다는 생각이 들었다.

2019.3.2.
일본에서 맞은
삼일운동 100주년

2019년은 삼일운동3·1운동 100주년이 되는 해다. 국내에서 삼일운동이 일어나기 직전에 일본 도쿄에서 유학생들이 2.8 독립선언을 발표했다. 이것이 기폭제가 되어 3·1 만세운동을 거쳐 4월 11일 상하이 임시정부 수립으로 이어졌다. 이런 역사적인 이유로, 삼일운동 100주년을 맞는 일본의 재일동포 사회는 남다를 수밖에 없다.

물론 삼일운동의 전조인 2·8 독립선언이 도쿄 중심으로 진행되었기 때문에 도쿄 이외의 다른 지역은 깊은 연관은 없다. 하지만, 오사카총영사관 담당 지역에서도 그 의미를 되짚어 보는 행사와 움직임이 활발했다.

2월 14일에 오사카총영사관과 한국산문작가협회가 공동으로 윤동주와 그의 시를 일본에 소개하는 데 힘쓴 일본 시인 이바라키 노리코를 함께 추모하는 행사를 했다. 또 오사카문화원에서는 윤동주 시의 한글 서예전을 개최했다. 윤동주와 삼일운동이 직접 관련이 있는 것은 아니지만 비폭력, 평화공존을 외친 삼일운동의 정신은 윤동주의 삶 그리고 시 정신과 다르지 않을 것이다.

삼일절 날 당일에는 예년과 같이 기념식이 오사카총영사관 관할지역인 2부3현에서 민단 주최로 열렸다. 총영사관에서는 다른 해와 달리, 영사 전원을 담당 지역별로 나눠 골고루 파견했다. 그만큼 정부도 삼일운동 100주년을 의미 있게 생각하고 있다는 걸 몸으로, 행동으로 보여주려고 했다. 각 지역 민단도 기념식에 영화 상영회오사카민단의 '밀정'나 강연회교토. 나라, 시가, 와카야마를 특별히 마련했다.

나는 오사카민단 기념식에 참석했다. 오사카 기념식에서는 몇 가지가 눈에 띄었다. 우선 이제까지의 기념식과 달리 연단을 단상 위에 올리지 않고 참석자들과 같은 평면에 놓았다. 삼일운동을 떠나 탈권위주의, 국민과 함께하는 문재인 정부의 정책이 동포사회에도 점차 자리 잡아가고 있음을 느꼈다. 또 기념식 시작에 앞서, 민단이 자체 제작한 〈삼일운동 100주년의 한일관계사〉 비디오를 상영했다. 점차 당시의 역사를 잊어가는 재일동포 후세들을 교육하기 위한 자구적인 노력이라고 할 수 있다. 나에겐 제3의 전문가가 만들어준 멋있는 제작물보다, 민단 스스로 만든 소박한 제작물이 더욱 소중하게 보였다.

이날 기념식에서는 한일 사이의 정치적 갈등을 우려하는 동포들의 목소리도 많이 들렸다. 때문에 어느 때보다도 재일동포들은 대통령의 올해 기념사 내용, 특히 한일관계에 관한 대목을 민감하게 주시했다. 최근의 갈등 분위기가 기념사에도 이어질까 걱정했는데 막상 뚜껑을 열고 보니, 이번 경축사에 일본을 직접 비판하는 내용이 없고 미래지향의 협력을 강조하는 내용이 대부분이었다. 그들의 표정과 말에서 안도와 환영의 모습을 느꼈다. 특히 연설문 중에서 "과거 역사는 바꿀 수 없지만 미래의 역사는 바꿀 수 있다"는 대목이 동포들의 가슴을 울린 듯했다.

2019.3.12.
"최근의 대립은 한 순간"이라는
오사카교대 학장

오사카에 종합 교사양성기관인 국립대학법인 오사카교대가 있다. 한국에서는 교대가 주로 초등학교 교사를 길러내지만, 일본에선 유치원에서부터 고교 교사까지를 망라해 양성한다.

오사카교육대학은 학부에 교원양성과정과 별도로 교육심리학, 건강안전과학 등을 전공하는 일반과정도 두고 있다. 부속학교만해도 유치원, 초, 중, 고를 포함해 11개나 된다. 전국적인 명문고로 알려진 덴노지고도 이 대학 부속학교다.

오사카시에서 보면 나라현 쪽에 가까운 가시와라시의 산자락에 주 캠퍼스가 있다. 오사카 시내의 덴노지에도 별도의 캠퍼스가 있다. 12일 방문한 캠퍼스는 가시와라 캠퍼스인데, 마침 후기 입시 날이어서 출입하는 데 절차가 좀 복잡했다. 캠퍼스로 가는 길이 급한 오르막이어서 학생들이 통학하기 힘들겠다는 생각이 들었다. 마침 고개를 돌려보니 이런 사정을 감안한 듯, 정문에서 산 위의 캠퍼스까지 에스컬레이터 시설이 돼 있었다.

이 학교는 학생, 교수 등을 포함해 5천 명 규모의 큰 교육대학인데, 졸업생들이 60%정도만 교직에 진출한다고 한다. 졸업생들의 취직자리가 교직 외에도 많으며, 교직이 장시간에 업무 강도가 높기 때문 다른 직업을 찾는 학생이 많다고 한다. 이런 경향은 교대 중에서도 도쿄, 오사카 등 대도시 대학이 심하다.

구리바야시 스미오 학장은 서울교대, 이화여대, 전주교대, 충남대, 공주대, 청주교대, 대구교대, 대구한의대 등 한국대학과 학생 교환 등의 교류를 하고 있다면서 앞으로 다문화공생 시대를 대비하기 위해서도 이웃나라인 한국과 교류를 활발하게 하고 싶다고 말했다. 가시와라지역이 식민지 시대에 강제로 징용된 한국 사람들이 많이 살던 곳이라 인권운동도 활발하다고 설명해줬다. 또 고대시대 한반도에서 온 사람들이 처음 도착해 야마토강을 따라 나라로 이동했던 중간지임을 상기하면서, 이런 긴 한일 사이의 교류 역사를 보면 최근의 갈등은 한 순간이라면서 상호 이해와 교류의 중요하다고 강조했다. 한일관계가 좋지 않아 어깨가 무겁다가도 이런 말을 들으면 마음이 따뜻해진다.

이 학교는 두 가지 특색이 있다. 하나는 전국공통 이용시설로 학교위기멘탈서포트센터를 운영하고 있는 것이다. 2001년 부속 이케다소학교에서 흉기를 든 침입자가 학생 8명을 살해하는 등 학생과 교사를 포함해 23명이 살상되는 큰 사건이 있었다. 이를 계기로 학교위기에 대응하기 위한 센터를 세웠다. 또 하나는 학교에서 학습 외에 학생들 사이의 이지메, 부등교 등의 문제를 다루는 연합교직대학원을 운영하고 있다. 이 대학원 운영에는 간사이대와 긴키대가 함께 참가하고 있다.

2019.3.14.
간사이프레스클럽에서
강연

도쿄에 일본기자클럽JNPC이 있다면, 오사카에는 간사이프레스클럽KPC이 있다. 일본기자클럽은 전국 단위의 조직으로, 신문, 방송, 통신사 및 기자 등이 참여하는 회원제 비영리단체다.

간사이프레스클럽도 성격이 비슷하지만, 지역적으로 간사이지역에 거점을 둔 언론사와 기업, 대학 등에 회원을 한정하고 있다. 간사이지역의 정보 발신 강화를 목표로 하고 있는 조직으로, 일본기자클럽과는 별개의 독립 단체다. 두 단체 모두 뉴스가 될 만한 인물들을 초청해 강연회를 하는 것이 주된 일이다.

나는 3월 13일, 간사이프레스클럽의 초청으로 '문재인 정부와 한반도평화정책'이란 제목의 강연을 했다. 이런 종류의 강연은 준비도 필요하기 때문에 1달 이상 앞서 날을 잡는 게 일반적이다. 나도 약 한 달 이상을 앞두고 요청을 받았다. 그때는 2월 말의 하노이 북미회담도 결정돼 있었고 진전된 합의도 나올 것이 예상되는 분위기여서 즐거운 마음, 가벼운 마음으로 제의를 받아들였다.

그러나 강연회를 앞두고 사태가 갑자기 반전됐다. 하노이 회담에서 기대했던 합의가 나오지 않았을 뿐 아니라 회담이 결렬됐다. 강연 내용을 애초 생각했던 것에서 크게 바꾸지 않으면 안 되는 상황이 됐다. 마음의 부담도 커졌다.

고민 끝에 그동안 한반도에서 벌어진 상황과 문재인 정권이 추진하는 한반도정책의 내용과 배경, 그리고 하노이 회담 이후의 전망과 일본의 역할 등을 설명하기로 마음을 먹었다. 여러 나라 중에서도 특히 일본이 한반도 평화 흐름에 차가운 시선을 보내고 있는 점을 생각하면, 오히려 이런 때일수록 적극적으로 한반도에서 일어나고 있는 변화를 알리는 게 의미가 있겠다고 생각했다. 더구나 최근 한일관계가 역사문제로 어려움을 겪고 있는 시기여서, 일본의 시민사회, 여론주도층과 활발한 소통을 할 필요도 있다고 생각했다.

강연에서는 일본에서 잘 알려져 있지 않은 한국 사람의 인식, 문재인 대통령의 철학 및, 정책을 전하는 데 중점을 두고자 했다. 예를 들면, 일본에 지진태풍 등 '자연재해의 공포'가 있다면, 한국에는 그와 비견되는 것으로 '전쟁의 공포'가 있다는 것을 알리고자 했다. 또 한반도 평화 구축과정에 공통의 가치와 제도를 공유하는 한국과 일본의 협력이 매우 중요하다는 점도 강조했다.

50분 정도의 강연이 끝난 뒤 질의응답 시간에는, 역시나 한일관계에 질문이 집중됐다. 나는 "지금 한일관계는 날씨에 비유하면 눈이 내리고 있는 상태인데 앞으로 눈이 그치고 빗자루를 들 시기가 반드시 올 것"이라고 말했다. 그리고 근본적인 시각 차이가 있는 역사 문제는 쉽게 해결되기 어렵다는 것을 서로 인식하고, 잘할 수 있는 경제, 문화, 인적교류를 더욱 강화하면서 개선을 도모해 나가는 게 바람직하다고 말했다. 프레스클럽의 강연이었기 때문인지, 강연 내용을 지역의 여러 신문, 방송에서 기사로 다뤄줬다.

일본에서 가장 오랜 역사를 자랑하는 아사히신문의 발상지는 오사카다. 그래서 올해 1월, 창간 140주년 기념행사도 도쿄가 아니라 오사카의 나카노시마에 있는 오사카본사에서 열렸다.

나카노시마 오사카본사 건물은 페스티발시티로 불리는 쌍둥이 건물의 한 채인 페스티발타워에 있다. 요츠바시스지를 사이에 두고 있는 페스티발타워 웨스트에는 콘래드호텔과 고세츠미술관을 비롯한 문화, 쇼핑, 음식점 등이 입주해 있다. 두 건물은 도로를 사이에 두고 있지만, 지하로 통해 있는 하나의 건물 타운이다. 오사카의 랜드마크의 하나이기도 한데, 쌍둥이 건물의 소유주가 아사히신문사다. 이 건물만 봐도 아사히신문의 재력이 얼마나 튼튼한지 알 수 있다.

아사히신문의 출입구는 13층이다. 그리고 9층이 임원실, 12층부터 10층 사이에 편집국 등이 배치되어 있다. 13층의 출입구 앞에는 아사히신문의 역사를 상징하는 두 개의 물건이 전시되어 있다. 하나는 창간호를 찍던 수동식 인쇄기이고, 또 하나는 현존하는 것으로 가장 오래된 신문사의 나무 현판이

아사히신문 창간호의 인쇄기

다. 이 전시물을 보면, 아사히신문이 얼마나 오랜 역사를 가지고 있는지 쉽게 알 수 있다.

3월 26일 부임한 뒤 아사히신문사를 두 번째 찾았다. 첫 번째는 부임 뒤 한 달도 안 된 때여서 어리둥절했는데, 1년쯤 지난 뒤 다시 가보니 이것저것 안 보이던 것이 보였다. 갑자기 나태주 시인의 〈풀꽃〉이란 시가 생각났다.

이번 방문은, 첫 방문 이후 바로 사장이 바뀌었는데도 서로 시간이 맞지 않아 못 만나던 차에 어렵게 시간을 조정해 이뤄졌다. 후지이 다쓰야 사장은 아주 반갑게 나를 맞아줬다. 내가 같은 업종 출신이어서 그런지 편안한 분위기 속에서 최근 이슈가 되고 있는 한일관계, 북미관계, 문화교류, 오사카 지방 선거 등에 관해 스스럼없이 의견을 나눴다.

2019.3.28.
오사카한국총영사로서
이쿠노구청 첫 방문

오사카시에는 24개의 구가 있다. 그러나 오사카시의 구는 도쿄도나 서울의 구와는 법적 지위가 다르다. 구청의 장을 선거로 뽑지 않고 시장이 임명한다. 구에는 구의회도 없다.

24개 구 가운데 이쿠노구가 있다. 식민지 시대부터 재일동포들이 집단 거주하는 곳이다. 이곳에 있는 코리아타운옛 조선시장에는 평일에도 한국의 문화와 음식을 즐기려는 일본 젊은이들로 북적인다. 정치적으로 한일관계가 나쁘지만 코리아타운에서는 그런 분위기를 전혀 느낄 수 없을 정도로 열기가 뜨겁다.

현재 이쿠노구의 전체 인구는 13만 명 정도다. 그 가운데 한국 국적, 조선적의 재일동포가 2만 2천여 명이다. 중국, 베트남 국적자를 포함하면 2만 8천 명 정도가 외국인이다. 예전에는 4분의 1 정도가 재일동포였는데, 최근 귀화 등의 이유로 비율이 떨어졌다. 그래도 오사카의 다른 지역에 비해 동포들이 압도적으로 많다.

3월 27일 이쿠노구청을 방문해, 야마구치 데루미 구청장을 만났다. 우리나라 오사카총영사가 이쿠노구청을 방문한 것은 처음이라고 한다. 야마구치 청장은 민간인 출신으로 공모를 통해 발탁되어, 2017년 4월부터 일하고 있다.

나는 야마구치 청장에게 이쿠노구가 역사적으로 재일 한국인이 많이 사는 곳이니 서로 협력해, 이곳을 한일협력, 다문화공생의 발신지로 만들어가자고 말했다. 또 이곳의 많은 재일동포 어린이들의 민족교육에도 각별한 관심을 기울여 줄 것을 부탁했다. 동석한 오용호 민단 오사카본부 단장도 재일동포들의 복지, 교육, 상업 활동을 비롯한 생활 지원에 힘써 줄 것을 요청했다.

야마구치 구청장은 이쿠노구가 한국을 포함해 외국인 거주 비율이 오사카시에서 가장 높은 지역임을 강조하며, 적극 협력하겠다는 뜻을 밝혔다.

2019.4.3.
제주 4·3사건
71주년 위령제

4월인데도 날씨가 춥다. 요즘 며칠 최고기온이 11, 12도로 내려갔다. 바람까지 불어 겨울이 다시 온 듯하다. 오사카에서 벚꽃이 피었다고 기상청이 발표3월 27일한 지가 일주일이 지났는데도 쌀쌀한 날씨 때문에 꽃구경할 엄두도 나지 않는다. 피었던 꽃도 다시 외투 속으로 들어가지 않을까 생각한다.

한국에서는 이런 봄 날씨를 '꽃샘추위'라고 부른다. 일본에서도 이와 비슷한 표현이 있다. '하나 구모리'花曇り다. 벚꽃이 필 무렵 추위가 올 때 쓰는 말이다. 4월 3일의 오사카 날씨가 꽃샘추위이자 하나 구모리였다.

이런 으스스한 날씨 속에서 오사카 덴노지구에 있는 절 통국사에서 제주 4·3사건 71주년 위령제가 열렸다. 지난해 11월 일본뿐 아니라 해외에서 처음으로 4·3 희생자 위령탑이 세워진 곳이다. 오사카총영사관에서 나를 포함

위령비 앞에서 기념사진

해 10여 명의 직원이 이곳에서 처음 열리는 위령제에 참석했다. 가보니, 희생자 가족, 한일 시민들로 구성된 위령제 실행위원회 관계자, 민단과 총련 소속 간부를 포함해 50여 명이 참석했다. 통국사 스님의 독경에 이어 선향과 참배를 하는 순으로 1시간가량 진행됐다.

오사카는 제주도 빼고는 4·3사건과 가장 인연이 깊은 곳이다. 이 때문인지 제주 KBS에서도 현지 취재를 왔다. 나는 위령제가 끝난 뒤 인터뷰 요청을 받았다. 총영사관에서 처음 위령제에 참석한 의미와 공관의 4.3 피해자 지원 대책 등을 물었다. 나는 "오늘 총영사관뿐 아니라 피해자, 시민, 민단 및 총련 관계자까지 다함께 모여 위령제를 했다. 희생자와 가족들이 조금이라도 위로를 받았을 것으로 생각한다. 정부의 방침에 발맞춰 나가면서 이곳의 시민, 유족들과 의견을 나누며 도움이 되는 방안을 연구하겠다"고 말했다. 위령제를 마치고 나오면서, 느리지만 그래도 역사는 한 발 한 발 앞으로 나가고 있다는 걸 느꼈다.

2019.4.5.
시가현 고가시의
미호박물관

4월 4일에는 시가현 고가시 시가라키정의 산속에 자리 잡고 있는 미호뮤지엄에 갔다. 시가라키정은 간사이지역에서 유명한 도예 마을이다.

미호뮤지엄이 유명한 것은 두 가지다. 먼저 이 뮤지엄을 설계한 사람이 세계적인 건축가인 중국계 미국인 아이엠 페이라는 점이다. 페이는 프랑스 루브르미술관의 유리 피라미드, 워싱턴의 내셔널갤러리 동관을 설계했다. 이곳 뮤지엄에도 삼각구조 유리지붕 등 그의 건축 특징이 잘 나타나 있다. 특히, 이 뮤지엄의 설계 주제는 중국의 도원향으로 알려져 있다. 그래서인지 도원향으로 가는 느낌을 맛볼 수 있도록 곡선의 긴 터널을 통해 뮤지엄으로 들어가도록 동선이 꾸며져 있다.

미호 뮤지엄 안에서 바라본 바깥 풍경

오사카 총영사의 1000일

또 한 가지는 고대부터 현대까지, 서양에서 동양까지를 망라한 방대한 유물을 소장하고 있다는 점이다. 그리스, 로마, 이집트, 중근동, 간다라, 중국 등의 미술품 2000점 이상을 소장하고 있다. 상설전시관은 남관에 있는데, 이집트, 서아시아, 그리스 로마, 남아시아, 중국 페르시아로 방을 나눠 전시하고 있다. 기원전 13세기 이집트 제19왕조 때의 호루스 동상이 가장 유명한데, 내 눈엔 모든 게 진귀했다.

이날은 교토의 다이도쿠지대덕사 용광원에서 소장하고 있는 유물을 모아 특별전을 하고 있었다. 평소에는 비공개하는 차도와 관련한 보물들이 많이 나와 있어서인지, 차도 등에 관심이 많은 일본인들이 긴 행렬을 이뤘다. 특히, 일본에 국보로 지정된 것이 세 개밖에 없다는 검은색의 요헨텐모쿠 찻잔13세기, 송나라이 출품되어 큰 인기를 끌었다.

이 박물관은 총 30만 평의 부지에 전시관의 바닥 면적이 5800평정도 되는 규모인데, 험한 산지에 이런 건물을 지은 것 자체가 예술인 것 같다. 이 박물관은 종교단체 신자수명회를 만든 고야마 미호코1910-2003가 1997년 11월에 개관했다.

2019.4.10.
한일관계의 악화에도
한국 수학여행을 이어가는 지벤학원

나라현과 와카야마현에 초·중·고를 두고 있는 학교법인 지벤학원은 한국과 인연이 매우 깊다. 이 학원의 고교생들은 1975년부터 한일관계의 부침에 관계없이 한국에 수학여행을 가고 있다. 2017년부터는 북한의 미사일 발사 등 한반도 안전에 관한 학부모들의 우려도 있어, 희망자를 대상으로 하는 연수여행으로 바꿨다. 첫해는 20명대, 2018년은 40명대, 올해7월 예정는 희망자가 70명대로 늘었다고, 이 학원의 후지타 기요시 이사장은 말했다. 연수여행을 다녀온 학생들이 한국여행의 감동을 후배들에게 전해주어 희망자가 급격하게 늘었다는 것이다.

벚꽃이 절정기를 맞고 있는 4월 9일, 지벤학원의 이사장실이 있는 와카야마 지벤학원을 방문했다. 한국과 인연을 생각하면 진작 찾아 갔어야 했는데, 좀 늦었다. 그래도 부임 1년 안에 찾아가 다소 위안이 됐다. 와카야마 지벤학원은 가이난해남시의 언덕에 자리하고 있는데, 언덕길에 핀 벚꽃이 환상적이었다. 이곳 학원에는 초·중·고 포함해 1400명의 학생이 다니고 있다.

지벤학원이 한국에 수학여행을 가게 된 것은 이 학원의 설립자인 후지타 데루기요 전 이사장후지타 기요시 현 이사장의 아버지이 일본문화의 원류가 한국이라는 것, 일본의 한국 식민지배에 사죄해야 한다는 것을 학생들에게 가르친다는 뜻에서 시작했다고 한다. 특히 데루기요 전 이사장은 40주년 수학여행 때는 중병임에도 불구하고 산소 호흡기를 단 채 학생들과 함께 수학여행에 동행했다. 그리고 수학여행에서 돌아와 그해 숨졌다고 한다.

기요시 이사장은 한일 사이에 어떤 어려움이 있어도 "정치는 정치, 교류는 교류"라면서, 학생들이 한국에 다녀오면 많은 것을 배운다고 말했다. 또 이전의 대규모 수학여행과 달리 소규모의 연수여행을 하면서 학생들이 더욱 밀도 있게 한국문화를 접할 수 있어 좋다고 했다. 특히, '홈스테이 하루는 단순 여행 열흘'의 효과가 있는 것 같다고 덧붙였다.

지벤학원은 고교야구의 강자로도 유명하다. 봄, 여름을 합쳐 고시엔대회에서 3회 우승을 했다. 야구 명문으로 알려져 전국에서 학생들이 쇄도하지만, 와카야마현이 와카야마를 위해 유치한 학교이기 때문에 한 학년 10명의 야구선수 중 타 지방의 학생은 2명으로 엄격하게 제한하고 있다고 한다. 이 것만 봐도 자신의 존재이유를 잘 아는 학교라는 걸 알 수 있다.

이사장실에는 지벤학원 야구 응원가에 반해 2018년부터 지벤학원과 인연을 맺게 된 스즈키 이치로 선수가 선물한 배트와 장갑 등이 소중히 전시되어 있었다.

오사카의 벚꽃도 끝물로 접어들고 있다. 일요일인 4월 14일에 하루 종일 비가 왔다. 마지막 벚꽃 구경을 하려는 사람들에게 심술을 부리는 듯했다.

이날 저녁 한국관광공사 오사카지사 주최로, 오사카 시내의 한 호텔에서 '갈라 디너쇼 '코리아 미식 만찬회''행사가 열렸다. 한국음식에 관심이 많은 40-60대를 대상으로, 프랑스식으로 재해석한 한식 반상을 소개하는 행사였다. 프랑스 미슐랭급 식당 및 특급호텔에서 일한 적이 있는 이승준 셰프가 와서 음식을 선보였다. 본격적인 식사회가 시작되기 전에는 탤런트 송옥숙, 천호진 씨가 나와 한국음식을 주제로 토크쇼를 했다.

봄비 치고는 꽤 강한 비가 내리는 가운데에서도 100여 명의 일본 중년층이 회의장을 가득 메웠다. 나도 비를 뚫고 참석해, 눈과 혀, 그리고 귀의 즐거움을 맛봤다. 본격적인 식사회가 시작되자, 이승준 셰프가 직접 무대로 나와 '봄과 시작'을 주제로 만든 음식을 일일이 설명해줬다. 음식을 먹는 중간 중간에 게스트인 송옥숙 씨의 즉석 인터뷰도 진행됐다. 송 씨는 초반엔 "보기도 먹기도 좋은데 양이 좀 부족한 것 같다"며 아쉬움을 나타내더니, 마지막엔 "배우는 경험으로 연기를 하는데 나중에 귀부인 역을 할 때 오늘 이 자리의 분위기를 떠올리며 연기를 하겠다"고 대만족을 표시했다.

송 씨의 말에 이날 행사의 모든 것이 집약되었다고 해도 과언이 아니다. 특히, 송 씨는 일본에서 한류의 빗장을 연〈겨울연가〉에서 주인공인 배용준 욘사마 씨의 어머니 역을 맡은 바 있어, 일본 사람들에게 매우 친숙하다. 참석한 일본 사람들도 "한국음식의 새로운 면을 알았다. 정말 맛있고 좋았다"고 이구동성으로 칭찬했다. 한류가 일본 사회 저변에 더욱 다양하고 넓고 깊게 퍼지고 있음을 느꼈다.

갈라 디녀쇼에서 음식을 만든 요리사들이 무대에 나와 인사를 하고 있다

지난해 4월 17일 부임했으니, 오사카 생활도 1년이 됐다.

만나는 사람마다 오사카에 관한 인상을 묻는 경우가 많다. 일반적으로 오사카 사람은 '정이 많다'고 한다. 반면 같은 간사이지역이라도 교토 사람들은 배타적이며 자존심이 강하고, 일찍 개항된 고베는 개방적이라고 한다. 이런 지역 특색은 오랜 역사를 통해 형성된 것이기 때문에 쉽게 바뀌지 않을 것이다.

그래도 "1년 정도 살아 보니, 오사카는 어때요?"하는 질문을 마주칠 때마다, 곤혹스럽다. 상대방의 의중을 헤아려 대답해야 한다는 그런 식의 곤혹스러움이 아니라, 실제로 오사카의 특성을 말할 만큼 경험이 없는 데서 나오는 곤혹스러움이다.

오사카의 곳곳을 발로 훑고 다녔으면 모를까, 1년 동안 여러 행사에 참석하고 많은 사람을 만나긴 했지만 공관장의 동선은 점과 점을 이동하는 움직임이라고 해도 크게 틀리지 않다. 이런 부분적인 경험으로는 아직 자신 있게 한 도시, 한 지역의 성격을 말할 자신이 없다.

하지만 한 가지만은 자신 있게 말할 수 있다. 교통질서에 관해서라면, 일본에서 가장 자유스러운 곳인 것 같다는 것이다. 예를 들어, 횡단보도에 청색 신호가 들어오기 몇 초 전부터 건너기 시작하고, 적색 신호가 들어온 몇 초 후에도 건넌다. 특히, 자전거의 폭주는 곡예운전을 방불해, 한 순간도 방심을 할 수 없다. 차도를 무단횡단 하는 사람도 많다. 매일 차를 타고, 동네를 산보하면서 보는 광경이다.

또 뭐가 있을까. 다른 동네보다 말과 행동이 빠른 것도 확실한 것 같다. 도쿄에 대한 대항의식이 몸에 배어 있는 것도 사람들을 만나다 보면 쉽게 느낄 수 있다.

오사카 인상을 묻는 질문을 듣다 보니 나도 오사카의 특성이 궁금해졌다. 그래서 최근 오타니 고이치 씨가 쓴〈오사카학大阪学〉시리즈 2권과 이노우에 쇼이치 씨의〈오사카적大阪的〉이라는 책을 구해 읽어 봤다. 이제까지 몰랐던 오사카에 관한 애기가 많이 나와 좋은 공부가 됐다. 그래도 필자에 따라 보는 각도도 강조하는 점도 다르다. 또 시대 상황에 따라 해석도 달라지는 것 같다. 1년이 지났으니, 앞으로는 오사카에 관해서 몇 마디 할 정도의 식견은 길러야 하지 않을까 생각한다.

2019.5.9.
오사카한국문화원의
신장 개업식

4월 27일부터 5월 6일까지 긴 10일 연휴가 끝났다. 일을 하면서 휴가가 아니고 열흘을 연속해 쉬는 것은 이전에도 없었고, 앞으로도 없지 않을까 생각한다. 덕분에 긴 휴가를 통해 심신을 충전하고 7일부터 다시 일을 시작했다. 휴식은 필요하고 좋긴 하지만, 한 번에 너무 오래 쉬는 것은 다시 일을 시작하는 데 부담을 주는 것도 사실이다.

9일 오후엔 오사카 한국문화원의 '신장개업' 행사가 있었다. 오사카문화원은, '김대중-오부치 공동파트너십선언' 1998년 이듬해인 99년 3월 미도스지의 오사카총영사관 안에 개설되었다. 이후 2007년에 지금의 장소인 나카자키의 오사카민단 건물 안으로 이전했다.

문화는 부드럽고 밝은 인상을 줘야 하는데, 민단 안의 문화원은 시설이 오래된 탓도 있어 어둡고 칙칙한 인상을 준다는 지적이 많았다. 그래서 이번에 거금을 들여 분위기를 밝고, 한국적인 특성과 현대성을 동시에 나타낼 수 있도록 대대적으로 개조했다. 이전에 문화원에 가본 적이 있는 사람이라면 문화원 입구에 들어서자마자, 상전벽해가 된 문화원을 만날 수 있을 것이다.

일단 전체 분위기가 밝아졌다. 공동 시청을 할 수 있는 대형 평면 모니터와 사이니지 광고판, 국립현대미술관의 작품을 인터넷 중계로 볼 수 있는 모니터가 눈에 띈다. 그리고 벽면에 한국의 예술, 문화를 상징하는 도자기, 공예품, 케이팝 스타의 이미지 등이 잘 전시되어 있다.

이날 신장개업 행사에는 동포뿐 아니라 예술, 문화, 언론계 등에서 활약하는 일본인 등 100여 명이 참석해 성황을 이뤘다. 이들도 모두 완전히 바뀐 문화원 분위기에 입을 다물지 못했다. 나는 인사말을 통해 새로 개장을 한 것을 계기로 오사카문화원이 간사이지역에서 일본 전국을 향해 한국문화와 한일우호를 더욱 강하게 발신하는 장소가 되도록 노력하겠다고 말했다. 이날에 맞춰 한일 양국의 미술가들이 10년 넘게 이어온 '한일 우호 아트페어' 개막식도 함께 했다. 또 행사 뒤 교류회에서는 김밥, 나물, 잡채, 떡, 불고기 등의 풍성한 한국음식이 모두의 입을 즐겁게 했다. 그릇이 아무리 좋아도 내용이 엉터리면 없어 보이듯이, 화려한 치장을 한 채 재출발하는 문화원도 그에 걸맞는 내용을 채우는 데 힘써야 함은 말할 나위가 없다. 좋은 그릇이 마련된 만큼 좋은 내용을 채우는 일이 더욱 중요해졌다.

2019.5.15.
정토신종 동본원사파의
오타니대

간사이지역에는 다른 지역보다 불교계 대학이 많다. 이 지역에 오래된 절이 많은 것과 관계가 깊지 않을까 생각한다. 교토에만 불교대, 류코쿠대, 오타니대 등이 있다.

5월 15일 오타니대를 방문했다. 지난해 갔던 류코쿠대가 니시혼간지서본원사 계열의 대학인 데 비해, 오타니대는 히가시혼간지동본원사 계열의 대학이다. 이 대학은 교토 북쪽의 비교적 한적한 곳에 있다. 정문의 바로 앞쪽에 일본 천태종의 본산이 엔라쿠지연력사가 자리 잡고 있는 히에이산이 솟아 있다. 캠퍼스는 다른 대학에 비해 아담하지만, 정문에서 들어가자마자 1913년에 완공됐다는 진겐칸심원관 건물국가 등록 문화재이 범상치 않은 학교 역사를

등록문화재로 지정된 오타니대의 심원관 건물

오사카종영사의 1000일

과시한다.

1665년 히가시혼간지의 학료로 출발한 이 학교는 이름을 오타니대로 변경해, 1922년 종교, 철학, 문학을 전문으로 하는 문과계 단과대학으로 출발했다. 2018년부터는 문학부뿐 아니라 사회학부와 교육학부 등 3부 체제를 갖추었다. 인원이 적지만 대학원 과정도 운영한다. 학생은 대략 3천 명 정도라고 한다.

이 학교의 건학이념을 현대적으로 해석해 내 건 구호가 'Be Real'이다. 여기서 Real은 두 가지 의미라고 기고시 야스시 학장은 설명한다. 하나는 불교에서 말하는 '진리'의 Real이고, 또 하나는 현실의 Real이라는 것이다. 현실과 밀착한 지성을 키워내겠다는 뜻이 담겨 있는 것 같다.

이 학교는 한국과 교류에도 관심이 많다. 동국대, 동서대 등 4개 대와 교류를 하고 있다. 학생교류는 한국에서 오는 경우보다 단기연수 등으로 한국에 가는 학생이 많다고 한다. 최근의 특이한 경향으로는 한국을 전공하지 않는 학생들도 한국어 수업에 많이 몰리고 있는 것이라고, 동석한 한 교수는 설명했다.

기고시 학장과는 앞으로 대학, 학문, 지식교류를 활발히 하는 것이 한일관계를 좋게 하는 길이라는 데 생각을 같이했다. 방문을 마치고 나오는데 학장이 1층까지 따라와 새로 지은 현대식 건물 등을 소개해주었다. 다음 기회에 히가시혼간지도 안내해 주겠다고 했다. 일본의 불교역사를 이해하는 데 큰 도움이 될 것 같다. 기대가 크다.

2019.5.16.
OK배정장학재단과
금강학원의 업무협약

'스승의 날'인 5월 15일, 오사카의 민족학교 금강학원이사장, 조영길과 OK배정장학재단이사장, 최윤의 업무협약식이 금강학원에서 열렸다. 금강학원의 우수학생 및 우수 교사 유치, 한국어 능력 향상, 민족의식 함양 사업 등을 배정장학재단이 지원한다는 내용이다. 재일동포 사회가 노령화, 귀화자 증가 등으로 점차 약화된다는 소리가 나오는 상황에서 반가운 일이다. 총영사관에서도 나와 교육담당 영사가 참석해 격려했다.

OK배정장학재단 이사장인 최 씨는 재일동포 3세로, OK저축은행 등을 계열사로 두고 있는 아프로서비스그룹의 회장이다. 국내외 학생에게 장학금을 주는 장학 사업을 정력적으로 펼치고 있고, 2015년부터는 일본 안의 5개 민족학교 도쿄한국학교, 백두학원 건국학교, 금강학원 금강학교, 교토국제학원 교토국제학교 외에 코리아국제학원 포함 학생들을 대상으로 연 6억 원 정도의 장학금을 주고 있다. 한 학교와 민족교육 강화를 위해 포괄적인 업무협약을 맺은 것은, 금강학원이 처음이라고 한다.

나는 인사말에서 "이번 협약을 계기로 금강학원이 세계에서 가장 한일을 잘 아는 인재를 키워내는 요람이 되기 바란다"고 말했다. 금강학원은 장학재단의 지원금으로 학생들의 한국어 학습 능력을 키우는 데 주력할 생각이라고 한다. 말이 그 나라의 문화, 역사를 이해하는 첫 관문이라는 점에서 좋은 방안이라고 본다. 이번 협약 체결을 기점으로, 금강학원이 한국말과 일본말, 한국문화와 일본문화, 한국역사와 일본역사를 세계에서 가장 잘 아는 학생을 길러내는 요람으로 자리 잡기를 바란다.

2019.5.18.
조수미와 함께, 오사카에 울려 퍼진 한일 하모니

한국이 낳은 세계적인 성악가, 조수미가 오사카에 왔다. 그리고 오사카의 NHK홀을 한일우호의 도가니로 만들었다.

오사카한국문화원은 6월 28-29일 열리는 G20 오사카정상회의를 앞두고, 5월 17일 오사카 NHK홀에서 '조수미와 함께 오사카에서 울려 퍼지는 한일화합의 멜로디' 공연행사를 했다. 경기 필하모닉 오케스트라도 함께했다.

한일관계가 정치적으로 얼어붙어 있는 상태이기 때문에, 음악을 통해서라도 양국의 화합을 꾀하자고 기획한 행사였다. 결론적으로 말하자면, 대성공이었다. 1300석의 좌석이 이른 시간 안에 꽉 찼고, 끝난 시간이 밤 9시 반이 되었는데도 감동한 청중들이 자리를 뜨길 망설였다. 특히, 조수미가 마지막에 앙코르 곡으로 선사한 두 곡이 관중을 사로잡았다. 첫 번째는 오키나와의 민요인 '하나꽃'를 피아노 연주만으로 일본어 메모를 보면서 불렀다. 또 앙코르가 나오자, "한국과 일본의 우호를 바란다"는 영어 인사와 함께 라데츠키 행진곡을 부르며 직접 청중에 박수를 유도했다. 마치 아이돌 그룹의 공연장을 방불케 할 정도로 홀 분위기가 뜨겁게 달아올랐다.

한국의 전통악기인 해금과 일본의 전통악기인 사쿠하치의 협연도 감동적이었다. 주위의 일본인 참석자들도 정말 훌륭한 공연이었다고 이구동성으로 말했다. 역시 한일 두 나라 사이엔 아무리 정치적으로 갈등이 있어도 문화적으로 통하는 끈끈한 것이 있는 것 같다. 물론 이런 한일 시민의 연대, 우호를 이끌어낸 가장 큰 주역은 카리스마 넘치는 조수미, 그리고 훌륭한 연주를 해준 경기 필하모닉 오케스트라와 한일의 음악가들이었다.

2019.5.19.

윤동주가 학우와
함께 걷던 우지강변의 길

윤동주 시인이 교토의 도시샤대에 다니면서 1943년 7월 일본 경찰에 체포되기 전에 마지막으로 학우들과 소풍을 갔던 곳, 우지강가를 걷는 행사가 5월 18일 열렸다. 2017년 우지강과 시즈카와강이 만나는 지점에 '기억과 화해의 비'라는 윤동주 시비를 세운 '시인 윤동주 기념비 건립위원회'가 주최한 행사다.

지난해에 이어 올해가 두 번째. 시기를 5월로 잡은 것은 1943년 윤동주

세계적인 성악가 조수미 씨와 함께

시인 일행이 우지강가로 소풍을 했던 실제 시기에 맞춘 것이라고 한다. 우지강 상류에 당시에 없던 아마카세 댐도 생기는 등 1943년 때와는 형세가 많이 바뀌었지만, 윤동주 시인이 갔을 것으로 추정되는 길을 따라 코스를 잡았다.

지난해 첫 행사 때는 40여 명이 참석했다는데, 올해는 유감스럽게 절반 정도밖에 되지 않았다. 햇볕이 강하지도 약하지도 않은 걷기에 적당한 날씨였는데, 아마 비가 올지도 모른다는 사전 일기예보가 영향을 주지 않았을까, 생각한다. 나는 몇 달 전에 행사 주최 쪽에 참가를 약속한 터여서 시간에 맞추어 약속 장소로 갔다.

오전 10시에 게이한선 우지역 광장에서 출발해 우지강을 따라 상류로 거슬러 올라갔다. 우지강변의 상점가를 거쳐 조금 올라가다 보면 오른편에 일본의 10엔짜리 동전에 나오는 뵤도인평등원이 있다. 지금은 입장료성인 600엔를 받는데 당시는 담도 없어서 그냥 들어갔다고 한다.

뵤도인에서 20여 분 더 걸어서 올라가면 당시 윤동주 시인이 마지막 사진을 찍었던 아마카세 현수교가 나온다. 이 사진에 나온 현수교의 줄이 윤 시인이 우지강으로 마지막 소풍을 온 장소를 특정하는 근거가 됐다. 여기서 또 10여 분을 더 올라가면 우지강을 막아 만든 아마카세 댐이 나오고, 이 댐의 바로 밑에 있는 바위에서 윤 시인 일행이 야유회를 했다. 당시 윤 시인은 학우들의 요청으로 아리랑을 불렀다고 한다. 지금은 댐 때문에 접근할 수 없어, 일행은 댐 위에서 그곳을 바라보면서 들꽃을 던져 헌화하는 것으로 아쉬움을 달랬다.

마지막에 시비가 있는 곳에서, 시비에 새겨져 있는 〈새길〉을 비롯해 몇 편의 시를 한글과 일본어로 번갈아 낭송하고 준비한 도시락으로 점심식사를 했다. 앞으로도 매년 시인의 추억을 더듬는 우지강 걷기 행사가 강물처럼 계속 이어졌으면 좋겠다.

윤동주가 학우들과 마지막 사진을 찍었던 아마카세 현수교에서

〈일본경제신문〉과 인터뷰한 내용이 22일 석간에 나왔다. 인터뷰는 5월 8일에 했는데, 게재까지 꼬박 2주일이 걸렸다.

전국판이 아닌 간사이지역판에 나왔다. 봄철 지면 개편과 함께 재단장한 코너인데, 이름이 '간사이 타임라인 미래상'이다. 이 코너가 새로 정비된 뒤 내가 세 번째 등판이라고 한다.

인터뷰에서는 부임 1년을 보내면서 느낀 간사이지역에 관한 인상과 소감, 가장 인상에 남는 곳, 한일관계 개선 방안, 6월 말 오사카에서 열리는 주요20개국G20 정상회의가 주요한 화제가 됐다. 나는 형식보다 실질을 중시하고 행동력이 강하며 개방적인 간사이 사람들의 기질이 한국 사람들과 비슷한 것 같다면서, 한국과 옛날부터 인연이 깊은 이 지역이 앞장서 우호를 발신하길 바란다고 말했다. 또 가장 인상 깊은 장소로는 한일 사이의 과거와 현재, 미래가 혼재되어 있는 이코노구의 코리아타운을 꼽았다.

그리고 G20 정상회의 때 우리나라 대통령께서 21년 만에 오사카에서 숙박하는 기회를 살려, 한일관계가 개선되길 바란다는 희망을 밝혔다. 또 한일의 어려운 정치 상황 속에서도 젊은이들을 중심으로 활발하게 벌어지고 있는 교류의 중요성을 강조했다.

재일동포 사회의 가장 큰 고민 중의 하나는 세대교체일 것이다. 동포사회의 1, 2세들은 노인이 되어 활동력이 떨어져 가고 있지만, 여러 사정으로 젊은 세대가 그 틈을 채워주지 못하고 있다.

1, 2세는 한국말도 하고 조국과의 끈도 강하지만, 젊은 세대는 한국말도 잘 못하는데다가 조국과의 인연도 옅다. 1, 2세가 조국 지향성이 강하다면, 3세 이후는 일본 사회에 정주 지향성이 강하다. 귀화도 늘고 있다. 어찌 보면 자연스런 현상이다. 또 옛 일본기업의 연공서열과 종신고용제처럼 1, 2세가 버티고 있는 동포 단체에 젊은 세대가 진입하기도 쉬운 일이 아니다.

　　재일동포 사회가 안고 있는 세대교체와 정체성에 관한 고민을 가장 절실하게 하고 있는 사람들이 바로 3세 이후 세대가 주류인 청년단체의 지도자들이다. 오사카총영사관은 20일 간사이지역에서 활동하는 청년단체 대표들을 공관으로 초청해 간담회를 열었다. 한국오사카청년회의소, 한국교토청년회의소, 오사카한국청년상공회, 민단 오사카 청년회, 옥타OKTA, 세계한인무역협회 오사카지부, 한글학교관서협의회, 관서유학생회 대표 등 20여 명이 왔다. 장소는 일부러 민족학교 및 민족학급에 다니는 동포학생들의 그림과 공작 등이 전시되어 있는 공관 1층 회의실 '꿈 갤러리'에 잡았다.

　　처음으로 하는 행사이고, 서로 잘 모르는 사람들도 많아 진행에 어려움이 있을 것으로 생각했는데, 평소 하고 싶었던 얘기가 많았는지 처음부터 무거운 주제의 말들이 거침없이 쏟아져 나왔다. 동포, 동포하는데 동포의 범위가 어디까지인지, 동포사회에 이념성향이 다른 단체들이 있는데 어디까지 협력을 해야 하는지, 자녀들의 한국어 교육은 어떻게 시켜야 하는지, 국제결혼을 했을 때 자녀의 정체성 등등 하나도 쉬운 문제가 없었다.

　　제기된 하나하나의 문제에 답을 곧바로 내고 찾을 수는 없지만 서로 문제를 공유하고 집에 가지고 돌아가 생각하는 기회가 된 것에 의미를 두자는 말밖에 못하는 내가 답답했다. 그래도 이런 고민이라도 털어놓고 얘기할 수 있는 자리가 된 것은 의미가 있다고 본다.

　　자유토론 뒤에는 공관 근처의 한식집으로 자리를 옮겨 술을 한 잔씩하며 친목을 다졌다. 밥 먹고 술 먹으면서 개인적인 얘기를 나누다 보니 분위기가 한결 부드러워졌다. 이런 모임이 새로운 동포사회의 지도자를 배출하는 첫

총영사관 홀에서 열린 차세대 동포 간담회 모습

걸음이 되기를 바라며, 아쉬운 발길을 돌렸다.

5월 28일, 비가 추적추적 내리는 가운데 오사카 부근의 도요나카시에 있는 슌다이 관광·외국어비지니스 전문학교를 방문했다.

이 학교는 예비교한국의 대입학원를 중심으로 유치원에서 대학까지 두고 있는 학교법인 슌다이학원이 운영하는 전문학교다. 특히, 슌다이 예비교는 명문대학에 많은 학생을 진학시키고 있는, 일본에서 손에 꼽히는 학원이다. 우리나라로 치면, 한창 대입시험이 치열할 당시의 종로학원, 대성학원과 같다고 보면 될 것 같다.

슌다이전문학교는 승무원, 호텔, 결혼, 철도, 영어, 한국어학과를 두고 있는 2년제 학교다. 전체 학생 규모는 학년 당 300명씩 모두 600명이다. 그런데 6개과의 하나인 한국어과의 인기가 유독 높다. 1학년은 전체 정원의 60%인 180명, 2학년은 36%인 116명이 한국어과 학생이다. 올해 입학 희망생 중 10명은 교실 부족으로 뽑지 못했다고 한다.

이 학교의 한국어과가 인기를 끈 것은 그리 오래되지 않았다고 한다. 정성욱 한국어과 부장은 "2003년 경 처음 한국어과를 개설했을 때는 4명으로 시작했다"면서 2012, 3년께부터 학생이 크게 늘기 시작했다고 말했다. 와게타 슌이치 교장도 최근 한일관계가 나쁘다고 하지만, 한국어를 배우려는 젊은이, 특히 여자들의 열기는 매우 뜨겁다고 말했다. 민간 차원에서 일어나고 있는 한류의 기세를 이 학교에서도 확인할 수 있었다.

왜 예전에 없었던, 이런 일이 벌어질까. 이 학교 선생들은 첫 번째로 케이팝k-pop의 영향을 꼽았다. 케이팝을 좋아하는 젊은 층이 자연스럽게 한국어를 배우려는 동기를 갖게 된 것 같다는 것이다. 스마트폰과 SNS의 힘도 크다고 한다. 다른 사람이나 매체에 의존하지 않고 자신이 직접 정보를 얻기 때문에 일반적인 여론에 좌우되지 않고 자신이 좋아하는 걸 한다는 것이다. 또 한일 사이의 민간교류가 활발해지면서 한국어를 활용한 취업이 쉽고, 저가 항공편이 활성화되어 직접 한국을 경험할 기회가 커진 것도 영향을 끼치는 것같다고, 이 학교 관계자는 설명했다.

주목할 만한 또 한 가지는 예전엔 학생들이 한국말을 배우려고 해도 부모를 설득하기가 어려웠는데, 요즘은 부모들이 학생들의 결정을 흔쾌히 받아준다는 것이다. 한 선생님은 "자식 이기는 부모 없다는 걸 실감한다"고 말했다. 이 학교 한국어과 학생 중 반 정도가 간사이지역 출신이고, 나머지 절반이 오키나와를 비롯한 다른 지역 출신이라고 한다. 한국어를 배우려는 열기가 어느 한 지역에 국한되어 있지 않다는 걸 보여준다.

한국어를 배우려는 학생들의 뜨거운 열기를 뒤로 하고 나오면서, 세상에는 기존의 생각이나 관념의 틀로 포착할 수 없는 게 많다는 생각이 들었다. 그래서 책상보다 현장이 중요하다고 말하는 것이 아닐까.

2019.6.12.
G20 오사카 정상회의를 계기로
열린 문화공연 제2탄

6월 28-29일, 오사카에서 열리는 주요 20개국 G20 정상회의를 계기로, 오사카문화원이 기획한 '한국문화 공연' 제2탄이 12일 열렸다.

국립민속국악원을 오사카민단과 함께 초청해 니시우메다의 산케이홀브리제900석 규모에서, '천년의 소리, 천년의 몸짓'이라는 제목으로 공연을 했다. G20 정상회의를 계기로 한 문화공연 행사는 5월 17일 조수미와 경기 필하모닉 오케스트라를 초청해 연, '오사카에 울려 퍼진 한일 화합의 멜로디'에 이은 두 번째 공연이다. 결론부터 말하자면, 첫 행사도 그랬지만 이번 행사도 성공적이었다.

오사카문화원이 기획한 '국립민속국악원' 초청 공연

오사카총영사의 1000일

90분 동안 '기악합주 시나위'부터 마지막 '판굿과 소고춤'까지 7개의 프로그램을 휴식 없이 공연했는데 시간이 가는 줄도 모르고 몰입했다. 부채춤과 가야금병창 〈제비노정기〉, 남도민요 〈방아타령〉이 공연될 때는 청중석에서 절로 함성, 또는 박자에 맞춘 박수가 터져 나왔다. 또 사물놀이 때는 공연자들의 폭발적인 에너지가 공연장을 압도했다.

공연이 끝나고 나가는 사람들마다 엄지손가락을 세우거나 "최고였다"는 말을 쏟아냈다. 특히 공연장의 절반 정도를 채운 동포들의 감동이 생생하게 느껴졌다.

이번의 연속 공연은 G20 오사카 정상회의를 앞두고 한국의 수준 높은 문화를 한국과 인연이 깊은 이 지역에 소개함으로써 문화교류를 통한 한일우호에 조금이나마 기여하자는 뜻에서 기획됐다. 이런 기획이 성공한 것은 크게 두 가지 요인이 작용한 것으로 생각한다. 첫째는 한국에서 가장 수준 높은 급의 공연단을 초청한 것이라고 본다. 아무리 문화교류가 다른 분야보다 거부감 없이 부드럽게 상대국에 다가갈 수 있다고 해도, 질이 받쳐주지 않으면 오히려 역효과를 낼 수 있다. 또 한 가지는 오사카지역의 특성과 욕구를 반영한 공연이기 때문이라고 본다. 이 지역은 한국의 동포가 가장 많이 살고, 예전부터 한국과 문화교류가 깊다. 반면에 도쿄에 비해서 수준 높은 문화교류 행사는 턱없이 적은 편이다. 이런 사정이 한국에서 온 질 높은 공연에 열광적으로 반응한 배경이 되지 않았을까, 생각한다.

2019.6.13.
일본 최초 데이터사이언스학부를 둔
국립종합대학, 시가대

6월 13일, 오사카에서 120여 킬로미터 떨어진 히코네를 다녀왔다. 편도 2시간 정도 걸릴 것으로 예상했는데, 중간에 도로공사를 하고 있고 교통사고로 인한 정체도 겹쳐 왕복 5시간이나 걸렸다.

히코네는 일본에서 가장 큰 호수인 비와호 위쪽 동편에 있는 도시로, 도쿄에도와 교토를 연결하는 도로인 나카센도와 도카이도가 만나는 교통의 요지다. 에도시대 막부의 다이로大老로서 조미통상조약을 통해 개국을 단행한 이이 나오스케의 본거지이기도 하다. 지금도 그가 번주로 있던 오미히코네번의 히코네성이 시내에 우뚝 솟아 있다. 히코네는 임진왜란 이후 조선통신사가 에도로 가는 도중에 숙식을 하던 장소이기도 했다.

이날 히코네를 간 것은 시가대를 방문하기 위해서였다. 시가대학은 시가현 유일의 국립 종합대학이다. 일본에는 각 도도부현에 1개씩 국립 종합대학이 있다.

시가대는 교육학부와 경제학부, 데이터사이언스학부의 3학부와 대학원을 두고 있고, 4천 명 정도의 학생이 재학하고 있다. 교육학부는 현청이 있는 오쓰에 캠퍼스에 있지만, 본부는 경제학부와 데이터사이언스학부가 있는 히코네 캠퍼스에 있기 때문에 히코네 원정에 나선 것이다. 이날 시가대 방문에 의미를 더하자면, 이로써 오사카총영사관 관할 지역에 있는 국립 종합대학 방문을 완료한 것이라 할 수 있다.

이다 류이치 학장은 열정적으로 학교 설명을 해주었다. 백수십 년의 전통을 자랑하는 교육학부와 일본 최대 규모의 경제학부보다는, 2017년에 새로 개설한 데이터사이언스학부의 설명에 힘을 쏟았다. 일본의 국립대 가운데 정보학과 통계학을 함께 모아 학부를 만든 것은 최초이어서 전국적인 관심을 끌고 있다고 한다. 정원은 학년 당 100명에 불과하지만 홋카이도에서 오키나와까지 전국에서 학생이 모인다고 한다. 아직 학부 졸업생은 배출하지 않았지만 석사과정은 올해 개설했고, 박사과정도 곧 개설할 예정이다. 특히 일본의 수십 개의 유수 기업과 연계한 교육에도 힘을 쏟고 있고, 이 학교의 경제학부를 졸업하고 업계에서 활약하고 있는 중견 경제인들의 도움도 크게 받고 있다고 한다. 학부 이름을 가타카나로 표기한 것도 국립대학에서 유일하다는 설명도 빼놓지 않았다. 데이터사이언스학부에 얼마나 힘을 쏟고 있느지 생생하게 느낄 수 있었다.

이 학교는 한국의 계명대, 대전대와 교환학생 파견 등의 교류를 하고 있고, 데이터사이언스 분야에서는 최근에 숭실대와 교류를 하고 있다.

일요일인 6월 16일, 재일동포 시인 김시종 씨의 탄생 90년과 도일 70주년을 기념하는 국제심포지엄 '월경하는 언어'가 열렸다.

김 시인의 초대를 받아 참석했다. 마침 장소가 집과 가까운 오사카대학 나카노시마센터여서 점심을 먹고 슬슬 걸어갔다. 오후 2시부터 심포지엄이 시작됐는데, 30분 전부터 김 시인을 좋아하는 일본인, 재일동포들이 회의장을 가득 메우고 있었다.

김 시인은 일본에서 활약하고 있는 재일동포 시인 중에서 가장 널리 알려지고 높게 평가받고 있다. 대학에서 그의 시를 연구해 박사학위를 받은 사람이 나왔고, 지금 박사학위 논문을 쓰고 있는 사람도 있다고 한다. 김 시인의 명성은 일본보다 한국에 덜 알려진 편인데, 수년 전부터 그의 시와 에세이 등이 활발하게 번역 출판되고 있다.

김 시인은 제주 4·3사건과 뗄레야 뗄 수 없는 관계에 있다. 일본에서 4·3사건과 관련이 깊은 소설가로 〈화산도〉를 쓴 김석범이 있다면, 시인으로는 김시종을 꼽을 수 있다. 4·3 사건에 관여했던 김 시인은 1949년 5월 26일 제주도에서 밀항선을 타고 일본으로 건너왔다고 한다. 6월 6일께 고베 근처의 해안에 도착했는데 심포지엄 날짜를 일부러 일본 도착일과 비슷하게 잡았다고, 주최 측은 설명했다.

이날 심포지엄은 일본어로 시를 쓰는 재일 시인 김시종의 시 세계를 '변경'이라는 관점에서 다각적으로 살펴보는 자리였다. 이 자리에서 젊은 재일

자작시를 낭송하고 있는 김시종 시인

오사카종영사의 1000일

시인 장정 씨는 "김 시인의 시가 나의 버팀목이 됐다"면서 '재일한국인 언어로서 일본어'에 주목했다. 일본인의 일본어가 아닌, 재일 한국어로서 일본어로 쓰는 시가 일본에서도 남북한에서도 벗어난 독특한 시세계를 형성한 것 같다고 말했다.

심포지엄 말미에 김 시인이 과거 역사를 외면하는 일본의 현실을 비판하는 강연을 하고, 자작시를 몇 편 낭송했다. 90살의 나이에도 힘찬 목소리로 간간이 위트를 섞어 얘기를 이어가자, 청중들도 박수로 호응했다.

나는 심포지엄 시작 때 인사말을 통해 김 시인을 처음 만났을 때 받은 〈조선과 일본에 살다〉라는 책의 한글판에, 김 시인이 '항상 고향이 바다 건너편에 있는 자에게, 어느새 바다는 소원으로밖에 남지 않는다'라는 글을 써 주었는데 앞으로는 그 소원이 바다 건너 고향에 도달하길 바란다고 말했다. 한 시인의 존재, 시, 말이 얼마나 강하게 세상을 자극하고 변화시킬 수 있는지를 느낀 행사였다.

2019.6.21.
과거의 틀로는 잡히지 않는
한일 신조류

6월 28-29일, 오사카에서 주요 20개국 G20 정상회의가 열린다. 오사카 시내는 지금 그 준비로 한창 바쁘다. 여기저기 전국에서 올라온 경찰들이 간간이 길을 막아놓고 도로 안전 점검 등을 하거나 주요 시설 등을 순찰하는 모습을 볼 수 있다.

문재인 대통령도 이 회의에 참석하기 위해 오사카에 온다. 2011년 이명박 전 대통령이 교토에서 노다 요시히코 총리와 정상회담을 한 뒤 오사카에 잠시 들러 동포 간담회를 한 뒤 8년 만의 오사카 방문이다. 오사카에서 체류를 하는 것은 1998년 김대중 전 대통령 이래 21년 만이다.

잘 아시다시피 오사카는 한국과 인연이 깊은 지역이다. 일본에서 재일동포들이 가장 밀집해 사는 곳이고, 한국 관광객이 가장 많이 오는 곳이며, 고대부터 한국과 문화교류가 활발한 곳이다. 이런 점에서 이번 문 대통령의 오사카 방문은 더욱 의미가 깊다. 한일관계 측면에서도 한일 정부 사이의 관계가 역사 문제 등으로 얼어붙어 있는 상태여서, 문 대통령의 이번 방문에 큰 관심이 쏠리고 있다.

문 대통령의 오사카 방문을 앞두고, 1년 여 동안 간사이지역의 이곳저곳을 다니면서 느낀 한일관계의 새로운 흐름을 〈경향신문〉에 기고했다. 그 글이 21일 게재됐다. 다음은 기고문이다.

▎'과거의 프레임'으론 볼 수 없는 한·일관계의 '새 흐름'▏

최근의 한·일관계가 "1965년 한일협정 체결 이래 최악"이라는 언설이 한·일의 상공을 맴돌고 있다. 지난해 10월 말 한국 대법원의 강제동원 노동자에 관한 일본 기업의 위자료 지급 판결을 계기로, 일본의 관료와 정치인, 학자, 미디어가 제기하기 시작한 이런 주장이 국내에까지 널리 퍼져 있는 것 같다.

정부 사이의 관계에만 한정해 보면, 최악이라고까지는 하지 않더라도 상당히 좋지 않은 것은 사실이다. 하지만 범위를 정부 사이를 넘어 민간, 지자체까지 확장하면 과거와는 전혀 다른 모습을 볼 수 있다.

불과 몇 년 전만 해도 한·일관계는 정부 사이의 관계가 얼어붙으면 민간교류도, 지자체 교류도 중단되는 것이 불문율처럼 되어 있었다. 그러나 최근에는 정부 사이의 관계는 차가워도 민간 차원은 따뜻한, '관랭민온官冷民溫'의 새로운 현상이 일어나고 있다. 이른바 '한·일관계 최악론'은 이런 흐름을 놓치고 있다.

한·일의 인적 교류는 지난해 사상 최초로 1000만 명을 넘었다. 일본에서 한국으로 간 사람이 295만 명, 한국에서 일본으로 온 사람이 754만 명이었다. 과거의 프레임으로 보면, 대법원 판결이 있었던 지난해 10월 말을 기점으로 방한 일본인의 수가 뚝 떨어지는 게 정상이다. 이명박 전 대통령이 2012년 독도를 방문한 이듬해인 2013년부터 방한 일본인 수가 급락했듯이 말이다. 그러나 한국관광공사의 통계를 보면, 방한 일본인은 지난해 11월 45%, 12월 33.5%씩 전년 동기에 비해 증가했고, 올해도 5월까지 월평균 28% 정도 늘고 있다. 심지어 올해 3월 방한 일본인은 37만 5119명으로, 월 기준으로 역대 최고를 기록했다.

오사카시의 이쿠노구에는 100년 전부터 재일동포들이 밀집해 살고 있다. 한때는 구 전체 인구의 4분의 1 정도가 재일동포였다고 한다. 길이 500m 정도 되는 이곳의 미유키도리에 있는 '코리아타운' 상점가엔 길 양편에 김치, K팝 스타의 캐릭터 상품, 치즈핫도그와 회오리감자튀김, 한국 화장품, 한국 음식을 파는 가게들이 120개 정도 쭉 늘어서 있다. 일본의 10대, 20대들이 요일을 가리지 않고 한국의 멋과 맛을 즐기려고 이곳에 몰려드는 바람에 통행이 힘들 정도다. 심지어 상점 주인들은 상가에 꽉 찬 손님들의 용변을 처리할 수 있는 화장실이 부족하다고 비명을 지르고 있다.

지난달 28일 한국어 교육이 활발하다는, 오사카시 부근의 도요나카시에 있는 한 전문학교를 방문했다. 이 학교는 15년 전에 학생 4명으로 한국어과를 시작했다. 지금은 7개 전공학과에 학년 정원이 300명인데, 1학년은 전체의 60%, 2학년은 40%가 한국어과 학생이다. 올해는 한국어과에 들어오겠다는 지원자 10명 정도가 시설 부족으로 들어오지 못할 정도로 해마다 한국어 인기가 커지고 있다고 한다. 예전엔 한국어를 배우려는 학생들이 부모를 설득하기가 곤란했는데 지금은 그런 부모를 찾기 어렵다고 학교 쪽은 설명했다.

이곳 지역에서 만나는 지방자치단체 관계자들도 이구동성으로 비록 정부 사이의 관계는 나쁘지만 이런 때일수록 지자체 교류를 더욱 강화하자고 말한다.

　이런 현상은 분명히 예전과 질적으로 다른 한·일 교류의 새 흐름이다. 기성의 관료나 정치인, 미디어와 학자들이 보지 못하는 물밑에서, 다양한 취향과 문화적 호기심, 가치로 무장한 젊은이들이 역류 불가능한 양국의 교류를 만들어내고 있다. 그 폭이 너무 넓고 깊고 다양해 전모를 파악하기도 어려울 지경이다.

　물론 '민이 따뜻하니까 관은 계속 차가워도 괜찮다'는 얘기는 아니다. 오히려 관은 이러한 새로운 흐름이 더욱 발전하도록 뒷받침해야 한다. 마침 28-29일 오사카에서 열리는 주요 20개국 G20 정상회의에 문재인 대통령이 참석한다. 한국 대통령이 8년 만에 찾는 오사카는 재일동포가 가장 많이 사는 곳, 한·일 교류가 가장 오래된 곳, 한국인 관광객이 가장 많이 찾는 곳이다. 두 나라 정부가 한·일 교류의 중심지인 이곳 오사카에서 새 흐름에 맞는 새로운 우호협력의 이정표를 세우길 기대한다.

　드디어 이틀 앞으로 다가왔다. 출근 때 보니, 공관 엘리베이터와 사무실 앞에 행사를 준비하며 40일 전부터 붙여놓은 카운트다운 표가 'D-2'로 되어 있다. 여기서 말하는 디데이D-day는 주요 20개국 오사카정상회의에 참가하는 문재인 대통령이 오사카에 도착하는 날이다.

　문 대통령은 오사카에서 6월 27일부터 29일까지 2박3일 동안 머물 예정이다. 도착하는 당일인 27일에는 첫 공식행사로 재일동포 간담회를 한다. 일본 전체 동포의 3분의 1 정도가 사는 간사이지역 동포들로서는 오랜만에 이곳을 찾는 한국 대통령이니 만큼 감개와 기대가 크다. 오사카총영사관으로서도 드물게 찾아오는 큰 손님을 맞이하기 위해 분주하다. 이번 주부터는 서

총영사관에 붙여 놓은 G20 정상회의 카운트다운표

울과 도쿄에서도 행사를 준비하고 지원하기 위해 많은 직원들이 합류했다.

이번 대통령 방문 때는 오랜만의 오사카 방문에 걸맞게 대규모 동포가 참석하는 간담회를 할 예정이다. 오사카에 사는 동포를 중심으로 도쿄 등 다른 지역을 포함해 모두 400여 명의 동포를 초청했다. 8년 전보다 2배 정도 되는 규모다. 동포사회의 전체를 되도록이면 잘 대표할 수 있도록 다양한 분야에서 활약하는 노장청, 남녀를 고루 초청하려고 노력했다.

한일 사이의 정치관계는 차갑지만 민간교류는 뜨거운 '관랭민온'의 시대인 만큼, 문 대통령의 이번 방일에 나라 안팎에서 많은 관심이 쏟아지고 있다.

오사카총영사관의 전 직원들은 '동포는 위로 받고, 정부는 지지 받으며, 한일관계는 앞으로 나가는 기점'의 동포간담회가 되면 좋겠다는 생각으로 마지막 준비에 박차를 가하고 있다.

2019.6.30.
폭우 속에서 시작해 구름 속에 끝난
G20 오사카 정상회의

폭우 속에서 문재인 대통령 내외를 맞이했고, 구름 낀 흐린 날씨 속에서 두 분을 환송했다. 6월 27일부터 29일까지 문 대통령이 참석한 주요 20개국 G20 오사카 정상회의가, 나에겐 폭우로 시작해 구름으로 끝났다.

사진과 영상, 기사로만 보던 정상의 화려한 외국 방문이, 얼마나 많은 사람의 준비와 노력, 그리고 치밀한 절차 속에서 이뤄지는지도 '초보 공관장'으로서 생생하게 느꼈다. 정상의 도착과 출발, 만남과 행사, 그리고 환영과 환송 준비를 위해 수많은 사람들이 부산하게 움직여야 한다. 이들의 수면 밑 움직임은 마치 무대 위의 배우를 돋보이게 하기 위해 땀 흘리는 무대 뒤 사람들의 그것과 다름없다. '큰 행사'를 차질 없이 치르기 위해 안 보이는 곳에서 묵묵히 노력해온 한일 양국 관계자의 노고에 감사를 전한다.

거의 두 달 전부터 내부적으로 준비해온 행사가 끝나니 피곤과 허탈감이

재일동포 간담회 회장에 들어선 문재인 대통령

몰려온다. 또한 공관장을 하면서 경험하기 힘든 큰 행사를 무탈하게 끝냈다는 성취감도 느낀다. 이번 대통령의 오사카 방문에서, 오사카총영사관이 가장 공들여 준비했던 행사는 27일 저녁의 동포간담회였다. 한일관계가 편하지 않은 가운데, 8년 만에 열리는 행사여서 준비에 더욱 공을 들였다. 되도록이면 동포사회 전체를 대표할 수 있는 각계각층의 분들을 초대해 화합의 장을 만들고 싶었다. 그리고 한국인이라는 자부심과 한일 우호의 필요성이 부각될 수 있는 모임이 되길 바랐다.

다행히 전반적으로 만족스런 행사가 되었다고 자부한다. 문 대통령은 격려사에서 동포들의 아픔을 어루만져주고 그간의 기여를 격려해 주었다. 동포들은 한일관계 악화 속의 어려운 삶을 호소하면서도 대통령의 말에 큰 박수로 지지를 보내줬다. 백두학원 건국학교 전통예술부의 박력 넘치는 공연은 재일동포의 미래가 굳건함을 과시하는 듯했다.

아쉬움이 없는 것은 아니다. 문 대통령이 '어떤 어려움에도 흔들림 없는 한일우호의 구축'을 강조했음에도, 아베 신조 총리의 외면으로 이번 회의에서 약식회담조차 열리지 않았다. 북한의 김정은 위원장과는 5월부터 '조건 없는 대화'를 강조하고 있으면서 말이다.

세세하게 보면, 오랫동안 준비했으면서도 구멍이 생긴 것도 있고 그것밖에 못했냐고 자책할 일도 있다. 인간의 일이 100% 완벽할 수 없다는 것을 새삼 느낀다. 100%가 안 되는 줄 알면서 그것을 추구하는 자세가 결국은 실수를 최소화하는 길임을 깨달은 2박3일이었다.

2019.7.1.
다양한 분야의 동포대표가
문 대통령 부부와 함께 헤드테이블에

6월 27일 저녁, 오사카성 근처에 있는 뉴오타니호텔에서 문재인 대통령과 재일동포들의 간담회가 열렸다. 원래 6시 30분부터 시작할 예정이었으나, 바로 전의 한중 정상회담이 길어지면서 7분 늦게 시작됐다.

이번 동포간담회는, 오사카가 '재일동포의 수도'라고 불릴 정도로 동포들이 많이 몰려 사는 곳이고 무려 8년 만에 열린다는 점에서 큰 관심을 모았다. 또 정부 차원의 한일관계가 썩 좋지 않은 상황 속의 행사여서 동포들이 어떤 말을 하고 대통령이 무슨 메시지를 보낼지도 매우 궁금했다.

행사는 매우 좋은 분위기에서 진행됐다. 행사 중에 참석자들이 대통령 내외를 배경으로 기념사진을 찍고, 일부 참석자들이 스스럼없이 대통령 자리로 다가가 인사를 나누려고 하는 바람에 경호원들이 진땀을 빼기도 했다. 하지만 이 모든 장면이 권위주의 정권 시절에는 상상할 수 없는 '촛불 정권'의 특징이 아닐까, 긍정적으로 생각한다.

나는 이번 간담회의 키워드가 '화합'과 '미래'라고 생각했다. 민단 간부 중심으로 열렸던 과거의 간담회와 달리, 이번에는 각계에서 활동하는 동포들이 고루 참여해 화합의 마당이 됐다. 군사독재 시절 조작 간첩 사건으로 사형 또는 무기징역을 선고 받았던 이철 재일한국양심수동우회 대표와 서승 우석대 석좌교수가 대통령 내외와 함께 헤드테이블에 앉은 사실이 모든 걸 상징한다.

또 백두학원 건국학교의 전통예술부 학생들이 아주 인상적인 공연으로 참석자들특히, 서울에서 온 대표단을 감동시켰다. 간담회장 배경막의 '대한민국'이라는 글씨를 장식한 민족학교 및 학급 학생들이 그린 동포 초상화와 함께, 차세대 동포의 밝은 미래를 과시했다.

여기에 간담회를 지배한 또 하나의 단어를 꼽으라면 '자존심'이 아닐까 생각한다. 어려운 환경 속에서도 뿌리를 지키며 조국에 물심양면의 기여해 온 재일동포들의 버팀목은 바로 한국 출신이라는 자존심일 것이다. "여러분이 누구에게나 자랑할 수 있는 조국이 되도록 노력하겠다"는 문 대통령의 격려사 마지막 대목은 그래서 더욱 울림이 있었다.

간담회를 준비하고 참가하면서 느낀 소회를 〈서울신문〉에 기고했다. 다음은 기고문이다.

대통령 동포 간담회에서 건국학교 전통예술부 공연

-오태규 주오사카총영사 2019.07.01

문재인 대통령은 재일동포들을 위로·격려했고, 재일동포들은 문 대통령을 환영·지지했다. 동포들은 문 대통령에게 한일 관계 악화로 인한 어려움을 솔직하게 전했고, 문 대통령은 동포들의 목소리에 진지하게 귀를 기울였다. 6월 27일 일본 오사카에서 8년 만에 열린 한국 대통령과 재일동포의 간담회는 '화합'과 '미래'라는 두 단어로 압축될 만했다. 이날 간담회에는 오사카를 비롯한 간사이지역을 중심으로, 도쿄, 센다이, 후쿠오카 등 일본 전역에서 370여 명의 동포들이 참석했다. 간담회의 규모도 최대급이었지만 무엇보다 의미가 컸던 것은 각계각층의 다양한 분야에서 활동하는 동포들이 고루 참석해 명실상부하게 동포사회 전체를 아우르는 모임이 됐다는 점이다. 이전의 간담회가 주로 민단 간부 중심으로 열렸다면, 이번은 민단뿐 아니라 신정주자, 사업가, 민족학교 관계자, 학술 및 예술인, 의사와 변호사, 청년 그리고 군사정권 때 조작 간첩사건으로 옥고를 치른 사람까지 모두 한자리에 모인 '화합의 잔치'였다.

이에 대해 한 참석자는 "오월동주인 것도 같고 경계를 허문 것도 같고 헷갈리지만, 이렇게 다양한 동포들이 한자리에 모인 것은 매우 큰 의미가 있다"고 했다. 간담회에서는 '않 좋은' 최근의 한일 관계를 반영하듯 동포들의 고충이 가감 없이 쏟아졌다. 오용호 오사카민단 단장은 환영사에서 "한일 우호친선 없이 재일동포 사회 발전은 어렵다"고 호소했고, 여건이 민단 중앙 단장은 건배사에서 "한일 관계가 우리에게는 사활의 문제"라고 했다.

문 대통령은 두 사람의 말에 국교정상화 이전부터 재일동포들이 조국에 경제적으로 공헌해 온 구체적인 실적, 한일 시민단체의 조선통신사의 유네스코 세계기록유산 등록, '제3의 한류' 열풍 등의 사례를 들며 "어떠한 어려움에도 흔들리지 않는 한일 우호협력관계"를 구축하겠다고 약속했다. 안타깝게도 이런 뜻은 아베 신조 총리의 외면으로 이번 기회엔 성사되지 못했으나 한일 관계를 개선하겠다는 정부의 확고한 의지만은 동포들이 충분히 확인할 수 있는 자리가 됐다. 역시 이번 간담회의 압권은 백두학원 건국학교 전통예술부의 공연이었다. 사물놀이와 사자춤, 상모돌리기 등 한국 전통의 가락과 춤, 민요로 구성된 박력 만점의 공연은 간담회장 분위기를 압도했다. 민족학교 및 민족학급에 다니는 학생들이 그린 동포들의 초상화로 장식된 배경막의 '대한민국'이란 글씨와 함께 이들의 공연은 재일동포의 미래가 결코 어둡지 않다는 것을 보여 줬다. 재일동포 사회의 미래를 이끌어 갈 어린 학생들이 어려운 환경 속에서도 나라의 뿌리를 잃지 않고 무럭무럭 자라는 것을 목도하면서 감격하지 않을 이가 누가 있겠는가. "여러분이 누구에게나 자랑할 수 있는 조국이 되도록 노력하겠다"는 문 대통령의 격려사 마지막 대목은 마치 '동포 어린이들'의 분투에 공명하는 정부의 다짐처럼 들렸다.

2019. 7. 24.
한일 역사갈등 와중에
아메노모리 호슈암 방문

7월 23일, 시가현의 나가하마시 나카쓰키정의 아메노모리자치회 마을을 다녀왔다. 오사카에서 승용차로 쉬지 않고 두 시간을 가야 하는 먼 곳이다. 이 마을은 임진왜란 이후 일본 에도 정부와 조선의 화해 친선을 위해 노력한 아메노모리 호슈가 태어난 곳이다. 아메노모리는 이곳에서 태어났지만, 주로 활동은 에도와 쓰시마 등에서 했기 때문에 정작 이곳에 산 기간은 얼마 되지 않는다. 그래도 이곳 마을 사람들은 아메노모리 호슈암을 지어서 마을이 배출한 인재의 뜻을 잘 이어가고 있다. 이 건물에는 그가 참여하기도 한 조선통신사 기록뿐 아니라, 그가 지은 한국어 교본, 조선통신사 관련 미니어쳐 인형 등을 전시하고 있다.

더욱 중요한 것은 한일 사이에 "서로 싸우지 않고 속이지 않으며 성심성의로 사귀어야 한다"는 아메노모리의 성신외교의 정신을 이어받아 지금도 한일 청소년 교류 등에 힘을 쏟고 있다는 것이다.

아메노모리는 당대의 가장 뛰어난 조선 전문 외교관이자 지식인이었다. 한국말뿐 아니라 문화에도 정통했고 조선 관리, 지식인들과 교류도 깊었다. 그는 임진왜란의 상처 치유 및 우호친선 차원에서 1607년부터 1811년까지 모두 12차례 실시된 조선통신사의 방문 때 두 번 동행하기도 했다.

이날 이곳을 방문한 것은 지난해 이맘 때 방문해마을 사람들과 한 약속 때문이다. 20여 년 전부터 한국에서 학생들이 찾아와 이곳 학생들과 교류를 하고 있는데 격려를 해줬으면 좋겠다는 말이 있었고, 나도 흔쾌히 그러겠노라고 약속했었다. 이날 최근 파고가 높아지고 있는 한일갈등 속에서도 한국의 학생 30여 명이 찾아왔고, 현지의 도라히메고교생 10여 명이 한글 펼침막을 들고 이들을 따뜻하게 맞이했다.

평소 정치 갈등은 갈등대로 풀어나가면서 다른 부분의 교류는 더욱 활성화해 나가자고 말해온 나로서는 아베 총리의 '선을 넘은 경제보복'이 민간교류까지 악영향을 몰고 온 지금의 상황이 착잡하기 이를 데가 없다. 하지만 긴 안목에서 보면, 분명히 정치에 흔들리지 않는 민간 교류는 활성화되어야 하고, 특히 청소년의 교류는 더욱 의미가 있다고 본다. 나는 양국 학생들 앞에서 아메노모리의 정신을 되새겨 보면서, 지금 어려운 한일관계를 어떻게 극복할까를 생각해 보는 시간이 되길 바란다고 말했다. 그리고 먼 귀갓길 때문에 학생들끼리 대화를 나누는 것은 보지 못하고 자리를 떴다.

2019.7.28.
여름 고시엔 일본 전에
멈춘 교토국제고

아깝다. 너무 아쉽다. 집으로 돌아오는 발길이 떨어지지 않을 정도였다.

오사카총영사관 관할 안에 있는 3개의 민족학교 중의 하나인 교토국제고가 여름 고시엔 진출 바로 일보 직전에 꿈을 이루지 못했다.

　28일 오전 교토시 와카사스타디움에서 열린 제101회 일본고교야구선수권대회일명, 여름 고시엔 교토대회 결승전에서 교토국제학교가 리츠메이칸우지고와 만나 접전 끝에 2-3으로 아깝게 졌다. 그것도 7회까지 2-0으로 이기다 8회에 2-2 동점을 허용한 뒤, 9회 말에 한 점을 내주는 '굿바이 패배'를 당했다. 1회와 2회 1점씩을 낸 뒤 줄곧 리드하다가 역전패를 한 것이어서 선수뿐 아니라 응원 온 학생, 교사, 동포들이 너무 아쉬워했다.

　원래 고시엔 출전권이 걸린 교토대회 결승전은 27일 오후 1시에 열릴 예정이었으나 제6호 태풍나리의 영향으로 하루 연기되어, 28일 오전 10시에 열렸다. 27일 응원을 위해 집을 나서던 중에 연기 통보가 오는 바람에 발길을 돌렸었다. 그리고 28일 만사를 제쳐놓고 교육 담당 영사와 함께 다시 응원을 하러 아침에 집을 나섰다. 운동장에 도착하니 학교 관계자뿐 아니라 지역에 사는 동포들이 응원석을 꽉 채운 채 열렬하게 응원을 하고 있었다. 그러나 결과적으로 종합적인 힘이 미치지 못했다. 교토국제고가 고시엔에 나갔다면, 재일동포 역사에 새로운 역사를 썼을 터인데, 못내 아쉽다. 이제까지 고시엔에는 일본고교에 다니는 재일동포 선수들이 출전한 적은 있으나 민족학교 팀이 나간 적은 없다. 또 최근 한일관계가 좋지 않아 동포들도 걱정이 많은데, 이런 스트레스를 날려줄 좋은 기회를 눈앞에서 놓쳤다.

　1947년 재일동포들이 민족교육을 위해 세운 교토국제학원은 2003년 일본정부로부터 제1조교로 인가를 받았다. 현재 중, 고 과정을 운영하고 있다. 일본의 교육과정에 따른 교육 외에 한국어, 한국문화와 역사를 가르치고 있다. 한국 국적, 일본 국적 학생들이 함께 다니고 있는데, 교가는 학교 설립 때 만든 한국말 교가를 그대로 부른다. 고시엔에서는 이긴 학교의 교가를, 고시엔 경기 전체를 생중계하는 〈NHK〉가 경기가 끝난 뒤 내보낸다. 그런 '역사적인' 기회도 다음으로 미루게 됐다. 그래도 실망은 하지 않는다. 교토대회에 출전한 77개 학교 중 준우승을 한 것도 대단하다. 교토국제고는 올해 춘계 교토대회에서 이미 우승한 경력도 있다. 다른 학교보다 역사도 짧고 인원도 적은 열악한 상황에서 거둔 성과라 더욱 값지다. 구름이 잦으면 비가 오는 법, 이런 꾸준한 성적이라면 다음엔 고시엔 땅을 밟을 가능성이 크다고 본다. 이번의 분패가 더욱 큰 성장의 밑거름이 될 것이라고 믿어 의심치 않는다.

8월 8일, 한국계 해운업체로는 최초의 일본 현지법인으로 출발한 산스타라인회장 김현겸, 사장 노세 가즈히로이 창립 20주년 기념행사를 했다. 20년 전 직원 5명으로 오사카의 작은 사무실에서 시작한 회사가, 지금은 오사카 본사외에도 도쿄, 나고야, 이시카와, 시모노세키에 지점 등을 두고, 종업원 86명, 매출 약 50억 원 규모의 회사로 성장했다.

이 회사는 외항화물정기선업뿐 아니라 통관업, 철도운송사업, 여행업, 버스사업 등도 하고 있다. 또 부산과 오사카를 오가는 팬스타크루즈선을 일주일에 3회 운행한다. 지난해 9월 태풍 제비로 공항이 폐쇄되었을 때는 발이 묶인 여행객 상당수를 귀국시키는 데 공헌했다.

나는 행사에 참석해 축사를 해달라는 요청을 받았다. 최근 한일관계가 일본의 수출 규제 강화로 매우 어려운 상황이어서, 행사가 잘 진행될수 있을까 하는 걱정을 하면서 갔다. 그러나 도착해 보니, 곧바로 기우였음을 알 수 있었다. 행사가 시작되기 전부터 산스타라인과 관련이 있는 해운업, 제조업 등의 업계 관계자, 지방자치단체 인사 등 수백 명이 회의장을 꽉 채우고 있었다. 아무리 정치상황이 어려워도 땀과 이해관계로 맺어진 관계는 상상 이상으로 강하다는 것을 느꼈다. 김 회장은 인사말에서 그동안 여러 어려움도 있었지만 일본 측 관계자들과 협력 속에서 회사가 여기까지 발전해왔다면서, 지금의 어려움도 "또한 지나가리라"고 생각한다고 말했다. 김 회장이 인사말을 하고 내려오자, 많은 일본 관계자들이 줄지어 인사를 건넸다.

한일관계가 어려운 상황이라 공개적인 장소에서 인사말을 하는 것은 가급적 피하고 싶은 일이다. 현재의 갈등 상황에 대한 언급을 아예 하지 않는 것은 너무 안이하고, 그렇다고 직설적으로 언급하는 것은 분위기에 맞지 않기 때문이다. 그래서 고민 끝에 축사에서 최근의 상황을 이렇게 에둘러 표현했다.

"최근 한일 사이에는 파고가 높게 일고 있습니다. 불행하게도 정치적 갈등이 경제 분야까지 퍼지면서 어려움이 생긴 것이 사실입니다. 그러나 산스타라인 20년이 상징하듯이 양국은 뗄레야 뗄 수 없는 관계로 이어져 있습니다."

"지금 일고 있는 험한 파도에 기죽지 말고 더욱 도전적인 자세로 더욱 끈질긴 모습으로 험한 파도를 이겨냅시다. 당장은 많은 장애물만 있는 것 같지만 한일 사이엔 1500년 이상의 끈끈한 교류의 역사가 있고, 그동안에 '짧은 갈등-긴 우호'의 시간이 있었다는 것을 잊지 맙시다."

올해 오사카총영사관 관할지역의 민단 광복절 행사는 다른 해와 달랐다.

두 가지 요인이 있었다. 하나는 8월 15일 간사이를 포함해 서일본지역을 관통한 태풍 10호 크로사의 영향이다. 이 때문에 광복절 당일 열릴 예정인 기념식이 연기되거나 취소됐다.

또 하나는 지난해 10월 말 대법원의 강제동원 노동자에 관한 위자료 배상 판결과 7월 일본의 반도체 원료 수출규제 강화로 악화일로에 있는 한일관계다. 한일 정부 사이의 격한 공방 속에서 민단 간부를 비롯한 재일동포들이 대통령의 경축사 내용에 어느 해보다도 큰 관심을 보였다.

慶 第74周年 光復節 記念式典 祝

在日本大韓民国民団大阪府本部

一、우리는 同胞社会의 和合과
   偆益伸張에 注力하자！
一、우리는 헤이트스피치 根絶과
   共生社会 実現에 힘쓰자！
一、大韓民国 万歳！
   在日本大韓民国民団 万歳！

오사카민단 주최 광복절 기념행사

태풍 때문에 오사카민단은 16일 오후, 교토민단은 17일 오후, 시가와 나라민단은 18일 오전으로 행사를 연기했다. 관할지역에서 태풍의 영향이 가장 컸던 와카야마민단은 아예 행사를 취소했다. 민단 관계자들의 말에 따르면, 태풍 등의 날씨 때문에 광복절 행사를 당일 치르지 않은 것은 처음이라고 한다.

오사카 총영사관 직원들은 토요일, 일요일임에도 불구하고 역할을 나눠 4개 행사에 참석했다. 그리고 여느 때와 마찬가지로 대통령 경축사를 대독했다. 나는 오사카와 교토 행사에 참석했다.

행사가 연기되어 참석자가 적을 줄 알았는데, 예년과 다름없는 수준의 동포들이 참석했다. 최근의 한일관계 악화로 예민한 상태에 있는 동포들은, 대통령의 경축사를 아주 집중해서 들었다. 그리고 갈등보다는 협력과 대화, 경제를 강조한 경축사 내용에 안도하는 모습을 보였다. 이번 광복절 행사가 태풍으로 연기되면서 기대 밖의 소득도 있었다. 대통령 경축사 내용을 일본어로 번역해 나눠줌으로써, 한국말을 잘 모르는 동포들에게 더욱 확실하게 정부의 뜻을 전달할 수 있었다. 이제까지는 당일 아침에 경축사 연설문을 받아 행사장에 부랴부랴 가서 읽기에 바빴다. 그래서 참석 동포들로부터 '알아듣기 어렵다'는 소리를 듣기 일쑤였다. 그래서 든 생각인데, '아예 다음부터는 일본지역 광복절 행사는 하루 정도 뒤에 하면 어떨까.'

지난해에 이어 두 번째로, 교토부 마이즈루시에서 열리는 우키시마마루 폭침 희생자 추도식에 참석했다. 지난해는 태풍의 영향으로 배의 폭침 당일에 행사를 못하고 다음날인 8월 25일에 행사가 열렸다. 올해는 당일인 24일 74주년 추도회가 열렸다.

마이즈루 시민들로 구성된 '우키시마마루 순난자를 추도하는 회'가 주최하는 행사로, 정식 명칭은 '우키시마마루 순난 74주년 추도집회'다. 순난이란 단어가 생소하다. 우리나라에서는 잘 쓰지 않는 단어다. 순국이란 말은 많이 쓰지만 순난은 듣기 힘든 단어다. 그래서 사전을 찾아보니 "국가나 사회가 위난에 처하여 의로이 목숨을 바침"이라고 되어 있다. 우키시마마루 폭침 희생자를 사전의 의미로 순난자로 부르는 것이 적절한지는 의문이다. 그들은 고향으로 돌아가다 원인 불명의 폭발사고에 의해 숨진 억울한 피해자이기 때문이다. 내 생각으론 희생자가 더욱 적절해 보인다.

어쨌든 올해도 오사카에서 승용차로 편도 150킬로미터, 2시간 반 걸리는 행사장에 다녀왔다. 다행히 올해는 날씨가 화창했다. 순난비에서 바라다보이는 사고해역도 호수처럼 잔잔했다. 최근 한일관계가 긴장국면에 있기 때문에 행사에도 영향이 있지 않을까 걱정했는데, 전혀 그렇지 않았다. 오히려 작년보다 100여 명이나 더 많은 300여 명이 참석했다. 행사는 예년처럼 주최자의 추도사, 총련과 민단 대표의 추도사에 이어, 헌차, 추도의 춤, 추도가, 바다에 꽃 던지기 순으로 이뤄졌다.

일본에서 열리는 행사에서 재일동포들의 추도사는 보통 일본어로 하는 게 보통인데, 이곳의 행사는 민단과 총련 대표 모두 우리말로 하는 게 눈에 띄었다. 행사 내용도 일본시민 단체가 주최는 하지만, 헌차와 추도의 춤은 민단계 단체가 맡아서 하고 추도가는 조선학교 학생들이 나와 부른다. 여기에 매년 한국에서 노총과 민주노총 소속 노동자들이 참석하고 있다. 올해도 양 노총에서 40여 명이 행사에 참석했다.

한일관계가 어려운 속에서 일본 시민과 민단과 총련계 동포, 한국의 노동단체 등이 하나가 되어 치르는 행사를 보니, 남다른 감회가 들었다. 돌아오는 길에 마이즈루항이 내려다보이는 고로가다케의 스카이타워공원에 올라가 항만의 전경과 사고 지점을 관망했다.

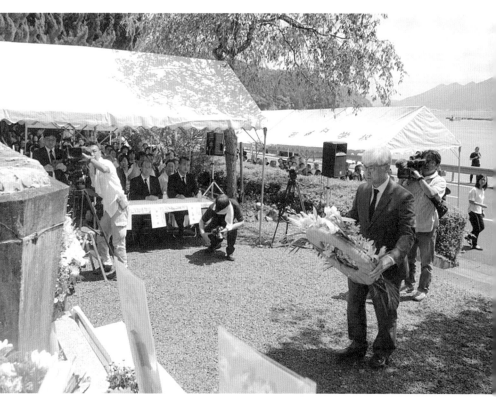

우키시마마루 순난비에 헌화하는 모습

오사카총영사의 1000일

지난 8월 8일 오사카 뉴오타니호텔에서 열린 산스타라인 창립 20주년 행사 때 내가 했던 축사를 인용한 기사가 나왔다. 당시 참석했던 일본의 반도체 관련 전문지 〈전자디바이스산업신문〉의 사장이 직접 썼다. 나도 이런 기사가 났는지 전혀 모르고 있었는데, 지인이 보내주어 뒤늦게 알게 됐다. 한일 관계가 얼어붙어 있는 가운데 나름 고민해 축사를 했는데 과분하게 좋은 평가를 해줬다. 공유를 위해 8월23일 실린 기사의 한글 번역본을 올린다. 다음은 한글 번역본이다.

'한일은 1500년 이상의 끈끈한 교류의 역사가 있었고 그동안 갈등의 역사는 아주 짧았다는 것을 인식할 필요'
-산스타라인 창립 20주년 기념식에서 대한민국 총영사의 훌륭한 발언

'지금 일고 있는 험한 파도에 기죽지 말고 더욱 도전적인 자세로 더욱 끈질긴 모습으로 험한 파도를 이겨 나갑시다. 당장은 많은 장애물만 보이지만 한일 사이는 1500년 이상의 끈끈한 교류의 역사가 있고, 그동안에 아주 짧은 갈등은 있었으나 긴 우호의 시간이 있었음을 잊지 맙시다.'

이 축사를 들으면서 필자의 마음에는 감동의 파도가 밀려왔다. 그것은 오사카에 소재한 산스타라인 창립 20주년 기념식에서의 주오사카대한민국총영사관 오태규 총영사 축사의 한 단락이다.

2019년 8월 8일의 일이었다.
한일경제 전쟁이라고 할 수 있는 상황이 심화되고 있는 상황에서의 발언인

만큼 자리한 많은 이들은 놀라면서도 모두 고개를 끄덕이며 수긍하고 있었다. 그도 그럴 것이다. 어떠한 이유가 있어도 이웃나라끼리 으르렁거리며 서로 심한 험담을 하는 것이 바람직한 것이라고는 아무도 생각하고 있지 않기 때문이다.

8월 15일 광복절, 한국의 문재인 대통령은 톤 다운시켜 '일본이 대화와 협력의 길로 나온다면 언제든지 회복과 우호의 길은 열려 있다'라고 발언하였다. 반일 불매운동 등의 과열에 대해 말리는 듯한 어조였다.

산스타라인은 한국 팬스타그룹의 일본법인이다. 1999년에 일본현지법인으로서 사업을 개시하고 먼저 부산·오사카간의 선박 운항으로 지반을 쌓았다. 2010년 부산·오사카 크루즈는 승객 1000만 명을 돌파했다. 이후 도쿄, 나고야, 가나자와, 시모노세키 등의 일본 각지와 부산을 잇는 항로를 차례로 확립하며 한일물류의 대동맥을 구축하고 있다. 페리선박으로 한일을 18시간 운행하는 등의 특급서비스가 성과를 냈고, 반도체 제조설비, 건설기계, 판금기계 등 컨테이너로 불가능한 화물에 대한 정기수송을 가능케 했다.

무역의존도가 매우 높은 한국은 2017년 무역의존도가 67.6%에 달했다. 수출만을 봐도 한국의 수출의존도는 37.7%나 되어 한국경제의 동맥이 되고 있다. 일본은 내수중심 국가로 무역의존도는 27.4%, 수출의존도는 14.1% 최근 수출관리를 둘러싼 문제로 한국정부는 상당히 들끓고 있으나, 이에 대해 어느 정도는 무리가 아니라고 생각한다. 한일 간 수출부진에 따른 GDP 영향도가 한국이 일본보다 1.7배 크기 때문이다. 물론 한일 간의 반도체 제조장치의 수송 등을 주력으로 하는 산스타라인에게 있어서는 이와 같은 한일정부의 대립은 매우 곤란할 것이다.

'산스타라인의 20주년이 상징하듯이 한국과 일본은 뗄레야 뗄 수 없는 끈끈한 관계로 이어져 있습니다. 양국 상호 3위 규모의 교역상대국이며, 2018년 인적교류가 사상 첫 천만 명을 돌파했습니다. 여러분도 잘 아시다시피 최근 한일 사이에는 파도가 높게 일고 있습니다. 불행하게도 정치적 갈등이 경제 분야까지 퍼지면서

한일관계 전반에 어려움이 생긴 것이 사실입니다. 이는 매우 유감스러운 일입니다. 반드시 극복해야 합니다.'

참고로 오사카항을 이용하는 방일객의 약 80%는 한국인이 차지하고 있다. 이에 산스타라인이 절대적으로 기여하고 있다. 특히 크루즈선 팬스타드림호는 부산과 오사카를 왕복하며 한국 및 간사이간의 인적교류에 크게 공헌하고 있다. 2018년 9월에 태풍 21호제비가 발생했을 때에는 한국관광객을 위해 재난구호선 역할도 톡톡히 하여 오사카관광국으로부터 감사장을 받았다.

이번 기념식은 매우 즐거웠다. 한일 정부가 격하게 대립하고 있다고 하는데 민간의 인적교류는 조금도 여파가 없다는 인상이 있었다. 산스타라인 노세 카즈히로 사장은 '하루라도 빨리 이번 한일정부 간의 분쟁이 종식되기를 바라고 있다. 양국이 함께 발전해 나간다는 기본 사상은 조금도 변함이 없다'고 코멘트했다.

덧붙여서 품질도 디자인도 세계 최고 수준인 유니클로의 불매운동이 한국에서 일어나고 있는데, 아마존 등의 유니클로 인터넷 판매에서는 한국 유저가 쇄도하고 있다는 사실은 누구도 부정할 수 없을 것이다.

2019.9.3.
일본 여성의 공감을 산
〈82년생 김지영〉

일본에서 한국 소설 〈82년생, 김지영〉이 조용히 그러나 강한 바람을 일으키고 있다. 지난해 지쿠마쇼보가 번역 출간한 이 소설이, 지금까지 10쇄 13만 5천 부가 팔렸다고 한다. 최근 들어 일본에서 번역 출간된 한국 소설 중 최고라고 한다. 또한 올 상반기 해외의 번역 소설 가운데서도 단연 1위를 기록하고 있다고, 출판사 쪽은 밝혔다.

이런 일본 안의 인기를 타고, 이 소설의 작가인 조남주 씨가 8월 31일 교토에 왔다. 번역가인 사이토 마리코 씨와 함께, 오사카한국문화원이 도시샤대에서 연 '한국문학 토크 이벤트'에 참석하기 위해서다. 나도 축사를 위해 참석했다. 하지만 안타깝게도 그날 저녁 빠질 수 없는 다른 행사가 있어 인사말을 한 뒤 행사의 도입부만 보고 나왔다. 대신 나도 꼭 만나보고 싶었던 작가이기 때문에 행사 시작 30분 전에 가서 행사를 준비하고 있던 작가를 비롯한 관계자들과 환담을 나눴다.

토요일 오후 3시부터 시작하는 행사인데 500여 명의 관객들이 행사장인 강당을 가득 메우고 있었다. 물론 대부분이 여성들이었다.

나는 인사말에서 "이 소설이 한국과 일본의 젊은이들이 공통으로 당면하고 있는 여성차별 문제를 다루고 있기 때문에 일본의 독자도 공감하는 것 같다"면서 "이렇게 한일 사이에는 젊은 사람일수록 젠더와 건강, 교육, 환경 문제 등 같이 고민하고 해결할 문제가 많다고 생각한다"고 말했다. 또 이 행사가 윤동주, 정지용 시인이 다녔던 도시샤대, 그 가운데서도 이 학교의 설립자인 니지마 죠 선생이 교육목표로 강조한 '양심'이란 이름이 붙은 료신칸양심관에서 열리는 것도 의미가 깊다고 생각한다고 말했다.

행사 초입에 자리를 떠 이후의 상황이 궁금했는데, 행사가 끝날 때까지 거의 모든 사람이 자리를 지켰고, 작가에게 질문도 많았다고 한다. 조 작가와 사이토 마리코 씨도 대만족이었다는 후문이다.

2019.9.5.
디자인과 건축 등 예술성을 강조하는 공대:
교토공예섬유대

9월 5일, 교토시에 있는 교토공예섬유대에 갔다. 교토대, 교토교대와 함께 교토시에 있는 3개 국립대학 가운데 하나다. 참고로 교토시엔 4년제 대학 33개를 포함해 모두 44개의 대학이 있다.

이 학교는 이름만 봐선 어떤 성격의 대학인지 가늠하기 어렵다. '공예'와 '섬유'의 조합이 고개를 갸웃하게 한다. 하지만 'Kyoto institute of technology'란 영어 이름을 보면, 개념이 분명하게 잡힐 것 같다. 쉽게 말해, 특성화 공대라고 보면 된다. 공대이지만 디자인과 건축 등의 예술성이 강한 대학이라고 하면 적절할 것 같다. 이 학교가 '공학과 예술의 융합'을 강조하고 있는 데서도 그 성격을 알 수 있다. 이 학교가 이름의 난해성에도 불구하고 공예와 섬유라는 단어를 버리지 못하는 것은, 교토섬유전문학교1899년 설립와 교토공업전문학교1902에 뿌리를 두고 있기 때문이다.

이 학교에는 학부생 2660명, 대학원생 1085명, 교직원 560명이 다니고 있다. 세계 각 대학과 교류도 활발하다. 30개 나라에 100개의 학교와 학술교류를 하고 있다. 우리나라의 부산대, 영남대, 한양대, 수원대, 경남과기대와도 교류협정을 맺고 있다.

모리사코 기요타카 학장은 "과학과 예술의 융합을 추구하는 게 우리 학교의 특징"이라면서 "학부생이 대학원을 진학하는 것을 전제로 4학년 때부터 대학원 연구과정에 참여시키고 있다"고 말했다. 즉, 많은 학생이 사실상 의대나 약대처럼 6년 과정의 학업을 하는 것으로 보면 될 듯하다.

모리사코 학장은 "학생들이 머리가 굳기 전에 외국학생 또는 외국문화와 접하면서 다양성을 배우는 것이 중요하고, 이런 과정을 통해 창의성도 배양 된다"면서 최근 한일관계가 나쁘지만 대학과 학생 사이에 두 나라의 교류가 다양하게 이뤄지고 있어 장기적으로 큰 걱정을 하지 않는다고 말했다. 이런 면에서 보면, 대학은 양국 사이의 교류를 지켜주는 보루라는 생각이 새삼스레 들었다.

마침 교토에 간 김에, 재일동포가 운영하는 두 미술관도 들렀다. 고 정조문 씨가 만든 고려미술관에서는 마침 9월 1일부터 연말까지 '돌 문화와 조선민화'라는 기획 전시를 하고 있어, 정 씨의 아들이자 미술관 전무인 희두 씨의 설명을 들으며 둘러봤다. 또 왕청일 씨교토민단 상임고문가 그동안 수집한 남북한 및 재일 작가 등의 그림과 고려자기 등을 전시하기 위해 지난해 말 개관한 '교토왕예제미술관'에도 들렀다. 2천여 점의 소장품 중 아주 극히 일부만

238

오사카 홍영사의 1000인

교토고려미술관

전시실에 내놨는데 앞으로 본격화할 전시가 기대된다.

일본에서 누가 케이팝k-pop에 맞춰 춤을 가장 잘 출까? 오사카한국문화원과 서울신문사가 공동 주최하는 '2019 K-POP 커버댄스 페스티벌 인 오사카'가 7일 오후 오사카 도지마 리버포럼에서 열렸다.

이 대회는 지난해에 이어 두 번째다. 지난해에도 경연장이 만석이었는데, 올해도 역시 800명 규모의 경연장이 발 디딜 틈이 없이 꽉 찼다. 관객은 여성이 압도적으로 많지만 가족과 같이 온 사람들, 젊은 남자들도 많이 눈에 띄었다. 한일관계가 정치적으로 매우 좋지 않은 가운데서도 케이팝 열기는 여전히 뜨겁다는 걸, 몸으로 느낄 수 있었다.

참가팀은 모두 12개팀. 간사이지역과 큐슈지역 대회에서 우승과 준우승을 차지한 4개 팀과 서울신문사 홈페이지에 직접 응모해 뽑힌 8개 팀이 참석했다. 후쿠오카에서 도쿄까지 일본 전역에서 참석했다. 우승팀은 9월 28일 서울신문사 주최로 열리는 세계대회 출전권이 주어진다. 또 멤버 전원에게 항공료를 포함한 출전 경비 전액을 지원해 주고, 케이팝 스타 체험을 포함해 일주일 정도의 한국여행도 제공한다. 심사는 주최 측 관계자 2명과 특별 게스트로 초대된 한일 2인조겐타, 상균 아이돌 'JBJ95'가 맡았다. 이들은 한국의 '프로듀스 101' 시즌2에 출연했다가 팀을 맺어 활약하고 있다고 한다. 나는 이들의 존재조차 모르는데, 이곳에 온 거의 모든 일본 사람들이 이들을 보고 환호하며 사진 찍고, 이들의 노래와 춤까지 따라하는 걸 보니 신기하고 놀라웠다.

경연자와 관객의 열기 속에 시간 가는 줄 모르는 사이에 12팀의 공연이 끝났다. 우승은 7명의 여성으로 구성된 큐슈대회 우승팀이 차지했다. 지난해

k-pop 커버댄스 페스티벌에서 열연하는 일본 젊은이들

이 대회에서 우승한 팀이 세계대회에서 1등을 했는데 올해도 그렇게 되길 빈다. 심사위원들이 이구동성으로 1등으로 뽑았고, 관중석의 대다수 사람들도 예상한 팀이니 충분히 그럴 자격이 있다고 본다.

2시간 정도의 경연이 끝난 뒤 일본 기자들이 인터뷰를 요청해 잠시 응했다. "한일관계가 안 좋은 상태인데도 케이팝을 통해 젊은이들이 이렇게 활발하게 교류하는 것을 보니 뿌듯합니다. 이런 행사가 한일관계 전체를 바꿀 수는 없지만 관계개선을 해 나가는 데 힘을 줄 것이라고 생각합니다."

2019.9.14.
판소리 매력에 푹 빠진
나라교대 학장

9월 13일은 한국의 추석으로, 12일 목요일부터 일요일까지 4일 연휴다. 그러나 일본을 포함한 해외공관은 주재국 일정에 따라 근무를 하기 때문에, 추석 연휴는 '강 건너' 남의 일이다. 그래도 올해는 다행스럽게 일본도 16일이 '노인의 날' 휴일이어서 3일 연휴가 됐다.

추석인 13일, 나라시에 있는 국립 학교법인 나라교대에 갔다. 1874년 고후쿠지흥복사에 설치된 교원전습소네이라쿠서원에 뿌리를 둔 오랜 전통의 대학이다. 학부생 1천 명, 대학원생 1백 명 수준의 소규모 대학이다. 추석인데도 못 쉬는 아쉬움을 안고 학교에 도착했더니, 가토 히사오 학장을 비롯한 교직원들이 자료를 잔뜩 준비해 놓고 환대를 해줬다. 이런 특별한 날엔 추석을 화제로 삼아 얘기를 풀어가야지 하고 준비를 했는데, 상대 쪽에선 전혀 추석을 의식하는 기미조차 없다. 일본은 추석을 안 쉬니 당연하지라고 생각하면서도 가깝지만 너무 다른 두 나라 사이의 문화, 풍속을 느꼈다.

일본어 전공인 가토 학장은 영남대, 공주대, 광주교대 등과의 교류를 거론하며 한국과 친근감, 교류의 중요성을 쉼 없이 얘기했다. 석굴암, 불국사, 해인사, 서편제와 아리랑, 공주와 부여의 박물관 등등. 특히 판소리에 홀딱 반

했다고 말했다. 나라가 한국과 고대부터 교류를 하면서 한반도로부터 처음 문물을 수입한 곳이라는 인연과 무관하지 않은 것 같다. 실제, 나라에 가서 일본의 지식인이나 관리, 학자 등을 만나면 누구나 한국과 한반도와의 깊은 인연, 그에 관한 지식을 과시하는 경우가 많다.

나라교대는 공주대와 함께 지난해까지 양국을 오가며 11회 연속으로 백제문화권 심포지엄을 열어왔다고 한다. 올해는 9월에 12회 행사를 공주대에서 열기로 날까지 잡아놨는데, 최근 한일관계의 영향으로 날짜를 재조정하고 있다고 한다. 나와 가토 학장은 이런 때일수록 상호이해를 깊게 하는 이런 교류는 중단 없이 이어져야 한다는 데 생각을 같이했다.

교육 문제, 대학 구조조정 문제는 정치와 관계없이 서로 협력하고 배울 수 있는 중요한 분야다. 예를 들어, 나라교육대학은 나라여자대학과 '1법인다 대학' 체제의 개편을 추진 중이다. 한국에는 아직 한 법인 아래 여러 대학이 독립적 형태로 운영되는 이런 식의 대학 통합 또는 조정 방안은 없는 것으로 안다.

가토 학장은 초중고 학교 교육에서도 유교문화를 공유하는 나라로서 같이 고민하고 연구할 것이 많다고 본다고 말했다. 매우 공감하는 말이다.

2019.9.22.
나라현 아스카무라에서 격년으로 열리는
한일문화교류: 역사의 길 2019

일본은 23일이 추분의 날로, 휴일이다. 그래서 21일부터 3일 연휴다. 그런데 태풍 17호타파의 영향으로 간사이지방은 3일 연휴 내내 궂은 날씨가 될 것이라고, 며칠 전부터 예보가 나왔다. 덩달아 마음이 우울해졌다.

3일 연휴를 제대로 즐기지 못한다는 아쉬움 때문이 아니라, 우리 총영사관이 역점 문화교류 사업으로 나라현에서 실시하는 '역사의 길 2019' 행사가 연휴 첫날인 21일에 예정되어 있기 때문이다. 행사 장소가 실내가 아니고 야외여서 하늘을 믿는 수밖에 없었다.

21일 아침 구름이 찌푸린 날씨 속에서 행사 장소인 아스카무라 아스카풍 무대로 갔다. 이 장소는 백제계 귀족인 소가노우마코의 묘로 알려진 이시부타이석무대 앞쪽에 만들어진 광장이다. 이곳에서 우리 총영사관과 나라 민단, 나라현 일한친선협회, 아스카무라가 공동으로 2년마다 아스카무라에서 개최하는 음식과 문화를 통한 한일 교류행사가 열린다.

많은 비가 올 것이라는 예보 탓인지 행사 시작 때는 사람이 많지 않았다. 2년 전에는 무대 앞 잔디밭이 꽉 찼었다는데, 올해는 듬성듬성했다. 비 예보가 가장 큰 요인이겠지만, 최근 얼어붙은 한일관계도 영향을 주지 않았을까 생각한다. 그래도 행사 분위기는 '백제의 미소'처럼 화기애애했다. 행사장 뒤의 산세가 마치 한국의 산처럼 둥글둥글한 것도, 한일의 참가자들의 성품이 모두 부드러워 보이는 것도 마음을 따뜻하게 해줬다. 나를 비롯해 이훈 나라 민단 단장, 다노세 료타로 나라현 일한친선협회장, 모리카와 유이치 아스카무라 촌장 등 개막식에서 인사말을 한 모든 사람들이 이구동성으로 한일관계가 이런 때일수록 더욱 열심히 상호 이해를 깊게 하는 문화교류를 해나가자고 말했다.

개막식 뒤 자원봉사를 하러온 덴리대 한국어과 학생들과 한류를 비롯한 양국의 문화교류 등에 관해 짧은 시간이지만 의미 있는 대화의 시간도 가졌다. 그리고 참석자들과 부인회와 민단 등에서 만든 한국음식을 먹으며 공연을 본 뒤, 이시부타이를 둘러보고 오후에 행사장을 떠났다.

다행히 날씨는 시간이 갈수록 좋아져 종일 비가 오지 않고 맑은 날씨가 이어졌다. 내가 행사장을 떠난 오후부터는 사람들도 더욱 많이 몰려와 행사가 끝난 저녁 8시까지 성황을 이뤘다고 한다. 어려운 상황 속에서도 총영사관과 나라현의 여러 관계자들이 힘을 모아 열심히 준비한 행사인데, 하늘도 이런 뜻을 알아준 것 같다.

아스카무라에서 열린 '역사의 길' 행사

오사카홍영사의 1000일

9월 27일부터 29일까지 오사카에서 '국제배구연맹FIVB 배구 월드컵 재팬 2019'의 여자 경기가 열린다.

한국 여자대표팀은 어제 경기27일에서 케냐를 3-0으로 이겼다. 28일에는 우리나라9위보다 세계 순위가 5단계나 앞선 브라질4위과 경기를 했다. 29일엔 미국3위과 마지막 경기를 한다.

마침 오사카부 배구협회장이 오사카부의 일한친선협회장을 맡고 있는 분이어서 초청을 받았다. 일정상 갈 수 있는 날이 28일뿐이어서, 영사관에서 시간이 되는 직원 몇 명과 함께 경기장인 난바의 '에디온 아리나 오사카'에 갔다.

경기는 2시간 반 정도의 접전 끝에 한국이 예상을 깨고 3-1로 이겼다. 1세트를 이기고 바로 2세트를 내줘 불안하기도 했지만, 3, 4세트를 연달아 따냈다. 역시 승리의 주역은 '100년 만에 1명 나올까 말까' 하다는 평가를 듣는 김연경 선수였다.

외국에 나가면 누구나 애국자가 된다는 말이 있듯이, 관중석에서 경기를 보면서 응원의 목소리가 절로 터져 나왔다. 앞자리의 브라질 사람과 자연스럽게 응원 경쟁을 했다. 응원하러 갔는데, 강팀을 이기기까지 하니까 기분이 너무 좋았다. 연속으로 질러대는 응원 소리에 목이 아팠지만 덕분에 스트레스도 많이 해소했다.

경기가 끝난 뒤 선수들을 만나 격려라도 할 수 있을까 하고 주최 측에 타진했는데, 선수단에서 기꺼이 만나겠다고 해서 경기장에 내려가 격려도 하고 기념사진도 찍었다. 선수들에게 축하한다는 말과 함께 내일 미국 경기뿐 아니라, 내년의 도쿄올림픽 올림픽 예선전에서도 꼭 본선 출전권을 따기 바란다고 말했다. 여자배구대표팀의 감독은 이탈리아 출신의 스테판 라바리니

한국여자 배구팀 격려 모습

오사카총영사의 1000일

인데 한국 국가대표라는 점에서는 감독이나 선수, 응원단의 구별이 없다는 걸, 경기를 보면서 실감했다.

일요일인 9월 28일에는 오사카에서 의미 있는 새로운 시도가 있었다. 오사카한국문화원이 한일 젊은이들의 교류 확대를 위해 일본에서 처음으로 '이 e스포츠 한일교류전'을 개최했다.

케이팝과 한국음식, 한국패션 등을 매개로 이뤄지고 있는 양국 젊은이들의 교류를 이 e스포츠 영역까지 확대해 보자는 취지이다. 이 e스포츠는 여성보다 남성이 많이 즐기고 있는 분야여서, 여성 위주로 전개되고 있는 양국 젊은이들의 교류를 남성까지 확장해 보려는 뜻도 있었다.

그러나 예상보다 반응은 뜨겁지 않았다. 곁들여 열린 케이팝 공연에 관객이 더욱 뜨거운 반응을 보였다. 어찌 한 술에 배부를 리가 있겠는가 하고 스스로 위로하며 다음의 분발을 다짐했다.

한일관계의 냉각, 홍보 부족, 한국 중심의 종목 편성 등의 요인도 있어 예상보다는 열기가 달아오르지 않았다고 생각한다. 그러나 이 e스포츠 교류전을 처음 열었다는 것만으로 충분한 의의가 있었다고 본다. 이 e스포츠는 한국이 더욱 앞서 있지만, 일본에서도 최근 즐기는 젊은이들이 크게 늘고 있다. 앞으로 한일의 젊은이, 특히 남성들이 교류할 수 있는 좋은 분야가 될 것이라고 본다.

이날 리그오브레전드로 겨룬 3선2승제의 승부에서는, 한국팀이 2-0으로 승리했다. 그러나 두 나라를 대표해 나온 선수들은 서로 경기를 통해 좋은 경험을 했고, 경기 면에서도 많은 걸 배웠다고 말했다.

일요일인 10월 6일엔 교토시 국제교류회관에서 민단 교토부 본부 주최의 연례행사인 '2019 교토 코리아페스티발'이 열렸다. 이 행사는 교토부에 사는 재일동포와 일본인이 함께 교류하는 가장 큰 행사다.

올해는 선선하고 바람도 약간 있는 화창한 날씨여서인지, 지난해보다 참가자가 배 이상이 되는 것 같았다. 민단 각 지부와 부녀회가 운영하는 한국음식 지지미, 김밥, 떡볶이 등 매점은 분주했고, 한국의 미속놀이인 공기와 윷놀이를 체험하는 곳도 사람들로 북적였다. 적어도 이곳에서는 한일관계가 나빠서 걱정이란 말이 실감나지 않았다.

오전 10시부터 오후 늦게까지 진행된 행사의 하이라이트는 올해로 5회째를 맞는 조선통신사 행렬 재현 및 국서 교환식이었다. 나는 부임 첫해인 지난해에 이어 올해도 정사로 분장해, 행렬에 참가했다.

오전 일찍 회장으로 가 옷을 갈아입고 분장을 한 뒤, 오전 11시부터 1시간 정도 열린 행렬에 참가했다. 국제교류회관을 출발해 헤이안신궁 앞을 돌아오는 코스다. 오사카의 민족학교인 건국학교 전통예술부의 신명나는 풍물을 앞세우고, 한복의 부채춤 집단, 통신사 행렬, 한복과 당시의 일본 복장 등을 한 사람들이 뒤따르는 수백 미터 길이의 행렬이다. '일본 속의 한국'을 느낄 수 있게 하는 이색적인 분위기에 끌린 듯, 지나가던 일본 사람들과 외국 관광객들도 멈춰서 행렬을 카메라에 담는 모습이 많이 눈에 띄었다.

행렬이 끝난 뒤는 정사로 분장한 나와 교토소사대로 분장한 니노유 사토시 교토부 일한친선협회 이사장참의원 의원이 서로 국서를 읽고 교환했다. 나와 니노유 이사장은 약속이라도 한 듯이, 한일관계가 어려운 지금이야말로 조선통신사의 정신과 뜻을 살려 교류를 더욱 활발하게 하자고 말했다. 그리고 행사에 참석한 양쪽의 귀빈들과 함께 우호의 기념사진을 찍었다. 이밖에

태권도 공연을 펼치는 동포 학생들

우시정중앙사의 1000원

도 어린이태권도, 부인합창단, 케이팝 커버댄스 공연이 한일 양쪽의 활발한 참여 속에 이루어졌다.

행사를 준비한 민단 관계자들은 한일관계가 어려운 속에서 성공적으로 행사가 치러진 것에 매우 만족해했다. 나도 어느 때보다 가뿐한 마음으로 돌아왔다.

2019.10.7.
한일 전통예술 명인들이
협연한 문화공연〈동행〉

10월 4일, 오사카에서 한일문화교류회의가 주최하는 한일문화교류 공연〈동행〉이 열렸다. 2012년부터 한일 양국을 번갈아가며 개최되어온 행사로 올해가 8회째이다. 공연장인 '산케이홀 브리제' 안이 공연이 끝날 때는 박수와 함성으로 가득 찼다. 약 9백 석의 좌석도 만석을 이뤘다.

올해 들어 오사카에서 세 번째 열린 국내 예술인 또는 예술단 초청 공연인데, 모두 성공적이었다. 그 중에서도 공연자와 관객의 호응 면에서는 이번 공연이 최고였다. 노래보다는 춤, 무용, 현악기, 타악기 연주가 거의 대부분이었는데도 의외로 관중의 반응이 뜨거웠다.

이유는 출연진의 질이 높은 것을 우선적으로 꼽을 수 있다. 한국 쪽에서 판소리 명창 안숙선, 무용가 국수호, 대표적인 재일동포 무용가 김묘선, 백홍천, 가야금의 김일윤 등 쟁쟁한 사람들이 출연했다. 일본 쪽도 노의 사쿠라마 우진, 사쿠하치의 요네자와 히로시, 비파의 구보타 아키코 등 유명한 인사들이 출연했다.

또 한 가지는 다른 공연에 비해, 동행 공연은 한일 출연자가 함께하는 콜라보 공연이 많았고, 양쪽 공연의 비율이 엇비슷하게 배치됐다. 자연히 양쪽의 우수함과 독특함을 비교하며 공연을 즐길 수 있었다. 덧붙여, 일본인이든 재일동포든 오사카 사람들의 기질도 작용하지 않았나 생각한다. 나의 짧은

동행 공연에서 재일동포 무용가 김묘신씨가 승무를 추고 있다

관찰인지는 모르지만 오사카 사람들은 일본의 다른 지역 사람들에 비해 무대 위의 사람들과 호흡을 잘 맞추는 것 같다. 내숭을 덜 떤다고 할까. 이런 점에서는 오사카 사람들이 한국 사람과 기질이 닮은 면이 있다.

공연이 끝난 뒤 무대 뒤로 가, 공연자들과 인사를 나눴는데 모두 공연과 관객의 열띤 반응에 흡족해 했다. 관객도 좋고 공연자도 좋은 이런 행사가 두 나라 상공의 냉기류를 몰아내는 데 도움을 줬으면 한다.

2019.10.8.
대성황 이룬
'한글날' 기념 리셉션

제573돌 한글날을 이틀 앞둔 10월 7일 저녁, 오사카총영사관이 주최하는 한글날 기념 리셉션이 오사카 제국호텔에서 열렸다.

오사카총영사관은 이제까지 10월 3일 개천절을 기념해 리셉션을 해왔다. 그런데 올해는 한글날 기념으로 리셉션 날을 바꾸었다. 가장 큰 이유는 일본 사람들에게 몇 천 년 전 신화시대의 개천절 유래를 설명하는 것보다 우리나라의 가장 자랑스러운 발명품 중 하나인 한글을 설명하는 것이 더욱 쉽고 의미가 크다고 생각했기 때문이다.

이날 행사는 최근 좋지 않은 한일관계에도 불구하고 역대 행사 중 가장 많은 700여 명이 참석했다. 참석자 구성도 다양했다. 과거와 달리 일본 사람들이 상당히 많이 왔고, 동포들도 소속이나 나이 면에서 매우 다채로웠다. 지난 6월 말 문재인 대통령과 동포간담회 때 눈에 띄었던 다양성과 개방성이 이날 행사에서도 그대로 이어졌다.

숫자만 보면, 접수대에 명함을 놓고 간 사람을 기준으로 지난해보다 무려 100명 이상이 늘었다. 직원과 가족, 그리고 명함을 놓지 않고 참석한 사람까지 감안하면 족히 800명은 되지 않을까 생각한다. 이런 참석 규모에 다른 나라의 총영사들도 "대단하다"고 혀를 내둘렀다. 일본 쪽 참석자들도 한일관계

한글날 리셉션에서 역동적인 격파를 선보이며 참석자를 매료시킨 세한대태권도팀

가 얼어붙어 있는 상황인데 놀랍다는 반응을 보였고, 위축됐던 재일동포들도 안도하는 모습을 보였다.

개인적으로는 어려운 한일관계 속에서도 사람들이 많이 온 것은, 한일교류의 폭과 깊이가 정부관계에 좌우되지 않을 정도로 넓고 깊어진 것이 가장 큰 요인이라고 본다. 또 이런 때일수록 많이 참여해 한일관계가 개선되도록 힘을 모아주자는 참석자들의 열망도 반영되지 않았을까 짐작해 본다. 실제 일본 쪽 참석자들의 면면을 보면, 누구나 알 수 있는 명사들보다 풀뿌리교류를 이끌고 있는 중간 지도자들이 압도적으로 많았다.

올해는 식전 행사로, 한국에서 세한대 태권도 팀을 초청해 격파 및 품새 시범 공연을 했다. 그런데 이것이 대박을 쳤다. 주로 격파를 중심으로 20분 정도 진행된 시범에서 이들은 2-3미터 높이의 고공 격파, 연속 격파, 눈감기 격파 등의 고난도 기술을 과시하며 참석자들의 시선을 사로잡았다. 무대 앞까지 깨친 송판 조각이 날아다니는 임장감과 박력 만점의 동작과 함성에 모두 넋을 잃은 듯했다.

올해 리셉션은 '어려운 한일관계 속에서도 의미 있는 교류는 계속되어야 한다'는 메시지를 주려고 생각했는데 대체로 맞아떨어졌다. 나의 인사말과 오용호 오사카민단 단장의 축사에 이어 일본 측 축사자로 나온 미카즈키 다이조 시가현 지사는 시가현과 한반도와의 고대시대로부터의 인연, 이수현 씨의 죽음, 2002 월드컵 공동 개최, 지난해 평창올림픽 때 이상화-고다이라 선수의 우정을 거론하며 교류의 중요성을 강조했다. 또 2017년 말 조선통신사의 유네스코 기록유산 등록에 큰 기여를 한 나카오 히로시 교토예술대 객원교수가 건배 제의자로 나서 시가현 출신의 에도시대 조선 전문외교관인 아메노모리 호슈의 '서로 싸우지 않고 속이지 않고 진실을 바탕으로 사귀여야 한다'는 성신외교의 정신을 강조했다. 그리고 한국 사람은 '간빠이', 일본 사람은 '건배'로 서로 말을 바꿔 건배를 하자고 제의해 흥을 돋우었다. 무대 행사가 끝나고 참석자들은 2시간 가까이 불고기와 잡채, 막걸리 등의 한국음식을 즐기며 서로 대화를 나눈 뒤 아쉬움을 뒤로 한 채 헤어졌다.

오사카에는 일본의 다른 지역에는 없는 '보물'이 있다. 오랫동안 이곳에 살아온 사람들에게는 잘 보이지 않을지도 모르지만, 나는 보는 순간 정말 큰 보물이란 생각을 했다. 바로 이쿠노구에 있는 코리아타운이다.

1920년대 '동양의 맨체스터'로 불릴 정도로 공업이 왕성하던 오사카에는 노동력이 부족했다. 부족한 노동력을 채우기 위해 한반도에서 많은 사람들이 건너왔고, 가난한 한반도 출신 노동자들이 집단 거주하던 곳이 이쿠노 옛 이름, 이카이노다. 마침 1923년부터 제주와 오사카를 연결하는 연락선 기미카요마루이 생긴 관계로 이곳에는 아직도 제주 출신이 많다.

이렇게 식민지 시대의 가난한 한반도 출신 밀집 거주지에서 시작한 이쿠노구의 코리아타운이, 88올림픽 이후 한류 붐과 함께 오사카에서 한국의 멋과 맛, 생활과 문화의 메카로 거듭나고 있다. 최근 냉각된 한일관계에도 불구하고 하루에 1-2만 명이 넘는 젊은 일본 청소년들이 이곳을 찾아와 한국을 즐기고 있다.

일본 속의 코리아타운 하면, 도쿄의 신오쿠보와 오사카의 이쿠노가 대표적이다. 그러나 둘은 성격이 매우 다르다. 우선 신오쿠보는 신정주자뉴커머 동포들이 중심인데 비해, 이쿠노는 구정주자올드커머가 주류를 이루는 가운데 뉴커머가 가세하고 있다. 신오쿠보는 동포들과 상점의 분포가 점으로 산재되어 있다면, 이쿠노는 면으로 이루어졌다. 역사를 봐도, 신오쿠보는 1990년 이후에 형성되었지만 이쿠노는 식민지시대까지 거슬러 올라간다. 더구나 이곳엔 삼국시대의 교류의 흔적도 남아 있다.

이런 점에서 이쿠노구의 코리아타운은 그 존재 자체로 한국의 과거, 현재, 미래를 이어주는 소중한 곳이라고 생각한다. 일본 정부가 강조하는 '다문화 공생 사회' 건설의 성패를 가늠할 수 있는 시험대이기도 하다.

오사카민단이 이런 점에 착안해, 10월 11일 저녁 코리아타운이 있는 민단이쿠노니시지부 강당에서 '코리아타운 활성화'를 주제로 심포지엄 열었다. 민단 대표, 상인 대표, 일본인 작가, 주민 대표가 토론자로 나와 건설적인 의견을 나눴다. 100명이 넘는 주민이 밤늦게까지 남아 열심히 경청했다.

이제까지 코리아타운을 활성화하자는 얘기는 많았지만, 이날처럼 주민들이 참석하는 심포지엄은 거의 없었다고 한다. 이번의 '밑으로부터의 코리아타운 활성화' 움직임이 계기가 되어 이쿠노 코리아타운이 한일 교류의 명물로 성장하길 기대한다. 한 사람이 꾸는 꿈은 꿈에 그치지만 여러 사람이 꾸는 꿈은 현실이 된다고 하지 않는가.

2019.10.20.
사카이 축제에 40년 이상
참가하고 있는 민단의 퍼레이드

오사카부 사카이시는 오사카부에서 오사카시 다음으로 큰 도시이다. 인구가 80여만 명으로 오사카시의 3분의 1 정도이다. 일본 전체에서는 18번째 규모다. 사카이시는 메이지 이전부터 상업과 제조업이 활발한 곳이다. 예전부터 무사들의 칼과 군인들이 쓰던 총포도 만들었는데, 지금도 이곳에서 만든 칼이 유명하다. 재일동포들도 많이 사는데, 약 3천 명 정도 된다.

사카이시는 매년 10월 세 번째 일요일에 사카이 마쓰리를 한다. 중심지인 오쇼지 거리에서 열리는 퍼레이드를 중심으로 차도회, 뮤지컬, 댄스, 야시장 등 다채로운 행사를 한다. 퍼레이드가 하이라이트인데, 사카이 역사를 고대, 중세, 근세, 현대로 나누어 참가자들이 당시를 재현하는 가장행렬을 한다.

올해 축제는 사카이시에 자리 잡고 있는 세계 최대의 묘지인 모즈·후루

사카이 마츠리에서 재일동포들이 조선통신사 행렬을 이뤄 행진하고 있다

이치고분이 세계문화유산으로 등재된 것을 행사의 컨셉으로 삼았다. 사카이 마쓰리는 올해로 46회째인데, 사카이민단도 43년째 행사에 동참하고 있다. 특히, 36년 전부터는 조선통신사 행렬도 가장행렬의 일원으로 쭉 참여하고 있다고 한다.

나도 지난해에 이어, 올해도 참여해 행렬에 참석 중인 동포들을 격려했다. 민족학급에 다니는 초등학생들의 사물놀이를 선두로, 조선통신사, 금강학원 무용부, 태권도 시범단으로 이뤄진 사카이민단의 200미터에 이르는 행렬이 가장 큰 인기를 끌었다. 나는 베트남총영사관 앞에 마련된 관람석에서 민단 행렬이 지날 때 일어서서 환호와 박수를 보냈다. 마침 날씨도 화창해 좋은 행사가 됐다.

나라시에 있는 나라국립박물관에서는 매년 10월 말에 쇼소인전(정창원전)이 열린다. 쇼소인은 도다이지(동대사) 안에 있는 일본 황실의 보물 창고다. 나라시대에 지어진 나무 건물로, 나라시대의 보물 등 9천여 점이 보관되어 전해져오고 있다.

나라국립박물관이 일본 황실의 협조를 얻어 매년 수십 점을 선별해 일반에게 공개를 하는데, 이것이 쇼소인전이다. 올해가 71회째로 10월26일부터 11월 14일까지 쉬는 날 없이 열린다. 올해는 새 천황이 즉위하는 것을 기념하는 뜻에서, 특별하게 도쿄국립박물관에서도 즉위기념특별전 「쇼소인의 세계-황실이 지켜 전하는 미」10월 14일-11월 24일를 동시에 개최한다.

나라에서는 41점이, 도쿄는 43점의 보물이 전시된다. 두 군데로 나눠 전시되기 때문에 나라에 출품되는 보물은 평소보다 줄었다. 황실의 쇼소인 담당자는 "전시 품 수는 줄었지만 질은 어느 때보다 뛰어나다고 자부한다"면서

"도쿄에 출품된 보물이 미슐랭 최고 수준의 이탈리아 음식이라면, 나라의 출품작은 최고급 카이세키 요리로 보면 된다"고 말했다.

나는 지난해에 이어, 올해도 10월 25일 열린 쇼소인전 개막식 및 초대객 사전 관람 행사에 참석했다. 지난해에는 다른 나라 총영사도 몇 명 보였는데, 올해는 날씨가 궂어서 그런지 총영사로서는 유일하게 참석했다. 덕분에 개막식 내빈 인사 때 가장 먼저 소개를 받았다.

올해 출품 보물 중에는, 지난해와 달리 한반도와 직접 관련된 보물은 없다고 한다. 지난해에는 신라시대 가야금을 비롯해 몇 점이 출품되어 큰 주목을 끈 바 있다. 대신 올해는 지난해보다 훨씬 자세한 한글 작품설명문이 작품마다 붙어 있었다.

이날 개막식이 오후에 열려, 오전에 나라 이카루가의 쥬구지중궁사를 방문했다. 이 절은 2016년 한일국교 50주년 기념으로 개최된 '한일 국보 반가사유상의 만남' 전시회에 일본 대표로 출품된 목조 반가사유상을 소장하고 있다. 백제의 온화한 모습을 고스란히 간직하고 있는 반가사유상도 가까운 거리에서 자세히 관람하고, 히노니시 고손 주지 스님과 한일 문화교류의 오랜 역사와 중요성에 관한 이야기도 나눴다.

2019.10.27.

윤동주 시인처럼
나의 생각을 표현하고 싶다

10월 26일土 오전에 교토부 우지시에서 '시인 윤동주 기억과 화해의 비' 건립 2주년 기념식이 열렸다. 시비는 아마카세 댐 밑의 하코다리 근처, 우지강과 시즈카와가 만나는 10평 정도의 자투리 땅에 세워졌다.

나는 부임 첫해 열린 지난해 1회 행사에 이어 올해도 참석했다. 일본인들이 주도한 시비 건립위원회가 주최하는 행사로, 일본 시민과 교토민단 관계자를 비롯한 재일동포들이 참석하는 소규모 행사다.

그러나 올해는 지난해 행사보다 몇 가지 발전한 것이 눈에 띄었다. 일단 시비가 세워진 장소의 주변이 잘 정비됐다. 시비는 도로보다 1-2미터 낮은 곳에 세워져 있는데, 원래는 계단도 없었다. 그래서 도로에서 시비가 있는 곳까지 경사지게 만들어 놓은 흙길을 미끄러지듯 내려가야 했다. 미관도 좋지 않았다.

그런데 이런 불편한 사정을 안 교토민단이 2주년 행사 전일까지 계단을 새로 만들고 시비 주위도 잔돌을 깔아 말끔하게 단장해, 누구라도 안전하게 방문할 수 있게 해놨다. 사실 이곳을 정비하는 것은 돈 문제보다도 시비가 세워진 땅이 일부는 마을, 일부는 시 소유로 되어 있어 주민들의 허락을 얻는 게 큰일이었다고 한다. 그런데 민단에서 적극적으로 당사자들을 찾아다니며 허락을 얻어, 2주년 전날까지 정비 공사를 마쳤다. 공사를 하면서 계단 옆의 경사지에는 무궁화나무 한 그루도 심어 놨다.

두 번째 변화는 지난해보다 참가 인원이 크게 늘었다. 지난해는 많아야 50명 정도였는데, 올해는 지역 출신 의원 2명까지 포함해 70명이 넘는 사람이 참석했다. 더욱 의미가 있었던 것은 윤 시인이 다녔던 도시샤대와 같은 계열의 도시샤중학교에 다니는 학생 3명이 참석해 윤 시인의 시도 낭송하고 추모 발언도 한 점이었다. 한 학생은 "'나는 관련이 없기 때문에'라든가 '내가 무엇을 하더라도 바뀌지 않으니까'라고 생각하지 않고, 윤동주 시인과 같이 자신이 생각한 것을 밖으로 발신할 수 있는 사람이 되겠다"고 말해 참가자들의 큰 박수를 받았다.

이날 행사는 개회선언과 묵념, 주최자 인사, 헌화, 참가자 대표 인사말에 이어 서시, 공상, 새로운 길 등 윤 시인의 시 세 편을 한국말과 일본말로 차례로 낭송하고, 마지막에 윤 시인이 즐겨 불렀다는 아리랑을 제창하는 것으로 끝났다. 윤 시인의 시비는 우지역제이알 또는 게이한선에서 내려 아마카세 댐 방향으로 걸어서 40여 분 되는 곳에 있다. 아직 표지판이 없어 찾아가기 불편하지만, 구글 지도에 '시인 윤동주 기억과 화해의 비'를 치면

우지시의 윤동주 시비에서 열린 시비 건립 기념식 모습

위치가 뜬다.

2019.10.27.
'이런 한국
아시나요'

오사카의 종합전시장 인덱스 오사카에서 10월 24일부터 27일까지 '투어리즘 엑스포 재팬 2019'가 열렸다. 일반 공개는 26, 27일 이틀간 실시되었다. 이 행사는 2014년부터 일본관광진흥협회, 일본여행업협회, 일본정부관광국이 주최하는 세계 최대 규모의 여행 박람회. 이제까지는 도쿄에서만 줄곧 열렸는데, 올해 처음으로 도쿄를 떠나 오사카에서 열렸다.

한국에서는 지방자치단체 13곳과 호텔, 병원, 여행사, 항공사 등이 대규모로 참가해 61개의 부스를 운영하며 한국의 매력을 내장객에게 전했다. 한때는 한일관계가 안 좋다는 이유로 많은 곳에서 참가 취소를 검토하는 움직임도 있었지만 결과적으로 대부분의 신청 기관이 참가했다. 한국관의 테마는 '이런 한국 처음이지'로, 재방문객이 많은 일본인에게 새로운 관광지를 제안해, 수도권만이 아닌 지방으로 손님을 유도하는 데 중점을 뒀다.

나는 일반 공개 첫날인 26일 오후 회장을 찾아 한국에서 온 관계자들을 격려했다. 한일관계가 어려운 상태여서, 한국관이 썰렁하면 어쩌지 하는 불안감을 안고 회장을 찾았다. 그러나 들어가자마자 예상이 크게 빗나갔다. 누가 봐도 한국관 앞이 가장 행렬이 길고 북적거렸다. 손님을 맞는 지자체를 비롯한 관계자들도 얼굴이 밝았다. 한 지자체 관계자는 "한일관계가 어려우니 안 가는 게 어떠냐는 얘기도 있었지만, 와 보니까 전혀 그런 걱정을 할 필요가 없었다는 걸 실감한다"고 말했다. 이날 행사만 봐도, 한일 사이의 교류는 정부가 관여하거나 제어하기 힘들 정도로 넓고 깊게 이뤄지고 있다는 걸 새삼 느낀다.

10월 29일, 오사카총영사관 1층 '꿈 갤러리'에서 2019년 재외동포 훈포장 전수식을 했다. 아울러 9월에 새로 출범한 민주평화통일자문회의에 위촉된 일본 긴키지역 자문위원들의 위촉장 전수식도 함께 했다.

1층 꿈 갤러리는, 평소 자주 쓰지 않는 공간이어서 지난해 말부터 민족학교와 민족학급에 다니는 학생들의 미술작품을 전시하는 장소로 활용하고 있다. 민원실에 오는 동포들이 들려 작품도 감상하고 잠시 쉴 수 있는 장소로 만들었다. 이번에 훈포장 및 위촉장 전수식장으로 썼는데, 동포사회와 함께 한다는 행사의 취지에 꼭 맞는 분위기를 연출했다.

이번에 오사카총영사관에서 훈포장을 받은 사람은 4명이다. 1년에 1명만 주는 무궁화장을 직전 오사카민단 단장을 지낸 정현권 상임고문이 받았다. 이외에 고영관 오사카한국상공회의소 상임고문과 정연자 부인회 교토 미나미교토지부 회장이 석류장, 백용규 세계한인무역협회옥타 오사카지회 초대 회장이 국민포장을 받았다. 지난 10월 5일 문재인 대통령이 참석한 가운데 열린 세계한인의 날에서 750만 명의 재외동포 중 포상자는 모두 39명이었다. 이 가운데 10%가 넘는 4명이 오사카총영사관 관할 지역에서 나왔으니 대단한 일이다. 이날 훈포장을 전수 받은 네 분은 모두 이번의 훈포장을 계기로 더욱 열심히 동포사회와 나라를 위해 봉사하겠다고 다짐했다.

이어 진행된 민주평통 자문위원 위촉장 전수식에서는 총영사관 관할지역 안에 사는 106명 가운데 70여 명이 참석했다. 생업으로 바쁜 낮 시간대인데도 많은 분들이 참석했다. 앞으로 시작될 활동에 대한 의욕을 느낄 수 있었다. 이번 제19기 민주평통 자문위원의 특징은 여성과 청년의 참여를 대폭 확대한 것이다. 이날 행사에도 여느 행사와 달리 여성과 청년이 많이 참석했다.

'꿈 갤러리'에서 열린 훈포장 전달식

교토에 있는 류코쿠대는 안중근 의사가 옥중에서 남긴 4점의 붓글씨를 소장하고 있다. '민이호학 불치하문' 배우는 것에 부지런 하고 묻는 것을 부끄러워하지 않는다는 뜻 등, 안 의사가 옥사하기 전에 남긴 3점의 붓글씨와 기타 관련 자료가, 먼저 1997년 이 학교에 기증됐다. 정토신종 본원사파가 류코쿠대학을 운영하고 있는데, 같은 종파인 오카야마현의 조신지정심사·浄心寺 주지이자 이 학교 졸업생인 츠다 야스미치가 자신이 가지고 있던 것을 이 학교 도서관에 기탁했다. 이를 계기로 류코쿠대는 2013년 4월 1일 사회과학연구소 부속기관으로 안중근 동양평화연구센터센터장, 이수임 교수를 발족하고 안중근 의사에 관한 연구, 학술교류 활동을 활발하게 하고 있다. 이에 앞서 2011년 3월에는 한국의 안중근기념관과 학술교류 협정을 맺었다. 이런 중에 2015년에 또 한 점의 붓글씨 '독립'이 히로시마의 원선사에서 기증되었다. 이렇게 두 차례에 걸쳐 기증된 4점의 안 의사의 붓글씨가 류코쿠대가 안중근 연구에 시동을 건 계기가 됐다.

11월 2일 교토의 류코쿠대 교토響都홀에서 제6회 한일 국제학술회의가 열렸다. 2014년 한국을 시작으로 한일 양국에서 번갈아가면서 안중근 의사를 주제로 열리는 국제회의다. 이번 회의의 주제는 '유럽연합과 안중근 의사의 동양평화론의 관련성'이다. 한국에서 김황식 안중근의사숭모회 이사장을 비롯한 관계자들이, 일본에선 동북아의 역사화해를 포함해 세계평화운동에 힘쓰고 있는 고마쓰 아키오 고마쓰전기산업 대표, 도고 가즈히코 전 네덜란드 대사 등이 주제발표와 토론자로 참여해, 3일까지 이틀 동안 의견을 교환했다.

나도 주최 측의 초청을 받아 첫날 회의에 참석해, 인사말을 했다. 인사말을 통해 한일관계가 어려운 속에서도 안중근 의사를 매개로 한 학술회의가 6년 동안 단절되지 않고 이루어지고 있는 것은 매우 의미가 있으며, 어려운 때이기 때문에 더욱 동양평화론을 제창한 안 의사가 주목받을 가치가 있다고

安重根の三幅の遺墨　　龍谷大学図書館蔵

류코쿠대에 있는 안중근 의사의 붓글씨

말했다. 그리고 이번 학술회의가 안 의사의 미완성 동양평화론을 완성해가는 귀중한 과정이 되길 빌며, 냉랭한 한일관계에도 따뜻한 바람을 불어넣는 자리가 되길 바란다고 말했다.

올해도 11월의 첫 일요일인 3일, 오사카시 나니와 궁터에서 시대별 한일 문화교류 장면을 행렬로 재현하는 '사천왕사 왔소 2019' 축제가 열렸다. 1990년부터 열리기 시작했으니 올해가 만 30년 되는 해다. 그러나 2001, 2002년 두 해를 걸러 실제로는 28회째다.

양국 정부 사이의 관계가 얼어붙어 있지만 축제는 양국의 시민들이 많이 참여한 가운데 성황리에 열렸다. 지난해에는 햇볕이 뜨겁게 내리쬐는 날씨여서 어려움이 있었는데, 올해는 해가 적당히 구름 속에 들어가 있는 바람에 축제를 하기에 최고의 날씨였다.

나는 올해도 참석해, 개막식에서 문재인 대통령이 보내온 메시지를 대독했다. 문 대통령은 올해 메시지에서 6월 말의 주요 20개국G20 정상회의 때 오사카에서 재일동포 및 일본시민과 함께한 간담회를 상기하면서 양국 국민이 서로 이해하고 배려하면서 밝은 미래를 만들어 나가자고 호소했다. 그러나 안타깝게도 아베 신조 일본 총리는 지난해에 이어 올해도 메시지를 보내오지 않았다. 10월 24일 방일한 이낙연 총리와 회담하는 자리에서 역사 갈등에도 불구하고 다양한 차원의 민간교류의 중요성을 직접 강조한 터여서, 언행일치를 기대했었다. 그러나 '혹시나' 하는 기대가 '역시나'로 끝났다.

대신 올해는 문 대통령의 메시지 낭독 이후 내빈을 대표해 야마모토 조타 간사이 대사가 내빈인사를 하는 것으로 했다. 내년에도 이런 '이상한' 장면이 계속되지 않길 바라는 것은 나 혼자만의 생각이 아닐 것이다.

30주년을 맞이한 사천왕사 왔소 축제 모습

개회식 뒤 시대별 행렬을 시작하기 전에 이뤄지는 미니 역사극은 올해 연호가 새로 레이와로 바뀐 것을 의식한 듯, 일본 최초의 연호가 창시된 '다이카 대화' 개신이 주제였다. 한일의 각종 학교, 단체, 시민 등 1천 명 이상이 참석한 가장 행렬은 신화시대, 고분시대, 아스카시대, 나라시대, 조선왕조로 나눠 진행된 2시간 동안 참가자들의 눈을 사로잡았다. 지난해 축제의 주제어는 '잇 다'였는데, 올해는 '도전한다'였다. 도전하지 않고 새로운 것을 성취할 수 없 다는 의미를 담았다고 하는데, 최근의 한일관계도 염두에 두지 않았을까 하는 생각이 들었다.

지금 벌어지고 있는 한일갈등의 뿌리는 어디에 있는가. 양국의 지도자의 개인 성향, 또는 양국 정부의 정책과 전략의 어긋남에서 오는 것인가. 아니면 더욱 근본적인 원인이 따로 있는가.

한일갈등의 높은 수위와 해결의 시급성을 논하는 사람이나 모임은 많지 만, 갈등의 근본 원인을 짚어보고 따지는 경우는 드물다. 하지만 갈등의 뿌리 를 찾아 거슬러 올라가다 보면, 일본의 조선 식민지배가 적법한 것이었는지 불법적이었는지에 관한 논란을 피할 수 없다. 14년 여를 끌며 진행된 한일국 교 협상과정에서도 불법이라는 한국의 주장과 합법이었다는 일본의 주장이 결말이 나지 않은 채 서로 유리하게 해석하는 식으로 얼버무려졌다.

최근 강제동원 노동자에 대한 한국 대법원의 위자료 배상 판결을 계기로 불거진 한일갈등은 이렇게 애매모호하게 처리된 문제가, 이제서야 피할 수 없는 식으로 드러난 것이라고 할 수 있다.

오사카총영사관은 갈등의 현상이 아니라 본질에 관해 동포들과 공부한다 는 취지에서, 11월 5일 식민화 과정의 적법성 여부에 관한 연구에 힘쓰고 있는 이태진 서울대 명예교수국사학와 도쓰카 에츠로 변호사를 초청해 "한일갈등의 근본원인과 바람직한 한일관계 방향'이란 제목의 심포지엄을 열었다.

이태진 교수는 1980년대 말 서울대 규장각 원장에 취임한 것을 계기로 1905년 을사조약, 1910년 합방조약이 조약의 형식이나 절차도 갖추지 못한 것을, 규장각에 보관되어 있던 자료 등을 토대로 실증했다. 도츠카 변호사는 이 교수의 연구를 일본의 사료와 국제법 검토를 통해 더욱 발전시켰다.

두 사람의 구체적인 주장은 그들이 발표한 논문과 저서를 보는 것에 맡겨 두는 게 적절할 듯하다. 다만 두 사람의 연구 결론을 요약하자면, 일본의 식민지배는 당시의 국제법과 어긋날 뿐 아니라 최소한의 형식도 갖추지 못했으며, 따라서 당시의 조약은 무효라는 것이다.

토론과정에서도 나온 얘기지만, 그렇다면 앞으로 문제를 어떻게 풀어나갈 것이냐가 관건이다. 두 사람은 모두 시간을 두고 장기적으로 풀어가야 한다는 데 일치했다. 그러면서도 도츠카 변호사는 국제사법재판소에 판단을 맡겨 해결한 것이 좋겠다는 데 비중을 뒀다. 이 교수는 메이지유신 이후 일본이 큰 침략전쟁을 일으킨 것만 해도 5번이나 되는데 일본은 이 시대를 미화하고 있는 데 문제가 있다면서, 일본이 이런 인식을 바꾸지 않는 한 진정한 화해는 어렵다고 말했다.

150명의 참석자들은 4시간 정도 열린 심포지엄 내내 결코 쉽지 않은 내용임에도 불구하고 집중력을 읽지 않고 경청했다. 이것만으로도 이날의 심포지엄은 큰 성과를 거뒀다고 할 수 있다.

2019.11.7.
긴 한일교류사 중에서
비통한 시기를 대표하는 귀무덤

11월 6일, 교토의 귀무덤에서 제13회 이비총 위령제가 열렸다. 한국의 사단법인 겨레얼살리기운동본부가 2007년부터 매년 열어오고 있는 행사다.

나는 지난해에 이어 올해도 참석해 추도사를 했다. 구름 한 점 없이 쨍쨍한 날씨는 지난해와 다름없었다. 다른 것이 있다면, 지난해보다 한일 정부 사이의 관계가 더욱 나빠졌다는 것, 그리고 겨레얼살리기운동본부 이사장이 박성기 씨에서 박재희 씨로 바뀌었다는 정도였다. 참석자들도 지난해와 비슷하게 한일 양쪽에서 200명 정도가 참석했다.

이곳의 위령제는 겨레얼살리기 본부가 주최하기 때문에 한국식의 제사로 치러진다. 이날 위령제 초반에는 한일갈등의 영향을 받은 듯 무거운 공기가 감돌았다. 그러나 제사와 헌화를 마치고 음복하는 순서가 되자, 분위기가 다소 부드러워졌다. 참석자들에게 한국에서 가져온 막걸리를 음복술로, 제사상에 있던 대추와 곶감, 육포 등을 안주로 돌리면서 화기애애한 기운이 살아났다.

나는 추도사에서 1600년에 이르는 한일교류의 역사에서 우호의 시기도 고통과 슬픔의 시기도 있었지만 우호의 시기가 압도적으로 길었음을 상기한 뒤, 귀무덤은 그 가운데 아주 짧은 고통과 슬픔의 시기를 대표하는 단면임을 지적했다. 그리고 선조들이 이런 아픈 역사를 잊지 않고 극복해온 것을 교훈으로 삼아 지금의 갈등을 극복하고 좋은 이웃이 되도록 노력하자고 말했다. 시기가 시기인 만큼 참석자들이 어느 때보다 나의 추도사에 귀를 쫑긋 세웠다.

새 이사장이 된 뒤 이번 행사에 처음 주최한 박재희 이사장은 내년부터는 이 행사가 더욱 의미 있게 진행되도록 내용과 형식을 고민해보겠다고 말했다. 내년엔 어떤 변화가 있을지 기대된다.

2019.11.7.
〈주니치신문〉의 시가판 특집
'성신교린, 이웃국가에 대한 생각'

일본신문은 세 층위로 나뉜다. 첫 번째가 전국지로, 전국을 대상으로 신문을 배급한다. 〈아사히신문〉, 〈요미우리신문〉, 〈마이니치신문〉, 〈닛케이신

한일 역사갈등 속에서 열린 귀무덤 위령제에서 추도사를 하고 있는 모습

문〉, 〈산케이신문〉 등이 이 부류에 속한다. 두 번째는 지역지다. 일본에는 47 개 도도부현이 있는데 각 지역을 기반으로 취재하고 배급하는 신문을 말한다. 세 번째가 블록지인데 우리나라에는 없는 형태다. 쉽게 말해 몇 개의 도도부현을 합친 광역지역을 취재 및 영업 대상으로 삼고 있다고 보면 된다. 블록지는 홋카이도의 〈홋카이도신문〉, 나고야를 중심으로 하는 중부지역의 〈주니치신문〉, 큐슈지역의 〈니시니혼신문〉 3개가 있다. 블록지는 자기 권역에서는 중앙지보다도 구독 부수도, 영향력도 세다.

주니치신문은 오사카총영사관 관할인 시가현에도 10만 부 이상을 배달하고 있다. 최근 주니치신문이 '성신교린, 이웃국가에 대한 생각'이란 특집 인터뷰를 기획해 시가판에 연재했다. 시가현에 사는 일본 주민, 재일동포 등 한일관계에 인연이 있는 15명을 인터뷰해 민간교류의 중요성, 양국관계의 개선을 바라는 목소리를 9월 17일부터 11월 1일까지 내보냈다. 정부 차원의 갈등을 민간까지 확대해선 안 된다는 취지의 기획이었다. 신문사에 따르면, 시가현뿐 아니라 전국적으로도 특집의 반향이 컸다고 한다.

이 특집을 마무리하는 번외편으로, 나도 인터뷰 요청을 받고 10월 23일 인터뷰를 했다. 그 기사가 11월 5일자에, 미카즈키 다이조 시가현 지사 인터뷰와 함께 실렸다. 기사를 읽어 보니, 교류를 통한 상호이해를 강조한 점에서 나와 생각이 비슷했다. 나는 한일 교류가 양에서 질로 발전해 나가야 하며, 차이를 인정하면서 서로 이익이 되는 것을 찾아가는 '구동존이'의 정신이 필요하다고 말했다. 미카즈키 지사도 사람과 사람이 대화를 통해 서로 알고 배우는 것이 중요하다고 강조했다.

2019.11.9.

제11회 한국·간사이 경제포럼,
오사카총영사관 단독으로 개최

오사카총영사관은 2008년부터 매년 거의 빠짐없이 긴키경제산업국과 공동으로 '한국-간사이 경제포럼'을 개최해왔다. 이 포럼이 올해로 11번째를 맞았다. 오사카총영사관이 경제 분야에서 제일 역점을 두는 연례행사다. 그런데 준비과정에서 문제가 발생했다. 긴키경제산업국이 이유도 밝히지 않은 채 올해 공동 개최를 하지 못하겠다는 뜻을 전해왔다. 정부 사이의 한일관계가 나쁘기 때문에 중앙정부 차원의 기류가 반영되지 않았을까 짐작할 뿐이다.

마침 10월 22일 새 천황 즉위 축하사절로 온 이낙연 국무총리가 아베 신조 총리와 회담하는 자리에서, 아베 총리가 갈등과 별도로 민간교류는 활발하게 해야 한다는 말을 직접 강조한 터여서, 혹시 분위기가 바뀌지 않을까 기대했지만 긴키경제산업국의 태도는 요지부동이었다. 우리 총영사관은 고민 끝에 긴키경제산업국의 공동 개최 철회에도 불구하고, 단독으로 포럼을 열기로 결정했다. 한일 사이에 어떤 어려움이 있어도 활발한 교류와 협력을 바라는 양국 경제인, 기업인들의 바람을 뒷받침하고, 그런 분위기를 만들어 주는 것이 중요하다고 판단했다.

이런 우여곡절 끝에 11월 18일 제11회 한국-간사이 경제포럼이 오사카 총영사관 단독 주최로 열렸다. 개최 전까지는 제대로 포럼이 진행될까 걱정을 많이 했다. 그러나 개최하고 보니 역시 단독이라도 중단 없이 개최하길 잘했다는 걸 느꼈다.

이번 포럼은 최근의 한일관계를 반영해, '한일관계 악화가 한-간사이 경제에 주는 영향'을 주제로 했다. '한일 경제의 현황과 과제' 와카바야시 일본종합연구소 간사이경제연구센터장, '제4차 산업혁명 시대에 맞는 한일 협력의 새 과제' 염종순 메이지대 전문대학원 겸임강사, '간사이 진출 한국기업의 최신 동향' 김정우 KEB 하나은행 오사카지점장, '한국-간사이 민간교류 발전의 전망' 이용숙 간사이국제대 교수 등 4명의 발표는, 시기적으로 매우 적절했다. 특히, 네 발표자의 발표는 한국과 일본은 경쟁자라기보다 서로 보완할 수 있는 협력자라는 점에 모아졌고, 참석자들도 공감했다.

회의장도 양국의 기업인, 경제인 150명으로 꽉 찼다. 때가 때인 만큼 현지 일본 미디어의 기자들도 10명 이상이 와서 취재를 했다. 포럼 역사에서도 드문 일이다.

포럼을 마친 참가자들은 1시간여 동안 가벼운 입식 뷔페를 즐기며 친교의 시간을 가졌다. 교류 시간에 인사를 한 양국의 기업인들도 이런 어려운 시기에 포럼을 개최해, 서로 이해하고 교류할 수 있는 기회를 만들어 주어 고맙다는 애기를 했다. 위쪽의 공기는 차가워도 밑바닥 에너지는 여전히 충만하다.

2019.11.12.
인권을 기둥으로! 문화를 키워드로!
다문화공생사회 실현을!

민단 오사카본부 오용호 단장의 브랜드는 '다문화공생'이다. 행사에서 인사말을 할 때마다 '인권을 기둥으로! 문화를 키워드로! 다문화공생 사회의 실현을!'이란 구절을 빼놓지 않고 반복한다. 시대 흐름에 맞는 구호라고 생각한다.

실제 오 단장은 거주지인 히가시오사카시에서 다양한 국적의 외국인들과 다문화공생 운동을 해왔다. 오 단장 등이 중심이 되어 개최하는 히가시오사카시 국제교류 페스티발은 올해 11월 3일 24회를 맞았다.

지난해 3월 오사카 단장에 뽑힌 오 단장이 오사카민단 차원에서 시작한 행사가 '한일 친선의 모임-다문화공생 페스타'다. 지난해 10월 첫 행사가 열렸고, 올해 11월 11일 제2회 행사가 나카노시마 국제회의장에서 열렸다.

행사는 내용과 형식에서 지난해보다 진화했다. 우선 지난해에는 공연 팀이 한국과 일본팀으로 한정됐다. 그러나 올해는 일본뿐 아니라 중국, 베트남, 아프리카 팀이 초청을 받아 고유의 문화를 선보였다. 공연에 앞서 주최자와 내빈의 인사 및 소개를 최소화한 것도 좋았다. 문화공연 때 관객이 가장 싫어하는 것이, 본 행사와 관계없는 사람들의 긴 인사말 '향연'이기 때문이다.

이날의 하이라이트는 역시 일본에도 잘 알려지고 많은 팬이 있는 '발라드의 제왕' 성시경의 공연이었다. 노래는 말할 것도 없이, 품격 있고 유창한 일본어로 청중과 공감했다. 특히, 공연 마지막에 재일동포들의 어려운 역사를 언급하며, 그럼에도 불구하고 한국인으로 사는 것에 대해 경의를 표한 것은 참석한 많은 동포의 마음을 어루만져 주지 않았을까 생각한다.

오사카에서 최대 규모를 자랑하는 공연장2700석을 거의 메운 한일의 관객들은 2시간여 동안 각국의 다른 문화를 즐기며 우호를 다지는 좋은 기회를 가졌다.

2019.11.21.
2020년 4월에 실시되는
국회의원선거 준비

제21대 국회의원선거가 2020년 4월 15일 실시된다. 해외에 체류 중이거나 살고 있는 대한민국 국민은 해외에서 투표를 할 수 있다. 재외 국민에게 투표를 하지 못하게 하는 것은 헌법불합치라는 헌법재판소의 결정에 따라, 2009년 재외선거제도가 도입됐다. 2012년 4월 제19대 국회의원선거 때부터 시작해, 2012년 12월 제18대 대통령선거, 2016년 4월 제20대 국회의원선거, 2017년 5월 제19대 대통령선거에 이어, 이번이 다섯 번째다.

오사카총영사관도 선거 준비에 한창 바쁘다. 재외국민이 선거를 하려면, 국내에 주소가 있는 사람은 국외부재자신고를, 국내 주소 없는 사람은 재외선거인 등록을 사전에 해야 한다. 부재자 투표의 경우는 선거 때마다 신고를 해야 하고, 재외선거인은 한 번만 등록하면 계속 투표를 할 수 있다. 다만, 연속 두 번 투표를 하지 않으면 재등록을 해야 한다.

오사카총영사관은 11월 17일 1층 '꿈 갤러리'에 창구를 열어 동포 등을 대상으로 재외선거 신고 및 등록을 받고 있다. 등록 마감은 2월 15일까지고, 투표는 본 투표일보다 앞선 4월 1일-6일 실시한다. 신고 및 등록은 직접 창구에 오지 않아도 인터넷http://ova.nec.go.kr, 전자우편, 우편으로도 할 수 있다.

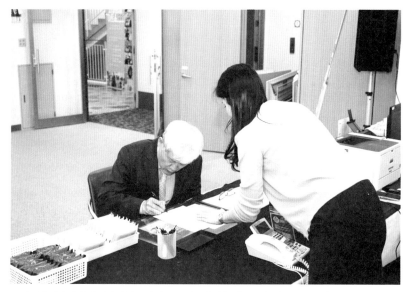

오사카총영사관에 개설된 재외선거인 등록 창구에서 국외부재자 신고를 하고 있다

오사카 총영사의 1000일

그러나 투표는 반드시 공관 등에 설치된 투표소에서 해야 한다. 오사카총영사관 관할지에는 오사카총영사관 외에 교토민단, 와카야마민단에 투표소를 설치할 예정이다.

나도 창구를 개설한 17일 오전 오사카총영사관 재외선관위원들과 함께 부재자신고를 했다. 국회의원선거의 경우, 부재자는 지역구와 정당투표를 같이할 수 있다. 하지만 국내 주소가 없는 재외국민은 정당투표만 할 수 있다.

2012년 첫 투표 실시 이후 대략적인 투표 경향을 보면, 시간이 지날수록 투표율이 떨어지고 국회의원선거보다는 대통령선거가 참여 열기가 높은 경향을 보이고 있다. 민주주의는 시민의 적극적인 참여, 그 중에서도 투표에 의해 활성화되고 지탱된다는 점에서 많은 재외국민들의 투표 참여를 바란다.

2019.11.24.
이쿠노의 재일화가,
홍성익 씨의 반생기 출판기념회

오사카의 이쿠노구 코리아타운의 떡집으로 시작해, 일본에서 내로라하는 식품기업으로 성공한 기업이 도쿠야마물산이다.

제주 출신의 재일동포 1세 홍여표 씨작고가 동포들을 대상으로 떡을 만들어 파는 가게로 시작한 사업이 냉면과 떡볶이, 떡 등 각종 한국 식자재를 일본 내 도소매상에게 공급하는 식품회사로 성장했다. 한국의 풀무원 등에 기술을 제공하거나 협력 사업을 벌이기도 했다.

이 회사의 큰 아들 홍성익 씨는 유명한 화가이자 사업가였다. 아버지의 뜻을 이어받아 코리아타운의 활성화에 힘을 기울이기도 했다. 그런데 병마 때문에 오랜 동안 미술 및 사업 현장에서 물러나 있었다. 그가 11월 21일 코리아타운 안에 있는 자신의 건물 '반가 식공방'에서 자전적 성격의 책 〈도야, 도야, 도야, 그림의 길, 음식의 길 분투기〉 출판기념회를 했다. 코리아타운의 재일동포 지인들, 일본의 지인들, 그림을 통해 인연을 맺은 한일 지인들을 포함해 수백 명이 참석했다. 단지 출판기념회가 아니라, 코리아타운을 활성화하기 위한 복귀 무대의 의미가 있기 때문에 나도 힘을 보태주기 위해 참석했다.

지난 6월 말 오사카에서 열린 문재인 대통령과 재일동포 간담회 때, 그는 동포 대표로 나서, 정부가 재일동포의 역사와 문화, 생활이 깊게 배어 있는 코리아타운을 활성화하는 데 관심을 가져줄 것을 건의한 바 있다. 이런 점에서 이날의 기념회는 그런 흐름의 연장선 위에 있다고 할 수 있다. 출판기념회에 앞서 최근에는 코리아타운 안의 세 상가회 중 하나인 중앙상가회 회장으로 복귀했다. 아버지에 이어 코리아타운의 발전, 활성화에 관심이 많은 그가 앞으로 코리아타운 활성화에 큰 활력을 불어넣길 기대한다.

지금 코리아타운에는 한일관계가 썩 좋지 않은 가운데서도 하루 1-2만 명의 일본 젊은이들이 몰려와 한국을 가지 않고도 한국의 맛과 멋을 즐기고 있다. 그는 코리아타운의 지속가능한 발전을 위해서는 단지 상점가의 활성화뿐 아니라 식민지 시대부터 일본 유일의 재일동포 밀집거주지라는 역사와 문화를 감안한 마을 만들기가 중요함을 강조하고 있다. 나도 전적으로 공감한다. 이날 특별히 서울에서 지인 대표로 참석한 윤범모 국립현대미술관장에 따르면, 한 번 은퇴한 화가가 20년 만에 다시 활동을 시작하는 것은 세계에서 유례가 없는 일이라고 한다. 아울러 그의 화가로서의 화려한 부활도 기대해 본다.

2019.11.24.
오사카 한국영화제,
원로 배우 이순재 씨 초청

매년 오사카에서는 이맘때쯤 오사카한국영화제가 열린다. 올해도 오사카역 근처에 있는 그랑프론트 오사카 북관 4층 홀에서 11월 22일부터 24일까지 열렸다. 주오사카대한민국총영사관 오사카문화원이 주최하는 행사로,

올해 5회째를 맞았다. 행사는 일본에서 미개봉된 영화를 중심으로 상영회를 하고, 상영 작품의 감독 및 주연배우를 초청해 관객들과 만나는 토크쇼를 하는 식으로 진행된다.

올해는 〈그대를 사랑합니다〉, 〈덕구〉, 〈로망〉에 출연했던 원로 배우 이순재 씨를 손님으로 초청했다. 나한테는 왕년의 텔레비전 인기 드라마 〈사랑이 뭐길래〉의 '대발이 아버지'나 한때 이상수 씨와 서울 중랑구 국회의원선거에서 엎치락뒤치락하며 선의의 경쟁을 벌였던 연예인 출신 정치인이 더욱 친숙하다.

그러나 이순재 씨는 80대 중반의 나이인 지금도 텔레비전, 영화, 연극, 대학에서 현역으로 활발하게 활약하고 있다. 최근엔 신구, 박근형, 백일섭 등 왕년의 배우와 함께 세계 여기저기를 여행하는 텔레비전의 연예 프로 〈꽃보다 할배〉에 출연해, 국내외 시청자들의 많은 사랑을 받았다.

영화제 손님으로 온 이순재 씨를 24일 점심 때 만났다. 개인적으로는 26년 전 국회의원 때 만난 이후 처음인데, 기억력뿐 아니라 목소리도 손아귀의 힘도 그때와 변함이 없어 보였다. 이 씨는 식사 내내 연기자를 중심으로 하는 일본의 철저한 제작시스템과 준비 자세를 부러워하며 칭찬을 아끼지 않았다. 또 한국의 젊은 연기자들에 대한 고언도 마다하지 않았는데, 한 번의 성공으로 웃자랐다가 주저앉지 말고 오래 활동을 하려면 더욱 치열한 노력이 필요하다는 점을 역설했다. 한국의 연기자들은 크게 모델 형과 연기 형으로 나눌 수 있는데, 현장에서 지켜보니 모델 형은 한 번의 성공에 취해 쉽게 사라지더라고 말했다. 관객의 오랜 사랑을 받는 연기자가 되려면 튼튼한 기본기로 어떤 상황에서도 연기할 수 있는 기량을 길러야 한다고 강조했다. 한국에서 가장 나이 많고 경험도 많은 현역 연기자의 고언은 비단 영화, 연극 등의 공연계에만 해당하는 말이 아닐 것이다.

재일동포 화가 홍성익 씨의 출판기념회

교토에는 불교계 대학이 몇 개 있다. 그중에서 가장 규모가 큰 대학이 류고쿠대. 학생 수가 2만 명이 넘는다. 1639년 정토신종 서본원사에 세워진 학료를 모태로 시작한 학교로, 역사도 가장 오래된 축에 속한다.

11월 25일, 이 학교 국제학부 박현국 교수의 초청으로 학생들에게 강연을 하러 갔다. 박 교수는 '세계와 일본의 민속'이란 과목으로 수업을 하고 있는데, 이 수업을 듣는 학생들을 대상으로 강연을 해달라는 부탁을 받았다. 학생 수는 100여 명, 대부분 3, 4학년생이다. 물론 강연 의뢰를 받은 것은 두어 달 전으로, 한일관계가 매우 좋지 않은 시기였다. 주저도 됐지만 관계가 어려운 때일수록 젊은이들을 만나 대화하는 것이 의미가 있다고 생각해 요청을 받아들였다. 다행히 강연 며칠 전 지소미아군사정보보호협정 문제가 타결되면서 조금은 가벼운 마음으로 갈 수 있었다.

강연 제목은 '한국과 일본의 우호촉진을 위하여'로 잡고 준비를 했다. 혼일강리역대국도지도, 안중근 의사의 붓글씨를 류코쿠대가 소장하고 있고 오타니탐험대가 실크로드에서 수집된 유물 일부가 한국에 남아 있는 점을 들며, 한국과 류코쿠대가 깊은 인연이 있다는 것부터 얘기를 시작했다. 그리고 좀 더 범위를 교토로 확장하면, 고대 백제, 신라시대부터 조선시대 및 근대의 조선통신사, 윤동주, 귀무덤, 우키시마마루 폭침 사건까지 한국과 교토와는 좋은 면, 나쁜 면을 포함한 교류가 끊임없이 이어져왔음을 강조했다. 이렇게 두 나라 사이에는 가깝고 비슷한 면이 많지만 너무 비슷해 오해하기도 쉽다는 점을 지적했다. 그리고 결론적으로 서로 차이를 인정한 채 상호 협력해 이익이 될 수 있고 세계평화와 발전에 도움이 되는 일에 국경을 넘어 연대할 필요가 있다는 말로 강연을 매듭지었다.

처음 강연을 시작할 때는 분위기가 산만하지 않을까 걱정했는데, 다행히 강연 내내 학생들이 흐트러짐 없이 경청했다. 강연 뒤 학생들이 질문을 하나도 하지 않으면 어쩌지 하는 걱정도 했으나 남녀 학생 3명씩 6명이 질문을 했다. 물론 의외로 많은 학생이 질문을 한 데는 미리 준비해 간 '질문자용 선물'도 조금은 영향을 주지 않았을까 생각한다. 질문의 내용도 한일 우호를 위한 젊은이의 역할, 매스컴 보도의 문제, 안중근 의사처럼 한일 사이의 역사적 평가가 다른 문제, 한일 스포츠 경기 때의 과도한 민족주의 분출, 한국 연예인의 자살 문제, 언론인 출신으로 정부 일을 하면서 느낀 점 등, 다양하고 깊은 내용이 많았다. 그만큼 젊은 학생들의 한국에 대한 관심이 높다는 것을 보여주는 것이 아닐까, 생각하며 기분 좋게 돌아왔다.

2019.11.27.
한 해를 돌아보고
새해를 설계한 '동포화합 모임'

2019년 11월의 꼬리가 자리를 감추어 가고, 12월의 머리가 보이기 시작하는 시기다. 오사카, 교토를 비롯한 간사이지역은 최근 단풍이 절정이지만, 벌써 한 해를 정리하고 보내는 행사들이 시작됐다.

11월 26일 저녁, 오사카총영사관과 민단 오사카지방본부가 공동 주최하는 '2019 동포화합·감사의 모임'이 열렸다. 민단을 비롯한 동포 대표와 영사관 직원 등 90여 명이 참석했다. 한 해를 결산하는 송년회의 시작을 알리는 행사인 셈이다. 올 한 해를 되돌아볼 때 두 가지 일이 가장 먼저 떠올랐다. 우선은 6월 말 오사카에서 열린 주요 20개국 정상회의다. 정상회의 전날인 6월 27일 문재인 대통령이 오사카에 도착해, 8년 만에 동포간담회를 했다. 대통령과 동포들이 한일관계, 동포사회 발전, 한반도 평화프로세스를 놓고 격의 없이 소통한 자리였다. 송년행사에 참석한 동포들에게 간담회 행사가 성공적으로 끝날 수 있게 협조해 준 것에 관해 감사의 인사를 했다.

두 번째는 악화일로에 있는 한일관계다. 한일관계가 나빠지면 가장 고통을 받는 사람은 재일동포다. 관계 악화로 인해 고생하는 동포에게 위로의 말을 전했다. 며칠 전 극적으로 지소미아한일 군사정보협정 갈등이 해결된 것과 관련해서도 언급을 하지 않을 수 없었다. 나는 양국 미디어에서는 이번 일로 누가 이겼고 졌는가 하는 승패 위주의 기사가 쏟아지고 있으나, 큰 틀에서 보면 양국 정부가 더 이상의 관계악화는 바람직하지 않다는 공동인식 아래 서로 한발씩 물러난 결과라고 생각한다고 했다. 이어 누가 이기고 졌는가를 따지는 것보다 이번 타협을 계기로 더욱 튼튼하고 바람직한 관계 구축을 위해 서로 노력하는 게 중요하다고 말했다.

동포들도 이구동성으로 지소미아 타협으로 관계악화가 일단 진정된 것에 안도한다는 반응을 보였다.

오용호 민단 오사카본부 단장은 내년에는 한일 공생 차원에서 이쿠노 코리아타운의 활성화를 위해 더욱 힘쓰겠다고 말했다. 내년에는 코리아타운에서 일으키는 한일우호의 바람이 더욱 세지길 기대한다.

2019.11.30.

시가현의 온돌 유적,
귀실신사, 발효식품의 붕어초밥

11월 말, 간사이지역은 단풍이 절정이다. 그래서 가는 곳마다 마지막 단풍 구경을 하려는 인파들로 북적거린다. 시가현에 있는, 서울 면적과 맞먹는 크기의 비와호 주변도 단풍이 곱게 물들어 있었다.

28일 시가현에 행사가 있어 방문했다. 행사 시간보다 일찍 가서 시가현에 있는 한반도와 관련한 유물 몇 군데를 둘러봤다. 시가현은 고대시대부터 동해 쪽의 와카사지역으로 건너온 한반도 사람과 문물이 퍼져 있는 곳이라고 한다. 그러나 교토나 나라, 오사카에 비해 시가현과 한반도의 교류나 인연은 대중적으로 덜 알려진 편이다.

우선 시가현의 현청 소재지인 오쓰시에 있는 오쓰시역사박물관에 7세기

초 한반도에서 온 사람들이 남긴 온돌 유적이 있다고 해서 찾아갔다. 박물관 건물 안에 있는 줄 알고 갔더니, 그렇지 않았다. 안내와 설명을 하러온 학예원을 따라가니, 온돌 유적은 박물관 건물 밖 옥외에 전시되어 있었다. 일본은 따뜻한 지역이어서 온돌 형태의 난방이 없었고 형식이 한국에서 발견된 것과 비슷해, 한반도 출신 거주인의 유물이 확실하다고 한다. 이름도 한국의 온돌을 발음 그대로 가타카나로 적어 놨다.

이 온돌은 한반도 출신자들이 살았다고 하는 히에이산 산록의 아노혈태 지역에서 발견된 것을 옮겨온 것이라고 한다. 학예원의 설명으로는, 몇 개의 온돌 유적이 발견됐는데 이곳에 있는 것이 가장 완벽한 형태라고 한다. 7세기 초의 것으로 추정되는데, 처음 건너온 사람들이 만들어 쓰다가 해를 거듭하며 따뜻한 이곳 기후에 필요성을 느끼지 못하면서 후세들은 만들지 않은 것 같다고 했다.

건물 밖에 지붕을 만들어 보존을 하고 있었는데 좀 더 주의 깊게 관리, 전시를 했으면 좋겠다고 생각했다.

두 번째 찾아간 곳은 오쓰시에서 1시간여 떨어진 히노정에 있는 귀실신사다. 이 신사는 660년 백제가 멸망한 뒤 일본의 구원병과 백제의 부흥세력이 나당연합군과 백강현재 금강에서 싸우다 대패한 백강전쟁일본서기에 '백촌강전쟁'으로 기록과 관련이 있다고 한다. 당시 백강 전투에서 대패한 일본 지원군과 백제의 귀족들이 일본으로 철수했다. 그리고 나당 연합군이 일본까지 쫓아와 공격할까 두려워 당시 일본 조정은 수도를 나라에서 오쓰로 잠시 옮겼다. 그때 백제 출신 귀족들도 함께 시가현으로 따라왔을 것으로 추정된다. 히노에 있는 이 신사는 원래는 부동당이라는 이름으로 불러져 왔다. 그러나 에도시대 말기에 이 신사 뒤편에 백강 전투 때 망명한 백제의 고관이자 뛰어난 지식인인 귀실집사기시츠 슈시의 묘비가 발견되면서, 여러 논란 끝에 1955년 공식적으로 귀실신사라는 이름으로 바뀌었다.

또 귀실집사의 친족이었던 귀실복신기시츠 후쿠신이 충남 부여군 은산면 은

오쓰시역사박물관 앞에 보존되어 있는 온돌 유적

산별신당에 모셔져 있는 것을 계기로, 히노정과 은산면이 1990년 자매결연을 맺었다. 이 마을 주민으로 백제문화연구회 대표를 맡고 있는 우에다 요시카즈 씨가 중심이 되어 귀실신사를 열심히 보존, 관리하며 한일교류를 이끌고 있다. 이날도 우에다 씨의 안내와 설명으로 귀실신사를 둘러봤다.

그 뒤 그의 집에 가서 차와 함께 시가현의 특산인 후나즈시붕어초밥를 맛보았다. 후나즈시는 일본 스시의 원조로 알려져 있는데, 쉽게 말하면 한국의 홍어회와 비슷한 음식이다. 외국인이 이 음식을 먹을 수 있으면 어떤 일본음식도 먹을 수 있다고 할 정도로 독특한 냄새가 나는 발효음식이다. 비와호에서 나는 붕어를 소금에 절인 뒤 밥과 함께 1년 가까이 숙성, 발효시켜 만든다고 하는데 일본 사람도 냄새 때문에 못 먹는 사람이 많다고 한다. 나는 몇 달 전 약한 것을 먹어본 적이 있어 용감하게 도전을 해봤다. 더구나 우에다 씨 집에서 직접 만든 것이라고 하니 더욱 도발심이 솟아났다. 발효음식의 특성이 다 그렇다고 생각하지만, 처음보다는 회를 거듭할수록 깊은 맛을 느끼면서 중독에 빠지는 것 같다. 혹시 시가현에 갈 기회가 있으면 한국과 관련한 유적 탐방과 함께 시가현 전통의 발효음식인 후나즈시에도 도전해 보기 바란다.

2019.12.1.
시가현과 나라현 부인회
창립 70주년 행사

민단의 참가단체에 부인회가 있다. 애초 민단 안의 한 조직이었는데, 지금은 민단과 별도의 산하 조직 형태로 활동을 하고 있다. 그러나 부인회는 각종 민단 및 동포 행사에서 중추적인 역할을 하고 있다. 각종 행사를 할 때 적극적으로 참석할 뿐 아니라 음식을 준비하는 등의 궂은일도 도맡아 하고 있다. 민단의 간부들조차 부인회가 없으면 민단이나 동포 활동이 돌아가지 않는다는 말을 공공연히 한다. 부인회 회원들은 활동의 전면에 나서는 경우는 드물지만, 뒤에서 가장 적극적으로 활발하게 움직이기 때문일 것이다. 나는 부인회의 활동을 볼 때마다 궂은일을 마다않는 '한국 어머니의 힘'을 느끼면서도, 한편으론 활동에 비해 대접을 받지 못하고 있다는 생각이 들곤 한다.

11월 29일과 12월 1일 하루걸러 부인회 시가현본부회장, 이미희와 나라현본부회장, 이명희 창립 70주년 행사가 열렸다. 나는 두 행사에 모두 참석해 축사를 했다. 70년이라는 오랜 긴 세월 동안 일본 사회의 차별과 억압을 뚫고 지금 일본 사회의 일원으로 당당하게 자리 잡은 어머니들의 노고를 위로했다. 그리고 지금 재일동포 사회가 당면한 세대교체, 최근의 어려운 한일관계도 '어머니들의 불굴의 힘'으로 이겨내는 데 앞장서 줄 것을 당부했다.

두 행사에는 지역 민단 및 중앙 부인회 간부, 인근 지역의 부인회 간부들뿐 아니라 지역의 일본 지자체장과 일한친선협회 관계자 등이 참석해 축하를 해줬다. 시가 행사 때는 미카즈키 다이조 지사가 직접 와서 축사를 했다.

나는 축사에서 부인회의 업적을 기리고 역할을 당부하는 것 외에, 최근 타결된 한일 지소미아군사정보보호협정와 관련해서도 언급을 했다. 동포들이 매스컴에서 일방적으로 나오는 편향된 보도에 휘둘리지 않기를 바라는 마음도 있고, 참석자들이 지소미아와 관련한 정부의 생각을 직접 듣고 싶어하지 않을까 하는 생각이 들었기 때문이다. 지소미아 관련한 대목은 미리 작성해 보내준 원고에 없는 부분이어서 한국말과 함께 일본어로도 직접 통역해 전달했다.

"최근 한일관계가 악화되고 있는 가운데 지난 11월 22일 한일 정부가 더이상의 관계악화는 바람직하지 않다는 공동인식 아래 서로 한발씩 양보해 협정을 유지하기로 결정했고, 이로써 큰 고비는 넘겼다고 생각합니다."

"양쪽의 매스컴에서는 이번 타협에서 누가 이기고 졌는가 하는 무익한 보도를 쏟아내고 있지만, 중요한 것은 누가 이기고 진 것을 따지기보다 이번 타협을 계기로 더욱 바람직한 한일관계를 구축하기 위해 서로 노력해 나가는 것이라고 생각합니다."

대체로 이런 내용의 얘기인데, 참석한 재일동포와 일본 사람들이 동의한다는 듯이 고개를 끄덕이며 경청해 주었다.

두 행사는 모두 말미에 노래 공연 등 여흥행사도 가졌는데, 평소와 다름없이 어머니들은 어깨를 둥실대며 흥겹게 놀았다. 어떤 고난과 슬픔도 이겨내는 '어머니의 힘'을 다시 한 번 실감했다.

2019.12.2.
'후지의 나라' 시즈오카현의
뛰어난 홍보전략

일본 47개 도도부현의 하나인 시즈오카현은 스스로 '후지의 나라'라고 부른다. 후지산을 끼고 있는 현후지산은 시즈오카현과 야마나시현 두 현에 속해 있음의 이점을 최대한으로 활용하려는 전략이다.

와세다대학 경제학과영국경제사 전공 교수 출신인 가와카츠 헤이타 지사는 자연과 물산이 풍부한 현의 장점을 살려 국제교류, 지방정부 교류, 문화교류를 활발하게 펼치는 지사로 유명하다. 오사카에도 현의 오사카 사무소를 두고 있는데, 사무소를 '후지노쿠니 영사관', 사무소 직원을 영사로 부른다.

각국의 대사와 총영사들을 연례적으로 초청해 현의 문화시설 등을 견학시켜주고 홍보하는 행사도 한다. 12월 2일 시즈오카현 주최 제5회 간사이총영사단 초청 투어 행사가 열렸다. 나도 지난해에 이어 두 번째 참석했다.

올해의 행사는 후지산과 스루가만, 시미즈항, 미나미알프스를 360도 파노라마로 볼 수 있게 표고 300미터의 구노산 정상에 만든 '니혼다이라 유메테라스'와 시마다시에 있는 '차 뮤지엄'을 보고 설명을 듣는 것이다. 두 건물은 모두 지난해 개장했다. 그런데 "가는 날이 장날"이라는 말이 있듯이, 겨울비가 세차게 내리는 바람에 후지산 등을 조망하는 명소로 꾸며진 첫 방문지, 유메테라스는 실내에서 설명만 듣는 데 그쳤다. 이 테라스는 2020 도쿄올림픽 주경기장의 설계자인 구마 겐고가 쇼토쿠 태자와 관련이 있는 호류지의 몽전을 모티브로 설계를 했다고 한다. 안내원의 설명으로는, 몽전처럼 8각 지붕으로 했고, 시즈오카산 나무를 70%이상 사용했다고 한다. 날이 궂어 밖에서 볼 수 없었지만 안에서 천장을 보니 8각형 형태로 되어 있었다. 이 테라스는 지난해 11월 2일 개업을 했는데, 1년 동안 110만 명 이상이 찾는 명소가 됐다고 한다.

이어 시마다시의 오차노사토 뮤지엄을 개조해 지난해 현의 시설로 신장 개업한 '차 뮤지엄'에 갔다. 이곳은 실내에서 차의 역사와 문화를 살펴보고, 시음을 하도록 만든 시설이어서 비와 관계없이 행사가 진행됐다. 이곳 주위에는 1000헥타르 정도되는 일본 최대의 차밭이 펼쳐져 있다. 마키노하라 차밭이라고 불리는데, 메이지유신으로 직업을 잃은 무사들에게 직업을 제공하기 위해 차밭을 개간했다고 한다. 차밭 개간을 통한 '뉴딜정책'이라고 할 만하다. 시즈오카현은 일본 차 재배면적의 40%, 생산의 38%를 차지하고 있다니, 뮤지엄을 만들어 충분히 홍보할 만하다.

이 투어에는 네덜란드 대사 출신으로 2011년부터 이 현의 대외관계 보좌관을 맡고 있는 도고 가즈히코 전 대사가 동행했다. 도고 대사는 일본 패전 때 외상을 지낸 조선 도공의 후예 도고 시게노리의 손자다. 같이 다니는 동안 한일관계에 관해서도 얘기를 나눴다.

2019.12.5.
민족교육을 지키고 있는
두 동포에 훈장 전달

연말은 송년회의 시기이기도 하지만, 포상의 시기이기도 하다. 정부가 각 부문에서 훌륭한 업적을 이룬 사람들에게 포상을 하고, 이를 받아 전하는 행사가 시기적으로 연말에 몰리게 된다.

오사카총영사관은 10월 29일 재외동포 유공 국민훈장 전수식을 한 데 이어, 12월 5일엔 2019 교육발전 유공자 포상 전수식을 했다.

포상 대상자는 오사카지역에서 2명으로, 모두 민족교육을 위해 힘써온 분들이다. 국민훈장 동백장을 받은 김안일 교토국제학원 부이사장과 국무총리 표창을 받은 후세중학교 야간학급 강사 김덕미 선생님이 그 주인공이다.

김 이사장은 교토국제고가 지금 야구 명문고로 성장하는 데 초석을 놓았다. 교토 유일의 한국계 민족학교인 교토국제고의 학생 수가 100명 이하로 떨어져 존폐의 위기에 몰리면서 어떻게 하면 학교를 살릴까 고민하던 중 야구부 창단을 주도했다. 계기는 1999년 한 신문 기사였다고 한다. '학교 살리기' 고민을 하던 중 와카야마현의 히타카고교 나카츠분교 야구부가 분교로서 최초로 고시엔대회에 출전하면서 감소하던 학생 수가 늘어나면서 활기를 찾았다는 기사를 우연히 봤다. 그리고 "바로 이거다"라는 생각을 하고 야구부 창단을 추진했다.

이런 생각이 실제로 맞아떨어졌다. 이 학교 야구부가 교토부에서 고시엔 출전을 다툴 정도로 야구 명문고로 성장하면서 학생 수도 늘고 학교에 대한 평가도 달라지고 있다. 한때 중고생 합쳐 100명 이하로 떨어졌던 학생 수는 지금 150명이 넘는 수준이 되었다. 김 부이사장은 도로공사를 주로 하는 건설사를 운영하는데, 운동장 정비를 비롯한 학교의 교육환경 개선에도 많은 공헌을 하고 있다.

김덕미 선생님은 30대 중반의 나이인 1989년 민족강사로 출발해 지금까지 오사카지역의 동포가 많은 학교를 돌며, 한국의 혼을 불어넣는 민족교육에 30년 동안 헌신하고 있다.

첫 부임한 일본의 공립 초등학교에서 차별받는 동포 학생들을 위한 민족학급을 만들면서 민족교육과 인연을 맺었다. 동포 학생들이 일본학생들에게 이지메를 당하고 기가 죽어지내는 것을 보고, 이들에게 힘을 주기 위해 무언가를 하기로 결심했다. 그래서 시작한 일이 동포 학생들이 소리를 듣고 힘을 얻도록 교실 문을 열어놓고 장구를 친 것이라고 한다. 한국말과 장구 실력을 키우려고 어려운 생활 속에서도 자비로 한국에 건너와 1년 정도 학원을 다니기도 했다고 한다. 지금은 동포들이 많이 사는 히가시오사카의 후세중학교 야간학급에서 사회를 가르치고 있다. 최근엔 첫 학교 민족학급에서 가르쳤던 학생의 자녀가 그 학교 민족학급에 다니고 있다는 연락을 받고 감개무량에 빠진 적도 있다고 한다. 김 선생님은 지난 6월말 문재인 대통령과 동포간담회 때 손수건으로 눈물을 닦는 모습이 사진에 포착되어 유명해지기도 했다. 그때 문 대통령이 민족교육을 평가해주는 말을 하고, 동시에 돌아가신 어머니 생각이 떠올라 자신도 모르게 눈물이 났다고 한다.

두 분의 얘기를 들으니, 이들이 받은 상의 무게가 업적에 비해 너무 가볍다는 생각이 들었다. 해가 갈수록 동포 수가 줄어들면서 민족교육이 위기에 처해 있다는 얘기가 나오지만, 이런 많은 분들의 노력으로 재일동포들의 민족교육은 오늘도 어려운 속에서도 유지, 발전하고 있다. 그 노고에 감사할 뿐이다.

2019.12.18.
일한친선 교토부의회 의원연맹의 송년회

12월 중순에 접어들면서 각종 송년회 행사도 끝나가고 있다.

겨울비가 추적추적 내리는 17일 저녁, 일한친선 교토부의회 의원연맹 총회 겸 송년회에 참석하기 위해 교토에 갔다. 교토에서도 가장 화려한 동네인 기온에 있는 불고기 식당에서 회의가 열렸다. 가는 길에, 비 내리는 어둑어둑한 밤에 길가에 매달려 있는 빨간 등이 환상적인 장면을 연출하고 있었다.

오사카총영사관 관할 부와 현에는 거의 일한친선협회가 설립되어 있다. 오사카부와 교토부 두 곳에는 일한친선 부의회 의원연맹도 있다. 교토부의회 의원연맹은 1984년 12월 설립됐고, 부의회 의원 60명 중 37명이 참가하고 있다. 지역의 동포단체와 연계해, 코리아페스티발 등의 행사를 지원하거나 한국 방문 등의 교류활동을 하고 있다. 정치 환경의 변화에 관계없이 한일

친선 및 우호를 위해 노력하는 고마운 단체다.

총회는 매년 12월에 송년회를 겸해 열리는데, 지난해는 서울에서 열린 공관장회의와 일정이 겹쳐 참석하지 못했다. 그래서 올해는 미리부터 꼭 참석해 고마움을 전하려고 마음먹었다. 더구나 올해는 한일관계가 악화되어 이런 단체의 활동이 더욱 중요했던 터였다.

의원연맹 관계자, 동포단체 관계자, 교토부 관계자 등 60여 명이 참석했는데, 악화된 한일관계가 어디에 있느냐는 생각이 들 정도로 분위기가 화기애애했다. 정부 사이의 관계가 악화되면, 지자체와 민간관계까지 얼어붙었던 과거의 패턴과는 달라진 새로운 형태의 한일관계가 형성되었다는 걸 느낀다. 옆자리의 일본 참석자들도 한일관계의 폭과 깊이가 넓고 깊어져 중앙정부의 갈등에 쉽게 흔들리지 않는 토대가 형성된 것 같다고 말했다.

나는 축사에서 2천 년 가까이 되는 한일관계에서 압도적으로 길었던 우호의 역사를 기억하며 서로의 차이를 지혜롭게 극복해 나간다면 내년에는 더욱 좋은 관계가 이뤄질 것이라고 말했다. 그리고 내년에 열리는 도쿄올림픽에 교토 출신의 재일동포 3세 유도선수인 안창림 선수가 한국대표로 출전한다는 사실을 전하며, 2020 도쿄올림픽이 한국과 일본 시민뿐 아니라 재일동포들이 서로 어울리는 평화의 제전이 될 수 있도록 노력하자고 말했다.

참고로, 아직 재일동포 출신이 올림픽에서 금메달을 딴 적은 없다. 이번에 안창림 선수가 금메달을 따, 도쿄올림픽에서 재일동포의 새로운 역사를 썼으면 더할 나위가 없을 것 같다.

2019.12.22.
재일동포 뺨치는 일본 젊은이들의
한국어 실력

요즘 일본 젊은이들의 한국어 실력이 보통이 아니다. 한때 한국의 영화나

텔레비전 등에서는 일본 사람이 한국말을 하는 장면에 "했스무니다"라는 식의 표현이 정형화되어 있었다. 그러나 이런 식으로 일본 사람을 묘사하는 것은 더 이상 통하지 않을 것 같다. 적어도 최근 한국말을 배우는 일본의 청소년들에게는 말이다.

일요일인 12월 22일, 민단 오사카본부 강당에서 오사카한국교육원과 민단 오사카본부가 공동 주최한 '제13회 한국어로 즐기자 고등학생대회'가 열렸다. 간사이지역에서 제2 외국어로 한국어를 채택하고 일본 고등학교 학생들이 참가해, 한국어 실력을 겨루는 대회다. 개인적으로 그동안 많은 다양한 행사에 참석했으나 정작 한국어 경연대회에는 가본 적이 별로 없어, 작심을 하고 3시간 동안 진행된 경연을 줄곧 지켜봤다.

종목은 크게 변론과 예능 두 분야다. 한국어 실력을 겨루는 것이기 때문에 종목을 따지지 않고 평가를 한다. 올해 대회는 변론이 8팀, 예능이 7팀 모두 15개 팀 40명이 참석했다. 종목의 성격상 변론은 주로 개인이 나왔고, 춤과 노래, 연극 등으로 구성된 예능은 모두 단체 참가자다.

15팀 중 첫 발표자가 나와 말을 할 때부터 대회장의 분위기가 술렁였다. 특히, 민단 관계자들이 크게 놀라는 모습이었다. 이들은 재일동포들이 한국말을 하는 것보다 일본 학생들의 한국어 실력이 훨씬 유창하다면서 혀를 내둘렀다. 일본 사람의 한국어 발음이 아니라 본토의 한국 발음을 방불케 했기 때문이다. 발표가 계속되면 될수록 이런 경향이 어느 한 팀의 특징이 아니라 보편적 흐름이란 것이 드러났다. 심지어 어느 한 팀은 부산 사투리까지 동원해 예능 발표를 했다.

여러 학생의 발표에서도 나왔지만, 이들이 한국말을 교과서가 아니라 드라마나 영화, 케이팝을 통해 배운 덕이 큰 것 같다. 한국의 노래나 배우의 대사를 듣고 보면서 배웠으니 발음뿐 아니라 상황 적응력이 예전에 책으로 배운 사람들에 비할 바가 아니다.

참가한 일본 학생들의 발표를 보니, 한국어를 배우는 것이 단지 말을 배

한국어 경연대회에 한복을 입고 참가한 일본 학생들

우는 게 아니라 한국의 문화, 역사를 이해하는 데로 발전하고, 더 나아가서는 자신의 삶에까지 영향을 주고 있었다. 처음 한국어를 배우게 된 것은 케이팝에 빠지거나 어머니와 함께 한류 드라마를 보면서, 또는 한국 수학여행을 하면서 등등 다양했다. 하지만 한국어를 배우는 게 계기가 되어 한국의 대학으로 유학을 가기로 결정했거나 유학을 가려는 학생, 한일의 가교 역할을 하고 싶다는 학생이 많았다.

최우수상은 '언어 공부에서 소중한 것'이라는 제목으로 변론을 한 오사카 시립 니시고등학교 3년생 야스다 슈나 학생이 차지했다. 이날 대회에는 경연에 참가한 학생을 포함해, 지도교사, 가족 등 100여 명이 수상 여부에 관계없이 내내 즐거운 분위기 속에서 호흡을 같이했다.

몇 년 동안 대회를 지켜본 사람들은 해가 갈수록 일본학생들의 한국어 실력이 몰라보게 늘고 있는 것을 느낀다고 말했다. 아마 일본학생들의 한국말 실력에 가장 기뻐하면서도 긴장하는 사람들이 재일동포들이 아닐까, 생각한다.

2019.12.27.
오사카총영사관 신축공사
건설계약 체결

드디어 오사카총영사관 신축공사 사업자가 결정됐다. 건설사는 매상액 기준으로 일본 건설사 가운데 9위인 마에다건설공업주이다.

총영사관과 마에다건설은 2019년 12월 25일 공사계약 체결식을 했다. 계약일이 마침 크리스마스 날이어서, 기억하기 쉬울 것 같다. 그리고 해를 넘기지 않고 큰일을 매듭짓게 되어 마음이 가볍다.

계약에 따라 공사는 2020년 3월 15일에 시작해 2022년 5월 13일 끝난다. 공사가 끝나면, 오사카의 가장 중심 대로이자 번화가인 미도스지 옛 청사 자리에 지하 1층 지상 11층의 초현대식 건물이 들어선다. 원래는 올해 6월께

착공해 2021년 말 완공을 목표로 했으나, 건설경기가 뜨거운 현지의 사정으로 업자를 찾는 게 늦어졌다. 급속하게 나빠진 한일관계도 조금은 영향을 주지 않았을까, 생각한다.

나는 계약식을 하면서 옛 오사카총영사관 건물이 어려운 시절에 재일동포들이 십시일반으로 돈을 모아 국가에 기부한 것임을 상시시키며, 한일우호의 상징이 되는 멋진 건물을 지어줄 것을 부탁했다.

도톤보리 근처의 미도스시에 접해 있던 옛 오사카총영사관 건물은 '미도스시에 태극기를' 휘날리길 염원하는 간사이지역 재일동포들이 모금운동을 해 지은 것이다. 1972년 11월 7일 착공해 74년 9월 15일 완공된 지하 2층 지상 9층의 이 건물은 완공과 함께 정부에 기증되어 오사카총영사관으로 사용돼왔다. 그러나 지은 지가 오래되고 1995년 한신대지진의 영향으로 균열이 생기는 등, 재건축이 불가피한 상황이 됐다. 정부는 재일동포들이 지어준 '미도스지의 총영사관'이라는 상징성, 역사성을 감안해 그 자리에 재건축하기로 하고, 2018년 8월부터 해체작업을 시작해, 올 2월에 해체를 마쳤다. 재건축이 진행되는 동안 오사카총영사관은 센바우체국 근처 오미빌딩의 임시청사에서 업무를 하고 있다.

2020. 1. 7.
직원들과 떡국을 먹으며
새해 시작

2020년 경자년의 새해가 시작됐다. 밀레니엄 버그니 2K문제니 하며 법석을 떨던 때가 엊그제 같은데, 벌써 21세기의 세 번째 10년이 시작된다니 감회가 새롭다. 더구나 경자년은 내가 태어난 해의 간지이기도 하다. 벌써 한 바퀴 돌아왔으니, 나도 제법 연식이 됐음을 느낀다. 그래도 '100살 시대'가 구가되고 있는 시대라는 점에 다소 위안이 되긴 한다.

올해 일본에서는 정부를 비롯한 대부분의 기관 및 기업이 1월 6일 월요

2020년 시무식

오사카총영사의 1000일

일부터 새해 업무를 시작했다. 지난해 마지막 금요일인 12월 27일 종무식을 했으니 양쪽의 토요일, 일요일을 포함해 9일 연휴를 즐겼다. 물론 우리 공관도 현지의 일정에 맞추어 긴 연휴를 보내고 6일 시무식을 했다.

임시 공관 건물이라는 사정도 있어서 직원들만 모여 간단하게 시무식을 하고, 점심 때 공관 회의실에서 직원들과 함께 떡국을 먹으며 새로운 1년을 시작했다.

연휴 중 지난 연말엔 카를로스 곤 전 닛산자동차 회장의 스파이영화를 방불케 하는 탈출극, 연초엔 미국의 이란 군부 지도자 살해 사건이 세상을 놀라게 했으나 오사카는 비교적 평온한 분위기였다. 그래도 지난해 한일관계가 크게 악화하면서 동포들이나 공관 직원 모두 긴장할 수밖에 없었던 만큼, 총영사관 차원에서 올해는 좀 더 나은 관계가 이뤄지도록 노력하기로 다짐했다.

또 총영사관이 현지 동포 및 국민으로부터 비판이 아니라 사랑받는 기관이 되도록 힘쓰자고 뜻을 모았다. 새해의 다짐이 말로 그치지 않고 행동과 실천, 결과로 이어져 연말에 외부로부터 좋은 평가를 받았으면 좋겠다.

자체 시무식이 끝난 뒤에는 오사카부, 시, 경제3단체 오사카상공회의소, 간사이경제연합회, 간사이경제동우회 합동 시무식에 들렀다. 지사를 비롯한 여러 관계자들의 발언을 통해, 올 연말로 예정된 오사카부와 시의 통합 여부를 묻는 주민투표와 2025년 오사카 박람회 준비가 올해 오사카지역의 주요 화두임을 알 수 있었다.

2020.1.13.
교토와 오사카의 차이는
민단 행사에도

1월은 신년회의 계절이다. 벌써 1월도 3분의 1이 지나가고 있는데 각종 신년회가 아직도 계속 이어지고 있다.

오사카총영사관이 담당하고 있는 2부3현 오사카부, 교토부, 시가현, 나라현, 와카야마현의 민단도 10일부터 12일까지 각기 신년회를 했다. 하루에 여러 곳에서 열리기도 해, 나를 비롯해 총영사관 직원들이 지역을 나누어 참석했다. 나는 10일에 열린 교토민단 신년회와 11일의 오사카민단 신년회에 참석했다. 일본은 매년 1월 둘째 주 월요일이 '성인의 날'로 공휴일인데, 신년회는 성인의 날 전에 보통 열린다.

교토민단 주최 신년회와 오사카민단 주최 신년회는 같은 민단 행사인데도 분위기가 사뭇 다르다. 교토는 세련된 맛이 있고, 오사카는 풍성한 맛이 있다고나 할까. 교토는 식장이 호텔인 데 비해, 오사카는 민단 강당이다. 물론 오사카민단 건물이 일본에서 가장 크고 대강당에 500명 이상을 수용할 수 있는 사정도 있다.

그러나 두 곳의 분위기가 다른 것은 그것만이 아니다. 교토는 행사 전에 바이올린 2중주 악단을 초청해 공연을 했고, 오사카는 식이 끝난 뒤 식장에 한식 중심의 뷔페를 차려놓고 왁자지껄 인사를 나눈 데서도 분위기의 차이를 엿볼 수 있다. 두 행사를 다 참석한 일본 사람도 "같은 민단인데 분위기가 너무 다르다"고 말했다. 같은 재일동포이기는 하지만 뿌리 내리고 사는 도시의 분위기에 영향을 받기 때문이 아닐까, 생각한다. 우아함의 교토와 실용 중시의 오사카의 차이가 일본 사람들뿐 아니라 거기에 사는 재일동포에게도 묻어난다.

그러나 비슷한 것도 있다. 하나는, 두 곳 모두 한일 양국의 참석자들이 한일관계가 올해는 지난해보다 개선되길 진심으로 바라고 있다는 것이다. 또한 가지는 일본의 국회의원, 지방의원들이 신년회에 많이 참석했다는 점이다. 전체 200명 정도가 참석한 교토 신년회는 일본의 중앙, 지방 정치인과 지자체 관계자 등이 3분의 1 정도를 차지했다. 오사카 신년회에도 자민당, 공명당, 입헌민주당, 일본유신회, 일본공산당을 포함해 10여 명의 국회의원들이 동포들과 신년회를 함께했다.

입헌민주당을 대표해 인사를 한 쓰지모토 기요미 의원은 "옆에 있는 전직

오사카민단 주최 2020년 신년회에서 건배

국회의원 선배의 말을 들으니 40년 전 민단 신년회에 참석한 국회의원은 자신 뿐이었다고 한다. 그런데 오늘은 한일관계가 어렵다고 하지만 거의 모든 당 의원들이 참석할 정도로 재일한국인의 영향력이 커졌다"고 말했다. 세상은 발밑만 보면 예전이나 지금이나 다름이 없는 것 같지만 눈을 들어 멀리 보면, 큰 변화가 있음을 알 수 있다는 말로 들렸다. 어려운 환경 속에서도 분발한 동포들이 자신들도 모르는 사이에 이런 큰 변화를 가져왔다고 생각한다.

2020.1.19.
재일한국장학회에서
총영사로서 최초 강연

총영사로서 가끔 강연을 요청받는 경우가 있다. 강연은 일본 사회, 또는 재일동포 사회와 소통을 하고, 한국정부의 정책도 알릴 수 있는 좋은 기회다.

그러나 강연은 준비과정이 힘들다. 대상이 누구인지, 주제가 무엇인지에 따라 내용을 배치하고 가다듬어야 하기 때문에 몸으로 때우는 일보다 몇 배 어려운 것 같다. 더구나 너무 판에 박힌 얘기가 아닌 나의 냄새와 색깔이 묻어 있지 않으면 의미가 없기 때문에 다른 일보다 훨씬 정신을 집중할 수밖에 없다.

지난해 말, 재일한국장학회 측으로부터 강연 요청을 받고, 1월 18일 장학회 사무실이 있는 오사카한국인회관 2층 회의실에서 강연을 했다. 마침 일본의 연말연시가 9일 연휴여서 준비하는 데 부담이 적을 줄 알았는데 몸은 쉬면서도 정신은 온통 강연 준비에 쏠리는 바람에 길지만 편하지 않은 연휴를 보냈다. 물론 강연이 끝난 뒤에는 역시 강연하기를 잘했다는 만족감과 성취감을 느꼈다.

의뢰 받은 강연 제목은 '미래지향의 한일관계-간사이가 리드하는 한일 우호'였다. 대상은 장학금을 받는 청년 장학생이라고 들었는데, 막상 가보니 20명 정도가 장학생이고 나머지 60여 명이 장학회 대표를 비롯한 이사들과 민단 간부들이었다.

강연은 고대부터 지금까지 한반도와 간사이지역의 관계를 돌아본 뒤, 최근 한일갈등의 상황과 원인을 살펴보는 식으로 진행했다. 그리고 고대부터 일본 안에서 한반도와 교류의 역사가 가장 오래되고 재일동포들이 가장 많이 살고 한국 관광객들이 가장 많이 찾는 간사이지역이 이런 특징을 살려 한일 우호를 이끌어 가자고 말했다.

1시간 정도의 강연이 끝난 뒤 학생 등 5-6명이 적극적으로 질문도 하고, 자신의 의견도 밝혀 좋은 소통의 시간이 됐다. 특히, 한 재일동포 참석자는 한일관계가 어렵지만 삶의 현장에서 "머리가 아닌 발로 좋은 관계를 만들어 가야 한다"고 말했는데, 전적으로 공감하는 말이다. 장학회 관계자의 말로는, 총영사가 재일한국장학회에서 강연을 한 것이 처음이고, 강연회에 오사카민단 단장을 비롯한 민단 간부들이 참석한 것도 처음이라고 했다. 이런 면에서 이날 강연회는 내용을 떠나 총영사관과 장학회, 장학회와 민단의 거리를 더욱 가깝게 하는 데 조금이라도 기여하지 않았을까 생각한다.

재일한국장학회는 한국전쟁 이후인 1956년 간사이지역의 대학원생과 대학생이 주도해 만든 뒤 지금까지 800여 명의 장학생을 배출했다고 한다. 주로 간사이지역에 재학하는 대학생을 대상으로 매년 20명 정도를 뽑아 월 3만 엔씩 주고 있다. 이 장학회는 재일한국계 문화단체로서는 가장 오랜 역사를 자랑하는데, 장학금을 기부한 사람이나 단체의 이름을 붙인 장학제도도 운영하고 있다.

이 장학회의 서용달 명예회장은 장학회 운영 등의 공로를 인정받아, 2017년 최고 훈장인 무궁화장을 받은 바 있다.

2020.1.22.
민족교육 공로자 12명에
총영사 표창

오사카를 비롯한 간사이지역은 일본에서 민족교육이 가장 활발한 곳이다. 한국계 민족학교 4개 중 3개가 간사이지역오사카 2, 교토 1에 있다. 이외에도 2008년 오사카부 이바라키시에 새로 생긴 코리아국제학원도 있다. 또 오사카부의 공립 초중학교에 설치된 민족학급에서 3천여 명의 학생이 50여 명의 민족강사로부터 우리말, 우리 문화, 우리 역사를 배우고 있다.

간사이지역에 민족교육이 활발한 것은 재일동포가 많이 살고 있는 것이 가장 큰 이유일 것이다. 그러나 그것만으로 자동적으로 민족교육이 활발해진 것은 아니다. 민족교육을 키우고 살리려는 많은 사람의 피와 땀, 눈물이 있었다. 대표적인 사건이 1948년 재일동포들이 자발적으로 만든 조선학교 폐쇄령에 맞서, 고베와 오사카를 중심으로 벌어진 한신 교육대투쟁이다. 당시 오사카부 경찰서 앞에서 항의 시위를 하던 중 일본경찰의 총격에 김태일 학생이 사망하기도 했다. 지금도 민족교육 현장 곳곳에서는 많은 사람들이 동화 압력에 맞서 한국의 뿌리를 지키려고 힘든 싸움을 하고 있다. 간사이지역의 민족교육은 이렇게 물밑에서 노력하는 교사, 활동가들의 힘으로 지탱되고 있다고 해도 과언이 아니다.

연말연시를 맞이하여 동포사회의 화합과 발전을 위해 기여한 사람들에게 총영사 표창장을 주기로 했다. 이 중 가장 많은 수의 교육 분야의 12명에게는, 1월 21일 별도의 자리를 마련해 표창장 수여식을 했다. 수상자를 크게 나누면, 민족학급 분야 5명, 민족학교 분야 3명, 한글교육 분야 4명이다. 모든 분들이 절절한 사연이 있지만, 대표로 인사를 한 네 분의 인사말만 소개한다.

| 〈박령희, 민족교육추진연락회〉 |

"이쿠노에서 자란 동포 2세다. 일본학교에 다니면서 많은 차별을 받았다. 어른이 되면 차별하지 않는 선생이 되자고 결심했다. 그때의 결심을 실천에 옮긴 것이 민족강사의 길이다. 민족강사가 돼서는 도리어 아이들과 학부모들에게 많은 것을 배우고 있다."

█〈고용철, 동포보호자연락회〉█

"민족학교 존재를 알게 된 것이 내 인생의 전환점이다. 그때부터 한국 이름을 사용하기 시작해 올해로 20년이 됐다. 동포보호자회는 어른들의 민족학급이라 할 수 있고, 오늘 내가 받는 표창장은 새 인생을 시작했던 20년을 기념하는 성인식과 같다. 앞으로도 뿌리를 소중하게 생각하면서 실천하면서 살겠다."

█〈김주은, 금강학교 교사〉█

"베이징 한국학교 파견교사로 있을 때 오사카의 민족학교 존재를 알게 된 것이 지금의 인연이 됐다. 처음 왔을 때는 민족교육이라는 개념이 뭔지도 잘 몰랐다. 이제는 민족교육의 중요성을 잘 알게 됐고, 학교와 동포사회, 총영사관, 교육원과 잘 협력해야 민족교육이 제자리를 잡아갈 수 있다는 걸 경험으로 깨우쳤다."

█〈백정자, 시가민단 호세지부 사무원〉█

"집이 바로 민단지부와 가까운 관계로 1978년부터 지부 사무국에서 일하고 있다. 30대의 어머니로 시작한 일이 42년의 일상이 됐다. 지부에서 첫 7년간 교육원 선생으로부터 배운 한국말로 지부에서 4개의 한글교실 선생을 하고 있다. 나이가 들어 은퇴를 생각하고 있었는데, 오늘 상을 받아 새 힘을 받았다. 은퇴를 재고해 보겠다."

시상식이 끝난 뒤 이들과 함께 저녁을 하면서 다른 분들의 사연도 들었으나 다 옮기지 못하는 것이 아쉽다.

효고현고베을 포함한 간사이지역에는 17개국에서 설치한 18개의 총영사
관이 있다. 간사이지역 영사단도 구성되어 활동하고 있다. 영사단장은 가장 오
래 근무한 총영사가 하는 것이 관례다. 그동안 쭉 파나마총영사가 맡고 있다가
그가 지난해 말 귀국하면서, 오스트레일리아총영사가 배턴을 이어받았다.

간사이영사단에 속해 있는 나라 중 오사카부 이외의 지역에 총영사관을
두고 있는 나라는 파나마와 프랑스다. 해사와 관련한 일이 대부분인 파나마
는 항구도시인 고베에 총영사관이 있고, 문화에 중점을 둔 프랑스는 교토에
총영사관과 문화원을 두고 있다. 우리나라는 오사카와 함께 동포가 많은 고
베에도 총영사관을 두고 있다. 그래서 우리나라는 오사카와 고베총영사관이
모두 간사이영사단의 회원이다.

오사카부지사와 오사카시장은 매년 초 간사이영사단을 초청해, 부와 시
의 정책을 설명하고 영사단과 의견을 교환하는 세미나를 연다. 올해가 4번째
다. 지사와 시장이 각국의 행사마다 참석하기가 어려워 이런 자리를 만든 것
으로 생각된다.

1월 24일, 이 연례 세미나가 지난해 G20 정상회의 만찬회 장소인 오사카
영빈관에서 열렸다. 지난해에는 '재해 때 외국인을 위한 발신'이 화제였는데,
올해는 '신종 코로나'가 주요 화제가 됐다. 중국 영사는 지방 정부와 협력해
가짜뉴스의 확산 방지에 노력하자고 제안했다. 우한에서 신종 코로나가 발
원했다는 것을 의식한 발언이다.

나는 코로나 얘기가 끝난 뒤 이쿠노구 코리아타운의 문제를 제기했다.
"이쿠노구는 일본 안에서도 외국인 거주 비율이 매우 높은 곳입니다. 특히 이
곳에는 재일한국인이 2-3만 명 정도 살고 있고, '코리아타운'으로 불리는 미
유키도리 상점가에는 매일 일본의 젊은이가 1만 명 이상 찾아와 다른 문화를

즐기고 있습니다. 나는 이곳이 오사카의 다문화공생, 국제화의 상징적인 장소로 발전해 가길 바랍니다. 우리 총영사관에서도 지원할 수 있는 걸 최대한 지원할 테니 오사카부와 시에서도 적극 지원해 주시기 바랍니다. 특히, 상인들의 말을 들어보니 방문자 수에 비해 화장실과 휴게 공간이 턱없이 부족해 곤란하다고 합니다."

내가 말을 마치자마자 마쓰이 이치로 오사카 시장이 답변을 했다. "이쿠노 코리아타운이 다양한 문화가 집적되어 있는 곳임을 잘 알고 있습니다. 화장실 등 편의설이 부족한 점도 잘 알고 있으며 이에 대응하도록 담당 부서에 이미 지시해놨습니다. 상반기까지 해결할 수 있도록 노력하겠습니다. 총영사관에서도 한일교류 활성화에 협력해 주기 바랍니다."

나는 마쓰이 시장의 답변을 듣고 '기쁜 마음 반 놀라움 반'이었다. 일본의 행정 책임자가 이런 자리에서 제기된 건의사항에 관해 구체적으로 명확하게 답변하는 것은 매우 이례적이기 때문이다. 앞으로 이쿠노구 코리아타운이 어떻게 변해갈지, 즐거운 마음으로 지켜보려고 한다.

2020.2.1.
재외동포재단, 한글학교 교사
현지연수회 실시

나라 별로 차이가 있지만, 외국에서 한국어를 교육하는 공적인 기관은 세 곳이 있다. 외교부 산하기관인 재외동포재단이 지원하는 한글학교, 교육부가 지원하는 재외 한국교육원, 문화관광체육부에서 관여하는 세종학당이 각자 독립적으로 한글 교육사업을 하고 있다.

세 기관은 모두 다른 목적과 배경에서 설립되어, 운영되고 있다. 한글학교는 주로 해외동포 자녀를 대상으로 한글을 가르치고 있고, 한국교육원도 해외에서 한글교육 등의 민족교육을 담당하고 있다. 세종학당은 외국인을 대상으로 한글과 한국문화를 전파하는 일을 한다. 나라와 지역에 따라 이 중에서 한 기관도 없는 곳이 있는 반면, 세 곳이 다 있는 지역도 있다. 오사카가 세 기관이 다 존재하는 대표적인 곳이다.

한글교육을 하는 기관이 많은 것은 좋은 점도 있지만 곤란한 점도 있다. 한글을 배우려는 수요를 충족시켜 줄 수 있는 능력 면에서는 다다익선이라고 할 수 있다. 그러나 같은 지역에 같은 일을 하는 기관이 중복되어 있으면 운영과 관리 면에서 '어지럼증'이 발생한다. 특히, 한글을 배우려는 사람의 처지에서 보면, 같은 일을 여러 기관이 중복해 하는 것으로 비친다. 더욱이 재일동포가 많이 사는 오사카의 경우는 국적에 따라 수강자를 구별해 교육하는 게 어려울 뿐 아니라 의미도 없다. 그래서 '같은 일, 중복 기관'이란 인상이 더욱 강하다.

오사카지역은 민족학교와 민족학급도 있어 다른 곳보다 한글교육의 기회가 많은 편이다. 하지만 동포들이 넓고 얇게 퍼져 있는 다른 지역은 동포들이 한글교육을 받기 쉽지 않다. 이런 곳에 사는 동포의 한글교육을 담당하고 있는 곳이 한글학교다. 오사카총영사관 관할 지역에는 49개의 한글학교가 민단지부 건물 등을 활용해 토요학교, 일요학교 형식으로 운영되고 있다. 그러나 교사들의 처우는 매우 열악하다.

재외동포재단이 일본의 한글학교 교사를 대상으로 올해 처음 대규모 현지 연수회를 실시했다. 간토관동지역1월 27일-29일에 이어 1월 30일-31일 오사카에서 간사이관서지역 한글학교 교사 연수회가 열렸다. 연수회를 주최한 재외동포재단의 한우성 이사장은 재일동포들이 한글을 통해 정체성을 확립할 수 있도록 교사연수와 차세대 재일동포 모국 초청 사업을 강화해 나가겠다고 말했다. 이번 일본지역 한글교사 연수회는 그런 의지의 반영이라고 말했다. 연수회에 참석한 50여 명의 교사들도 이런 모임이 처음인데 매우 유익했다면서 앞으로도 계속 지원과 관심을 당부했다.

오사카총영사관이 맡고 있는 지역은 오사카부, 교토부, 시가현, 나라현, 와카야마현 2부3현이다. 그 안에는 각 지역별로 조직된 단체가 있는 반면, 지역을 종단해 결성된 단체도 있다.

대표적인 지역별 단체는 민단과 민단 참가단체인 부인회다. 오사카처럼 큰 지역은 청년회, 학생회도 조직되어 있다. 또 청년단체인 오사카청년회의소, 교토청년회의소도 지역을 단위로 활동하고 있다. 지역을 종단하는 단체는 민주평통 근기지역협의회, 신정주자들 단체인 관서한인회, 헤이트스피치 반대와 민족교육 지원 등의 활동을 하는 코리아엔지오센터, 세계한인무역협회 옥타 오사카지회, 재일본한글학교 관서지역협의회 등이 있다.

총영사관이 하는 중요한 일 중 하나가, 이들 단체와 소통하고 이들이 하는 행사를 지원하는 것이다. 단체가 많다 보니, 행사가 집중되는 어떤 때는 발이 모자랄 경우도 있다. 또 여러 행사들의 성격이 비슷하고 참석자들도 중복되어 비효율적이라는 생각이 들 때도 있다. 여러 가지 원인이 있겠지만, 각 단체가 소통이 부족하고, 연초에 계획을 잘 세워 행사를 하는 것이 아니라 관행대로 행사를 해온 탓도 있다고 보인다. 즉, '설계도 없는 집짓기', '스케치 없는 그림 그리기' 식의 사업 방식이 이런 문제를 불러일으키는 것이라는 생각이 든다. 이런 문제의식에 따라, 1월 31일 총영사관 주최로 각 지방 민단을 포함한 20여 개 단체가 참가하는 '동포대표 2020 활동방향 워크숍'을 열었다. 총영사관이 올해 중점 활동계획을 설명하고, 각 단체들도 올해 주요행사를 설명하고 토론하는 시간을 가졌다.

처음 하는 일이고 시간 제약도 있어 밀도 있는 토론까지는 이뤄지지 않았지만, 몇 가지 성과는 있었다. 우선 평소 따로 활동하던 각 단체들이 한자리에 모여 회의를 한 것이 가장 큰 성과다. 또 다른 단체가 어떤 활동을 언제 하는지 알고 소통한 것도 의미가 컸다고 본다. 앞으로 연초에 이런 모임을 정기적으로 열어 서로 의논을 하면 이전보다 훨씬 효율적으로 일할 수 있을 것이란 생각을 공유한 것도 중요한 성과다.

이번 워크숍을 해본 결과 동포단체끼리도 수평적으로 소통을 원활하게 해오지 않았음을 알 수 있었다. 활동 지역도 겹치고 서로 소통하고 협력하면 더욱 수준 높은 활동을 할 수 있었을 텐데, 어느 누가 먼저 제안하기 어려운 사정도 있었을 것이다. 이번 모임을 통해 총영사관이 할 일을 하나 더 찾은 느낌이다.

2020.2.15.
3개 한국계 민족학교,
각기 다른 졸업식 분위기

2월 15일 토요일, 교토국제학원 교토국제고의 2019학년도 졸업식이 열렸다. 오사카총영사관 관할 안에 있는 3개의 민족학교 중 마지막 졸업식이다. 한국에서는 '신종 코르나 바이러스' 문제로 각종 행사가 취소 또는 연기되고 있지만, 일본에서는 경로가 확인되지 않은 감염자가 나오는 등 상황이 심각해 보이는데도 그런 움직임이 없다. 대응이 안이한 것인지 대범한 것인지 아니면 무모한 것인지, 잘 모르겠다.

어쨌든 민족학교 졸업식 가운데 특히 고등학교 졸업식은 사회인으로 새롭게 출발한다는 의미가 있기 때문에 꼭 참석한다는 원칙을 세워두고 있다. 15일 졸업식도 이런 원칙에 따라 코로나 감염 확산이라는 부담을 뚫고 참석했다. 이로써 1월 31일금에 열린 백두학원 건국고등학교 졸업식을 시작으로, 2월 1일토의 금강학원 금강고등학교 졸업식을 포함해 오사카총영사관 관할 안에 있는 세 민족학교 졸업식 순례를 마쳤다.

세 학교 중에는 건국고가 70회 졸업식으로 역사가 가장 길다. 올해 졸업생 43명을 포함해 이제까지 누적 졸업생이 4867명이 됐다. 다음은 금강고

학생 진원이 참가한 교토 국제고등학교 졸업식

오사카 총영사의 1000일

가 58회로 20명 누적 1397명이 졸업했다. 교토국제고는 55회로 올해 41명이 졸업했다.

각 학교 졸업식에 가보면, 같은 민족학교이지만 조금씩 다른 특성이 있다. 건국고 졸업식은 남성적인 분위기가 물씬 풍긴다. 세 학교 모두 강당에서 식을 하지만, 건국고만 단상 아래에서 행사를 한다. 형식면에서는 가장 민주적이다. 이날 졸업식에서는 이 학교 전통예술부에 대한 정부의 전통 악기 전달식도 있었다. 이 학교 전통예술부는 지난해 6월 문재인 대통령의 동포간담회 등 지역 안의 각종 행사 때마다 박력만점의 한국 전통놀이 공연을 통해 한국의 미를 알리고 있다. 그런 점을 높이 사, 정부가 악기를 선물했다.

금강고는 학생 수가 적어서인지 가족 같은 느낌을 준다. 졸업식을 하면서 눈물을 흘리는 학생들이 가장 많다. 선후배 사이의 거리도 가장 가까워 보인다. 교토국제고는 한국 학생보다 일본인 학생이 2배 이상 많은데도 행사가 거의 한국말로 진행된다. 다른 두 학교보다 더욱 두드러진다. 이날 졸업식 마지막에는 졸업생을 포함해 학생 전원이 행사장 앞에 나가 졸업가와 교가를 제창하는 감동적인 모습을 보여줬다. 졸업가는 일본어, 교가는 한국말로 불렀는데 많은 학생과 내빈들이 눈물을 훔쳤다.

세 학교는 모두 최근 제3의 한류 바람의 영향을 받아 학생 수가 늘고 있다. 특히 고교생의 증가가 눈에 띈다. 그러나 전반적인 인구 감소 때문에 중학생은 정체 또는 감소 경향에 있다.

2020.2.16.
도시샤대 차기 학장도 참가한
윤동주 추모행사

아! 윤동주. 시인 윤동주의 이름 앞에는 오!든 아!든 감탄사가 붙는 것이 어울린다. 27살의 젊은 나이에 억울하게 옥사한 안타까움이 그렇고, 그의 시가 세상 사람에게 남긴 깊은 울림이 그렇다.

2월 16일은 시인 윤동주가 숨진 날이다. 이때쯤이면 매년 그가 마지막 살았던 교토에서 두 개의 추도 모임이 열린다. 14일에는 그의 하숙집이 있었던 교토예술대 다카하라 캠퍼스 앞에서 추도 및 헌화식이, 이 대학 주최로 열렸다. 그가 숨진 날인 16일에 하는 것이 원칙인데, 마침 16일이 일요일과 겹쳐 일정을 당겼다. 따뜻한 겨울 날씨 때문인지 지난해보다 배 정도 되는 백수십 명이 참석했다.

다음날인 15일에는 도시샤대 코리아동창회와 윤동주를 기리는 모임의 공동 주최로, 도시샤대 윤동주 시비와 양심관에서 추도회와 심포지엄이 열렸다. 이 행사는 윤 시인이 숨진 날 기준으로 전주 토요일에 개최하는 원칙에 따라 이날 개최됐다.

올해는 도시샤대에 시비가 건립된 지 25년이 되는 기념할 만한 해여서, 애초 주최 측에서 윤동주의 조카 윤인석 성균관대 교수와 도쿄, 후쿠오카 등 일본 각지에서 윤 시인을 기리는 활동을 하는 사람들을 초대해 큰 규모로 심포지엄을 준비했다. 그러나 신종 코로나 감염 문제로 윤 교수 등이 못 오게 되면서 계획이 많이 수정됐다. 그럼에도 행사는 성대하고 진지하게 진행됐다. 특히 도시샤대의 부학장이자 4월부터 학장이 되는 우에키 도모코 교수가 오후 1시 반에 시작한 헌화식부터 5시에 끝난 심포지엄까지 줄곧 자리를 지켰다. 그리고 국경을 넘어 연대를 만든 윤 시인의 시를 기리는 축사도 해줬다.

이날 변형된 계획으로 진행된 심포지엄에서는, 1995년 '하늘과 바람과 별과 시·윤동주 일본 통치하의 청춘과 죽음'이라는 KBS-NHK 공동다큐멘터리를 만든 다고 기치로 전 NHK 디렉터가 25년을 회고하는 강연을 하고 청중의 질문을 받는 시간을 가졌다. 다고 전 디렉터는 최근 자신의 취재를 바탕으로 쓴 〈생명의 시인 윤동주〉라는 책을 펴냈는데, 2년 전 한국에서도 번역된 바 있다. 그는 한마디로 윤 시인을 "벽을 넘는 시인"이라고 말했다. 깊은 휴머니즘의 시어로 단지 한일의 벽뿐 아니라 세계 모든 사람의 벽을 허무는 보물이라고 말했다. 그리고 1995년 도시샤대의 시비가 기점이 되어 일본

도시샤대에서 열린 윤동주 시인 추모 모임.
가운데 검은색 코트를 입고 있는 여성이 도시샤대 차기학장으로 내정된 우에키 교수.

전국에 윤동주와 그의 시, 시비가 확산되는 과정을 생생하게 설명해줬다. 14, 15일 이틀, 이국에서 윤동주와 함께 농밀한 시간을 보냈다.

2020.2.16.
〈주니치신문〉 기획기사 등장인물들,
아메노모리 호슈암에서 좌담회

한국 대법원의 강제동원 노동자 판결에 대한 일본 정부의 경제 보복 조치로 한일관계가 악화일로를 걷던 2019년 9월부터 〈주니치신문〉이 의미 깊은 기획기사를 연재했다. 정확하게 말하면, 시가현에 한정해 배달되는 시가판 기획이었다. 기획의 제목은 '성신의 교류, 이웃나라에 대한 생각'이다. 이 신문은 9월 17일 한국 유학 경험이 있는 시가현립대 학생 이치하라 씨를 시작으로, 11월 1일까지 한일교류와 우호를 위해 활동하는 15명의 시가현 사람들을 인터뷰해 기사를 실었다. 그리고 11월 5일 기획을 마무리하는 번외편으로, 미카즈키 다이조 시가현 지사와 나의 인터뷰를 게재했다. 어려운 시기에 어깨가 쳐져 있던 양국의 많은 사람에게 용기를 주는 연재였다.

연재가 모두 끝난 11월 말 미카즈키 지사를 만날 기회가 있어, 언제 연재에 등장했던 사람들과 한자리에 모여 얘기를 나누는 기회가 있으면 좋겠다고 말했다. 나의 제의를 흘려듣지 않고 미카즈키 지사가 주니치신문과 상의해, 2월 14일 특별좌담회를 마련했다. 내가 제의했던 모임이라 기꺼이 참석의 뜻을 전했다. 이리하여 조선통신사와도 깊은 인연이 있는 아메노모리 호슈의 탄생지인 시가현 나가하마시 다카쓰키정의 아메노모리 호슈암에서 좌담회가 열렸다.

조선근대사 전공의 가와 가오루 시가현립대 교수의 사회로, 미카즈키 지사와 나, 조선통신사 연구자인 나카오 히로시 교토예술대 객원교수, 재일동포 3세인 이우자 씨, 이치하라 학생, 정병근 시가조선초급학교 교장이 1시간여 동안 얘기를 나눴다. 주제는 조선통신사 시절의 성신교류가 지금의 상황

조선통신사 행렬의 모형을 증정받는 모습

에 던져주는 의미, 지역 차원의 다문화 공생이었다.

나는 이 좌담회가 조선통신사 및 한일우호에 힘썼던 아메노모리 호슈 선생을 모신 곳에서 열린 것이 매우 의미가 있다면서, 나라가 하지 못하는 일을 한일우호의 역사가 깊은 시가현에서부터 하자고 말했다. 참석자들도 개인 차원, 지방 차원, 시민 차원에서 하고 있는 일을 소개하면서 좋은 제언을 많이 내놨다. 이날 좌담회 내용은 25일 주니치신문에 나온다고 하니 자세한 얘기는 생략한다. 다만 미카즈키 지사가 이번 일을 통해 이웃나라 말인 한글 공부를 본격적으로 시작했다고 공개한 사실만은 먼저 알리고 싶다.

이 좌담회가 끝난 뒤 히라이 시게히코 전 아메노모리 호슈암 관장이 직접 손으로 만든 조선통신사 행렬도 인형을 나한테 전달해 줬다. 부임 직후인 2018년 봄 이곳을 방문했을 때 조선통신사 행렬 인형이 있는 것을 보고, 신축하는 우리 총영사관에 전시하면 좋을 듯할 것 같으니 하나 만들어 달라고 부탁한 것이 계기가 됐다. 그래서 더욱 감개가 무량했다. 전달식이 끝난 뒤엔 이곳을 관할하는 나가하마시의 후지이 유지 시장과 만나 조선통신사 등을 매개로 한 지역 교류를 활발하게 하기로 했다.

2020.2.17.
화끈한 열기의 어린이 우리말 이야기·
카르타대회

2월 16일, 겨울인데도 봄비 같은 부슬비가 내렸다. 오사카의 민족학급에 다니는 초등학교 동포 어린이들이 1년간 공부한 성과를 뽐내는 '우리말 이야기' 대회를 하는 날이라 궂은 날씨가 걱정됐다. 그런데 막상 대회장에 도착해 보니, 대회장은 추운 날씨와 관계없이 참가자들의 뜨거운 열기로 달아올라 있었다.

이날 동포들이 많이 사는 오사카시 이쿠노구에 있는 나카가와소학교 강당에서, 민단 오사카본부와 오사카한국교육원 주최로 '제14회 어린이 이야기·카르타대회'가 열렸다. 대회장은 참가 학생, 학부모, 민족학급 강사 등 500명이 넘는 사람들로 꽉 찼다. 이 대회는 오사카부 전역에 있는 민족학급 학생들이 1년 동안 쌓은 실력을 겨루는 총결산 행사다. 행사는, 1부 이야기대회와 2부 카르타대회로 나뉘어 열렸다.

처음에 작은 규모로 시작된 대회가, 해를 거듭할수록 참가자가 늘면서 축제 형식의 대회로 발전했다. 개인 별로 우리말 실력을 겨루는 이야기 부문에는 모두 52명이 참가했다. 지난해에 비해 14명이나 늘었다. 전체 참가자도 올해는 50명 이상이나 증가했다고 한다. 이야기대회는 미리 주어진 지정 과제문을 발표하는 부문과 자유 작문 부문으로 나뉘어 열렸다. 이야기대회에 참석한 학생 거의 전원이 한복을 곱게 차려 입고 나온 것이 이채로웠다.

지정 과제문 부문은 다시 초급생2·4학년과 고급생4학년 이상 부문으로 나뉘어 실시됐다. 하지만 이야기대회의 꽃은 자유 작문 부문이었다. 자유 작문 부문은 학년에 제한이 없이 자신이 직접 쓴 글을 발표하는 것이어서, 동포 어린이의 삶을 더욱 생생하게 엿볼 수 있었다. 자유 작문 부문 참가자들은 민족학급에 다니면서 친구를 사귀고 민족 악기를 배운 것뿐 아니라, "증조할머니가 한국 출신인 4세", "할머니는 한국인이지만 어머니는 한국과 일본의 더블", "엄마는 재일동포이고 아빠는 일본 사람이어서 국적이 두 개"라는 등 평소 쉽게 할 수 없는 가정사까지 자연스럽게 쏟아냈다.

참가자들이 가장 열광한 종목은 카르타대회다. 카르타대회는 양 팀이 바닥에 펼쳐 놓은 한글단어 카드를 심판의 소리에 따라 집어내는 경기다. 정해진 시간에 많은 카드를 집어낸 팀이 이기는 방식이다. 한글 이해뿐만 아니라 순발력도 필요한 경기여서, 옆에서 지켜보는 것만으로도 흥분된다. 참가자 가족 등의 응원까지 더해지면서 마치 스포츠 경기를 보는 느낌을 준다. 누가 개발했는지 모르지만 재미있게 한글을 배우는 데 제격이다.

이날은 승부와 성적에 관계없이 학생들과 부모들, 그리고 선생님들이 한글로 다함께 웃고 즐긴 흥겨운 하루였다.

축제 같은 한글 카르타 대회의 열기

320
오사카총영사의 1000일

'코로나 19' 감염 사태가 계속 진행되면서 일본에서도 연일 뉴스의 초점이 되고 있다. 이런 사정을 감안해, 오사카총영사관에서도 다각적인 대책을 마련해 실시하고 있다. 3월 13일 열기로 했던 신청사 기공식은 감염 확산 예방 차원에서 취소했다. 또 외부인들이 많이 찾는 민원실을 중심으로 손 씻기와 마스크 착용 등 대책을 강화했다.

이런 때 가장 중요한 것은 '감염 방지와 일을 어떻게 양립시키느냐'일 것이다. 감염이 무섭다고 일을 모두 중지시킬 수도 없고, 일을 한다고 감염 예방을 소홀히 할 수도 없다. 결국 두 가지를 고려하면서 균형 있게 일을 하는 것일 텐데, 그것이 말처럼 쉽지 않다.

2월 20일 간사이지역에서 활동하는 동포 또는 파견 경제인들이 참여하는 '간사이 한국경제인 모임' 발족식을 했다. 코로나 19가 위세를 떨치는 와중이지만, 참석자 수가 통제할 수 있는 수준이라고 생각해, 모임을 강행했다. 이번에 날을 놓치면 빠른 시간 안에 다시 날을 잡기도 쉽지 않다는 사정도 고려했다.

다행히 참석자들 모두 의미 있는 모임이었다고 평가했다. 이 모임을 발족하는 게 좋겠다고 생각한 것은, 지난해 일본의 반도체 관련 소재 수출 제한 조치로 무역 갈등이 일어난 때였다. 관할지역 안의 경제단체 및 기관이 여럿 있지만, 각자의 활동에만 힘쓰지 횡적 연대는 약하다는 걸 발견했다.

이번 모임엔 오사카상공회의소, 오사카청년상공회, 관서 주재 한국기업연합회, 옥타 오사카지회, 그리고 코트라 및 에이티한국농수산식품유통공사 오사카 지사, 긴키산업신용조합 등 지역 안 금융기관 대표가 참석했다. 앞으로 1년에 두 번 정도 정기적으로 만나, 정보를 공유하고 공통으로 할 수 있는 일을 모색하기로 했다. 첫술에 배부를 수 없으니 너무 욕심 내지 말고 차차 구체적인 방향성을 찾아가기로 했다.

　항상 어떤 모임이 탄생할 때는 내용이 먼저냐, 형식이 먼저냐 하는 논란이 일게 마련이다. 하지만 일을 하다 보면, 내용이 있어도 담을 그릇이 없어 곤혹스러울 때가 더 많은 것 같다. 이번 모임이 어떤 내용이라도 잘 담을 수 있는 튼튼한 그릇으로 발전하길 기대한다. 2시간여의 모임을 끝내고 호텔 로비로 내려오니 평소 북적거리던 로비가 한산하다. 여기서도 코로나 19의 위력을 실감할 수 있었다.

2020.2.26.
'성신의 가르침 이웃을 잇는다' 좌담회 기사.
'혐'이란 단어를 없애야

　2월 14일 시가현 나가하마시의 아메노모리 호슈암에서 열렸던 '성신의 가르침 이웃을 잇는다'는 좌담회 기사가, 25일 〈주니치신문〉에 전면 기사로 게재되었다.

　좌담회에는 미카즈키 다이조 시가현 지사와 나를 비롯해, 지난해 9-11월 주니치신문의 기획기사에 등장했던 7명이 참석했다. 주제는 '오늘에 되돌아보는 성신교류'와 '지역으로부터의 다문화 공생'이었다. 제한된 시간에 여러 사람이 참가한 좌담회에서 충분한 얘기를 할 수 없었고, 더구나 지면 사정으로 그때 한 얘기가 전부 실리지 않은 한계는 있다. 그럼에도 취재기자가 비교적 가닥을 잘 잡아 정리했다.

　나는 교류 부분에서는 "한국에서 일본에 관해 거의 쓰지 않는 단어가 싫다는 뜻의 '혐'이란 단어다. 한국에는 '반일'은 있어도 '혐일'이란 말은 잘 쓰지 않는데, 일본에서는 '반한'보다 '혐한'이란 말이 만연해 있다. 어떤 나라가 상대 나라를 싫어한다고 하는 것은 이상하다. '혐'이란 단어를 없애기 위해 함께 노력하자"고 말했다.

　두 번째 주제인 다문화공생에서는 사회자가 조선학교 문제에 관해 질문을 했다. 대답하기 예민한 문제이지만 다음과 같이 말했다.

"다문화공생에서 간과할 수 없는 중요한 문제가 정체성이다. 정체성 없는 공생은 동화와 같은 말로 들릴 수 있기 때문이다. 조선학교가 정체성을 지키기 위해 노력해온 점은 평가한다. 한국 정부가 분단의 현실에서 조선학교 문제에 직접 개입하기는 곤란하지만, 시민단체가 관심을 가지고 지원하는 것은 좋은 일이라고 본다. 일본 정부도 이 문제를 어린이의 교육과 인권 차원에서 접근하는 관용적 자세를 취했으면 한다."

2020.3.3.
신종 코로나
이전과 이후

'코로나 19' 감염 확산 문제가 세계를 흔들어 놓고 있다. 일본도, 오사카도 예외가 아니다. 코로나 19를 막는 것을 전투에 비유한다면, 이것이야말로 새로운 강적과의 싸움이지 않을까 생각한다. 대항 무기가 없는 적이라는 점에서 새롭고, 잘 죽지 않는다는 점에서 강하다. 더욱이 이 놈은 눈에 보이지도 않는 난적이다. 그래도 시간이 지나면서 정체가 파악된다면, 그동안 해온 것처럼 인간의 지혜로 퇴치될 것이라고 믿는다. 그동안 최소의 피해로 억제되길 비란다.

코로나 19는 일본사회에도 많은 변화를 일으키고 있다. 아마 나중에 되돌아보면 세상이 '코로나 19 이전'과 '이후'로 나누어질지도 모르겠다.

내가 코로나 사태를 대하는 일본사회를 보고 놀란 것은 두 가지다. 하나는 아베 신조 총리가 2월 28일 기자회견을 열어 돌연 전국 초중고의 휴교를 요청한 것이다. 말이 요청이지 사실상 휴교령이라고 할 수 있다. 그 조치의 효과 여부를 떠나 관련 부처와 아무런 사전조율도 없이 총리 독단으로 이런 조치를 내리는 것은 일본에서 매우 이례적이다. 사전에 촘촘하게 매뉴얼을 짜놓은 뒤에도 허점이 없는지 따져보고 또 따져본 뒤 일을 하는 것이 일본식,

또는 일본의 장점으로 알려져 왔었는데, 이번은 전혀 그러지 않았다. 이번 일이 '돌다리도 두드리고 건너기'식의 전통적인 일본의 의사결정방식을 바꾸는 전기가 될지, 개인적으로 흥미가 크다.

또 한 가지는 일본 시민들의 휴지 사재기다. 마스크를 만드느라 휴지 만들 재료가 없다는 가짜뉴스가 계기가 되어 사재기 소동이 벌어졌다는 분석이 나오지만, 지진과 해일 같은 대재난에도 정연하게 질서를 지키며 대응해온 일본시민들을 지켜봐온 나로서는 충격이 크다. 실제 동네의 슈퍼를 몇 군데 돌아봤는데 진열대에 휴지가 남아 있는 곳이 없었다. 이 또한 이번 사태가 일본시민들의 의식을 공공우선에서 각자도생으로 바꾼 것인지, 개인적으로 관심이 크다. 적어도 코로나 여파로 사회의 신뢰가 상당히 깨진 것만은 분명해 보인다. 전철 안에서 기침을 했다고 비상정지 벨을 눌렀다거나 서로 큰소리로 언쟁을 벌였다는 뉴스도 심상치 않다.

코로나 19는 재일사회에도 큰 영향을 주었다. 삼일절은 광복절과 함께 민단이 가장 중시하는 행사다. 삼일절에는 전국 각 도도부현에 있는 지방민단별로 동포들이 모여 행사를 해왔다. 그러나 올해는 코로나 19의 영향으로 이 행사가 모두 연기됐다. 아마 일본 민단 역사상 삼일절 행사가 제때 열리지 못한 것은 처음이지 않을까 생각한다. 코로나 19는 방역 차원 이외에도 사회 전반에 많은 변화를 몰고 오고 있다는 걸 체험하는 나날이다.

2020.3.10.
일본 정부, 한국 발 여행객에
입국 봉쇄

'코로나 19' 감염 사태와 관련해, 일본 정부가 3월 9일부터 한국에서 들어오는 문을 틀어막았다.

사실상의 '입국 봉쇄'라고 할 만하다. 입국자에 대한 '14일 격리 및 대중교통 이용 자제' 요청, 기존 발급 비자 무효, 90일 관광비자 면제 중단이라는 고강도 봉쇄조치를 취했지만, 그래도 아주 작은 틈을 뚫고 입국하는 사람이 있다. 첫날인 9일엔 한국에서 두 편의 항공기로 모두 11명이 간사이공항을 통해 들어왔다. 한국 국적자는 단 1명이었다. 오히려 취재하러 나온 기자가 20여 명 정도나 됐다.

오사카총영사관은 한국에서 입국하는 우리 국민을 돕기 위해, 9일부터 공항에 긴급대응 팀을 보냈다. 9일에는 첫날인 탓에 상황 예측을 할 수 없어 일단 2명 1조로 3팀을 파견했다. 결과적으로는 국민 1명에 6명이 대응한 셈이 됐다. 그래도 큰 공항에 홀로 도착한 우리 국민이 느낄 고립감을 생각하면, 잘했다는 생각이 들었다.

앞으로는 입국 제한조치가 풀릴 때까지 이런 흐름이 계속될 것으로 보인다. 오사카총영사관은 현지 상황을 봐가면서, 인원을 조정하며 대응해 나갈 생각이다.

10일 아침에는 문화방송 라디오프로그램 〈김종배의 시선집중〉에서 인터뷰 요청이 와서 응했다. 간사이공항의 표정과 영사관의 대응을 설명해줬다. 그리고 강제력이 없는 '14일 격리 및 대중교통 이용 제한' 요청이 '눈 가리고 아웅'식 조치라는 일본 안의 비판여론도 전했다. 또 뒤늦은 입국제한 조치와 미적대는 감염 조사에 관한 일본 안의 비판 목소리도 전했다.

2020.3.15.
코로나 대책: '최대 검사'의 한국 대 '선별 검사'의 일본

'코로나 19'가 총영사관의 업무에도 많은 영향을 주고 있다.

우선 여권이나 비자 등을 신청하기 위해 총영사관을 찾아오는 손님들이 감염되지 않도록 최선을 다하고 있다. 모든 출입자에게 알코올로 손을 씻게 안내하고, 열도 재고 있다. 물론 민원실의 직원들은 모두 마스크를 쓰고 업무를 하고 있다. 코로나 감염을 우려해 바깥 활동을 자제하기 때문인지, 평소

하루에 250명 정도 민원실을 찾아오던 손님이 절반 정도로 줄었다. 방문자 수가 줄어들어 업무량이 줄어든 것 같지만, 감염에 대비한 긴장감을 감안하면 업무 강도는 오히려 더욱 커졌다고 할 수 있다.

둘째, 일본 정부가 갑자기 3월 9일부터 한국 출발 여행객에 대한 입국 제한 조치를 하면서, 입국하는 우리 국민의 안전 및 불편 해소를 위해 대응하는 일이 새로 생겼다. 한국에서 오는 모든 입국자를 나리타공항과 간사이공항 2곳으로 제한했기 때문에, 매일 관할지 안에 있는 간사이공항에 입출입하는 우리 국민의 상황을 점검하고 있다. 11일부터는 제주항공만 매일 한 편씩 인천-간사이공항을 왕복하고 있다. 관광비자 면제를 정지한 탓에 극소수의 사람만 입출국하고 있는 상황이다.

셋째, 사람이 많이 모이는 행사는 하지 못하고 있다. 4월 초까지 예정된 행사는 모두 연기 또는 취소했다. 우선 13일로 예정했던 총영사관 신축공사 기공식을 취소했다. 각 지방 민단 주최로 열리는 삼일절 행사도 연기했는데, 언제 열릴지 불투명하다.

이런 상황이지만, 모든 행사를 중단할 순 없다. 11일에는 간사이지역의 한일 학자를 초청해, 감염병 등 초국경 협력을 주제로 한 전문가토론회를 열었다. 문재인 대통령이 삼일절 101주년 기념사에서 코로나 19 문제를 거론하며, 비전통적 안보 위협에 대한 양국 협력을 제안한 것을 계기로 토론회를 준비했다. 이 제안에 관해 일본 매스컴도 관심을 가지고 크게 보도한 터였다. 토론회 준비 중에 갑자기 아베 신조 일본 총리가 강력한 입국 제한 조치를 취해 애초의 기획 때와 분위기가 바뀌었지만, 오히려 의미가 더 큰 행사가 되었다.

이날 토론회에서 참석자들은 전문가와 민간 중심의 협력이 중요하다는 점을 강조했다. 근거가 희박한 입국 제한 조치도 빨리 해소되어야 한다고 지적했다. 나는 "코로나 19가 국경을 넘어 전 세계적으로 확산하고 있는 현실을 감안하면, 세계 차원에서 협력하는 것이 가장 효과적인 대응으로 본다"고 말했다.

이날 회의에서 한 참석자는 지금 세계에서 하고 있는 코로나 대책을 나누자면, 중국형, 한국형, 일본형이 있는데 어느 쪽 대응이 가장 효과적인지는 조만간 드러날 것이라고 말했다. 즉, 도시 봉쇄 등의 완전 통제를 중심으로 하는 중국형, 증상이 있는 사람은 가급적 모두 찾아내 검사하는 한국형, 증상이 심한 사람만 골라서 검사하는 일본형으로 나눌 수 있는데, 민주체제에서 취할 수 있는 한국형과 일본형 가운데 어느 쪽이 효과적인지 주목된다는 것이다.

나도 최근엔 주말 행사가 없어 집에서 코로나 관련 일본 텔레비전 프로그램을 많이 보는 편인데, 일본 안에서는 한국처럼 조사를 적극적으로 해야 한다고 주장하는 사람이 소수다. 대부분은 의료 붕괴를 막기 위해 선별적인 일본식의 방법이 낫다고 주장하고 있다. 일본 밖의 전문가들과는 사뭇 다른 주장이다.

시간이 지나면 확인되겠지만, 그래도 최대 검사의 한국형과 선별 검사의 일본형 가운데 어느 것이 효과적일지가 매우 궁금하다.

2020.3.27.
간사이지역 민족학급
강사들과 간담회

코로나 19 감염이 극성을 부리고 있는 요즘은 매사가 조심스럽다. 행사를 하자니 '감염의 유발자'가 되지 않을까 걱정스럽고, 그렇다고 아무것도 하지 않는 것은 코로나의 위협에 너무 쉽게 굴복하는 것 같아 비겁해 보인다. 여하튼 요즘은 어떤 행사를 하더라도 바이러스 감염 우려와 행사를 통한 성과 사이를 저울질하지 않을 수 없다.

3월 26일 저녁, 간사이지역에서 활동하는 민족학급민족클럽 강사들과 간담회를 했다. 이 행사 역시 할까 말까 고민이 많았다. 그러나 학생을 가르치는 선생님들이라 충분히 대처할 수 있는 능력이 있고, 민족교육의 중요성이 크다는 점을 고려했다. 물론 행사장의 자리 간격을 충분히 벌리고, 손 소독, 마스크 쓰기, 체온 측정 등 만반의 준비를 했다. 어려운 상황 속에서도 전체 50여 명의 강사 중 20여 명이 참석했다.

우선 강사들이 지난해 동안 학생들 교습용으로 개발한 교재 '색동날개 3'과 한글을 창제한 세종대왕의 업적을 애니메이션으로 만든 영상자료에 관한 발표가 진행됐다. 또 각 선생님들이 쓰고 있는 교육자료를 수집하고 공유할 수 있는 온라인 공간 구축 작업에 관한 발표도 있었다.

민족강사 전체 50여 명 중 16명만 상근교사이고, 나머지는 강사 일만으로는 생계를 이어갈 수 없어 아르바이트를 겸해야 하는 열악한 환경에 있다. 이런 어려움 속에서도 틈틈이 시간을 내어 훌륭한 교재를 개발한 선생님들의 열정과 분투가 놀랍다. 선생님들의 교재 개발 등의 발표가 끝난 뒤 옆방으로 자리를 옮겨 환담을 나누었다. 평소 서로 만나기 어려운 사정도 있어서, 식사를 하면서 자기소개도 하고 민족교육을 하면서 느낀 소감이나 정부에 바라는 얘기 등을 하는 시간을 가졌다. 나는 "재일동포 사회의 발전이나 미래를 위해서는 민족교육이 매우 중요하고, 민족학급 강사들이 민족교육에서 핵심적 역할을 하고 있다는 걸 잘 알고 있다"면서 "정부가 여러 선생님들의 뒤에 있다는 걸 믿고 일을 해 달라"고 말했다.

2020.4.1.
오사카민단 지단장들과 만남.
현장의 목소리 청취

3월 5일부터 오사카민단 29개 지부의 지단장을 만나 현장의 목소리를 듣는 '지단장과 연쇄 간담회'를 실시했다. 한 사람 한 사람 따로 만나 얘기를 듣는 것이 최선이겠지만, 여러 사정을 고려해 다섯 팀으로 나누어 3월 31일까지 모임을 마쳤다.

일본의 대표적인 동포단체인 민단은 중앙 민단 아래 각 도도부현 민단, 도도부현 민단 밑에 몇몇 행정 단위 별로 구성된 지부가 있다. 오사카민단 아래는 모두 29개의 지부가 있다.

이 중에서 현지 동포들과 가장 가까운 거리에서 접촉하면서 소통하는 단위가 지부이고, 지부를 이끄는 지도자가 지단장이다. 그런데 보통 총영사관에서 접하는 민단 간부들은 주로 도도부현 민단본부 이상의 사람들이다. 지부 단위의 간부들과 만나고 싶어도 여러 가지 행사와 일로 바쁘기 때문에 직접 얼굴을 맞대고 만날 기회를 만들기 어렵다. 이런 차에 현장의 사령관이랄 수 있는 지단장들을 직접 만나 얘기를 들어보는 기회를 마련했다. 이왕이면 새해 본격적인 행사가 시작되기 전에 하는 것이 좋을 것 같아, 3월부터 일정을 잡았다.

간담회에서는 단원의 노령화, 세대교체의 어려움, 단원의 축소, 최근 새로 건너온 신정주자와의 관계 등 예상할 수 있는 문제들이 쏟아져 나왔다. 그러나 추상적으로 이러한 문제들이 있다는 것을 아는 것과 현장의 생생한 목소리를 통해 문제를 접하는 것은 매우 다르다는 것을 새삼 확인했다. 또 몇몇 지부는 어려운 환경 속에서도 노인복지 사업, 보육원 운영 등의 창조적인 활동을 통해 활기를 유지하고 있었다. 동포사회뿐만 아니라 현지 일본 주민들과도 좋은 유대를 맺으며 견실하게 활동하는 곳도 있었다. 어려운 여건이지만, 활동적인 한두 사람의 노력이 지부의 활력을 불러온 얘기를 들을 땐 가슴이 찡했다.

지단장들도 모처럼만에 총영사관 식구들과 얼굴을 맞대고 대화하는 자리가 마련된 때문인지, 즐거워했다. 그리고 정부가 더욱 적극적으로 민단을 지원해 주길 요청했다. 일부는 시대가 변하면서 들어주기 힘든 것도 있지만, 그마저도 조국에 대한 재일동포들의 남다른 애정 때문일 것이라는 생각이 들었다.

민단이 다른 나라의 동포단체와 다른 것은, 지부 차원까지 대부분 자체

회관을 가지고 있다는 것, 거의 모든 지부가 한글학교를 운영하고 있다는 것이 아닐까 한다. 더욱 유별난 것은 일본사회의 차별과 냉대 속에서 살아왔기 때문에 어느 나라 동포보다 조국에 대한 애정이 절절하다는 것이 아닐까 생각한다. 현장이 모든 문제에 답을 줄 수는 없지만, 현장이 아니면 찾기 어려운 답은 분명히 있다는 걸 확인한 시간이었다.

2020.4.2.
2025 국제박람협회 사무국 방문,
회장 예정지 시찰

4월의 첫날은 만우절이다. 예년 같으면 일본에서도 전국지 같은 점잖은 매체에서 만우절을 빙자해, 그럴 듯한 속임수 기사가 실리기도 했지만 올해는 전혀 그런 낌새도 없다. 아마 일본의 하늘을 짓누르고 있는 코로나 19의 우울함 탓이리라. 마침 이날은 봄비 치고는 꽤 많은 양의 비가 내려 우울함의 무게를 더했다.

이날은 코로나 사태가 벌어지기 전부터 약속되어 있던 '2025 일본국제박람협회'를 방문했다. 코로나 사태 와중이어서 취소 여부를 타진했으나, 그대로 와도 좋다고 해서 일정을 강행했다.

오사카부 사키시마청사에 있는 사무국을 방문하기 전에 먼저 박람회 예정 부지인 유메시마를 견학했다. 거센 비바람 때문에 차에 탄 채 부지를 돌아보면서 설명을 들었다. 현장에서는 중기들이 한창 파빌리온 등이 들어설 부지를 정비하고 있었다. 일본 고교야구의 성지로 불리는 고시엔구장이 150개 들어갈 정도의 크기라고 한다.

회장을 파빌리온 구역을 비롯해 세 구역으로 나누어 공사를 하고 있었다. 특히, 파빌리온 구역은 참가국에 부지만 제공하는 방식, 건물을 지어 제공하는 방식, 주최자가 형상과 디자인, 건축까지 해 참가국 공동으로 쓰게 하는 방식 등 세 종류로 나누어 파빌리온을 설치할 계획이라고 한다.

현장 견학을 마친 뒤는 사키시마청사로 돌아와 이치노키 마나쓰 홍보국제담당 사무부총장으로부터 전반적인 준비상황에 관해 설명을 들었다. 이곳 박람회 준비도 역시 코로나 사태에 약간 영향을 받고 있는 것 같았다. 올해 6월에 박람회국제사무국BI 의 승인을 얻어 참가국에 초청장을 보내기 시작할 예정인데, 10월부터 열릴 두바이박람회의 연기설이 나오는 등 일정의 변화가 있을 수 있다고 한다. 그래도 개최일인 2025년 4월 13일로부터 역산해 정한 부지 제공 일정2023년 5월)은 꼭 지킬 계획이라고 강조했다.

나는 설명을 들은 뒤 "한국과 가장 가깝게 있는 나라에서 열리는 국제행사가 성공적으로 열리는 것은 이웃인 우리에게도 좋은 영향을 줄 것"이라면서 긴밀하게 정보를 교환하면서 협력하자고 말했다. 또 코로나 19 때문에 오사카 박람회가 내건 주제인 '생명이 빛나는 미래사회의 디자인'이 더욱 주목을 끌 수 있을지도 모른다는 덕담을 건넸다.

코로나와 봄비 속의 무거운 방문이었지만, 어려움을 뚫고 간 일정이었기 때문에 더욱 환영 받았다는 생각이 들었다. 다만 비와 흐린 날씨 때문에 현장을 제대로 조망하지 못한 것은 아쉬웠다.

2020. 4. 6.
'코로나가 간사이경제에
끼치는 영향' 강연

오사카총영사관 관할지에서 활동하는 국내 기업들의 경제활동 지원을 위해, 매년 상반기와 하반기로 나누어 두 차례 기업활동지원협의회를 한다. 국내에서 파견된 코트라와 관광공사, 농수산식품유통공사 관계자와 기업 관계자가 참석해 정보를 공유하고 협력을 다지는 모임이다.

코로나 19로 한일 간 사람의 이동이 사실상 막히면서 기업들도 어수선한 상황이다. 모든 사람들이 한치 앞을 볼 수 없는 캄캄한 상황에 있지만, 하루하루 숫자로 성적이 평가되는 경제인들만큼 요즘처럼 속이 새카맣게 타들어

가고 있는 사람은 없을 것이다. 이런 때는 아무것도 하지 않는 것도 방법이겠지만, 이런 때일수록 오히려 뭔가 해야 한다는 역발상도 필요하다고 본다. 이런 생각에서 4월 2일 '코로나 방지 완전 무장'을 한 채 기업활동협의회를 열었다. 이왕이면 지금의 코로나 상황을 이겨내는 데 조금이라도 도움을 줄 수 있도록 준비했다.

그래서 지역의 대표적인 경제연구소인 아시아태평양연구소의 이나다 요시히사 연구총괄고난대 교수를 초청해, '코로나 19가 간사이경제에 끼치는 영향'을 주제로 강연을 들었다. 주제가 시의적절했기 때문인지 평소 못지않은 기업인들이 참석해 경청하고, 활발하게 질문을 했다.

이나다 교수는 맨 먼저 바로 전날 일본은행이 발표한 '2020년 3월 단관 조사'를 보여주며, 기업들이 코로나 19로 얼마나 충격적인 상황에 있는지를 설명해줬다. 질의응답까지 포함해 1시간 가까이 열린 강연에서 가장 주목을 끈 것은 역시 코로나 19에 대한 대책이었다. 이나다 교수는 우선 감염 확대를 억지하고, 소득의 급감을 메우는 것이 필요함을 강조했다. 또 버티기 위해 유동성 부족을 해소하는 데 노력해야 한다고 말했다. 중장기적으로는 코로나 이후에 필연적으로 올 디지털화의 촉진에 잘 대비해, 핀치를 찬스로 만들어야 한다고 말했다. 또 실시간으로 변하는 상황에 맞게 정책을 세울 수 있는 체제 구축의 중요성을 역설했다.

이나다 교수는 자신의 학교도 이제껏 한 번도 해보지 않은 온라인 강의를 위해 나이든 교수들이 끙끙대고 있다면서, 온라인 문화가 앞서 있는 한국이 코로나 이후를 훨씬 잘 대처할 수 있을 것이라고 말했다.

코로나 19 감염 사태의 끝이 보이지 않는 상황이지만, 세계 곳곳에서 지식인들이 이른바 'BCAC Before Corona, After Corona 문제'를 제기하고 있다. 이날 모임은 현장에 매몰되어 중장기적인 생각을 하기 어려운 기업인들에게 그런 문제의식을 던져준 데 조그만 의의가 있다고 생각한다.

오사카총영사의 1000일

코로나 19 감염 사태로, 제21대 국회의원을 뽑는 재외투표가 전 세계에서 절반 정도가 이뤄지지 못했다. 2012년 4월의 제19대 국회의원 선거 때 처음 도입된 이래, 이번이 다섯 번째 재외투표지만 이런 일이 벌어진 것은 처음이다.

일본지역은 다행스럽게도 4월 1일부터 6일까지 재외투표가 무사히 끝났다. 오사카총영사관 관할지역에서도 아무런 사고 없이 투표가 이뤄졌다. 오사카총영사관 관할지역에서는 총영사관 1층 갤러리에 주 투표소4월 1일-6일를 설치하고, 교토민단 본부와 와카야마 민단 본부에 추가 투표소4월 3일-5일를 운영했다.

이제까지 국회의원 두 번, 대통령선거 두 번이 치러졌는데, 대통령선거가 국회의원선거보다 투표율이 높으며 회를 거듭할수록 투표율이 낮아지는 경향을 보였다. 오사카총영사관 관할지역의 경우, 제19대 총선 때는 선거인수 3945명 중 2407명이 투표해 61%의 투표율을 보였다. 2012년 12월의 제18대 대선 때는 7826명 중 5964명이 투표해 76.2%로 정점을 기록한 뒤 2016년 4월의 제20대 총선 때는 26.7%6382명 중 1706명 투표로 급락했다. 그리고 직전의 2017년 5월 제19대 대선 때는 54.1%8018명 중 4338명 투표로 올랐다. 그동안의 경향을 보면, 총선인데다 첫 제도 도입으로부터 시간이 멀어져 이번 총선도 투표율이 크게 떨어질 차례였다. 그러나 투표가 끝난 뒤 보니, 선거인 4940명 중 2397명이 투표해 48.5%를 기록했다. 의외로 높은 투표율이다.

왜 이런 결과가 나왔는지는 정확하게 알 수 없다. 그러나 이제까지의 흐름과 달리, 또 코로나 감염 확산의 와중에 나온 높은 투표율이란 점에서 주의 깊게 분석해 볼 가치가 있어 보인다. 주변의 얘기를 들어보면, 국내에서 투표에 관심이 높은 것이 국외의 국민에게도 영향을 줬을 것이라는 것이다. 둘째

흥영사관 직원이 동포 요양원에 마스크를 전달하고 있다

는 몇 차례 선거를 경험하면서 투표에 적극성을 가진 사람들이 선거인 등록을 하기 때문일 것이라는 분석이다. 재외투표자는 한국에 주소를 가지고 있는 국외부재자와 국내주소가 없는 재외선거인으로 나뉜다. 그런데 재외선거인의 경우는 연속해 두 번 투표를 하지 않으면 명부에서 삭제되고, 투표를 하려면 다시 선거인 등록을 해야 한다. 이런 과정을 통해 투표 적극층이 남게 되었을 것이란 추론이다. 재외부재자는 선거 때마다 등록을 해야 해, 비교적 투표에 적극적이라고 볼 수 있다.

여기에 코로나로 인한 일본의 특수 사정이 반영되었을 것이라는 분석도 있다. 일본정부가 코로나로 인한 긴급사태 선언을 언제할지 모르는 상황이 재외투표일 초반부터 빨리 투표하자는 욕구를 불러일으켰다는 것이다. 실제 6일 동안의 투표일 가운데 다른 때와 달리, 초반에 투표자 수가 많았다. 일본의 긴급사태 선언은 투표가 모두 끝난 뒤인 7일 오후에 나왔다.

어떤 요인이든 투표율이 높은 것은 좋은 일이다. 이왕이면 50%를 넘겼으면 좋았을텐데, 48.5%에 멈춘 것이 조금 아쉽다.

2020.4.16.
어려움을 알아주는 사람은
역시 어려운 사람

한국은 국회의원선거도 치를 정도로 코로나 19 감염 확산이 억제되고 있지만, 일본은 도쿄도와 오사카부를 비롯한 7개 도부현에 긴급사태 선언이 내려진 지 일주일이 지났는데도 불길이 잡힐 기미를 보이지 않고 있다. 전국적으로 하루에 4-500여 명씩 확진자가 꾸준히 나오고 있다.

이제야 일본 정부도 PCR 검사를 대폭으로 늘리고, 모든 사람이 대인 접촉을 80% 이상 줄여야 한다는 메시지를 반복하고 있다. 16일 밤에는 이것으로는 역부족이라고 생각했는지 긴급사태를 일본 전역으로 확대했다. 검사를 선별적으로 해온 바람에 감염경로를 알 수 없는 확진 사례가 절반도 훨씬 넘게 나오고 있으니 불가피한 선택일 것이다. 그러나 문제는 회사는 재택근무 환경을 제대로 갖추지 못하고 있고, 가게에는 '보상 없는 휴업'을 강요하고 있다는 점이다. 당연히 구멍이 숭숭 나 있을 수밖에 없다. 그래도 확진자 수가 예상보다 확 늘지 않는 것은 '말 잘 듣는 국민'의 덕이 크지 않을까 생각한다.

일본 정부의 접촉 대폭 자제 요청과 꾸준한 확진자 발생에 따라, 오사카 총영사관도 14일부터 민원실 등에서 근무하는 행정직원들을 위주로 교대근무 체제에 들어갔다. 외부활동도 거의 제로에 가깝게 줄어들었다.

이런 때일수록 가장 중요하고 힘든 일은 현지의 동포들을 돌보는 것이다. 아무래도 주재국 국민에 비해 의료 서비스에 취약하기 때문이다. 다행스럽게도 아직 동포 중에는 감염자가 없지만, 철저한 예방에 힘쓰지 않을 수 없다. 동병상련이라는 말이 있듯이, 코로나 사태가 생기자 동포단체에서 마스크를 구해 나눠주는 흐뭇한 일이 벌어지고 있다. 역시 어려움을 알아주는 사람은 어려운 사람들이다.

오사카민단은 마스크 5000개를 29개 각 지부를 통해, 동포들에게 배포하고 있다. 한 동포는 "가게에 가서 사려고 해도 살 수 없는데 이런 일을 겪으니 민단의 필요성을 새삼 느꼈다"고 말했다. 상인으로 구성된 긴키상우회도 자체 네트워크를 통해 중국에서 2만 장의 마스크를 구해 고령 동포 등에게 배포하고 있다. 오사카총영사관도 재난 구호용으로 확보한 마스크 일부를, 비록 적은 양이지만, 4월 1-2일 관내의 동포 노인요양시설 다섯 군데를 방문해 전달했다.

2020. 5. 13.
일본의 비판적 지식인
우치다 다쓰루 선생과 만남

요즘처럼 외교 활동이 전면적으로 멈춰선 적이 언제 또 있었을까. 물론, 전쟁 때도 작동한다는 외교 활동을 방해하고 있는 범인은 '코로나 19'다.

5월 13일자 〈아사히신문〉에 따르면, 이미 일본에 부임했으나 천황에게 신임장 제정을 하지 못해 대사로서 공식 활동을 하지 못하는 나라가 둥가, 르완다 등 5개국이다. 또 대사 등 해외 근무 인사명령을 받고 주재국에 나가지 못하거나 귀임 명령을 받고도 귀국하지 못하는 일본 외교관이 수십 명에 이른다고 한다. 코로나 감염 사태로 비행편이 끊어지거나 이동이 제한되고 있기 때문인데, 이런 일이 어디 일본 한 나라의 특수한 일이겠는가. 인사에 따른 이동 말고도 부임지에서 근무하는 외교관들의 활동도 크게 제약 받고 있다.

코로나 긴급사태가 내려져 있는 오사카도 예외가 아니다. 가급적이면 접촉을 피하라는 지시 때문인지 미리 잡혔던 주재국 사람들과 약속이 줄줄이 취소되거나 연기되고 있다. 직원들도 감염 방지를 위해 교대로 재택근무를 하고 있기 때문에 서로 얼굴을 오랫동안 보지 못하는 경우도 있다.

이런 상황 속에서 13일 귀한 손님을 만났다. 한국에도 최근에 많이 알려진, 일본의 비판적인 지식인 우치다 다쓰루 선생이다.

최근 〈원숭이화하는 세계〉를 읽고 공감하는 바가 많았는데, 얼마 전에 그가 주도해 엮은 〈길거리의 일한론〉이란 책이 나왔다. 그를 포함해 11명의 다양한 분야에서 활동하고 있는 사람들이 쓴 글을 모은 것이다. 각자의 경험을 바탕으로 한 글이라 생동감이 있고 구체적인 게 특색이다. 마침 필자 중에 알고 지내는 이지치 노리코 오사카시립대 교수 등 몇 사람이 있고, 우치다 선생이 사는 곳이 고베여서 꼭 만나보고 싶다는 생각이 들었다. 그래서 이지치 교수한테 부탁을 했더니 곧바로 13일로 약속이 잡혔다는 연락이 왔다.

가이후칸개풍관이라는 합기도 도장우치다 선생은 합기도 7단의 무술인이다 겸 자택으로 가서 만난 뒤 점심까지 포함해 3시간 동안 즐겁게 대화를 나눴다. 최근의 코로나 사태를 비롯, 간사이지역의 재일동포 문제, 한국정치, 한일관계 등 자유롭게 화제를 옮겨가면서 시간 가는 줄 모르고 이야기를 나눴다. 더 못 나눈 얘기는 코로나가 좀 잠잠해진 뒤 다시 만나 나누기로 하고 헤어졌다.

우치다 선생은 프랑스 사상이 주 전공인데, 거의 모든 사회 현안에 관해 비판적인 시각에서 활발하게 발신을 하고 있다. 저술만 해도 단독 및 공저를 포함해 수십 권이나 된다. 한국에도 벌써 10여 권이 번역됐다. 우치다 선생은 무술로 다져졌기 때문인지 70살인데도 젊은 청년 못지않은 다부진 체격을 유지하고 있다. 뿐만 아니라 깊숙한 눈매에는 지성미가 넘쳐흐른다.

2020.5.22.
'모국의 힘'이
동포들 자부심의 원천

5월 21일부터 도쿄도와 가나가와·사이타마·지바현, 그리고 홋카이도를 제외한 일본 전역의 코로나 긴급사태 선언이 해제됐다. 물론 오사카총영사관 관할지역도 모두 해제 대상지역에 포함됐다. 그러나 거리에서 느끼는 시민들의 표정과 길거리의 분위기는 아직 긴장감이 서려 있다. 코로나 19 이후의 세상이 코로나 19 이전으로 복원되기 쉽지 않음을 엿볼 수 있다.

긴급사태가 해제됨에 따라, 총영사관도 교대제 재택근무를 25일부터 전원 상시근무 체제로 전환하기로 했다. 약 한 달여 만의 정상근무다. 그렇지만 코로나 사태가 완전히 끝난 것이 아닌 만큼 감염 예방대책을 철저하게 유지한 채 근무하도록 했다.

코로나 감염 사태가 잦아들면서 그동안 미뤄놨던 대외활동도 서서히 개시하고 있다. 해제 바로 전날인 20일엔 이곳의 진보성향 동포단체인 우리민주연합회장, 이철 재일양심수동호회 회장 사무실을 방문해, 코로나 감염 방지용 마스크를 전달했다. 총영사관 차원에서는 이 단체 사무실에 처음 방문이란다. 우리민주연합은 한반도의 통일과 민주주의 발전, 인권 옹호, 국제친선에 공감하는 신, 구 재일동포들이 중심이 되어 2017년 말 결성했다. 그동안 현지에서 5·18기념식 개최와 민족교육 지원활동을 해왔다. 마스크를 전달한 뒤에는 활동 방안 등에 관해 의견을 들었다. 앞으로 총영사관과 소통을 활발하게 하면서 동포사회의 발전과 한일우호를 위해 협력해 나가기로 했다.

　21일에는 3월 초부터 시작한 민단 각 지부의 지단장 면담을 재개했다. 오사카민단의 29개 지단장과 면담을 끝낸 3월 말부터 코로나 감염 문제로, 오사카 이외 지역의 모임을 중단하고 있던 터였다. 이날은 나라시로 이동해, 나라민단 소속 지단장들을 만났다. 나라민단에는 모두 10개의 지부가 있는데 이 중 5개 지부는 나라민단 본부가 직할하고 있다. 나머지 5개 지부에서 3명의 지단장이 참석했다. 이훈 나라민단 단장 등 본부 간부도 3명 참석했다.

　만남에서는 자연스럽게 코로나 문제가 화제로 떠올랐다. 지단장들은 모국이 코로나 사태에 잘 대응하는 바람에 어깨가 많이 올라갔다고 자랑스럽게 말했다. 동포들의 사기에 가장 영향을 주는 것은 역시 '모국의 힘'이라는 걸 새삼 실감했다. 이들은 이구동성으로 민단 활동의 어려움으로 동포사회의 축소와 젊은 층의 참여 부족을 꼽았다. 나는 현장에서 동포와 가장 밀접하게 접하는 지단장들이 민단 활성화의 열쇠를 쥐고 있다는 점을 강조하며 더욱 분투하도록 격려했다.

　조금씩 활동을 개시하니, 오랜만에 해방감을 느꼈다. 코로나든 무엇이든 사람의 자의적인 활동을 막는 것보다 나쁜 것은 없는 것 같다.

2020.5.29.
한국계 민족학교의
선구적인 온라인 수업

코로나 19가 가져온 새로운 변화 중 단연 돋보이는 것은 인터넷을 통한 원격 업무가 아닐까 생각한다. 감염 방지를 위해 가급적 사람과 사람의 접촉을 피하면서 일을 해야 하는 데서 나온 풍경이다.

　일본처럼 인터넷 문화가 덜 정착된 사회에서도 어쩔 수 없이 인터넷을 이용한 재택근무일본식 표현으로는 '텔레워크'를 하는 회사가 꽤 늘었다. 외교공관처럼 비밀 등 민감한 내용을 다루기 때문에 재택근무가 어려운 곳에서도 보안

조치를 강화하면서 화상회의를 도입하고 있다. '필요가 발명의 어머니'란 말이 새삼 현실감 있게 다가온다.

나도 코로나 사태 와중에서 두 번 화상회의에 참석한 적이 있다. 직접 만나서 애기하는 것보다 불편한 점이 없는 것은 아니지만, 생각보다는 훨씬 편리했다. 만났을 때 쓸데없이 들여야 하는 감정의 낭비 등을 생각하면, 오히려 좋은 면도 있는 것 같다.

한국에서는 본격적인 학교 수업을 시작하기 전에 전국의 모든 학교에서 원격수업을 시작했지만, 일본에선 일부 대학 외에는 그렇게 활발하게 원격수업이 이뤄지고 있지 않다. 인터넷 환경과 인터넷 문화의 차이가 반영된 결과일 것이다. 이런 속에서도 간사이지역에 있는 한국계 민족학교인 건국, 금강, 교토국제학교는 인터넷 원격수업을 선구적으로 실시하고 있다. 일본의 교육법에 따른 정규학교이지만, 이런 점에서는 역시 '한국계 학교'라는 속성을 감출 수 없는 모양이다. 물론 한국 안의 적극적인 원격수업 실시에 자극을 받은 면도 있을 것이다.

오사카총영사관은 한국계 세 민족학교의 '온라인 수업'이 '한국'이라는 것 외에 또 하나의 브랜드가 될 수 있다는 점에 착안해, 이들 학교의 온라인 수업을 적극 지원할 생각이다. 이런 차원에서 5월 28일 세 학교에서 온라인 수업을 이끌고 있는 선생님들을 총영사관에 초청해 발표와 의견교환을 하는 모임을 가졌다.

이들의 발표를 들어 보니, 인터넷 환경이 제대로 구축되어 있지 않은 속에서 펼치는 선생님들의 고투를 생생하게 느낄 수 있었다. 또 세 학교가 모두 다른 플랫폼을 쓰고 있는 게 눈에 띄었다. 건국학교는 그룹 채팅 도구인 '밴드BAND'를 이용해 원격수업을 하고 있다. 밴드에 학생들을 초대한 뒤 밴드 기능을 이용해 수업하는 방식을 소개했다. 금강학교는 일본의 채팅 앱 '라인LINE'을 통해 수업을 하고 있다. 금강학교의 온라인 수업 광경은 5월 8일 지역 방송인 〈간사이테레비〉를 통해 소개되기도 했다. 교토국제학교는 유튜브

건국, 금강, 교토국제학교에서 인터넷 수업을 이끌고 있는 교사들과 찍은 기념사진

로 만든 학습자료를 학교 홈페이지에 올려놓는 방식을 썼다. 그러나 안타깝게도 이런 수업은 한국과 달리 정식 수업일수에는 포함되지 않는다고 한다.

참석한 선생들은 서로 다른 학교의 발표를 보며 활발하게 의견을 나눴다. 선생님들은 명확한 모델이 없는 상황에서 다른 학교의 방식을 보면서 많은 참고가 됐다고 말했다. 또 서로 긴밀하게 소통을 하면서 교재나 운영 방식을 공유해 나가기로 했다. 이번의 회의는 사실상 처음으로 교육 내용과 방식을 놓고 세 민족학교가 공동 협의를 했다는 점에서도 의미가 크다.

총영사관도 세 학교의 인터넷을 통한 원격교육의 활성화를 적극 도울 생각이다.

6월 11일부터 산토와 산사이지역이 본격적인 상마철에 섭어들었다. 예년보다 좀 이른 장마라고 한다. 오사카에도 최고기온 30도를 넘나드는 가운데 비가 간헐적으로 내렸다. 이 후덥지근한 날씨를, 코로나 19의 위협 속에서 한 달여간 버틸 생각을 하니 마음이 무겁다.

이날 장맛비 속에서 총영사관 직원들과 함께 오사카시립 동양도자미술관을 견학했다. 봄철 인사 때 직원들이 몇 명 새로 부임해온 것을 계기로, 영사들이 관할지역에 있는 한국의 문화를 직접 눈으로 보고 느끼는 것이 업무를 하는 데 큰 도움을 준다는 판단에서 견학을 기획했다.

동양도자미술관은 한국의 국립중앙박물관을 빼고는 고려청자, 조선백자 등의 한국 명품 도자기를 가장 많이 소장하고 있는 미술관이다. 이 미술관은 한국 도자기가 중심이지만, 중국과 일본의 도자기도 많이 소장하고 있다. 소장품 가운데는 일본의 국보 2점과 중요문화재 13점이 있다.

이 미술관에는 오사카총영사관의 전신이라고 할 수 있는 주일대표부 오사카사무소의 초대 소장을 지냈던 이병창 박사가 소장하고 있던 도자기를 기증해 개설한 '이병창 컬렉션'이 있다. 또 중국 도자기 분야에서 세계적인 명성이 있는 '아타카 컬렉션'도 있다.

이병창 컬렉션은 고려청자를 비롯해 한국도자기 301점과 중국도자기 50점으로 구성되어 있고, 1999년 개설됐다. 이 박사가 고심 끝에 소장하고 있던 도자기들을 '한일우호와 재일동포의 자부심을 높이자'는 뜻에서 이 미술관에 기증했다고 한다. 반면, 한국에는 국립중앙박물관에 단 1점만 기증했다고 한다.

우리 일행은 데가와 데쓰로 관장의 안내와 설명으로 이병창 컬렉션과 마침 열리고 있는 특별전 〈텐모쿠天目〉를 관람했다. 텐모쿠는 중국 송나라 때 검은 유약을 발라 구운 찻잔을 말한다. 이번 전시회에서는 '유테키油滴 텐모쿠'로는 일본에서 유일하게 국보로 지정된, 이 미술관 소장의 찻잔도 공개되고 있었다.

이병창 컬렉션은 3층에 상설 전시되고 있는데, 특별전의 규모에 따라 축소되는 경우가 간간이 있다. 내가 이전에 방문했을 때는 그때마다 축소 전시 중이어서 많은 작품을 보지 못했다. 마침, 이번엔 정상적으로 전시되고 있어 이병창 컬렉션을 만끽할 수 있었다. 자신이 거금을 들여 수집한 애장품을 한일우호와 재일동포의 자긍심 제고를 위해 선뜻 기증한 이 박사의 뜻이 충분히 발휘되고 있음을 느꼈다. 아쉬운 점이 있다면 일본 속에서 이렇게 훌륭한 한국도자기의 아름다움을 맛볼 수 있는 미술관이 오사카 한복판인 나카노시마에 있는데도 재일동포나 한국 사람이 생각보다 덜 찾아온다는 것이다. 이 미술관 관계자는 오사카에 관광하러 온 많은 한국의 젊은이들이 근처에 이름난 커피숍모토까지는 줄을 설 정도로 찾아오면서 거기서 걸어서 5분 거리에 있는 미술관은 오지 않는다고, 아쉬움을 토로했다. 나는 근처에 미술관이 있다는 사실을 알지 못해서 그렇지 알면 올 것이라고 변호했다.

3월 초부터 시작한 장정이, 6월 16일 3개월여 만에 끝났다. 중간에 코로나 19의 방해로 잠시 행진이 멈춘 적이 있었지만 이날 드디어 목표 지점을 통과했다.

오사카총영사관 관할지역인 오사카부, 교토부, 나라현, 와카야마현, 시가현 등 2부3현의 민단 소속 각 지부 지단장들과 간담회를 3월 5일부터 시작했다. 동포단체 중에서는 민단이 가장 크고 중심적인 역할을 하고 있으며, 그중에서 가장 핵심적인 활동가들이 지부의 단장들이라는 생각에서 모임을 시작했다. 그동안 여러 행사에 참석하면서 각 부현 민단본부의 간부들은 자주 접했지만, 정작 현장 단원들과 가장 밀착해 활동하는 지부의 단장들과는 깊은 대화를 할 기회가 없었다. 이런 반성 속에서 지단장들과 연쇄 간담회를 하자고 생각했다.

본격적인 사업이 개시되는 전인 4월까지는 모임을 모두 마치겠다는 계획으로 발을 뗐는데 4월 들어 코로나 19 감염 사태가 심해지면서 일정에 차질이 빚어졌다. 29개 지부가 있는 오사카민단을 3월 5일부터 3월 31일까지 5차례 나누어 만난 뒤부터 코로나의 방해로 불가피하게 일정을 중단할 수밖에 없었다. 그리고 일본의 코로나 긴급사태선언이 해제된 5월 21일부터 나라현부터 모임을 재개해, 5월 28일 와카야마현, 6월 12일 시가현을 거쳐 6월 16일 교토를 끝으로 대단원의 막을 내렸다. 교토는 오사카 다음으로 규모가 크기 때문에 두 차례로 나누어 만날 생각이었으나 시기가 너무 늘어지는 것 같아 한 번에 몰아서 했다.

애초 현장에 가장 밀착해 활동하는 지단장들의 고충을 듣고 격려하는 것이 목적이었지만, 코로나 사태를 거치면서 코로나로 고생하는 동포들을 위로하고 아픔을 나누는 시간이 많아졌다. 그러는 사이 우리 정부가 코로나 사태에 잘 대응하고 이것이 세계적으로 높은 평가를 받고 있는 사실이 자연스럽게 간담회의 단골 메뉴가 되기도 했다. 코로나의 어려움 속에서도 동포들의 모국에 대한 사랑이 뜨겁다는 것을 확인할 수 있었다.

지단장을 비롯한 현장의 활동가들이 이구동성으로 제기한 문제는 단원들의 노령화와 귀화 증가로 인한 단원 축소였다. 그에 따라 재정의 악화와 활동력이 떨어지고 있다는 것이 거의 공통된 지적이었다. 그러나 이런 어려움 속에서도 몇몇 지부에서는 보육과 노인 개호 등의 새로운 사업을 통해 활력을 유지하는 곳도 있었다. 코로나 사태 속에서 마스크 구입이 어려운 시기에 단원들의 집을 직접 찾아다니며 마스크를 배부해 좋은 평가를 받았다는 얘기도 많이 나왔다. 이런 것을 보면, 활동의 성패는 돈의 크기가 아니라 성의와 노력의 크기에 좌우되는 것이라는 생각이 들었다.

코로나라는 복병이 갑자기 나타나 어려움이 있었지만 지단장들과 만남을 모두 마치고 나니, 안 한 것보다는 수십 배는 나았다는 생각이 들었다. 동포 사회에 대한 이해의 폭과 깊이도 좀 더 넓어지고 깊어졌다고 자부한다.

2020.6.27.
'일본 속의 한류' 그 원인을 찾는
심포지엄 개최

6월 26일 오사카 리가로얄호텔에서 '일본 속의 한류와 미래지향적인 한일관계'라는 주제로 심포지엄을 했다. 코로나 19 감염 사태 이후, 오사카총영사관이 주최한 최초의 다중 참여 행사다.

일본에서 2000년 초 〈겨울연가〉를 시작으로 한류 붐이 일기 시작해, 2017년부터는 방탄소년단과 트와이스로 대표되는 제3차 붐이 일고 있다. 또 코로나 와중에서는 〈사랑의 불시착〉, 〈이태원 클라쓰〉 등 한국드라마가 넷플릭스를 통해 대유행하고 있다. 이런 현상은 모두 잘 아는 사실이다. 그러나 '왜'에 관해서는 잘 알지 못한다.

한일관계가 정치적으로 매우 어려운 속에서도 한류가 인기를 유지하고 있는 이유는 무엇일까. 이런 의문에 답해 보는 심포지엄을 총영사관 주최로 열어보면 좋겠다는 생각에서 연초부터 심포지엄을 기획했다. 그러나 개최 준비 중에 코로나 사태가 벌어졌다. 그래도 포기하지 않고 상황을 끈질기게 지켜보다가 이날 행사를 결행했다. 아직 코로나 사태가 완전히 종식된 것이 아니기 때문에 안전 확보에 특히 힘을 썼다. 호텔과 협력해 수백 명이 들어가는 회의장을 60명 정도만 참석할 수 있도록 객석을 배치했다. 이동제한이 풀리지 않아 서울에서 올 수 없게 된 발제자 김영덕 전 한국콘텐츠진흥원 부원장은 웹으로 연결해 발표와 토론을 하도록 했다. 그야말로 코로나 시대의 새로운 방식을 채용한 행사였다.

제한된 참석자와 웹 시스템을 가미한 새로운 형식의 심포지엄이었지만 행사장 분위기는 열기가 높았다. 김영덕 전 부원장은 일본뿐 아니라 세계적으로 한류가 얼마나 유행하고 있는지를 생산, 유통, 수용의 측면에서 자세하게 설명해줬다. 특히 한류 초기에 정부가 소프트파워 강화 차원에서 문화산업의 육성에 힘쓴 배경과 성과를 알기 쉽게 표와 숫자로 보여줬다.

두 번째 발제자로 나온 김성민 홋카이도대 교수미디어투어리즘연구센터장은 '일본 중의 한류-역사와 특징, 그리고 과제'라는 발표로 청중의 이목을 완전히 사로잡았다. 아마 한류를 한일관계나 한일 사이의 정치관계라는 함수로 봐왔던 기존의 설명을 완전히 뒤집는 설명이었기 때문이었다. 김 교수는 제2차 한류와 제3차 한류 사이에 단절이 시작된 2012년에 주목하며, 2012년은 일본에서 한류가 사라진 것이 아니라 새로운 전환을 하게 된 해라고 설명했다. 1차와 제2차의 동방신기, 카라, 소녀시대가 활약했던 2011년까지는 한일 사이의 지역적인 시야에서 한류가 대중 매체를 중심으로 소비됐다면, 2012년부터는 세계적인 맥락에서 일본 한류 팬들이 자기만의 통로로 한류를 즐기기 시작했다는 것이다. 마침 이명박 전 대통령의 독도 방문 등 한일 간 정치 갈등도 겹쳐 정치적 이유로 한류가 사라진 것처럼 보였지만, 실제로

는 대중매체 밖의 라이브 콘서트나 유투브 등 소셜미디어를 통한 한류 애호
층이 세계적인 한류의 유행 흐름에 동참하기 시작했다고 설명했다. 김 교수
는 따라서 국가라는 경계를 넘어서는 이런 흐름은 앞으로도 계속 이어질 것
이라고 전망했다.

이어 이지치 노리코 오사카시립대 교수의 사회로 진행된 제2부 토론회
에서는, 한류와 민족주의가 주요 화제가 됐다. 서울 특파원 출신의 히라이 히
사시 〈교도통신〉 객원논설위원이 앞으로 한류의 흐름이 민족주의 강화로 갈
것인지, 국제주의 강화로 갈 것인지 궁금하다는 문제제기를 했다. 김 교수와
재일 3세의 요시모토흥업 소속 예능인 가라미, 한국어 교육자인 이나가와 유
키 데쓰카야마학원대 교수 등 토론자들은 대체로 지금의 한류가 민족주의에
속박되지 않고 문화를 문화 자체로 즐기는 차원에서 유통되고 있고, 앞으로
도 그런 경향이 강화될 것이라고 말했다.

2020.7.11
사천왕사 왔소 축제 취소와
전세계공관장회의 개최

2020년 7월 9일, 코로나 19가 가져온 두 개의 매우 상반된 일을 경험했
다. 하나는 코로나 19 감염으로 1990년부터 30년 동안 오사카에서 열려오
던 '사천왕사 왔소' 행사가, 올해 열리지 못하게 됐다는 소식이다. 이날 낮에
이 소식을 전하러, '오사카 왔소 문화교류협회'의 이노쿠마 가네카쓰 이사장
이 총영사관에 찾아왔다. 이사회에서 논의한 결과, 코로나 감염 사태로 가장
행렬에 참가할 사람들을 모집하기 어렵고, 행사 예정일인 11월 1일까지 감
염 사태가 끝날지 모르는 상황을 고려해 중지를 결정했다고 전했다.

아쉬운 일이다. 사천왕사 왔소는 고대부터 일본과 동아시아의 교류를
시대별 가장행렬로 재현하는 축제로, 1990년부터 시작됐다. 오사카가 재
일동포들이 가장 많이 살고 고대부터 한일교류가 활발했던 지역임을 착안

해, 관서흥은関西興銀의 주도로 사천왕사 및 다니마치 거리에서 열리기 시작했다.

그러나 이 축제는 2001년 관서흥은이 파산하면서 그해 열리지 못했다. 2002년에는 뜻을 같이하는 사람들이 축제를 이어갔고. 2003년부터는 NPO 법인 '오사카 왔소 문화교류협회'가 행사 장소를 오사카성 옆의 나니와궁 터로 옮겨 열어왔다. 처음 시작할 때는 퍼레이드를 포함해 참석자들의 대부분이 재일동포들이었는데, 최근은 일본인 참가자 비율이 70%나 될 정도로, 오사카지역의 대표적인 축제로 자리 잡았다고, 이노쿠마 이사장은 설명해줬다.

나는 이노쿠마 이사장에게 30년 전통의 축제를 코로나 때문에 중지하는 것은 너무 아쉬우니, 30년의 역사를 되돌아보는 심포지엄 등의 행사로 대체하는 것도 연구해 보자고 제안했다. 단지 코로나 때문에 중지한다는 것보다는 코로나가 가져다 준 틈을 반성과 발전의 계기로 삼아보는 것도 의미가 있을 것 같다고 말했다.

또 하나는 이날 밤 9시부터 2시간여 동안 열린, 강경화 외교부 장관 주재 전재외공관장 화상회의다. 전 세계에 퍼져 있는 180여 개 공관의 공관장을 한꺼번에 연결하자니 불가피하게 회의 시간대가 밤 시간이 됐다. 다행스럽게도 이날 미리 잡혔던 저녁 약속은 시간을 조금 당겨서 하는 걸로 조정할 수 있었다.

아마 전 세계의 공관장을 화상으로 한꺼번에 연결해 회의를 한다는 발상은, 코로나 사태가 일어나지 않았다면 나올 수도 없었을 것이다. 또 문제가 있더라도 '일단 해보자'라는 도전정신이 없으면 실행하기 어려운 일이라고 생각한다. 나는 회의가 과연 잘 될 수 있을까 생각하며 참석했지만, 예상외로 괜찮았다는 느낌을 가졌다. 데스크톱 화면에 200명 가까운 참석자들의 얼굴이 우표 수집장의 우표 딱지처럼 따닥따닥 붙어 있어 얼굴 구별도 어려웠지만, 이렇게라도 모여 소통할 수 있다는 게 신기했다.

많은 사람이 참여하는 회의인지라 발언하는 사람의 수에 한계가 있고 쌍

온라인을 통한 전세계공관장회의 장면

방형보다는 일방형의 회의가 될 수밖에 없었다. 하지만 세계 공통의 코로나 사태라고 해도 지역에 따라 사정과 관심사, 어려움이 각기 다르다는 것을 알 수 있는 유익한 회의였다. 이 회의에 참석하면서, 코로나 이후에는 불가피하게 온라인을 통한 외교의 비중이 훨씬 커질 수밖에 없을 것이라 느꼈다. 오사카총영사관도 이런 추세에 대비해 최근 행정직원 인사를 하면서 '온라인 담당'을 신설했다. 이날은 코로나가 우리에게 던져준 충격을 다각도에서 맛본 하루였다.

2020.7.15.

4개월 보름 늦게 열린
삼일절 기념식

오사카민단 주최 제101회 삼일절 기념식이, 7월 14일 오후 열렸다. 무려 넉달 보름이나 늦게 열린 '지각 삼일절' 기념식이다. 짐작하겠지만, 삼일절을 즈음해 일본에서도 코로나 19 감염이 심해지면서 감염 방지 차원에서, 올해는 기념식을 하지 않기로 했었다. 행사를 무리하게 하다가 감염 사태라도 일어나면 큰일이라는 판단에 따른 조치였다.

그래도 동포들은 못내 서운했던 모양이다. 70년 이상 해오던 행사를 못 하는 것에 대한 아쉬움이 큰 것 같았다. 다른 나라는 모르지만 식민지 모국이었던 일본에 살며 차별과 억압을 겪었던 재일동포의 입장에서는 삼일절은 절절할 수밖에 없다.

마침 코로나 사태가 다소 진정되면서 이런 아쉬움을 털고 가자는 얘기가 나오고, 민단 지도부가 늦게나마 삼일절 행사를 열기로 결단했다고 한다. 인원은 500명 정도가 참석했던 예년과 달리, 각 지부 간부 중심으로 80명 정도로 축소했다. 또 체온 측정과 손 소독, 마스크 착용, 거리 유지도 철저히 지키며 행사를 진행했다. 행사에 참석한 동포들의 표정은 어느 때보다도 엄숙하고 진지해 보였다. 역시 일본 동포사회의 특수성을 생각할 때 그냥 넘어가지

코로나 시대 속의 지각 삼일절 기념식

않고 늦게라도 행사를 하길 잘했다는 생각이 들었다.

나는 예년에 하던 대로 대통령의 기념사를 대독했다. 시간이 지나고 상황이 많이 바뀌었지만, 코로나와 같은 비전통적 위협은 국제적인 연대로 풀어야 한다는 대목은 여전히 절실하게 다가왔다.

일반사단법인 재일한국상공회의소 제58회 정기총회가 7월 29일 오사카민단 본부 강당에서 열렸다. 통상은 도쿄에서 열렸는데 도쿄에 코로나 감염자가 급증하는 바람에 장소를 오사카로 옮기기로 했다고 한다. 그러나 총회가 열린 날, 공교롭게도 오사카부의 감염자 수가 226명으로 최고치를 경신했다.

이 단체는 재일동포 상공인들의 가장 중심적인 단체다. 현재 도쿄를 비롯해 17개 도도부현의 지방상공회의소에 1만여 명의 회원을 거느리고 있다. 그러나 그 역사를 더듬어보면, 길이 순탄하지만은 않았다. 1962년 설립된 뒤 동포사회와 조국의 경제 발전에 큰 공헌을 해왔지만, 조직적으로 분열과 갈등의 상처도 겪었다.

민단과의 사이에서 벌어졌던 큰 갈등구체적으로는 민단 쪽의 재일상공회의소와 일반사단법인 재일상공회의소 사이의 갈등은 2016년 '통합일반사단법인 재일한국상공회의소'로 정리되면서 해소됐다. 그러나 아직까지 일부 지역의 상공회의소가 이 통합단체에 참가하지 않는 등, 작은 갈등이 이어지고 있다. 그 대표적인 단체가 오사카한국상공회의소다.

즉, 오사카가 아직 남아 있는 갈등의 핵심 지역인 셈이다. 이런 상황 속에서 재일한국상공회의소 총회가 처음으로 오사카에서 열리고, 나는 관할지역 총영사로서 주최 측으로부터 축사 요청을 받았다. 마치 갈등의 한 복판에 서야 하는 셈인데, 곤혹스럽지 않다고 하면 거짓말이다. 그래도 내가 근무하는 지역에서 전 재일 상공인을 대표하는 단체가 총회를 하는데, 관할지역의 단체가 다소 불편해하더라도 참석하지 않을 수 없다는 판단을 했다. 오사카한국상공회의소는 오사카민단의 산하단체이기도 한데, 오용호 오사카민단 단장도 참석해 환영사를 했다. 도쿄에서 여건이 중앙 민단 단장도 참석해 격려사를 했다. 이들의 참석이 나의 부담을 약간 가볍게 해준 것은 분명하지만, 그것이 아니더라도 일을 하다 보면 모든 사람의 박수만 의식해서는 안 될 때가 있다. 이번이 그런 경우의 하나가 아닐까 생각했다.

나는 축사에서 그동안 재일한국상공회의소가 재일사회와 조국에 기여한 점을 평가한 뒤 "조직적으로 해결해야 할 일부 문제가 남아 있는 것으로 알고 있는데, 서로 작은 차이를 버리고 큰 같음을 추구하는 대동의 정신으로 머리를 맞대어 좋은 해결책을 찾기 바란다"고 말했다. 또 이번 오사카 총회가 동포 상공인의 화합을 위한 큰 전기가 되길 기대한다고 말했다. 이번 총회에서는 가나가와한국상공회의소 회장인 조성윤趙成允 씨가 임기 2년의 새 회장으로 뽑혔다. 새 회장 체제에서는 부디 오사카한국상공회의소도 함께 참가하는 명실상부한 재일한국상공회의소가 되길 바란다.

2020.7.31
〈사랑의 불시착〉이 몰고 온
'제4의 한류 붐'

7월 30일, 오랜만에 이쿠노구 코리아타운에 갔다. 아마 코로나 19 감염 사태가 벌어진 뒤 처음인 것 같다. 직접 가보지 못했던 기간 중에도 그쪽에 살거나 일하는 사람들로부터 소식을 들었지만, 직접 눈으로 보고 싶었다. 장마 뒤 무더운 날씨인데도 상점가에 사람들이 많았다. 코로나가 심할 때 거리가 썰렁했다가 긴급사태 선언이 해제된 5월 말부터 예전의 모습으로 돌아왔다는 소식을 들었는데, 이런 상황을 직접 눈으로 확인할 수 있었다.

이날 코리아타운에 가기 전에 그 근처에서 미유키도리 상점가, 이른바 코리아타운 상점가의 대표들을 만나 점심 간담회를 했다. 3월 초 민단 지부로부터 시작해 청년, 경제 등 지역 내 여러 단체 대표들을 만나 의견을 듣는 활동의 연장이다. 코리아타운 상점가는 5백여 미터의 거리에 중앙, 동, 서 3개의 상가회가 있다. 점포수는 중앙상가회에 42개, 동상가회에 40개, 서상가회에 38개가 속해 있다. 예전에는 김치가게, 음식점이 많았는데, 최근에는 한류 붐의 영향으로 화장품, 액세서리 가게가 늘고 있다고 한다.

간담회에는 세 상가회의 회장이 모두 참석할 예정이었으나, 서상가회의 회장이 급한 일로 빠졌다. 그래도 전부 연결되어 있는 상가여서 최근의 얘기를 생생하게 들을 수 있었다. 코로나 이전에는 외지 사람들이 너무 많이 오는 바람에 동네 사람들이 없었는데 코로나 이후에는 동네사람이 많아졌고, 관광객을 대신해 오사카 주변의 일본 사람이 거리를 채우고 있다고 한다. 한 참석자는 "한국을 좋아하는 사람들이 한국에 직접 가지 못하니까, 대신 이곳에서 한국을 맛보기 위해 많이 찾아오는 것 같다"고 말했다.

최근에는 젊은이뿐 아니라 다양한 연령대의 사람들이 이곳을 찾아 오고 있다고 한다. 코로나 사태를 계기로 사람들이 집에 머무는 시간이 많아지면서 〈사랑의 불시착〉 등 한국 드라마가 전 계층에서 인기를 끌고 있는 현상과 흐름이 비슷한 것 같다는 것이다. 이런 점에서 온라인 매체를 통해 퍼지고 있는 한국 드라마 인기는 이전과는 확실히 구별되는 '제4의 한류 붐'인 것 같다는 의견도 나왔다. 마침 31일 아침 〈아사히신문〉을 보니 여론면에 〈사랑의 불시착〉과 관련한 기사가 크게 나와 있었다.

상가회 대표들은 이곳을 찾는 사람들은 대체로 '정치는 정치, 개인 기호는 기호'라는 의식을 예전보다 확고하게 가지고 있는 것 같다면서, 코리아타운이 고베의 차이나타운 '난징마치'처럼 오사카의 다문화 공생을 상징하는 지역으로 발전했으면 좋겠다고 말했다. 나도 일본 어디에도 재일한국인들이 이렇게 집단적으로 오랜 기간 터전을 잡고 살고 있는 곳은 없다면서,

코리아타운 상점회 대표들과 함께

서로 협력해 이곳을 한일 우호와 협력, 공생의 발신지로 만들어가자고 말했다. 이날은 상가회 대표들의 생기발랄한 모습에, 오랜만에 좋은 기를 듬뿍 받았다.

최근 오사카의 최고 기온이 36-37도를 넘나들고 있다. 코로나 19 감염자수도 200명 수준을 오르내리고 있다. 코로나 감염 방지를 위해서는 마스크를 쓰지 않을 수 없고, 더위에 마스크를 계속 쓰고 있자니 숨이 막힐 지경이다. 이나저나 정상생활을 영위하기 곤란한 진퇴양난의 상황이다.

이런 이유 때문에 여름방학을 이용해 계획했던 행사도 어려움을 겪고 있다. 8월 11일 실시할 예정이던 한글학교 교사연수회는 관계자 가운데 코로나 감염자가 나오는 바람에 급히 취소됐다. 올해부터 처음 하는 행사여서, 주최자인 관서지역 한글교사협의회에서 열심히 준비했는데 아쉽게 됐다.

간사이지역 민족교육 강사 여름 연수회도 어려움을 겪었다. 원래는 교토의 한국과 관련한 문화유적 탐방을 포함해, 11-12일 이틀 일정으로 할 예정이었다. 그런데 교토지역도 코로나 감염자가 늘고 있고 단체로 이동하는 것이 불안해 12일 하루 일정으로 단축했다. 500명 수용 가능한 민단 오사카 강당에서, 30여 명이 참석해 코로나 감염 대책을 철저히 한 채 실시했다. 일부에서는 연기하자는 목소리도 나왔지만 평소에도 자주 만나기 힘드니 감염방지 대책을 철저히 한 채 하기로 결정했다. 그동안 수많은 역경을 뚫고 이지역의 민족교육을 이어온 강사들의 열정과 의지를 느낄 수 있었다. 나는 연수회 인사말에서 애초 예정했던 일정대로 연수회를 하지 못한 것은 아쉽지만, 코로나 사태 속에서도 연수회를 하고자 하는 열정이 이 지역의 민족교육을 유지해온 힘이었던 게 아닌가 생각한다고 말했다.

코로나 감염 사태 속에서 충분한 거리를 유지한 채 실시한 민족강사연수회

퇴근한 뒤 한 참가 선생님이, 연수회에 참석해 관심을 표시해 준 데 대해 고맙다는 메시지를 보내왔다. 그래서 어려운 상황에서 고생했다고 답신했더니, "아니, 너무 재미있고 보람 있었어요"라는 즉답이 왔다.

2020.8.17.
코로나로 연기 또는 축소된 광복절 행사

삼일절과 광복절은 우리나라 사람 모두에게 중요한 국경일이다. 그 중에서도 더욱 각별하게 이 두 국경일을 맞는 사람들이 재일동포다. 식민지 모국에서 직접 고통을 받다가 해방되었지만 지금도 알게 모르게 차별을 받으며 살고 있으니 두 국경일을 맞는 그들의 심정이 얼마나 절절하겠는가.

그런데 올해 초부터 코로나 19 감염이 확산하면서 일본 각지의 민단이 제 날에 삼일절 행사를 열지 못했다. '광복절 날은 괜찮아지겠지' 했지만 여전히 코로나가 맹위를 떨치면서 정상적인 광복절 행사도 열지 못했다. 오사카민단은 삼일절 때처럼 행사를 무기 연기했다. 교토, 시가, 나라, 와카야마민단은 규모를 줄이고 철저한 감염대책을 마련한 채 행사를 했다. 시가, 나라, 와카야마는 8월 15일에 하고, 교토는 하루 늦은 16일에 했다.

오사카 총영사관 직원들은 지역을 나누어 참석해, 각 기념식에서 대통령의 경축사를 대독했다. 나는 오사카와 교토 담당인데 오사카 기념식이 연기되는 바람에 16일의 교토 기념식에만 참석했다. 교토 기념식은 오후 4시부터 시작했다. 연일 37, 8도를 오르내리는 혹서가 이어지고 있는 것을 고려한 시간 조정이다. 덕분에 땀은 덜 흘렸다.

교토의 행사는 두 가지 점에서 이전과 달랐다. 우선 장소를 민단 강당에서 호텔로 옮겼다. 인원을 축소하면서 철저하게 감염방지 대책을 취하겠다는 의도로 보였다. 이전에는 200명 정도가 참석했는데 이날은 60여명만 참석했다. 두 번째는 젊은 층의 참석이 눈에 띄었다. 마지막 폐회사를 지역 청년단체인

코로나 감염 여파로 호텔로 옮겨 일린 교토민단 광복절 행사

교토청년회의소 대표에게 맡겼다. 젊은이에게 역할을 줌으로써 참석 동기를 주려는 배려가 느껴졌다. 청년들이 없는 것도 아닌데 그들이 민단 행사에 참석하지 않는 것은 역할이 주어지지 않기 때문이라는 지적이 줄곧 있어온 터다.

이날 행사는 기념식, 만찬, 공연의 3부로 진행되었다. 일본 지자체와 지방의원들도 참석했는데, 재일동포들이 코로나 속에서도 정연하고 깔끔하게 행사를 하는 모습에 놀라는 모습이었다. 한 일본 참석자는 "우리는 코로나 때문에 행사를 거의 취소했는데, 배울 점이 많다"고 말했다. 작지만 격조 있는 행사에 나도 어깨가 조금 올라갔다.

2020.8.25.
총영사관과 민단 대표만
참석한 '작은 추도회'

8월 24일. 75년 전 이날 교토부 마이즈루항에서 고국으로 돌아가려는 수천 명의 동포들을 태운 우키시마마루가 폭침된 날이다.

일본 당국의 발표에 따르면, 이 사고로 우리동포 524명 등 모두 549명이 숨졌다. 그러나 아직도 정확한 승선 인원 및 사고 원인이 정확하게 규명되지 않고 있다.

1978년 사고 해역이 내려다보이는 마이즈루시 시모사바카공원에 희생자 추모비가 마이즈루 시민의 힘으로 건립됐다. 그때부터 줄곧 사고 날인 8월 24일, 이곳에 마이즈루 시민과 재일동포 등이 모여 추도회를 해왔다. 드물게 민단과 총련이 함께하는 행사다. 한국에서 민노총과 노총 대표들도 언제부턴가 참석하기 시작했다. 올해는 한일의 시민이 함께 참석하는 추도회가 어렵게 됐다는 소식이 한참 전부터 들려왔다. 코로나 19 감염 여파로 사람들이 많이 모이는 행사를 열기 어렵다는 것이다.

나는 이 소식을 듣고, 그래도 해야 한다고 생각했다. 추도회를 주최하는 일본 시민 단체가 그런 방침이라면, 총영사관과 민단 등 동포 대표만이라도

추도식에 참석한 교토민단 대표와 마스크를 쓴 채 찍은 기념사진

참석하는 '작은 추도회'를 하면 어떻겠냐고 제안했다. 교토민단도 이를 받아들여, 이날 오후 1시부터 민단과 총영사관 직원 10여 명만 참석한 채 추도회를 거행했다.

　날씨도 덥고 해서 20분 만에 식을 모두 마쳤다. 오사카에서 추도회 장소까지 편도 150km, 왕복 3시간이 걸리는 거리인지라 좀 허망한 감도 있었다. 하지만 이런 식으로나마 추도회를 하길 잘했다고 생각했다. 어떤 어려움이 있어도 일본의 식민 지배 아래서 억울하게 숨진 동포들을 나라가 잊지 않고 있다는 걸 보여주고 싶었다. "해방된 조국과 가족의 품으로 돌아오지 못한 동포들을 끝까지 기억해야 한다." "대한민국은 단 한 사람의 국민도 포기하지 않겠다." 추도사에서, 올해 광복절 대통령 경축사의 위와 같은 대목을 상기했다.

　추도회가 끝난 뒤 동포 대표들에게 아마 마스크를 쓰고 찍은 이 사진이 되돌아보면 우키시마마루 희생자 추도회 역사에 가장 인상적인 장면이 될지도 모르겠다고 말했다.

2020.9.9.
코로나로 무산된 한일 문화의
하모니 2020 in NARA

　간사이지역은 제10호 태풍이 지나간 뒤 더위가 좀 물러간 듯하다. 거의 매일 최고기온이 35도를 넘다가 2, 3도 정도밖에 떨어지지 않았는데도 시원하게 느껴진다. 우리 몸이 더위를 느끼는 정도도 절대 변화보다 상대 변화에 더욱 예민한 것 같다.

　9월 9일, 오랜만에 나라시에 갔다. 나라시에서 한일교류 문화행사인 '역사의 길-한일문화의 하모니 2020 in NARA'를 준비해온 한일 공동실행위원회 관계자들을 위로하기 위해서다. 이 행사는 올해 처음으로 나라시 헤이죠쿄平城京 궁터에서 9월 20일 열릴 예정이었다. 이제까지는 아스카무라에서 격년으로 열려왔다. 그런데 고대부터 한일교류가 시작된 나라에서 2년마다

코로나로 무산된 행사를 위로하기 위해 마련한 점심 식사모임

행사를 하는 것은 부족하니 매년 하되 한 번은 그대로 아스카무라에서, 또 한 번은 헤이죠쿄에서 하자는 의견이 현지 지역사회를 중심으로 나왔다.

오사카총영사관도 좋은 아이디어라며 적극 후원하기로 했고, 현지에서도 봄부터 나라민단과 나라부인회, 나라한국상공회의소, 나라일한친협회 등 관계자가 실행위원회를 만들어 열심히 준비를 해왔다. 나라현과 나라시를 비롯한 나라현의 각 지방자치단체도 적극 후원 의사를 밝혔다.

그러나 코로나 제2파가 발목을 잡았다. 행사 한 달여를 남긴 시점에서 나라현 감염자 수가 최고치를 기록하면서 울며 겨자 먹기로 행사 중지를 결정했다. 8일과 9일에는 나라현 전체에서 각각 1명씩밖에 감염자가 나오지 않는 등 코로나 감염자 수가 줄었지만 홍보 등의 시간을 감안하면 불가피한 결정이었다.

준비해온 실행위 관계자들로서는 얼마나 아쉽겠는가. 그래서 이날 그동안의 노고를 위로하고 내년에 더욱 발전된 행사를 하도록 격려하기 위한 점심 식사 자리를 만들었다. 참석자들은 행사가 열리지 못해 아쉽지만, 한일 양쪽 관계자들이 함께 행사를 준비하면서 유대도 깊어졌고 어떻게 하면 더 잘할 수 있는지도 알게 되었다고 입을 모았다. 나도 함께 공동 작업을 하면서 다져진 유대가 가장 튼튼한 것 같다면서, 내년에 행사를 하면 총영사관도 더욱 열심히 돕겠다고 격려했다.

2020.9.20.
연기된 광복절 기념식 때문에
더욱 쏙 들어온 대통령 경축사 내용

코로나 재유행으로 연기되었던 오사카민단 주최 제75주년 광복절 기념식이 9월 20일 열렸다. 오사카총영사관 관할지역 중에서 교토부, 시가현, 나라현, 와카야마현 등 4개 지역은 8월 15, 16일에 소규모로 기념식을 마쳤는데, 오사카만 연기한 바 있다. 오사카민단은 삼일절도 4개월 보름이나 연기

코로나로 삼일절에 이어 연기되어 열린 오사카 민단의 광복절 기념식

해 연 적이 있다. 아마 오사카민단 역사상 삼일절과 광복절 행사가 모두 제 날에 열리지 못한 것은 전무후무한 일이리라. 코로나 위력이 대단함을 다시 한 번 느낀다.

　오사카민단 본부 5층 강당에서 열린 이날 기념식에는 민단 간부를 중심으로 130여 명이 참석했다. 예년에는 5-6백 명이 참석해왔는데, 코로나 감염 방지를 위해, 참석 인원을 3분의 1 정도로 제한했다. 입장할 때 손 소독을 하고 체온을 측정하고, 식을 하는 동안 모두 마스크를 썼다. 이제 누가 말을 하지 않아도 누구나 지키는 수칙으로 자리 잡았다.

　이날 행사에 앞서, 8월 15일에 〈한국방송KBS〉이 재일동포들이 조국의 독립과 발전을 위해 힘써온 역사를 제작해 방송한 〈당신이 대한민국입니다〉라는 프로그램을 보는 시간을 가졌다. 또 대통령 경축사의 일본어 번역본도 미리 참석자에게 배포했다. 예전처럼 본국과 같은 날에 행사를 할 경우에는 있을 수 없는 일이다. 그리고 보니, 코로나가 마냥 나쁜 면만 있는 것은 아니다. 기념식에서 대통령 경축사를 대독할 때, 이전에는 한국말로 낭독하는 경축사를 따라잡지 못하는 동포가 많았다. 그런데 이번은 미리 배포한 일본어 번역본 때문인지 청중의 집중력과 이해력이 더욱 높아진 것 같았다.

　민단 오사카본부가 지역에 사는 어린이를 돌보는 보육원 사업을 시작한다. 보육원 이름은 '나카자키 하나보육원'이고, 운영 주최는 민단 간부 등이 이사를 맡은 '사회복지법인 하나 모임의 집'이다.

　민단 오사카본부 건물 옆의 주차장 부지에서, 9월 23일 보육원 기공식 일본식으로는 지진제을 했다. 민단 간부와 오사카한일친선협회 관계자, 공사 관계자 등 50여 명이 참석했다. 기공식은 순수 일본식으로 진행되었는데, 식을 집

지역주민을 위한 오사카 민단의 보육사업 '하나 보육원' 기공식

전한 사람에 따르면 고분시대로부터의 전통이라고 한다.

민단 주차장 터에 들어설 보육원 건물은 다음 주부터 공사가 시작되어 내년 3월에 완공될 예정이다. 그리고 4월부터 70명 정도의 어린이를 모집해 개원할 계획이다. 민단은 애초 이 터에 노인요양원을 지을 생각이었는데, 지역에 노인요양원은 충분한 데 비해 보육원은 매우 부족한 점을 감안해, 보육원을 개원하기로 방향을 바꿨다. 민단이 있는 오사카시 기타구는 보육원에 들어가기 위해 대기 중인 어린이만 400명이 넘어, 시와 구에서도 보육원 건설에 적극 협력하고 있다고 한다.

무엇보다 이 사업이 중요한 것은 일시적인 행사가 아니라 지속적인 사업의 형태로 일본 시민에게 도움을 주는 사업이라는 점이다. 동포사회의 틀을 넘어 일본사회와 함께하는 이런 사업이 정착하고 많아질수록 다문화 공생의 기반도 튼튼해질 것이다.

실제로 민단 오사카본부 소속의 다카쓰키지부와 야오지부에서 각각 보육원 사업과 노인 요양사업을 하고 있는데, 한일 정부 간 갈등 속에서도 사업을 통한 지역 주민과 협력 및 유대가 눈에 띄게 깊어지고 있다고 한다. 나는 기공식이 끝난 뒤 민단 간부들과 간담회에서 "이번 사업을 잘 이끌어감으로써, 일본 각지의 재일동포 사회가 따라 배울 수 있는 '오사카 모델'이 되었으면 좋겠다"고 말했다.

2020.9.25.
나이 많은 민단 참석자와
젊은 비 민단 참석자의 교류

코로나 탓에 올해 계획했던 대규모 행사가 많이 취소되었다. 민단 오사카본부가 중심이 되어 5월 30일 오사카성 공원 태양의 광장에서 열리던 '2020 한일 우호친선 다문화 페스타-한류 한마당'이 대표적이다.

오사카민단은 2018년부터 실내에서 이 행사를 해왔는데, 올해는 규모도 키우고 내용도 다양화해 실외에서 열기로 결정하고 준비에 박차를 가해왔다. 그리고 민단뿐 아니라 지역의 청년단체와 신정주자 단체까지 포함하는 10여 개 단체가 참여하는 실행위원회를 구성했다. 실행위원회에는 그동안 민단과 거리가 있던 단체도 다수 참가했다. 또 민단 쪽도 행사의 기획과 준비를 참여한 젊은이들에게 맡긴다는 방침을 세웠다.

실행위원들은 1월과 2월 두 차례 회의에서 케이팝 공연, 전통문화 공연, 한식 체험, 한국문화 체험 등의 프로그램을 넣어 한일우호 분위기를 이끌어내기로 했다. 참석 인원도 수만 명 규모로 상정하고 홍보 등에 힘을 쏟기로 했다. 그러나 코로나 감염이 본격화하면서 올해 개최를 포기했다. 한때 10월 개최도 생각했으나, 준비기간과 홍보, 한국에서 공연팀 초청의 어려움 등을 고려해 아쉽지만 올해 대회를 취소하기로 결정했다.

9월 24일, 실행위원회에 참석했던 위원들과 민단 간부들을 초청해, 위로하고 격려하는 모임을 열었다. 자리를 마련해 보니, 나이 많은 민단 참석자와 젊은 비 민단 참석자의 대비가 두드러져 보였다. 그러나 서로 돌아가면서 이야기를 하다보니 금세 화기애애한 분위기가 됐다. 60대 중후반의 민단 간부들이 과거 어렸을 때 차별과 이지메를 당했던 얘기를 하자, 청년들도 숙연하게 귀담아 들었다. 또 최근 케이팝과 〈사랑의 불시착〉을 비롯한 한국 드라마의 인기, 한국음식의 인기가 한일 시민 사이의 우호에 큰 역할을 하고 있다는 얘기도 나왔다.

나는 "이번에 청년, 학생단체까지 폭넓게 참가한 실행위원회가 만들어지고 의욕적으로 준비를 해왔는데 매우 아쉽다"면서 "그러나 준비과정의 경험이 앞으로 행사를 하는 데 큰 힘이 될 것으로 믿는다"고 말했다. 그리고 단지 한 번 만나서 식사하고 헤어지는 것이 아니라 이렇게 구체적인 일을 통해 이뤄진 관계가 훨씬 단단하고 오래갈 것이라고 덧붙였다. 올해 행사는 비록 무산되었지만, 민단 측도 숙원 과제의 하나인 차세대 발굴 및 육성에 큰 힘을 얻었다고 말했다.

코로나로 무산된 '2020 한류 한마당'을 준비해온 실행위원들을 위한 위로 모임

조선통신사는 당시의 '한류 붐'이 아니었을까, 생각한다.

조선통신사는 임진왜란 뒤인 1607년부터 1811년까지 모두 12차례 일본을 방문했다. 정사, 부사를 비롯해 300-500명의 대규모 사절단이 부산을 출발해 에도지금의 도쿄까지 갔다. 통신사 안에는 관료 외에도 문인, 학자, 화가, 악단 등도 동행했다. 8-10개월 동안 일본을 종단해 이동할 때마다 지역 전체가 들썩였다고 한다. 통신사가 지날 때마다 유행이 바뀌기도 했다고 한다.

간사이지역에도 조선통신사가 남긴 흔적이 많다. 교토에 있는 민족학교인 교토국제학교가 올해 초 '간사이지역에 넘겨진 조선통신사 흔적'이란 책을 사회과 부교재로 출간했다. 박경수 교장을 비롯한 학교 선생님들이 조를 나눠, 조선통신사 흔적이 있는 곳을 방문해 사진을 찍고 기록물을 토대로 책을 만들었다. 본문과 사진설명까지, 한일 양국의 학생이 이해할 수 있도록 한국어와 일본어를 함께 사용했다.

이 책을 받아본 순간, 책 출간으로만 그쳐서는 안 되겠다는 생각을 했다. 한일 사이에 있었던 어려운 일을 풀고 우호관계를 구축했던 이야기를 많은 사람에게, 특히 어린 학생들에게 많이 알리는 게 필요하겠다고 생각했다. 일요일인 9월 27일, 교토에서 오사카총영사관과 교토국제학원 공동 주최로 책 발간 기념 세미나를 했다. 코로나 감염을 우려해 참석 인원을 60명으로 제한한 것이 아쉽지만, 매우 의미 있고 충실한 행사였다. 무엇보다 지역에서 민족교육에 관계하는 선생님들, 한글을 외국어로 채택하고 있는 일본학교 선생님들이 많이 참석한 것이 뿌듯했다. 세미나에서는 박 교장 선생님이 책 발행 과정을 설명하고, 일본 쪽에서 한국 시민단체와 함께 조선통신사 관련 기록의 유네스코 기록 유산 등재에 크게 힘썼던 나카오 히로시 교토예술대 객원교수가 조선통신사의 의미와 교훈에 관해 특강을 했다.

간사이에 남겨진
조선통신사 발자취
関西に残された朝鮮通信使の足跡

교토국제중·고등학교

교토 국제학교가 출간한 조선통신사
관련부교재

조선통신사 관련 부교재 중간 기념 세미나

이어 2부에서는 교토국제학원 선생 2명이 나와, '한일의 역사를 배우는 학생들의 의식에 대하여'와 '부교재를 사용한 수업 사례'를 발표했다. 특히, 수업 사례가 흥미로웠다. 조선통신사가 왜 당시 사람들에게 인기가 있었는지, 지금 조선통신사가 일본에 오면 무슨 음식을 대접하고 싶은지 등의 물음에 학생들은 지금 벌어지고 있는 일과 연결해 답변했다. 역사가 단지 과거의 일이 아니라 현재와 연결되고 있는 것을 실감하게 하는 내용이었다.

마지막에 이뤄진 질문응답도 좋았다. 조선통신사를 가르칠 때 주의할 점, 한일 역사를 가르치면서 느낀 학생들의 변화, 재일동포 학생들의 본명 사용에 관한 학교의 정책 등이 화제에 올랐다.

조선통신사의 화제가 다른 사람보다, 어린 학생들에게 교육하는 교육자들 사이에 공유되고 논의된 것이 이날 세미나의 가장 큰 성과라고 생각한다. 나는 인사말에서 "앞으로 한일관계는 양국 정부에 좌우되기보다는 양국 국민들의 상호이해와 공감에 좌우될 가능성이 크다고 생각한다"면서 "이번 세미나가 학교와 사회 구석구석에서 '내가 바로 조선통신사다'라는 말이 흘러넘치는 기폭제가 되길 바란다"고 말했다.

10월 9일은 한글날이다. 삼일절, 광복절, 개천절과 함께 4대 경축일이다. 재외공관은 주재국 휴일에 맞추어 쉬지만, 4대 국경일은 재외공관도 한국의 달력대로 휴무를 한다.

한글날 전야인 8일, 오사카총영사관 주최로 제574돌 한글날 기념 리셉션을 열었다. 오사카 제국호텔에서 동포 및 일본 각계 인사, 각국 총영사 등 240명을 초청해 2시간 동안 행사를 했다. 아마 코로나 감염 이후 일본 안에서 열린 최대 규모의 리셉션 행사가 아닐까 생각한다.

코로나 감염이 끝나지 않은 속에서, 웬 대규모 리셉션이냐는 생각도 들 것이다. 사실 코로나 때문에 리셉션을 해야 할지 말아야 할지 많은 고민을 했다. 결론적으로 연중 가장 중요한 행사라는 의미를 살리면서, 철저한 감염 대책을 취한 채 행사를 열기로 했다. 먼저 호텔 쪽에 어느 정도 인원까지 대응할 수 있는지 확인하고 현지 지자체의 방침도 살펴보면서 규모와 형식을 정했다. 무엇보다 준비 과정에서 적극 호응하고 격려하고 협조해준 참석자들의 힘이 컸다.

입식 행사 때 1천 명 이상이 들어가는 홀에 40개의 테이블을 배치하고, 한 테이블에 6명씩 앉도록 했다. 원래는 테이블 당 10명이 정원인데 거리를 유지하기 위한 배려였다.

행사는 오후 6시부터 시작해, 8시쯤 끝났다. 재일동포 3세 출신의 소리꾼 안성민 씨의 판소리 수궁가별주부가 토끼를 만나는 장면 공연으로 막을 열었다. 다음에 주최자의 인사말, 오용호 오사카민단 단장과 이노쿠마 가네카츠 오사카왔소문화교류협회 이사장의 축사에 이어 차세대를 대표하여 조인 한국교토청년회의소 회장이 건배 제의를 했다.

건배 뒤 식사가 시작되었는데, 돌아다니지 못하고 앉아서 하는 행사이기 때문인지 참석자들이 좀 섭섭해 하는 것 같았다. 더구나 올해는 코로나 대응 차원에서 호텔 측이 외부에서 음식을 들여오지 못하게 해, 한국 리셉션의 인기 메뉴인 한식도 제공하지 못했다. 리셉션의 묘미는 역시 여기저기 회장을 돌아다니며 지인들과 인사를 나누고, 새 친구도 사귀는 것인데 말이다. 그래도 일부 참석자들은 틈을 봐가며 옆 좌석의 사람들과 명함을 교환하며 눈치껏 친교를 했다.

식사가 끝날 무렵에는, 순수하게 일본 젊은이들만으로 구성된 아마추어 댄스그룹이 나와, 케이팝 커버댄스로 분위기를 확 끌어올려 주었다. 이런 분위기 속에서 관내 지자체장 중에서 유일하게 참석한 미카즈키 다이조 시가현 지사가 등단해 마지막으로 참석자 대표 인사말을 했다. 미카즈키 지사는

한글날 리셉션은 미카즈키 시가현 지사(왼쪽에서 두 번째)의 한글 인사로 화룡점정을 이뤘다

오사카총영사의 1000일

전반부 반은 한국말로, 후반부 반은 일본말로 인사를 했다. 올해부터 한국말을 배우기 시작했다는 미카즈키 지사가 또박또박 한국말로 인사를 하자, 참석자들이 뜨거운 박수를 보내며 환호했다. 특히 10년 뒤에는 통역 없이 한국 사람들과 자유롭게 한국말로 대화를 할 수 있도록 노력하겠다고 말할 때는 아이돌 공연을 방불케 하는 반응이 터져 나왔다. 미카즈키 지사의 깜짝쇼로 이날 행사는 점증법의 고조된 분위기 속에서 끝났다.

우수한 문화상품인 한글을 만들어준 세종대왕 덕분에 코로나 속에서도, 한일 정부 간 갈등이 이어지는 속에서도 문화를 통한 상호이해의 폭을 넓힌 하루였다.

2020.10.17.
오사카에서 민단의 전국행사가
빈번하게 열리는 이유

최근 오사카에서 민단의 전국 행사가 빈번하게 열리고 있다. 지난해 9월 6일 '2019년 후반기 전국 지방 단장·중앙 산하 단체장회의'가 열린 것을 시작으로, 올해는 재일한국상공회의소 제58기 정기총회7월 29일와 재일본대한민국부인회 제27기 정기 중앙대회10월 16일가 열렸다.

예년 같으면 모두 민단 중앙본부가 있는 도쿄에서 열리는 행사다. 오사카 지역을 맡고 있는 총영사로서는 이런 큰 행사가 관할지에서 열리는 것이, 그것도 처음으로 도쿄가 아닌 오사카에서 열리는 것이 영광이고 자랑스럽다. 오사카에서 중앙행사가 열리게 된 것은, 무엇보다 수백 명 규모의 인원을 수용할 수 있는 공간이 있기 때문이다. 오사카민단 건물, 즉 오사카 한국인회관의 5층 강당은 최대 600명 정도를 수용할 수 있다. 아마 동포회관 중에서 세계 최대 규모가 아닐까 생각한다. 더구나 올해는 코로나 감염 사태로 큰 회의장이 없으면 큰 규모의 회의를 열기 어렵다는 사정이 더해졌다.

그러나 오사카에 많은 인원을 수용할 수 있는 대규모 회관이 있다는 것만

오사카 민단 강당에서 열린 재일본대한민국부인회 중앙대회 광경

이 이유는 아니라고 생각한다. 오사카를 비롯한 간사이지역에는 전체 재일동포현재 약 43만 명 가운데 3분의 1 정도가 살고, 오사카에만 10만 명 이상의 동포가 있다. 이런 이유로 동포들 사이에서는 오사카를 '재일동포의 수도'라고 부른다. 나는 오사카의 이런 상징성이 전국 단위의 행사를 결정하는 데 큰 영향을 줬을 것이라고 생각한다.

전국 행사가 열리면, 관할지역 총영사 자격으로 축사를 해달라는 의뢰를 받는다. 16일 부인회 정기총회 때도 참석해 축사를 했다. 이번 부인회 총회는 차기 회장 선출을 둘러싼 잡음 끝에 새 지도부를 뽑는 다소 무거운 행사이지만, 기쁜 마음으로 참석했다. 재일동포 사회는 지금 세대교체와 가치교체라는 두 개의 큰 전환점에 서 있는데 그동안 고난의 역사를 잘 헤쳐 왔듯이, 새 시대 새 과제도 '어머니의 힘'으로 잘 극복해 주리라고 믿는다고 말했다.

이날 27기 회장에는 나라현 부인회 유대영 고문이 2명의 경쟁자를 물리치고 당선됐다. 3명을 뽑는 감사에도 오사카총영사관 관할지역에서 2명이나 당선됐다. 재일동포 사회에서 차지하는 간사이지역의 비중이 이렇게나 크다.

2020.10.21.
나의 첫 저서
〈총영사 일기〉가 나왔다

오늘 나의 첫 저서가 나왔다. 제목은 〈총영사 일기〉. 그동안 오사카에 부임한 이래, 페이스북에 〈오사카 통신〉이란 이름으로 실었던 글을 모은 것이다. 내가 도쿄에서 특파원을 할 때부터 알게 된 '일본인 형님'이 내가 페이스북에 올린 글을, 직접 블로그를 만들고 일본어로 번역해 올려주었기 때문에 가능했다. 다시 한 번 감사를 드린다.

이 글을 보고 주위에서 책을 내자는 제안을 했을 때, 처음엔 좀 망설였다. 총영사로 재직하면서 현지에서 책을 낸다는 게 그리 가볍게 결정할 일은 아

일본어판〈총영사일기〉

오사카총영사의 1000일

니라는 생각을 했다. 그러나 총영사로 재직하는 동안 책을 내는 것이 오히려 의미가 있을 것이라는 말을 듣고 용기를 냈다. 공과 사를 잘 구별하면서 일을 처리한다면 그것대로 의미가 있겠다는 마음으로 추진했다.

이렇게 탄생한 책이 나의 첫 저서인 〈총영사 일기〉다. 국내에서도 한두 번 책을 낼 기회가 있었지만 그때마다 사정이 여의치 않아 기회를 잡지 못했다. 이런 탓에 첫 책이 한글이 아닌 일본어 책이 됐다. 책은 이미 활자화되어 밖으로 나왔으니 내용에 관해 구구하게 왈가왈부할 필요는 없을 것 같다. 간단하게 요약하면, 내가 총영사로 부임한 이래, 관할지 오사카부, 교토부, 나라현, 시가현, 와카야마현의 각종 행사에 참석하거나 다양한 사람들을 만나면서, 듣고 보고 말하고 느끼고 생각한 것을 정리한 것이다. 이런 점에서, 책 제목을 〈총영사 일기〉라고 정한 출판사의 결정에 더하고 뺄 것이 없다.

책이 관할지인 오사카에 근거를 두고 있는 동방출판東方出版에서 나온 것도 나름 의미가 있지 않을까 생각한다. 바람이 있다면, 이 책이 냉랭한 한일 사이에 미약하나마 따뜻한 바람을 불어넣었으면 하는 것이다. 책값은 본체 1800엔, 세금을 포함해 1980엔이다.

2020.10.23.
코리아타운 활성화
포럼 개최

오사카에서 한일관계의 모습을 가장 잘 보여주는 곳은 이쿠노 코리아타운이다. 정치적으로 한일관계가 나쁘고 코로나 감염으로 사람의 이동이 둔해졌지만, 적어도 이쿠노 코리아타운은 예외다.

요즘도 코로나 사태 이전 못지않게 한국의 멋과 맛을 즐기려는 일본 젊은 이들이 거리를 가득 메우고 있다. 나는 부임 이래, 이런 현상을 '정랭민열政冷民熱'이라고 표현해왔다. 두 나라 사이에 정치관계가 얼어붙으면 민간도 꽁꽁 얼어붙었던 과거의 패턴과 다른, 새로운 패턴이 정착된 것이 아닌가 하는

코리아타운 활성화 포럼 개최 장면

문제제기다.

오사카총영사관이 10월 22일, 오사카시립대 도시재생플라자, 코리아엔지오센터와 공동으로 코리아타운 활성화 포럼을 개최했다. 정식 행사명은 '도시재생에 관한 한일협력과 코리아타운의 활성화를 위한 포럼'으로, 지역 주민과 학자, 언론 관계자 등 1백여 명이 참석했다. 회의 내용은 〈NHK〉 오사카지역 뉴스에도 나오는 등, 일본 쪽의 관심도 컸다.

이날 포럼은 2부로 진행됐다. 1부에서는 안산, 인천 등 외국인 공동체를 매개로 한 한국의 지역 활성화 사례, 일본의 교토 폰토쵸와 오사카부 야오시의 지역 활성화 사례를 비교 검토했다. 2부에서는 코리아타운에 살거나 그곳에서 활동을 하는 관계자들이 직접 발표자와 토론자로 나와 코리아타운 활성화를 위한 실질적인 대책을 논의했다. 단기적으로는 찾아오는 손님을 위한 공중화장실 및 쉼터 설치와 안내판 정비부터 장기 과제인 재일동포 역사기념관 설치까지 다양한 의견이 쏟아져 나왔다.

마을 활성화의 일반적 원칙으로는 지역의 문화와 역사를 기반으로 하는 스토리 있는 개발, 지역주민의 눈높이 중시, 활동력 있는 젊은 인재 확보, 마을 주민들의 협조 등이 필요하다는 데 공감을 이뤘다. 이쿠노 코리아타운은 이런 원칙이 적용되기에 알맞은 조건을 두루 갖추고 있다는 점에서, 포럼 이후의 움직임이 더욱 기대된다.

2020.10.25.
'교토 코리아 페스티발' 및
'K-POP 댄스페스티발'

"하늘은 높고 말은 살찐다." 10월 25일 일요일은 문자 그대로 천고마비의 날씨였다. 하늘엔 구름 한 점 없고, 기온도 적당해 야외 행사를 개최하기에 최적이었다. 예년 같으면 이맘때쯤 야외에서 대규모 인원이 참석하는 동포 행사가 집중적으로 열렸다. 올해는 안타깝게도 코로나 감염사태 때문에 많은 행사가 취소, 축소되었다.

그래도 사람이 사는 세상인지라, 코로나 감염 사태 속에서도 몇몇의 행사는 창의적인 발상과 대책 속에서 열리고 있다. 일요일인 이날엔 교토와 오사카에서 각각 중요한 동포 행사가 열렸다. 나도 오전과 오후로 시간을 쪼개어 두 행사에 연속 참석해 격려를 했다.

먼저, 교토역 근처의 호텔에서 열린 교토민단 주최의 실내 '교토 코리아 페스티발'에 참석했다. 예년 같으면 조선통신사 행렬을 포함해 야외에서 열렸던 행사인데 올해는 5년간 연속했던 퍼레이드 행사를 중지했다. 그 대신 행렬이 끝난 뒤 실시했던 국서교환식만 떼어내어 호텔 지하 1층 홀에서 했다. 그리고 국서교환식이 열린 홀에서 태권도와 케이팝, 풍물놀이 등 다채로운 공연을 했다. 또 호텔 측에 협조를 부탁해 회의장 안과 주변에 김밥과 지지미, 국수 등의 한국전통음식을 파는 포장마차와 한국전통놀이 마당까지 설치해, 잔치 분위기를 돋우었다. 손 소독과 감염대책을 철저히 한 채 열렸지만, 교토지역의 동포와 한일친선협회 소속의 일본인을 포함해 200여 명이 참석해 오랜만에 친선을 다졌다. 나는 조선통신사 국서 교환식에 앞서 한 축사에서 "이번 행사는 코로나가 끝난 뒤 더욱 높은 평가를 받을 것이다. 코로나 어려움에도 불구하고 한일 우호를 다지려는 오늘의 '현대판 조선통신사'라고 할 수 있다"고 말했다.

이 행사는 오후 3시까지 계속되었으나, 나는 오사카 금강학교 강당에서 열리는 '금강학원 제3회 K-POP 댄스 페스티발'에 참석하기 위해 먼저 회장을 떠났다. 오후 1시 40분경에 금강학원에 도착하니 댄스대회가 열리는 강당 안이 열기로 후끈했다. 참가한 24팀 가운데 6번째 팀이 공연을 하고 있었다.

이날 대회에는 오사카 주변의 초중고에 다니는 K-POP 댄스 강자들이 총출연했다고, 윤유숙 금강학교 교장 선생님이 귀띔을 해줬다. 코로나 때문에 각종 경연 행사가 취소되면서 대면 행사로 거의 유일하게 열리는 이날 행사에 그동안 굶주렸던 주변의 강자들이 대거 참가했다는 것이다. 정말 참석자

코로나 영향으로 실내에서 열린 교토 코리아 페스티벌

들 가운데는 프로를 방불케 하는 팀들도 있었다. 이날 대회도 역시 코로나 방역 대책을 철저하게 갖춘 뒤 진행됐다. 참가 팀과 팀별 2명의 응원단만을 강당에 들어오게 하고, 공연하는 팀 외에는 모두 마스크를 쓰고 거리도 유지하도록 했다. 그래도 전부 합쳐 인원이 2백여 명이나 됐고, 응원과 격려의 환성이 강당을 압도했다. 참가한 학생들도 학생이지만, 행사 진행을 맡은 금강학교 선생님들도 열정적으로 행사를 이끌었다. 이날 대회는 등수를 가리는 경연이 아닌, 자신들의 실력을 발표하는 축제 형식으로 이루어졌는데도 열기가 하늘을 찔렀다.

대회가 끝난 뒤에는 한류 머그컵과 인형 등을 추첨을 통해 참가자들에게 골고루 나누어주었다. 작은 상품을 받고 뛸 듯이 즐거워하는 학생들을 보니, 아무리 댄스를 어른스럽게 해도 학생은 학생이구나 하는 생각이 들었다. 중간부터 참석한 나에게는 폐회 인사가 맡겨졌다. 나는 일본 안의 한류의 유행과 이를 통한 한일우호의 발전을 바란다는 인사말을 준비했으나, 달궈진 분위기를 깰까 봐 간단하게 즉석인사를 하고 내려왔다. "여러분이 오늘 대회에서 자신들의 실력을 잘 보여주었다면 그것이 최고의 행복이고, 여러분이 즐거워하는 모습을 보니 나도 즐거웠다"고 말했다.

두 행사를 마치고 집에 오는 길에, 교토국제고 야구부가 간사이지역 추계 야구대회 4강에 오르면서, 한국계 학교로서 최초로 내년 봄 고시엔대회 출전이 사실상 확정되었다는 길보가 들어왔다. 오늘은 날씨도 좋고, 동포사회에 좋은 일이 가득한 길일인 모양이다.

2020.10.28.
제12회 한국-간사이 경제포럼
2년째 단독 개최

오사카총영사관이 경제 분야에서 가장 중시하는 연례 행사인 '한국-간사이 경제포럼'이 10월 28일 열렸다. 올해가 12번째이다. 코로나 감염 사태 속에서도 간사이지역에서 활동하는 양국의 경제인을 중심으로 1백여 명이 참석했다. 그러나 지난해에 이어 올해도 그동안 이 포럼을 공동주최해왔던 긴키경제산업국이 2년 연속 참가하지 않았다. 우리 총영사관이 거듭 공동 개최를 위해 노력했지만 무위에 그쳤다. 이유를 명확하게 밝히지 않아 알 수 없지만, 한일 정부 사이의 갈등 때문이지 않을까 짐작할 뿐이다. 우리 쪽은 한일 관계가 어렵더라도 경제교류는 활발하게 이뤄지는 게 바람직하다는 생각으로 내년부터라도 공동주최가 이뤄지도록 계속 노력할 생각이다.

이번 포럼은 코로나 감염 사태 속에서 열리는 만큼, 특별히 코로나가 경제에 끼치는 영향에 초점을 맞추었다. 일본의 반도체 관련 전문지인 〈산업타임즈〉의 이즈미야 와타루 사장이 '뉴노멀 시대에서 경제환경의 전망'에 관해 강연을 하고, 〈닛케이신문〉 오사카본사의 와타나베 소노코 편집국장이 '신형 코로나 바이러스와 간사이경제'에 관해 발표를 했다. 이어 코트라 오사카 무역관의 오이시 요시히코 투자팀 과장이 '한국 스타트업의 현황과 협력방안'에 관해 발표했다.

이즈미야 사장은 반도체 전문가답게, 코로나 이후의 세계경제는 반도체 분야가 주도할 것이라고 자신 있게 전망했다. 코로나 상황 속에서 반도체 관련 분야만이 질주하고 있는 점, 그리고 미국 중국 등 주요국이 데이터센터를 비롯해 반도체 분야에 대규모 투자를 하거나 할 계획이라는 점을 들며 반도체가 주도하는 폭발적인 성장이 내년부터 가시화할 것이라고 말했다. 또 반도체 투자를 둘러싸고 세계 각국이 격렬하게 경쟁하는 속에서 한일의 협력이 필요하다고 강조했다.

와타나베 국장은 간사이경제가 1970년 일본 국내총생산의 19%를 차지했던 것을 정점으로 축소 경향에 있는 속에서 코로나가 더욱 나쁜 영향을 주고 있는 상황을 각종 지표를 동원해 설명했다. 특히, 해외 여행객 감소로 인한 타격이 다른 분야보다 크고, 본격적인 회복은 2-3년 걸릴 것으로 내다봤다. 와타나베 국장은 코로나를 통해 확인된 간사이지역의 강점인 의료, IT 관

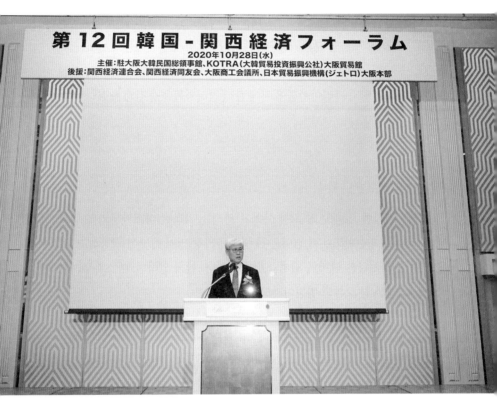

2년째 오사카총영사관 단독으로 개최한 '한국-간사이 경제포럼'

련 분야 부품을 잘 살려나가고, 일본 어느 지역보다 아시아와 긴밀하고 깊게 다면적으로 연결되어 있는 점을 활용할 필요가 있다고 말했다.

두 사람의 발표에 이어 오이시 팀장은 매년 눈에 띄게 성장하는 한국의 스타트업 현황을 알기 쉽게 설명해, 참석자들의 관심을 끌었다.

이날은 매년 포럼이 끝난 뒤 뷔페 음식을 차려 놓고 참석자들이 교류했던 교류회를 코로나 탓에 취소했다. 그 대신 캔 막걸리와 한국의 안주로 구성된 선물을 줬다. 또 포럼의 분위기를 부드럽게 하기 위해 강연자들의 발표 전에 재일동포 70대 소프라노 김계선 씨를 초청해 미니 공연을 했다. 김 씨는 한일의 가곡인 보리밭과 가라마쓰를 멋지게 불러 참석자들을 즐겁게 해줬다.

2020.10.29.
'도래인의 고향'
나라현 아스카무라 방문

10월 29일엔 '도래인의 고향'이라고 불리는 나라현 아스카무라를 방문했다. 고대시대 한반도에서 건너온 사람들이 가장 먼저 이곳에 정착하고, 이곳을 중심으로 일본 각지로 퍼져나갔다고 한다. 쉽게 말하면, 아스카무라는 한반도와 일본 간 교류의 원점이라고 할 수 있다.

이곳에서 오사카총영사관과 나라현 등이 공동으로 격년마다 '역사의 도道'라는 문화 행사를 해온 터여서, 아스카무라의 촌장으로부터 초청을 받았다. 나라현청 관리 출신으로 지난해 3선에 성공한 모리카와 유이치 촌장이 오전 11시부터 오후 4시까지 직접 아스카무라의 이곳저곳을 안내해주었다. 마침 날씨가 너무 좋아서 문화탐방하기에 최적이었다.

먼저 아스카무라 사무소의 옥상에 올라가 아스카 들판을 내려다보며, 모리카와 촌장으로부터 마을 설명을 들었다. 굳이 설명을 듣지 않아도 한국 사람들은 모두 고향과 같은 느낌을 가질 수밖에 없다. 벌판 주위에 낮고 둥근 산은 마치 한국의 시골 모습 그대로다.

아스카무라 사무소 옥상에서 모리카와 촌장을 설명을 들으며 마을을 내려다보고 있다

오사카총영사의 1000일

모리카와 촌장은 한반도에서 배를 타고 오사카의 나니와에 도착한 도래인들이 자연재해와 외적의 침입을 막기에 가장 안전한 이곳으로 와서 자리를 잡았고, 이 때문에 이곳 주변과 땅속에는 도래인들의 흔적이 즐비하다고 말했다. 이곳의 환경과 유적을 보호하기 위해 '아스카무라법'까지 제정되었는데, 모든 건물이 10미터 이상 올라갈 수 없고 지붕은 모두 기와로 해야 한다고 한다.

마을의 전반적인 설명을 들은 뒤는 키토라고분과 소가노 우마코의 묘로 추정된다는 이시부타이석무대 고분, 일본 최초의 절과 불상이 있는 아스카데라 등을 촌장과 직접 돌아봤다. 이곳을 둘러보면서 다시 일본의 고대사와 한반도는 뗄레야 뗄 수 없는 관계에 있다는 걸 느꼈다. 모리카와 촌장은 아스카무라는 일본에서도 한반도와 인연이 가장 깊은 곳이므로, 자매관계에 있는 부여군과 교류를 더욱 강화하고 싶다고 말했다. 또 오사카총영사관과 협력해 하고 있는 문화행사도 지속적으로 해나가자고 말했다. 현재 추진 중인 아스카무라의 유네스코 세계유산등록에도 이곳 문화에 큰 영향을 준 한국 측이 적극 지원해줄 것을 부탁했다.

아스카무라는 지금은 인구 5천여 명 남짓의 작은 농촌마을이다. 하지만 한반도와 관련한 이곳의 역사와 유물은 마을의 규모에 비해 상상할 수 없을 정도로 영향력이 크다. 한일이 근현대의 불행한 일로 갈등하고 있는 때일수록 한일 사이의 오래되고 깊은 인연을 살펴보고 호흡을 가다듬는 여유가 필요하지 않을까 생각한다.

2020.11.2.
예상 밖의 오사카
주민투표 결과

11월의 첫날은 오사카시와 오사카부의 통합 여부를 묻는 오사카 주민 투표가 실시됐다. 지난해 4월 오사카부 지사, 오사카시 시장 선거에서 압승을 거둔 '오사카유신회'가 중점적으로 추진한 정책이고, 유신회 소속의 오사카 지사가 비교적 코로나 감염에 잘 대응했다는 평가가 있는 터여서, 선거운동 초반엔 무난히 '통합 찬성' 결과가 나올 것으로 예상됐다. 그러나 막상 뚜껑을 열어 보니, 반대가 50.6%, 찬성이 49.4%로 오사카시의 존속이 결정됐다. 그동안 선거에서 승승장구를 하던 오사카유신회가 큰 타격을 받게 된 것이다. 덩달아 오사카유신회와 사실상 '각외협력' 관계를 맺어왔던 스가 요시히데 정권에도 이 선거 결과가 좋지 않은 영향을 줄 것이란 분석이 쏟아져 나오고 있다.

선거는 오후 8시까지이지만 단순히 찬반만 묻는 선거여서 결과가 일찍 나오지 않을까 생각했는데, 워낙 박빙의 접전이어서 자정 가까이 되어서야 결과가 나왔다.

선거 다음 날인 2일에는 아침부터 비가 내렸다. 선거에 패한 쪽에서 보면, 을씨년스럽게 느낄 만한 비였다. 나는 빗속을 뚫고 나라에 갔다. 지금 나라국립박물관에서 한창 열리고 있는 제72회 쇼소인전10월 24일·11월 9일, 기간 중 무휴을 관람하기 위해서였다. 부임 이래 매년 개막식에 초대를 받아서 갔다. 올해는 코로나 때문에 개막식은 하지 않고, 정식 개막일 전날에 사전 관람만 있었다. 나는 그날 일정이 맞지 않아 가지 못했다.

박물관에 도착하니, 박물관 측에서 친절하게 안내를 하며 이번 전시물에 관해 설명을 해줬다. 덕분에 전시물을 더욱 깊이 이해하면서 볼 수 있었다. 이번 전시물은 모두 59점전체 쇼소인 보물은 9천여 점인데, 약제와 무기, 마구가 중심이라고 했다. 또 지난해 천황 교체를 기념해 훌륭한 보물이 많이 전시되는 바람에, 올해는 눈에 확 띄는 전시품은 없는 편이라고 했다.

하지만 매년 쇼소인전에 갈 때마다 느끼는 것이지만 1300년 가까운 기간 동안 많은 보물들이 완전한 형태로 보존되어왔다는 것이 놀랍다. 또 당시의 기술과 예술 수준이 지금에 비추어서도 결코 뒤지지 않는다는 것도 놀랍다. 쇼소인의 보물은 당시 일본의 교류 상황으로 볼 때 한반도와 직간접적으로 인연이 있는 것이 많다는 점이, 특히 한국 사람에게 매력적이다.

올해 쇼소인전은 코로나 때문에 좋은 면도 있었다. 다른 해에는 하루에 1만 명 이상의 관객이 몰려 느긋하게 관람하기가 어려웠다. 그러나 올해는 코로나 대책으로 시간제 사전예약으로 하루 2천 명만 받고 있어 여유 있게 관람할 수 있는 이점이 있었다. 그래도 전시를 준비하고 관리하는 사람들의 전전긍긍하는 모습을 보니, 코로나 사태가 빨리 끝나 많은 사람이 맘 편히 훌륭한 보물을 만끽하길 바라는 마음이 간절하다.

2020.1.3.
히라카타시에서 열린
제37회 왕인 박사 축제

일본의 공휴일 가운데는 천황과 관련한 날이 상당수 있다. 11월 3일은 문화의 날로 공휴일이다. 원래 메이지 천황의 생일이었던 것이 문화의 날로 바뀌었다.

매년 11월 3일 오사카부 히라카타시의 전왕인묘에서 '제37회 왕인 박사 축제'가 열린다. 전왕인묘는 왕인묘로 증명되지는 않았지만, 왕인묘로 전해진다는 뜻이다. 이곳에서 1984년부터 매년 오사카일한친선협회 주최로 왕인 박사 축제가 열리고 있다.

나는 임기 3년차이지만, 처음으로 행사에 참석했다. 다른 해는 오사카 나니와궁 터의 '사천왕사 왔소' 축제와 날이 겹치는 등의 이유로 참가하지 못했다. 그러나 올해는 코로나 때문에 사천왕사 왔소 축제가 취소되어 갈 수 있게 되었다.

왕인 박사 축제도 코로나의 영향으로 조촐하게 치러졌다. 히라카타시와 자매결연을 맺고 있는 왕인 박사의 탄생지인 전남 영암군 관계자들이 오지 못했다. 행사도 순서를 대폭 줄여, 나카가와 카즈오 오사카일한친선협회장의 인사말에 이어 참석자들이 헌화하는 것으로 끝냈다. 참석자도 동포와 히라카타시 관계자를 포함해 30여 명에 불과했다.

어찌 보면 초라한 행사지만, 코로나 사태에도 불구하고 한일의 인연을 되새기는 이런 행사가 중단 없이 이어진다는 사실이 참으로 소중하다.

왕인 박사는 405년 일본에 천자문과 논어를 전달한 것으로 전해지고 있다. 1600년 가까운 한일의 인연에 비하면, 최근의 갈등은 한 순간의 사건이 아닐까 하는 생각을 했다.

2020.11.5
겨레얼살리기국민운동본부
교토지부 주최 귀무덤 위령제

요즘 간사이지역은 바깥 나들이하기에 최적의 시기다. 코로나 감염 우려만 없다면 말이다. 단풍은 절정을 향해 가고 있고, 하늘은 청명하다. 기온도 걷기에 딱 알맞다. 11월 5일 교토국립박물관과 도요쿠니신사 근처에 있는 귀무덤에서 제13회 귀무덤이비총 위령제가 열렸다. 매년 한국의 겨레얼살리기국민운동본부가 여는 행사다. 그런데 올해는 코로나 때문에 한국에서 겨레얼살리기국민운동본부 관계자가 참석하지 못했다.

이런 사정을 감안해, 올해는 겨레얼살리기국민운동본부 교토지부가 대신 위령제를 주최했다. 참석 인원도 예년의 절반 정도로 줄이고, 위령제가 끝난 뒤 참석자들이 하던 음복도 생략했다. 나는 코로나 때문에 행사를 취소하는 것보다 이런 식으로라도 계속 이어가는 것이 중요하다고 생각한다. 이런 생각에서 문화원장과 함께 위령제에 참석해 추도사를 했다. 1500년이 넘는 한일 교류의 역사 속에서 슬픈 일도 좋은 일도 있지만, 슬픈 일을 기억하면서 우호와 친선의 중요성을 되새기는 것이 중요하다는 점을 강조했다.

올해로 세 번째 참석이지만, 그때마다 하늘이 눈에 부시도록 맑았다. 날씨가 좋으면 마음이 가벼워야 하건만, 이비총 위령제 때만은 청명한 날씨가 더욱 가슴을 누르고 시리게 하는 것 같다.

귀무덤위령제에 참석해 제례를 하고 있다

11월 6일에는 두 개의 문화 행사가 열렸다. 둘 다 오사카한국문화원이 주최하는 행사다.

하나는, 주로 한국과 관련한 사진 작품을 해온 후지모토 타쿠미藤本巧 씨의 작품 활동 50주년 기념전이다. 11월 6일부터 12월 19일까지 오사카문화원 미리내홀에서 열린다. 작품전의 이름은 에도시대에 조선통신사와 교류를 비롯해 조선과 우호를 위해 노력해온 아메노모리 호슈의 말에서 따온 '성신의 교류'다. 작품을 보기도 전에 전시회의 이름에서 후지모토 타쿠미 씨의 한국에 대한 진한 애정이 엿보인다.

사실 후지모토 타쿠미라는 이름 속에 이미 한국과 운명적인 인연이 담겨 있다. 일제 식민시대에 조선총독부에서 산림기사로 일하면서 야나기 무네요시와 함께 한국 민예품 발굴과 보전에 힘쓴 아사카와 타쿠미浅川巧, 1891-1931에서, 그의 이름을 땄기 때문이다. 아사카와의 활동을 존경하던 후지모토 씨의 아버지가 아들에게 그를 본받으라는 뜻에서 타쿠미라는 이름을 붙여주었다고 한다.

1970년부터 아버지를 따라 한국에 와서 사진을 찍기 시작한 이래 50년 동안 줄곧 한국을 화두로 사진 활동을 해오고 있다. 올해는 한국에 있는 일본인 어부마을의 풍경을 담은 사진집 〈과묵한 공간〉으로, 사진 분야의 나오키상이라고 불리는 제39회 도몬켄土門拳, 1909-1990상을 수상했다. 이번 전시회에는 작품생활 50년의 결산이자 도몬켄상 수상 기념의 뜻도 담겨 있다. 개막식은 코로나 때문에 최소의 인원으로 조촐하게 열렸다. 나는 개막식 축사에서, 후지모토 씨가 50주년에 그치지 않고 60주년, 70주년 행사를 하면서 한일 사이의 가교 역할을 해주기를 바란다고 말했다.

두 번째는 이날 저녁 6시 30분부터 오사카성 야외음악당에서 열린, '봉준

후미모토 타쿠미의 사진전 개막식

호 감독 특집 상영회'다. 원래 봉 감독이 〈기생충파라사이트〉으로 아카데미상을 수상한 직후에 상영회를 하려고 했는데, 코로나 감염 확대로 하지 못했다. 그러다가 11월 21-23일 열리는 제6회 오사카한국영화제의 특별기획으로, 4일부터 6일까지 봉 감독의 작품 중 〈살인의 추억〉, 〈마더〉, 〈기생충〉 3편의 특집 상영회를 했다. 6일은 마지막 날로, 〈기생충〉 상영에 앞서 감사 인사를 하러 갔다. 사실, 문화 행사에 주최자인 관의 대표가 인사를 하는 것만큼 참가자들에게 지루하고 재미없는 것은 없다. 내가 민간인 시절에 충분히 경험했던 바다. 그래서 어떻게 인사를 하면, 조금이라도 하품이 나지 않게 할 수 있을까 하고 고민했다.

갑자기, 일본 문화개방 이후 1999년 한국에서 개봉되어 인기를 끈 이와이 순지 감독의 영화 〈러브레터〉 중 "오겡키데스카"라는 대사가 떠올랐다. 그래서 인사말의 첫 대목을 그 말로 시작했다. 관객석에서 약간의 웃음과 웅성거림이 들렸다. 나쁜 선택은 아닌 것 같았다는 생각을 하면서, 정치관계가 어려운 때일수록 문화교류가 중요하니 한국문화를 많이 사랑해 달라는 말을 하고 서둘러 물러났다.

한일관계도 차갑고, 날씨도 싸늘하다. 그렇지만 야외극장임에도 불구하고 한국영화를 보러오는 많은 일본 시민들이 있다. 이것이 지금 한일관계의 현주소다.

2020.11.7.
교토에 있는 3개의 윤동주 시비를
한일 시민이 함께 순례

누구나 어떤 직책에 있는 동안, 꼭 하고 싶은 일이 한두 개는 있지 않을까 생각한다. '재직 중의 버킷리스트'라고 부를 수도 있을 것 같다.

교토에 세 개 있는 윤동주 시인의 시비를 돌면서 한일 우호 연대를 강화하는 행사가, 나에게는 그 중의 하나였다. 11월 7일 토요일, 드디어 세 개의 시비를 순회하며 참배하는 문화 행사를 했다.

그러나 아침부터 걱정이 많았다. 어제까지 청명하던 날씨가, 비 올 확률 80%로 변했다. 오래전부터 기획한 행사가 비 때문에 망치지 않을까 노심초사했다. 결과적으로는 하늘의 도움으로 무사히 마쳤다. 행사를 진행하는 동안 간간이 새 오줌과 같은 비가 내렸지만 행사를 방해할 정도는 아니었다. 오히려 햇볕이 쨍쨍한 날보다 행사하기에 좋았다.

교토에는 윤 시인의 시비가 세 곳에 있다. 그가 숨진 지 50년이 되는 해인 1995년, 그가 다니던 도시샤대 캠퍼스 안에 첫 시비가 세워졌다. 11년 뒤인 2006년 그의 하숙집이 있던 곳 교토예술대학 다카하라 캠퍼스 정문 앞에 '윤동주 유혼의 비'라는 이름의 시비가 세워졌고, 이로부터 11년 뒤인 2017년에 그가 학우들과 마지막 소풍을 갔던 우지강변에 '시인 윤동주 기억과 화해의 비'가 세워졌다.

비가 있는 세 곳에서는 매년 주최자를 달리하는 추모행사가 벌어진다. 나는 부임 이래, 이들 행사에 거의 빠짐없이 참석했다. 그러면서 느낀 것이 각기 하는 행사도 의미가 있지만, 세 개를 한 번에 묶어서 하는 행사를 할 수 없을까, 하는 것이었다. 여러 검토 끝에 이런 행사를 성사시키기 위해서는 총영사관이 나서는 것이 가장 좋겠다는 생각에 이르렀다. 그래서 봄부터 도시샤대의 시비 건립을 주도한 '윤동주를 추모하는 회'와 '도시샤코리아동창회'에 공동 개최를 제의하고 준비를 했다.

행사 참석 범위를 일부 열성 참석자에서 일반 참석자로 확대하고, 가급적 젊은이들의 참여를 늘리고, 한국과 일본 시민이 두루 참석할 수 있도록 방향을 잡았다. 코로나 감염 사태로 애초 계획보다 규모를 축소했지만, 비교적 이런 뜻이 잘 반영된 행사가 됐다.

모두 60명 정도가 참석했는데, 오사카 등 교토 외 지역에서도 20여 명이 왔고, 일본 사람과 젊은이들도 만족스러울 만큼 참석했다. 버스 2대를 빌려 이동을 했다.

오사카총영사의 1000일

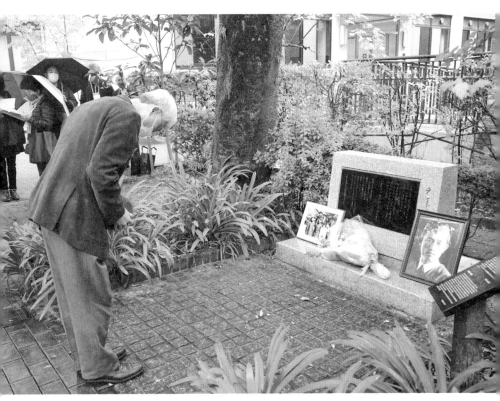

윤동주 시비 순례 행사의 첫 출발지인 도시샤대 안 윤동주 시비에 참배를 하고 있다

우연하게도 시비 건립 순서대로, 도시샤대 시비, 교토예술대 시비, 우지 강가 시비를 탐방하는 순서가 됐다. 각 시비마다 헌화와 함께 전문가들의 생생한 현장 설명도 곁들였다. 윤 시인의 하숙집 터에 갔을 때는 그와 함께 치안유지법으로 체포된, 고종사촌형 송몽규의 하숙집 터도 탐방했다. 몇 백 미터밖에 떨어지지 않은 두 사람의 하숙집 사이를 걸으면서, 당시 두 사람이 오가면서 나눴을 고뇌가 눈에 어렸다.

또 우지강가의 시비에 가기 전에는 세계문화유산이기도 한 뵤도인평등원) 근처에서 점심을 했다. 점심 뒤 뵤도인 경내를 관람하며 사진도 찍고 환담도 나누는 '외도'도 살짝 했다. 오전 9시부터 움직이기 시작한 행사가 마지막 행선지인 우지강가의 시비에서 3시 반께 끝났다. 나는 의미와 재미를 동시에 느꼈다면 성공한 행사라고 할 수 있을 것 같다면서, 올해 한 번에 그치지 말고 매년 정례적으로 행사를 이어가자고 말했다. 시인 윤동주는 27살의 젊은 나이에 옥사했지만, 교토에 있는 세 개의 시비가 그를 대신해 한일 시민의 마음을 이어주고 있다는 걸 새삼 느낀 하루였다.

2020.11.12.
오사카일일신문, 연합뉴스에
〈총영사 일기〉 출간 소식 보도

아무리 자기 홍보, 자기 피알public relations의 시대라고 하지만, 자신이 한 일을 자기가 직접 자랑하는 것은 얼굴이 뜨거워지고 뒷목이 댕기는 일이다. 그래도 그냥 덮어놓고 있으면 섭섭하고 허전한 경우가 있다. 이런 틈새를 파고드는 것이 인간관계에서는 아부나 아첨일 수 있고, 사업 면에서는 전문 홍보꾼의 홍보가 아닐까 생각한다.

10월 말, 첫 저서인 〈총영사 일기〉를 현지 출판사에서 일본어로 낸 뒤, 일본과 한국의 매체에서 관심을 가지고 보도해 줬다. 내가 직접 '자랑'하는 것이 아니라 보도된 것을 알리는 것은, 그래도 덜 낯 뜨겁지 않을까 하는 생각으로 보도 내용을 전한다.

우선 오사카 지방의 유일한 지방지인 〈오사카니치니치신문(오사카일일신문)〉에서 11월 5일과 7일 연달아서 책을 소개해줬다. 5일자에서는 최근 오사카총영사관에서 주최한 한글날 기념 리셉션10월 8일, 이쿠노구 코리아타운 살리기 도시재생포럼10월 22일, 한국-간사이 경제포럼10월 28일을 묶어 다룬 특집기사 속의 한 꼭지로 나의 책 발간 소식을 전했다. 또 7일에는 과분하게도 1면 칼럼 '여적' 속에 책 내용을 언급해줬다. 현지 신문의 반응이고 평가여서 더욱 반갑고 기뻤다.

그리고 9일에는 한국의 〈연합뉴스〉에서 책 표지 사진과 함께 출간 소식을 보도해 줬다. 이 때문에 한국의 지인들로부터 축하와 함께 책 구입 방법을 묻는 메시지를 많이 받았다.

2020.11.18.
교토서 '동북아 정세변화와 미래지향적 한일관계' 심포지엄

11월 17일, 교토에서 총영사관 주최로 '북동아시아의 정세변화와 미래지향적인 한일관계'라는 제목의 심포지엄을 열었다. 11월 3일 미국 대통령 선거에 맞추어 몇 달 전부터 기획한 행사다. 마침 9월에는 일본에서도 7년 8개월이라는 최장기 정권을 구가했던 아베 신조 총리가 물러나고, 스가 요시히데 새 총리가 취임했다.

한반도 주변의 두 주요국의 정권 변화가 한반도 정세에 어떤 변화를 가져올지 누구나 궁금한 시점에서 열린 행사이기 때문인지, 코로나 제3파의 도래 속에서도 동포들의 참여 열기가 뜨거웠다. 애초 감염 방지를 위해 100명으로 인원을 제한했으나 참가 신청이 많아 호텔 쪽과 상의해 120명으로 늘렸다.

참가자가 많았던 데는 행사가 오사카가 아닌 교토에서 열린 것도 한몫했다. 이제까지는 행사장 구하기나 준비의 편리함 때문에 이런 행사는 거의 빠

교토에서 열린 북동아 정세와 한일관계 심포지엄 장면

오사카 총영사의 1000일

짐없이 오사카에서 해왔다. 학구열이 높은 교토지역 동포들로서는 현지에서 열리는 학술행사에 대한 갈증이 컸다.

물론 적절한 주제와 시기, 전문성 높은 발표자와 토론자도 흥행의 요소가 됐다. 오사카총영사관 관할의 5개 지방민단 단장을 비롯해 지역의 내로라하는 동포 지도자들이 거리에 관계없이 대거 참석한 것에서, 이러한 분위기를 느낄 수 있었다. 무엇보다도 발표자의 말을 한마디도 놓치지 않고 들으려는 청중의 태도에, 발표자와 토론자들이 모두 혀를 내두를 정도였다.

심포지엄에서는 나카토 사치오 리츠메이칸대 국제학부 교수가 '동북아 정세변화와 남북관계', 하코다 데츠야 〈아사히신문〉 논설위원이 '동북아시아 정세변화와 한일관계'에 관해 각기 발제를 했다. 나카토 교수는 조 바이든 미국 새 정권과 문재인 정권은 같은 리버럴 성향으로, 빌 클린턴-김대중 정권 때처럼 조합은 좋다고 말했다. 그러나 클린턴-김대중 정권 조합 때는 한미 사이의 정책 조정이 잘 됐고, 김 정권은 특히 태양정책의 수행을 위해 일본 등 주변국의 지지를 얻기 위해 노력했다는 점을 강조했다. 또 그 당시와 지금이 다른 점으로, 북한이 사실상 핵국가가 된 점을 들며 북한의 비핵화와 관련해 한미 사이의 정책조율이 어떻게 이뤄질지가 관찰의 포인트라고 말했다.

하코다 논설위원은 도쿄에서 정관계 관계자들을 취재하면서 느낀 점을 생생하게 발표해, 청중의 귀를 사로잡았다. 하코다 논설위원은 스가 총리가 아베 총리의 노선을 계승하겠다고 하지만, 이념 성향이 강하지 않고 외교를 관저가 아니라 외무성에 많이 맡기는 스타일이라는 점에서 한일관계가 회복될 수 있다고 조심스럽게 전망했다. 미국의 민주당 정권이 기후온난화 방지 등 국제협조를 강조하고 있고, 가치와 규범을 중시한다는 점에서도 한일협력의 가능성이 이전보다 크다고 말했다. 다만, 한국이 강제동원 노동자에 대한 대법원 판결에 따라 차압한 자산을 매각하면, 일본의 보복조치가 이뤄질 것이고 양국관계가 매우 어려워질 것이라고 말했다.

이어 신경호 고쿠시칸국사관대학 교수의 사회로, 곽진웅 코리아엔지오센터 대표, 김세덕 오사카관광대 교수, 모리 토모오미 리츠메이칸대 객원교수가 참여해 활발한 패널 토론을 했다. 토론에서는 박지원 국정원장이 공개일정으로 일본을 방문해, 총리를 만나고 기자들과 문답까지 한 의미를 잘 살펴볼 필요가 있다는 의견이 나왔다.

또 발제와 토론 사이에는 지루함을 달래기 위해 한일의 멤버로 구성된 마림바 공연단이 문화공연을 했다. 이들은 〈고향의 봄〉, 〈돌아와요 부산항에〉, 〈아리랑〉 등을 연주해, 동포들의 큰 박수를 받았다.

2020.11.19.
'동포화합의 모임'에서 세대교체·
가치교체의 2대 과제를 제기

요즘 오사카 시내의 단풍이 절정이다. 11월 초부터는 오사카의 중심가인 미도스지의 가로수에 일루미네이션도 시작됐다. 호텔 등의 정원에도 각종 불빛 단장으로 연말 분위기를 재촉하고 있다.

자연과 인간의 이런 노력을 아는지 모르는지, 무정하게도 코로나 제3파가 기승을 부리고 있다. 11월 19일 오사카부의 코로나 감염자 수는 338명으로 역대 최고를 기록했다.

코로나 상황을 보면 우울해지고 주위의 아름다운 자연과 치장을 보면 가슴이 뛰는 복잡한 상황 속에서, 이날 저녁 오사카민단과 총영사관이 공동으로 주최하는 '2020 동포화합·감사의 모임' 행사가 시내 호텔에서 열렸다. 코로나 감염 확대의 어려운 환경 속에서도 오사카지역의 동포 대표 100여 명이 참석했다.

이 행사는 사실상 민단을 중심으로 하는 오사카지역 동포 지도자들이 한 해를 되돌아보는 송년회. 나는 예년에는 짧은 인사말만 하면 됐는데, 올해는 특별히 강연을 해달라는 부탁을 받았다.

그래서 '한일 우호협력 증진을 위한 동포사회의 역할'이라는 제목으로

'동포화합의 밤' 행사에서 세대교체와 가치교체의 2대 과제를 제기

오사카총영사의 1000일

40분 정도 강연을 했다.

먼저 총영사관과 동포사회가 코로나 감염이라는 어려운 상황 속에서도, 동포사회의 중심지에 걸맞는 활동을 열심히 해왔다는 점을 강조했다. 특히, 민단 등 동포사회가 오사카 도구상과 관련한 주민 투표권 요구, 역사왜곡 교과서 불채택 운동 참가, 지역사회와 함께 하는 보육원 건설, 코리아타운의 현안인 공중화장실 건립 운동에 주도적으로 나선 것은 큰 의미가 있다고 말했다.

그러나 이런 활동에 만족하지 말고 동포사회가 직면한 큰 두 가지 과제, 즉 세대교체와 가치교체를 위해 동포 지도자들이 더욱 힘썼으면 한다는 희망을 피력했다. 세대교체를 위해서는 젊은이가 없다는 점을 한탄할 것이 아니라 곳곳에 숨어 있는 젊은이들이 동포사회에서 활약할 수 있는 기회를 만들어 주어야 한다는 점, 가치교체를 위해서는 귀국지향의 1, 2세 중심의 가치에서 정주지향의 차세대에 맞는 가치를 고민하고 계발할 필요가 있다는 점을 강조했다. 참석한 동포들이 나의 말을 어떻게 받아들였을지 모르지만, 내가 부임 이래 동포들과 만나고 얘기하고 지켜보면서 느낀 것을 솔직하게 던져본다는 심정으로 문제제기를 했다. 건설적인 작용과 반작용의 과정을 거치며 동포사회가 조금이라도 전진하는 자극이 되었으면, 더할 나위가 없겠다.

2020.11.21.
자유저널리스트클럽에서
대담 형식으로 강연

간사이지역에 자유 저널리스트 클럽Journalists' Club for Liberty: JCL이라는 단체가 있다. 1987년 고베의 니시노미야에 있는 아사히신문사 한신지국에 우익단체 회원으로 추정되는 범인이 침입해, 총으로 지국에 있던 기자 2명1명 사망, 1명 부상을 살상한 사건이 일어났다. 이 사건을 계기로 간사이지역의 기자들이 언론자유 수호를 위해 만든 단체다.

결성 당시에는 젊은 현역 기자들이 중심이었으나, 지금은 대부분의 회원이 퇴직 언론인이라고 한다. 그래도 매달 인권, 평화, 환경 등 일본 안팎의 주요 현안에 관해 전문가 등을 초청해 강연회를 하는 등 꾸준히 활동을 이어가고 있다. 젊은이들보다 훨씬 비판적인 문제의식을 가지고 행동하는 일본의 '실버 데모크라시'의 단면을 보여주는 단체라고 할 수 있다.

11월 20일 이 단체의 초청을 받아 연사로 참석했다. 원래는 나의 부임 이래 2년 7개월 동안의 활동을 돌아보면서 일본군위안부 문제, 강제동원 노동자 문제, 스가 정권 출범 뒤 한일관계 전망 등에 관해 강연을 해달라는 요청을 받았다. 그러나 일방적인 강연보다는 대담 형식으로 하는 것이 좋겠다는 나의 제안에 따라, 하사바 기요시 전 아사히신문 서울 특파원과 2시간여 동안 대담 형식의 강연을 했다. 코로나 감염의 급확산의 여파로 참석자 20여 명 정도의 조촐한 모임이 됐지만 내용은 매우 밀도가 있었다.

사실상 비공개 모임이어서 비교적 자유스러운 분위기 속에서 서로 솔직한 얘기를 교환했다. 부임한 뒤 가장 힘쓴 일에 대해 물어 보길래, 평가는 어떨지 모르지만 동포들이 무섭게, 다가가기 어렵게 느껴왔던 총영사관을 동포들에게 친근한 봉사기관으로 만드는 것을 목표로 노력했다고 답했다.

위안부와 강제동원 문제에 관해서는 일본에서는 일본의 논리만 일방적으로 전해지고 한국의 논리는 거의 무시되고 있는 점을 지적하며, 한국의 논리를 나름대로 자세하게 설명했다. 특히, 일본 정부는 강제노동에 대한 한국의 입장을 '국제법 위반'이라고 몰아붙이고 있는데, 어떤 점에서 그런지 설명이 없기 때문에 한국 때리기의 선동으로밖에 보이지 않는다고 지적했다. 결론적으로 양쪽의 역사갈등은 현재 너무 격차가 크기 때문에, 협력할 수 있는 분야는 협력하면서 장기적으로 해결해 갈 수밖에 없을 것 같다는 의견을 밝혔다.

이외에도 한일관계, 북미관계, 남북관계, 한류 붐, 민족교육, 이쿠노 코리아타운, 최근 출판한 〈총영사 일기〉 등 다양한 주제의 얘기가 대담과 이후의

자유 저널리스트 클럽 회원들 앞에서 대담 형식의 강연을 하고 있다

질의응답 과정에서 나왔다. 대담을 시작하기 전에는 어떻게 2시간을 보내지, 하는 생각에 머리가 복잡했으나 얘기를 하다 보니 금세 시간이 지나갔다. 아쉽게도 코로나 여파로 2차 모임은 하지 못했으나 솔직한 대화를 통해 서로 한 발 더 가깝게 다가섰다는 느낌이 들었다.

2020.11.23.
오사카 코리안연구 플랫폼
출범 기념 심포지엄

11월 23일은 근로감사의 날, 휴일이다. 3일 연휴의 마지막 날이다. 코로나 3파가 왔다는 경고에도 불구하고, 가을 단풍놀이를 즐길 수 있는 마지막 연휴이기 때문인지 관광지에 인파가 가득했다. 길거리 표정도 1, 2파 때와 달리, 크게 긴장감을 느낄 수 없다.

연휴의 마지막 날, '오사카 코리안연구 플랫폼' 출범 기념 심포지엄이 오사카 시내 호텔에서 열렸다. 오사카 코리안연구 플랫폼은, 재일동포가 가장 많이 사는 오사카지역에서 재일동포 인권을 포함한 한국과 관련한 연구를 위해, 오사카시립대 인권문제연구센터 안에 만든 연구 거점이다. 오사카총영사관과 오사카한국교육원의 지원으로, 4월 설치했는데 코로나 감염 사태로 출범 행사를 미루다가 이날 행사를 하게 됐다.

얄궂게도 날을 잡고 보니 코로나 3파가 시작되어, 규모를 축소하고 감염 대책을 강화한 채 행사를 했다. 그래도 참가 신청한 사람은 거의 빠짐없이 참석했다. 그만큼 이 조직에 거는 기대가 크다는 걸 짐작할 수 있다.

오사카 코리안연구 플랫폼이 생기게 된 배경은 간단하다. 2018년 4월 부임한 뒤 각지를 돌아다니다 보니, 오사카는 '재일동포의 수도'라고 불릴 정도로 동포가 많이 사는데 비해 대학 등에 재일동포를 비롯해 한일관계를 연구하는 조직이 하나도 없었다. 반면, 오사카보다 동포의 규모가 작은 교토에는 리츠메이칸대, 도시샤대, 교토대, 불교대 등 4개 대학에 한국학 연구센터가

오사카 코리안연구 프랫폼 발족 기념 세미나 참가자들

있고, 이들 학교의 센터를 중심으로 학교의 틀을 넘는 '교토 코리아학 컨소시엄'이 운영되고 있었다.

나는 오사카에도 교토처럼 지속가능하게 운영되는 한국 관련 연구센터가 있었으면 좋겠다는 생각으로, 올해 초 오사카시립대에 연구 거점의 설치를 제안했다. 대학 측이 이를 받아들여 4월에, 기존 인권문제연구센터 안에 오사카 코리안연구 플랫폼을 설치하기로 결정했다.

이날 출범 기념 심포지엄의 제목은 '액티비즘과 아카데미즘을 잇는 코리안연구 플랫폼 만들기'였다. 재일동포 현장 활동가들이 일본 어느 지역보다 많은 특성을 그대로 반영한 제목이라고 생각한다. 이날 행사에도 발표자와 토론자로 학자만이 아니라 현장 활동가도 각기 1명씩 참석하였다. 청중석에도 학자들 외에 많은 활동가들의 모습이 보였다. 토론에서는 아카데미즘과 액티비즘을 조화하기가 만만치 않을 뿐 아니라 양쪽이 갈등을 빚을 수 있다는 의견이 나왔다. 하지만 연구자 측에서 활동가들이 보지 못하는 문제를 제시해주고, 활동가들은 연구자들에게 현장의 의견을 전하는 등, 서로 자극을 주며 발전할 수 있을 것이라는 기대의 목소리가 더 컸다.

중요한 것은 오사카에서 코리안 연구를 하려면 '학자 따로, 활동가 따로' 하기가 어렵다는 현실을, 토론을 통해 참가자들이 확인한 것이라고 생각한다. 이 플랫폼의 본격적인 활동과 함께 오사카지역 연구자와 활동가가 앞으로 어떤 관계 속에서 발신을 해나갈지 벌써부터 기대가 된다. 플랫폼이 없을 때보다 훨씬 역동적인 드라마가 전개될 것이라 생각한다.

2020.11.25.
우토로 마을 상징, 강경남 할머니에게
대통령의 조화와 조의

교토 우지시의 우토로 마을은 '고난과 차별의 마을'에서 지금은 '한일 협력의 상징 마을'로 변했다. 일제시대 강제 징용 등으로 건너와 이곳의 비행장 건설 일을 했던 재일동포들이 모여 살던 마을. 오랫동안 수도도 전기도 없던 열악한 환경에 차별까지 더해졌던 재일동포들의 팍팍한 삶의 현장이었다.

이런 우토로 마을이 바뀌게 된 계기가 된 것은, 열악한 환경을 견디며 살던 중 토지 주인의 퇴거 요구를 받고 쫓겨날 위기에 처했던 동포들이 국내외에 호소를 하면서부터다. 이에 한국과 일본의 시민들이 도움에 나섰고, 뒤에 양국 정부까지 가세하면서 주민들의 쾌적한 삶터로 새로 태어나고 있다.

우토로 마을 살리기 운동의 '산증인'이었던 강경남 할머니95가 11월 21일 돌아가셨다. 24일 고별식을 하고, 25일부터 자택에 49일 동안 빈소를 설치해 운영한다. 강 할머니의 별세 소식을 전해들은 문재인 대통령이 조화와 조의를 25일 보내왔다. 그래서 이날 오후 우토로 마을의 강 할머니 댁을 방문해, 가족들에게 문 대통령의 조화와 함께 조의를 전해줬다. 문 대통령은 변호사 시절부터 우토로 마을 살리기 운동에 큰 관심을 가지고 참여한 바 있다. 지난해 주요 20개국G20 오사카 정상회의 때 열린 문 대통령 주최 동포간담회에 강 할머니도 초청하려고 했는데, 거동이 불편해 모시지 못했었다.

나는 가족들에게 할머니의 노력으로 우토로 마을이 한일 협력의 상징 마을로 바뀌게 되었다면서, 한국에서도 많은 사람이 할머니의 죽음을 슬퍼하고 있다고 위로했다. 그리고 앞으로 건설 예정인 제2기동 아파트 건설과 우토로 평화기념관 건립을 정부가 적극 지원하고 있으니, 앞으로도 계속 우토로를 한일 우호의 모범으로 만들기 위해 힘을 모아가자고 말했다. 강 할머니의 아들은 문 대통령의 조화와 조의에 고마움을 표시하며, 어머니의 뜻을 잊지 않고 이어가겠다고 말했다. 빈소에는 문 대통령의 조화 외에도 한일의 시민, 단체 관계자들의 조화가 할머니의 마지막 길을 배웅하고 있었다.

우토로 마을의 상징, 강경남 할머니의 빈소에 문재인 대통령의 조화를 전달하고 조의를 표하고 있다

　묻기와 대답하기, 어느 쪽이 어려울까? 쉽게 뭐라고 말하기 어려운 문제다. 어느 쪽도 나름대로 어려움이 있다. 잘 묻기 위해서는 물으려고 하는 사람에 관해 사전 준비를 철저하게 해야 한다. 만나기 어려운 사람과 애써서 약속을 잡아놓고 나이, 출신지 같은 질문을 하는 데 시간을 쓰는 것만큼 한심한 일도 없다. 대답하기도 결코 쉬운 일은 아니다. 상대에게 미리 예상 질문을 받아도, 질문자가 그대로 묻는 경우는 많지 않다. 질문자는 질문 순서를 바꾸거나 숨겨놓은 질문을 불쑥 꺼내면서 교란을 꾀한다. 그래서 답변을 잘 하려면 사전 준비도 필요하지만, 무엇보다 어떤 사안에 관해 자기 생각이 확고하게 정립돼 있어야 한다. 그래야 상대가 돌발성 질문으로 흔들어도 일관성을 유지하며 대답할 수 있다.

　질문과 대답 가운데 군이 어느 쪽이 더 어려운지 고르라면, 답하는 쪽을 택하겠다. 질문은 공격이고 답변은 방어라고 생각하면, 좀 이해하기 쉬울 것이다. 아마 내가 30년 이상 묻는 쪽에 있다가 몇 년 전에 답변하는 쪽으로 위치를 옮긴 것도 이런 판단을 하는 데 약간은 영향을 줬다고 생각한다.

　첫 저서인 <총영사 일기>를 현지에서 일본어로 출판한 것을 계기로, 오사카지역의 일본인과 동포 지인들이 11월 28일 출판기념회를 열어줬다. 지인들이라고 하지만 현지에서 활약하고 있는 교수, 문인, 언론인, 사회운동가 등 다양한 분야의 쟁쟁한 분들이 발기인을 맡아줬다. 코로나 제3파의 와중이어서 30명 정도의 조촐한 행사였지만, 참가자 중에는 멀리 히로시마에서 일부러 참석하러 온 분도 있었다. 나에게는 너무 고맙고 과분한 행사였다.

　출판을 계기로 저자인 나의 강연을 듣자는 게 모임의 명분이었지만, 강연 20분에 질의응답이 40분 이상 되는 쌍방향 소통의 행사가 됐다. 오사카 생활의 느낌, 대학 시절의 생활 등 신변잡기부터 민족교육과 동포들의 지방참정

일본인과 재일동포 지인들이 열어준 총영사 일기 출판기념회

권, 지역 학자들의 역할, 양국 매스컴 보도의 문제점, 역사 갈등의 해결 방안, 민간교류 등 난이도가 아주 높은 것까지 다종다양한 질문이 쏟아져 나왔다. 물론 대부분이 호의를 바탕으로 한 질문들이어서 호흡이 빨라지지는 않았다. 그래도 질문자들이 모두 내로라하는 분들이라, 답변을 하면서 마치 대학입시 때 대학교 교수 앞에서 면접을 보는 듯한 기분이 들었다.

나는 부족한 일본어지만 가급적 질문에서 도망가지 않고 일본어로 성실하게 대답하려고 노력했다. 질문한 분들이 어떻게 받아들이고 느꼈을지는 모르겠지만 서로 가슴을 터놓고 솔직하게 장시간 대화를 했으니, 이전보다는 서로 이해와 공감의 폭이 커졌을 것이라 생각한다. 이것이 책 출간이 가져온 긍정적인 효과라면 효과라고 생각한다. 다시 한 번 어려운 때 출판기념회를 열어주고 참석해준 분들께 머리 숙여 감사드린다.

2020. 12. 4.
4·3 희생자 위령비 건립 주도한
오광현 씨에게 국민훈장 동백장을 수여

매년 10월 5일은 '세계 한인의 날'이다. 올해가 14회째다. 정부는 이날 해외동포 지도자들을 초청해 기념식을 열고, 대통령이 재외동포 유공자들에게 훈포상을 수여해왔다. 통칭 750만 명에 이르는 재외동포에게 가장 중요한 축제의 날인 셈이다. 올해는 코로나 여파로 행사가 열리지 못했다. 12월 초로 기념식을 잠정 연기했었으나, 결국 코로나를 극복하지 못했다. 이에 따라 오사카총영사관은 12월 4일 2020년 훈포상 전수식을 열어 관할지역의 수훈자에게 훈포상을 전달했다.

오사카총영사관 관할지역 국민훈포상 및 표창 수상자는 모두 3명이다. 왕청일 교토민단 상임고문이 모란장, 오광현 성공회 이쿠노센터 총주사가 동백장을 각각 받았다. 또 단체 부문에서 코리아엔지오센터가 대통령 표창을 받았다. 훈포상의 경우 총 36명 가운데 일본지역이 5명이다. 이 중 오사카총영사관 지역이 2명을 차지했다. 단체 부문의 최고 영예인 대통령 표창은 5개 단체 중 1곳이 오사카총영사관 지역에서 나왔다. 오사카총영사관 관할지역이 동포가 많은 지역이긴 하지만, 그런 사정을 감안해도 질과 양에서 타의 추종을 불허하는 성과라고 할 수 있다. 특히, 이번에 동백장을 받은 오광현 총주사와 대통령 표창을 받은 코리아엔지오센터가 큰 주목을 받았다. 재일동포 사회에서도 눈에 잘 띄지 않는 곳에서, 어쩌면 가장 낮은 곳에서 묵묵하게 일해 온 것이 인정을 받았기 때문이다.

민족교육과 장애인 지원활동, 4·3 희생자 위령제 실시 및 위령비 건립 활동에 힘써온 오 총주사는 "숨긴 것은 반드시 드러나고 감추어진 것은 반드시 알려진다"는 성경누가복음 대목을 인용하며, 주위의 가족, 동료들에게 뜨거운 감사를 표했다. 코라아엔지오센터의 곽진웅 대표는 "인권, 평화, 공생의 정신 아래 재일동포뿐 아니라 다른 나라 출신의 소수자 인권 옹호 및 차별 해소에 힘써왔다"면서 "이번 수상을 계기로 인간다운 사회 실현을 위해 더욱 열심히 활동하겠다"고 말했다. 모란장을 탄 왕청일 고문은 교토민단 단장과 교토국제학원 이사장 등을 역임하면서 민족교육 및 동포사회 화합과 발전, 그리고 학술과 예술 등을 통한 한일우호 증진에 기여한, 자타가 공인하는 동포사회의 원로다.

이날 전수식에는 민단 긴키지방협의회장인 민단 오사카본부 오용호 단장이 축사를 하는 등, 지역의 주요 단체 간부들이 대거 참가해 전수식을 빛내주었다. 나는 인사말에서 "포상은 기본적으로 과거의 업적에 대한 보답의 성격을 지니지만 그에 못지않게 미래에 대한 격려의 의미도 있다고 본다"면서 수상 이후 더욱 열심히 동포사회를 위해 힘써줄 것을 당부했다.

전수식이 끝난 뒤에는 코로나 감염 사태 속에서 어렵게 동포 지도자들이 모인 만큼, 한일의 저널리즘에 관한 전문연구자인 모리 토모오미 리츠메이칸대 객원준교수를 초청해 '한일관계와 언론보도'에 관해 강연을 듣는 기회를 가졌다.

2020년 재외동포 유공 훈포상식 전수식

한국은 눈도 오고, 최저 기온도 영하로 떨어졌다는 소식이 들린다. 그에 비하면 오사카는 열대 지방이라고 할 만하다. 12월 14일의 최고기온이 12도, 최저기온이 6도였으니까 말이다. 그러나 체감온도는 다른 것 같다. 대륙에서 몰려오는 한랭전선으로, 오사카는 최근 들어 가장 추웠다. 바람도 불어 본격적인 겨울 분위기가 났다. 나도 처음 목도리를 두르고 출근했다.

14일 오전, 추운 날씨 속에서 코리아타운의 숙원 사업인 코리아타운 공중화장실 기공식을 했다. 오용호 단장을 비롯한 오사카민단 간부, 이쿠노구 니시지부 등 이쿠노구에 사는 민단 단원들, 코리아타운 상가회 대표 등 20여 명이 히가시 상가 뒤편에 있는 미유키모리 제2공원에 모였다. 오사카관광국에서도 직원 한 명이 대표로 참석했다.

사실 공중화장실 공사는 12월 1일부터 시작됐다. 거창하게 기공식할 정도는 아니어서, 관계자들만 모여 공사 현장을 둘러보며 약식으로 행사를 했다. 지금은 기초공사가 끝난 상태다. 내년 3월 말께 완공될 예정이다. 완공 때는 그 뜻에 걸맞게 좀 거창하게 행사를 할 생각이다.

코리아타운 공중화장실은 큰 규모는 아니지만 내용적으로 의미가 매우 크다. 오사카시가 공원 부지를, 한국 정부재외동포재단가 돈2억5천만 원, 약 2천만 엔을 제공하고, 코리아타운 상가회가 관리하는 '3위1체' 형 사업이라는 점이, 많은 걸 설명해준다.

나는 즉석 인사말 요청을 받고, "이 공중화장실 건설이 끝이 아니라, 코리아타운 발 한일우호의 시작"이라면서 "코리아타운을 일본의 대표적인 다문화공생의 상징적 장소로 가꿔나가자"고 말했다. 오용호 단장은 이곳이 재일동포 100년의 역사가 담겨 있는 유서 깊은 곳이라면서, 이곳을 기점으로 한일 우호협력을 만들어가겠다고 말했다. 코리아타운의 세 상가 중 유일하게

미유키모리 제2공원에서 열린 조촐한 코리아타운 공중화장실 기공식

일본인으로서, 니시상가회 회장 겸 코리아타운 상가연합회장을 맡고 있는 유라 히데아키 씨도 전적인 동감과 협력의 뜻을 표시했다.

간단한 행사를 마치고 코리아타운 상점가를 둘러봤는데 쌀쌀한 날씨 속에서도 오전부터 제법 많은 사람들이 활기차게 오가고 있었다. 상점주인 중에는 나를 알아보고 인사를 건네는 분도 몇몇 있었다. 나도 이제 코리아타운의 일원으로 인정받게 됐나, 하는 생각이 들었다.

2020.12.15.
〈총영사 일기〉
관련 기사 두 편

12월 15일 아침 신문에, 나의 저서 〈총영사 일기〉와 관련한 기사 2개가 동시에 실렸다. 저자로서 얼굴이 약간 뜨겁긴 하지만, 신문사에서 독자적으로 판단해 실은 기사라는 점에 기대어 '자기 홍보'를 한다.

우선 일본의 유력지인 〈아사히신문〉이 조간 27면 오사카지역면 머리기사로 사진 2장과 함께 책 기사를 실어줬다. 아침에 기사를 보고, 기사의 배치와 크기에 깜짝 놀랐다.

기사 제목은 '간사이의 정랭민열을 엮다関西の政冷民温つづる'로, 책에 나오는 다양한 민간교류의 현장에서 내가 말하고 느낀 것을 중심으로 소개해줬다. 마지막에 "역사인식을 둘러싼 갈등의 해결은 쉽지 않지만 양국관계는 반드시 좋아질 것이라고 믿는다"는 나의 말을 인용하며 글을 맺었다.

〈니가타신문〉은 1면 칼럼 닛포쇼日報抄에서 나의 책과 정미애 전 니가타 총영사의 활동을 소개하면서, 최악이라 일컬어지는 한일관계 속에서도 민간교류는 최악이 아니라는 점을 지적했다. 필자로서 일본의 신문들이 책 내용에 큰 관심을 가져준 데 대해 감사하고 고맙다.

大阪

関西の「政冷民熱」つづる

大学・企業・自治体などで対話重ねる

駐大阪韓国総領事・呉泰奎さん　日記を刊行

泉大津　南出氏が再選

市長選　新顔の畠田氏破る

コーラス　水辺で披露

18日・中之島　四天王寺中・高

2日で19人死亡　新型コロナ

府内の感染者数

25,180人

12代目名人　愛知の樋口さん

社会人講座　世の中　ちょっとでも明るく

天理13年連続V

新潟コン　優秀賞　府内からは2人

泉大津市長選　確定得票

当	15,457	南出　賢	39 現
	7,410	畠田　博司	75 新

아사히신문의 기사

코로나 제3파의 도래로, 한국도 비상이지만 일본도 한국 이상으로 비상이다. 12월 16일, 교토부의 감염자 수가 87명으로 최고를 기록하더니, 17일에는 도쿄가 822명으로 역대 최고치를 갈아치웠다. 그야말로 언제 어디서 감염이 될지 모르는 긴장의 나날이다.

이런 상황 속에서 12월 17일 오전, '일한친선 교토부의회 의원연맹'의 정기총회가 부의회 대회의실에서 열렸다. 예년에는 저녁 때 교토 시내의 불고기집에서 송년회를 겸해서 열렸는데, 올해는 코로나 감염 사태를 감안해 낮에 회의실에서 열렸다.

일한친선 교토부의회 의원연맹은 교토부의회의 각국 관련 친선 의원연맹 중에서 최대 규모의 단체다. 현재 의원 정원 60명 가운데 42명이 회원으로 참가하고 있다. 회파한국의 교섭단체와 비슷별로도 자민당, 공명당을 비롯해 여야가 골고루 참석하고 있다. 12명이 속해 있는 일본공산당이 당 차원에서 불참하고 있는 점을 감안하면, 거의 모든 의원이 참여하고 있는 셈이다. 이 의원연맹은 1992년 발족한 이래, 교토에서 열리는 한일친선 관련 행사에 적극 참여하고 있다.

나는 이날 총회가 끝난 뒤 강연을 해달라는 부탁을 받고 참석했다. 바쁜 연말의 시기이지만 좋은 기회라고 생각하고 기꺼이 응했다. 강연 제목은 '한일 우호친선의 증진과 교토'로 정하고, 한국과 관련한 교토의 특징과 교토에서 하고 있는 한일 친선활동을 사진을 곁들여 소개했다. 그리고 마지막에 앞으로의 방향과 과제를 제시하는 것으로 강연을 마쳤다.

교토의 특징으로는 한국과 인연이 있는 문화유적이 많다는 점, 재일동포가 많이 거주2만4천 명 정도하며 활동이 활발하다는 점, 많은 대학에서 한국 관련 연구가 활발하다는 점, 한일친선 활동의 역사가 깊다는 점을 꼽았다. 그리

일한친선 교토부의회 의원연맹 초청으로 강연을 하고 있다

오사카총영사의 1000일

고 조선통신사 행렬 재현, 귀무덤 위령제 및 우키시마마루 희생자 추도회, 윤동주 시인 추도회, 우토로 마을 개량사업 등의 활동을 소개했다. 그리고 앞으로 한일이 함께하는 행사를 개발하고 추진함으로써 풀뿌리 차원의 우호친선을 강화해나가는 게 중요하다는 점을 강조했다. 내년 3월에 열리는 봄 고시엔대회에 출전하는 교토국제고 야구팀의 응원 및 지원, 내년 여름에 열릴 예정인 도쿄올림픽에 한국대표로 출전하는 교토 출신 재일동포 3세 유도선수 안창림 선수 응원 및 지원을, 한일 시민이 함께하는 것도 좋은 방안이 될 것이라고 제안했다.

40명 가까이 되는 의원들 앞에서 일본말로 발표를 하려니 긴장되기도 했다. 하지만 교토와 한국이 관련된 구체적인 얘기를 할 때는 의원들이 집중하며 호응해주어 긴장도 자연스럽게 풀렸다. 코로나 사태 속의 강연이었지만, 그래서 더욱 의미가 있었다. 더구나 이날 총회를 대면방식으로 실시하기로 결정한 와타나베 구니코 회장은 "한국총영사관과 교토민단 주최 행사에 참석하면서, 코로나 속에서도 행사를 할 수 있다는 것을 배웠고 자신감을 얻었다"고 말해 어깨가 으쓱했다.

2020.12.20.
오사카민단 야오지부
떡 찧기 대회에 참석

일요일인 12월 20일 오전, 오사카부 야오시에 있는 오사카민단 야오지부 건물 앞에서 연례행사인 모치츠키떡 찧기 대회가 열렸다. 올해가 14회째다. 올해는 코로나 때문에 규모를 축소하고, 노인들에게는 참가를 자제하도록 요청했다고 한다. 그래도 재일동포와 지역 주민 등 100여명이 참석해, 제법 떠들썩한 축제 분위기를 자아냈다.

나는 이번에 처음 참석했다. 이전에도 참석하고 싶었지만, 연말에 다른 행사와 겹치는 바람에 그러지 못했다. 하지만 올해는 코로나 영향으로 행사

민단 아오지부 주최 모치즈키 대회에서 떡매를 치고 있다

들이 많이 줄어들면서 기회가 생겼다.

오전 10시 30분에 도착하니, 벌써 지부 건물 앞 행사장에서 젊은 청년들이 떡방아 찧기를 하고 있었다. 나도 떡메를 들고 몇 차례 떡을 찧어봤다. 생각보다 힘들었다. 이날 행사장에는 민단 지부 차원의 행사인데도 사토 아키라 오사카부 일한친선협회 이사장중의원 의원, 다나카 세이타 전 야오시장 등 일본의 귀빈 및 지역 인사들도 많이 왔다. 역시 이 행사가 의미가 있는 것은 동포들만의 행사가 아닌, 동포와 일본의 지역주민이 함께 어울려 즐기는 '지역밀착 행사'라는 점이다.

다소 쌀쌀한 날씨 속에서도, 케이팝 댄스, 부채춤, 사물놀이 팀이 사전행사를 통해 열기를 끌어올렸다. 또 여기저기서 한일 시민들이 삼삼오오 어울려 떡국과 다코야키, 야키소바, 오뎅 등 한일의 음식을 먹으며 이야기 꽃을 피웠다. 나는 인사말에서 "어떤 어려움이 있다고 해서 아무 것도 하지 않는 것은 제일 쉬운 선택이라고 생각한다. 코로나 대책을 잘 세운 채 행사를 이어가는 '야오민단의 정신'은 다른 조직이나 사람들에게도 자극과 격려가 될 것이다"고 말했다. 인사말에 나선 사토 이사장, 다나카 전 시장, 오용호 오사카민단 단장도 이구동성으로 풀뿌리 차원의 한일 시민 협력과 우호 증진에 힘쓰는 야오민단의 노력을 칭찬하고, 이런 노력이 정부관계의 어려움 속에서도 한일 시민 사이의 우호에 큰 기여를 하고 있다고 말했다.

2020.12.23.
리츠메이칸대에서 대면과 비대면을
혼합한 방식으로 강연

12월 22일, 교토의 리츠메이칸대 동아시아평화협력센터Center for East Asian Peace and Cooperation Studies: CEAPCS의 초청을 받아 강연을 했다. 제목은 '한일관계와 간사이'로 했다.

코로나 감염 확산 때문에, 대면과 비대면을 혼합한 하이브리드 방식으로 강연을 했다. 강연의 형식도 내가 일방적으로 발표하고 질문을 받는 것이 아니라 대담자와 대담을 하는 것으로 했다. 일방향보다는 쌍방향이 긴장감도 있고, 청중의 흥미도 끌 수 있을 것 같아 내가 대담 방식을 제안했다. 물론 내가 사전에 긴 원고를 준비하지 않아도 된다는 얄팍한 생각도 있었다.

그러나 막상 강연 날이 닥치니, 긴장이 고조됐다. 우선 대담자가 두 가지 점에서 긴장을 높여줬다. 대담자는 재일동포 3세로, 재일한국인 문제 연구자인 김우자 리츠메이칸대 준교수다. 그런데 대담 하루 전날 오전까지 질문지가 도착하지 않았다. 자칫하면 어떤 질문이 나올지도, 상대가 어떤 공격을 해올지도 모르는 상태에서 경기에 임해야 하는 것 아니냐는 걱정이 들었다. 두 번째는, 김우자 준교수의 질문을 받고 나서 생긴 고민이다. 질문서를 보니, A4 용지 5장에 작은 글씨로 빽빽하게 쓰여 있었다. 이번 강연이 나의 책 출판을 계기로 한 것도 있는데, 나보다 더 꼼꼼하게 책을 읽고 텍스트 분석까지 해 여러 질문을 보내왔다. 이건 '대담이 아니라 고문'이 되겠네 하는 걱정이 들었다.

또 한 가지 걱정은 청중의 수준이었다. 나는 학부생이 주요 대상이지 않을까 짐작했는데, 막상 가보니 한국 관련 교수, 연구자 등이 대부분이었다. 자칫 근거가 약하거나 논리가 부족한 얘기를 했다간 망신당하기 십상이었다.

대담은 오후 3시 30분부터 1시간 동안 진행됐다. 재일동포 정책, 한일 사이의 문화 및 학술 교류의 의미, 재일동포에 대한 기대, 조선학교 문제, 한일관계를 포함한 동북아 정세 등 난이도 높은 다양한 질문이 쏟아졌다. 나는 되도록 피하지 않고 솔직하게 답하려고 노력했다.

대담이 끝난 뒤 직접 참석한 사람과 온라인 참가자들로부터 질문을 받고 대답하는 시간을 1시간 정도 가졌다. 한류 붐의 원인과 이것이 한일관계에 주는 영향부터, 코로나 감염에 관한 협력, 일본 안의 시민운동의 방향 등 다양하고 어려운 질문이 나왔다. 1부 대담과 2부 질의응답까지 2시간이 어떻게 흘러갔는지 모를 정도였다. 한편으로 긴장됐고 또 한편으로는 자극이 된

리츠메이칸대 강연회 포스터

대담 형식으로 진행된 강연 모습

시간이었다. 이런 과정을 거치면서 나도 더욱 정교하게 생각이 정리되는 긍정적인 효과도 있었다고 생각한다. 여하튼 연말에 뇌 운동을 진하게 했다.

12월 23일, 간사이유학생연합회 주최의 유투브 경연대회 시상식이 오사카한국교육원 회의실에서 열렸다. 유투브 경연대회는 원래 계획되어 있던 행사가 아니었다. 코로나 때문에 등교도 못하고 활동도 어렵게 된 유학생연합회 회원들이 뭔가 의미 있는 일이 없을까 궁리한 끝에 제안해 이뤄진 행사다.

유학생연합회가 9월 초, 일본 유학을 하려는 후배들에게 필요한 정보를 유투브로 만들어 올리면 어떻겠냐는 제안을 영사관에 해왔다. 유학생연합회에 속한 대학 별로 팀을 꾸려 각 대학 캠퍼스 별로 필요한 정보를 제공하는 것으로 하되 긴장감을 갖도록 경연대회를 하겠다는 것이었다. 우리 총영사관도 좋은 기획이라고 생각해 오사카민단, 오사카한국교육원과 협력해 적극 후원하기로 했다.

연합회 소속 대학은 교토대, 오사카대, 도시샤대, 리츠메이칸대, 간사이대, 간세이학원대, 오사카산업대, 긴키대, 교토예술대 등 9개 대학이다. 경연대회에는 8개 대에서 9개 팀이 참가했다. 이들이 만든 콘텐츠는 유투브 채널 〈칸유tv〉에 올라와 있다.

이들이 올린 콘텐츠를 조회 수를 감안하는 등의 정량 및 정성 심사를 거쳐, 수상자를 뽑았다. 편의상 등수를 나누었지만, 모두 캠퍼스 별로 유익한 내용을 담고 있고, 재기발랄하게 편집되어 있어 우열을 나누는 게 무의미했다. 간사이지역에 유학하려는 학생들이 필수적으로 알아야 하는 정보가 가득하니 참고하면 좋을 것 같다.

関西韓国人留学生連合会 映像 コンテスト 表彰式

主催：関西韓国人留学生連合会　後援：在外同胞財団　2020年12月23日

간사이유학생연합회 유투브 경연대회 시상식 기념 사진

나는 시상식에서 학생들이 공통의 일을 통해 만나는 것이 더욱 의미가 있을 것이라면서, 앞으로도 일회성이 아닌 지속가능한 행사를 하면서 조직을 꾸려갔으면 좋겠다고 말했다. 지금까지 대략 파악된 바에 따르면, 간사이지역에는 64개 대학에 2200명 정도의 한국 핵생2018년 5월 기준이 유학하고 있다. 또 이들에게 한일 가교의 역할뿐 아니라 재일동포 사회에도 관심을 가지고 기여해 줄 것을 당부했다. 시상식이 끝난 뒤는 도시락으로 점심을 같이하며, 유학생활의 경험을 공유하고 취업 등 장래의 계획 등에 관해 자유롭게 이야기하는 시간을 가졌다.

2021.1.8.
교토민단에서 2021년
신년회 시작

2021년 1월 4일 시무식을 한 뒤, 8일에야 첫 외부 행사에 참석했다. 예년 같으면 연초에 '오사카부·시·경제3단체 합동신년인사회', 광고 대기업인 덴츠 주최 신년회 등 대규모 신년회가 줄줄이 이어져 눈 코 뜰 새 없었는데, 올해는 연초부터 코로나 감염 폭발로 대부분의 행사가 취소되거나 비대면으로 열렸다. 7일 도쿄에서만 2500명 가까운 감염자가 나오는 등 전국적으로 감염이 크게 확산되고 있으니 불가피한 일이라고 생각한다.

감염 대책보다 경제 활성화에 중점을 두었던 스가 요시히데 일본 정부도 더 이상 버티지 못하고, 이날 오후 긴급사태선언을 발동했다. 지난해 4월에 이어 두 번째다. 지난해와 다른 점은, 대상 지역을 도쿄도 가나가와현, 치바현, 사이타마현으로 한정하고 주로 음식점에 한정해 영업제한을 한 것이다. 이 정도의 감염확산과 대책이라면 한국에서는 난리가 날 텐데도, 일본에서는 시민들이 순하기 때문인지 큰 반발이나 비판의 움직임을 찾아보기 어렵다.

이런 와중에서 교토민단이 8일 오사카총영사관 관내 민단 중에서 가장 먼저 신년회를 열었다. 물론 코로나 상황을 감안해 마스크 착용과 손 소독,

2021년을 시작하는 교토 민단 신년회

거리확보 등 철저한 대책을 취하고 참석 인원도 100명 정도로 제한했다. 민단 신년회이지만 참석자의 절반 정도가 지역의 정치인, 지방자치단체, 기업 등의 관계인인 점이 눈에 띄었다. 이것만 봐도 교토지역의 동포사회가 일본 지역사회와 얼마나 끈끈한 유대관계를 가지고 활동하고 있는지를 짐작할 수 있다.

우아함과 품격을 강조하는 교토의 분위기를 반영하듯, 신년회는 가야금과 장구의 합주로 막을 열었다. 그리고 민단 단장의 인사말, 나의 축사, 교토부 지사 및 시장의 축사이상 대독에 이어 분야별 참석자들의 소개 순으로 진행됐다. 코로나 상황을 염두에 둔 탓인지, 소리보다는 몸짓이 두드러진 행사가 됐다.

나는 축사에서 올해 7-9월 일본에서 열릴 예정인 도쿄올림픽, 패럴림픽과 봄 고시엔대회의 교토국제고 출전을 특별히 강조했다. 이 두 스포츠 행사를 통해 한일이 더욱 화합하고 우호를 강화하길 바란다는 뜻을 전했다. 특히, 한국계 민족학교인 교토국제고의 고시엔 출전은 100년 가까이 되는 고시엔 역사에서 처음 있는 일로 전 재일동포의 기쁨이자 교토 지역 주민들의 기쁨이기도 하다는 점을 지적하고, 재일동포와 일본의 시민이 함께 응원하고 지원하면서 우의를 다지는 기회로 만들 것을 제안했다.

교토에서 시작한 첫 대외활동이, 올해는 코로나와 함께 어떤 변주곡을 써 갈지 궁금하다. 지난해처럼 그때그때 상황을 봐가면서 최선의 대응 방안을 찾아갈 수밖에 없을 것 같다.

2021.1.16.
기자 출신 공관장에 주목한
〈마이니치신문〉 인터뷰 기사

〈마이니치신문〉 1월 15일자 석간에 나의 인터뷰 기사가 크게 나왔다. 지난해 12월 중순에 인터뷰를 했는데, 거의 한 달 만에 기사화됐다.

愛情失わず揺るがぬ交流を

元新聞記者の目線

日韓合意の検証

駐大阪韓国総領事　呉泰奎氏

今は「政冷民温」

南北和平、拉致問題……東京五輪を機に進展期待

마이니치신문 1월 15일자 석간에 실린 인터뷰 기사

한국의 경우, 인터뷰를 하면 다음 날 또는 다 다음 날 실리는 게 보통이지만 일본은 인터뷰에서 기사가 실리기까지 꽤 시간이 걸리는 게 일반적인 것 같다. 한국의 매스컴은 인터뷰의 경우도 시의성을 중시해 따끈따끈한 뉴스를 좋아하지만, 일본의 매스컴은 좀 늦더라고 곰 삭인 내용을 좋아하기 때문이지 않을까, 개인적으로 생각해본다.

인터뷰에서 기자 출신의 공관장으로서 그동안 느낀 것과 활동하면서 인상적이었던 것, '한일 일본군위안부 피해자문제 합의 검토 태스크포스' 위원장 때의 활동과 위안부 문제에 대한 생각, 한일관계 전망 등, 다양하고 깊이 있는 질문이 쏟아졌고, 나도 나름대로 성의를 다해 답변했다.

2021. 1. 22.
2020년도 교육분야
유공자 표창 수여식

오사카에도 최근 몇 일 반짝 겨울 맛을 나게 하는 날이 이어졌다. 그러다가 1월 21일부터는 낮 최고기온이 10도 정도로 포근한 날이 이어지고 있다. 22일에는 아침부터 비가 주룩주룩 내렸다. 코로나 감염자 수가 500명 정도로 고공행진을 계속하고 있는 와중에 비까지 오니 마음도 무거웠다.

이런 을씨년스런 날씨 속에 총영사관 1층 '꿈 갤러리'에서 2020년도 교육 분야 유공자 표창 수여식을 했다. 코로나 감염 상황을 감안해, 수상자 8명 외에 축하객의 수를 최소로 제한했다. 그래서 예년과 달리 모두 30명 정도만 참석한 조촐한 행사가 됐다.

나는 인사말에서 "오늘 내리는 비를 잔치를 방해하는 것으로 볼 수도 있지만, 나는 하늘도 여러분들의 수상을 기뻐해 눈물을 흘리는 것으로 생각한다"고 말문을 열었다. 그리고 "간사이지역은 일본뿐 아니라 세계에서도 민족교육이 가장 활발하게 이루어지고 있는 곳으로 이곳의 민족교육의 성패가 전 세계 민족교육의 성패를 가른다고 해도 지나치지 않다"면서 모두 힘을 합쳐

2020년도 교육 분야 유공자 표창 수여식

민족교육 활성화와 일본의 다문화 공생의 촉진을 위해 노력하자고 말했다.

이날 시상식에서는 40년 가까이 민족교육과 일본학교 안에서 한국어와 문화 보급에 힘쓴 양천하자 선생님이 국무총리 표창을 전수 받았다. 그리고 건국학교, 금강학교, 교토국제학교 등 민족학교에서 근무하는 선생님과 민족학급에서 한글과 한국문화를 알려온 강사 선생님을 포함한 7명의 선생님들이 총영사상을 받았다. 시상식이 끝난 뒤에는 코로나 상황 때문에 상을 받은 분들만 근처 식당으로 모셔 식사를 하면서 수상 소감을 들었다. 그리고 교육현장의 생생한 목소리도 들었다.

수상자들은 이구동성으로 이번 수상으로, 앞으로 더욱 열심히 활동해야겠다는 생각이 들었다고 말했다. 어려운 상황 속에서도 사명감을 가지고 활동하는 이들을 인정하고 격려하는 상의 의미와 역할을 새삼스레 깨달았다. 또 이들은 최근 교육현장에서 일본 젊음이들 사이에 일고 있는 한류 열풍이 얼마나 센지를 말해줬다. "우리가 전혀 상상하지 못하는 방식으로 양국의 젊은이들이 서로 친구를 맺고 한국문화를 즐기고 있는 걸 보면, 오랫동안 한국문화를 가르쳐온 우리도 깜짝 놀랍니다." 이런 새로운 흐름이 더욱 강해져 냉랭한 한일 정부 관계도 녹여주기를 바란다.

2021.1.30.
한국계 민족학교
졸업 시즌 시작

간사이지역에 있는 3개 한국계 민족학교 고등학교 졸업식이, 1월 30일 백두학원 건국고등학교로부터 시작됐다. 일주일 뒤인 2월 6일에는 금강학원 금강고등학교, 2주일 뒤인 2월 13일에는 교토국제학원 교토국제고등학교의 졸업식이 이어진다.

나는 민족학교 행사 중에서도 고등학교의 졸업식에는 빠짐없이 참석해왔다. 고등학교를 졸업하는 것은 사회인, 즉 책임 있는 어른이 되는 것을 뜻

건국고 졸업식에서 마스크를 쓴 채 상장 수여를 하고 있다

하므로 꼭 참석해 앞날을 축하해주고, 인생의 선배로서 사회인 초년생에게 당부하고 싶은 말을 전하는 것이 의미가 있다고 생각했기 때문이다.

30일 열린 건국고 졸업식에는 이번이 세 번째 참석이다. 지난해에도 코로나 감염이 시작되어 긴장 속에서 졸업식이 거행됐지만, 올해는 긴급명령 속에서 하는 졸업식이어서 더욱 감염 방지에 신경을 썼다. 보통 2시간 정도 걸리던 식이 축사자 수의 대폭 축소와 상장의 대표 수상 등의 조치로 절반으로 줄었다. 식장 참석자도 졸업생 1명당 가족 1명으로 제한하고, 식이 진행되는 동안 모든 참석자가 마스크를 썼다.

코로나 탓에 좋은 면도 있었다. 이런 제한 때문에 졸업식의 엄숙함이 살아나고, 학생들도 언동 하나하나에 조심하는 것 같았다. 특히, 졸업식 노래는 학생 전원이 부르지 않고 대표 학생 몇 명이 불렀는데, 감정이 훨씬 생생하게 전달됐다.

나는 축사에서 졸업생들에게 코로나 감염 사태를 극복하고 졸업하게 된 것을 축하하고, 한국과 일본을 모두 잘 아는 민족학교 학생의 특성을 살려 한일 우호의 촉진자 노릇을 해줄 것을 특별히 당부했다. 이날 졸업식에서는 50명이 졸업했다. 이로써 건국고 총 졸업생 누계는 4926명이 됐다.

2021.2.6
가족적인 분위기의
금강학원 금강고 졸업식

3개 민족학교 중 두 번째 고교 졸업식인 금강학원 금강고 졸업식이 2월 6일 열렸다. 올해로 59회이다. 금강학원은 초등학교 95명, 중학교 52명, 고등학교 62명가 속해 있는데, 올해 고교 졸업생은 17명이다. 규모가 작은 만큼 가족적인 분위기가 넘친다.

금강고의 졸업식도 코로나 긴급사태 발령 중이어서, 이전과 다른 방식으로 열렸다. 가장 눈에 띄는 것이 내빈의 대폭 축소. 학교 이사들과 동창회,

철저한 코로나 감염 방지 대책 속에 열린 금강고교 졸업식

441

오사카총영사의 1000일

학무모회 간부들도 초청하지 않았고, 나를 포함해 총영사관 관계자 2명, 민단 간부 2명만 내빈으로 초청 받았다. 학부모는 졸업생 수가 적은 만큼 졸업생 1명 당 3명까지 식장에 참석할 수 있도록 했다. 소리를 내어 부르는 노래도 모두 생략했다.

금강학원은 규모가 작아서 그런지 행사 중에 학생, 학생과 선생님, 학교와 학부모 사이에 두터운 신뢰와 정이 흐르는 것을 느낄 수 있었다. 재학생 송사와 졸업생 답사 중에 울먹이는 소리가 나오는 것을 지켜보는 것도 이 학교의 매력이다. 졸업생들이 장미꽃을 들고 뒤에 있는 부모들에게 감사의 뜻을 전하면서 서로 부둥켜안는 모습을 보면서 나도 가슴이 뭉클해졌다.

또 하나의 특징은 행사 중에 IT의 활용이 많았다. 코로나로 학교를 닫았을 때 가장 먼저 온라인 수업을 할 정도로 앞서갔던 학교의 모습이 졸업식에서도 잘 드러났다. 졸업생들의 3년 간 생활을 화면으로 편집해 틀어주고, 학생들이 부모에게 보내는 메시지도 어렸을 때 사진과 함께 동영상으로 틀어주어 참석자들의 눈길을 사로잡았다. 폐회 직전에는 깜짝쇼로 선생님들의 졸업생들에 보내는 영상 메시지를 전해줬다. 코로나 상황을 감안해 평소 2시간 정도 하던 식을 절반 정도에 끝내기로 했다고 들었는데, 막상 끝나고 보니 1시간 40분이 흘러 있었다. 그래도 아기자기한 기획과 진행, 졸업생을 비롯한 참석자들의 집중과 몰입 탓인지 시간이 전혀 지루하게 느껴지지 않았다.

2021.2.11.
교토국제고,
드디어 고시엔에 나가다

한국은 11일부터 설날 연휴다. 일본은 신정 설을 쇠기 때문에 음력 설날에는 쉬지 않는다. 다만, 11일은 한국의 개천절에 해당하는 일본의 '건국기념일'이어서 휴일이다.

2월 11일자 〈한국일보〉에, 교토에 있는 한국계 민족학교인 교토국제고의 제93회 선발고등학교 야구대회센바츠, 일명 '봄 고시엔' 출전과 관련한 기고를 했다. 교토국제고의 센바츠 출전은 1999년 야구부를 창설한 이래 이룬 최대의 성과이자 영광이다. 더 나아가 1947년 이 학교를 세우고 가꿔온 재일동포 사회에도 큰 경사가 아닐 수 없다. 93년의 센바츠 역사에서 외국계 학교가 출전하는 것은 최초다.식민지시대 제외

더구나 교토국제고는 야구부 40명을 포함해 재학생이 131명에 불과한 작은 학교이다. 순수한 재일동포 학교로 출발했지만, 지금은 케이팝 등 한류의 영향으로 일본인 학생 수가 점차 늘고 있다. 국적으로만 보면 70% 가까이가 일본 학생이다.

도쿄의 도쿄한국학교각종학교와 달리, 교토국제고를 비롯한 간사이지역의 3개의 한국계 민족학교는 일본 정부의 인가를 받은 정규학교1조교다. 모두 개교 당시부터 부르던 한국말 교가를 지금도 부르고 있다. 고시엔대회는 전 경기를 〈NHK〉가 생중계하고 이때 출전 학교의 교가를 1회전 때 승패와 관계없이 틀어준다. 이 때문에 일본 전역에 한국말 교가가 울려 퍼지는 것도 시간 문제가 됐다.

교토국제고는 한국계 민족학교이고 규모가 작은 학교라는 점, 한국과 일본 학생들이 함께 다니는 학교라는 점, 교가가 한글이라는 점 등의 이유로 이번 봄 고시엔에서 가장 주목받는 학교가 됐다. 한국에서도 이 학교가 가지고 있는 역사적, 사회적 의미를 인식하고, 많은 응원을 보내주기 바란다. 올 초에는 총련계 학교인 오사카조선학교가 일본 전국고등학교럭비대회에서 3위를 차지해, 큰 화제를 모았다. 역시 재학생 200명 규모의 작은 학교의 분전이었다.

스포츠의 매력 중 하나는 불가능해 보이는 것을 이루어내는 것이 아닐까 생각한다. 역경 속에서 새로운 역사를 만들어가는 학생들에게 아낌없는 응원과 박수를 보내고 싶다.

다음은 〈한국일보〉 기고문2021.2.11.이다.

간사이지역에는 식민지 시대부터 재일동포들이 많이 몰려 살고 있다. 지금도 40여만 명에 이르는 재일동포의 3분의 1 정도가 이곳에 거주하고 있다. 해방 이후부터 자녀들에게 한국말과 한국역사를 가르치려는 재일 동포의 민족교육 운동이 처음 시작된 곳도 이곳이다. 지금도 민족학교와 민족학급을 중심으로 차세대 동포들에게 한국의 혼과 멋을 심어주는 민족교육이 어느 지역보다 활발하게 이뤄지고 있다.

간사이지역의 세 한국계 민족학교도 해방 직후의 이런 흐름 속에서 탄생했다. 이들 민족학교는 그동안 어려운 환경 속에서도 '일본 속의 한국'을 지키고 확산시키는 역할을 해 왔다. 최근에는 K-POP 등 한국문화에 열광한 일본 젊은이들이 많이 입학하면서, 한일 문화교류 및 우호 증진의 발신지 노릇도 톡톡히 하고 있다.

간사이지역의 세 민족학교 중에서도 가장 규모가 작고 막내 격인 교토국제학교가 이번에 '큰일'을 해냈다. 올해 93회를 맞는 선발고등학교 야구대회 센바쓰, 봄 고시엔 역사에서 해방 뒤 외국계 학교로는 최초로 출전하는 기록을 세웠다. 봄 고시엔에는 전국에서 선발된 32개 학교가 출전해 실력을 겨룬다. 일본 전국에 고교 야구팀이 무려 4300여개나 되니 대회에 나가는 것 자체만으로도 대단한 일이다. 더구나 교토국제고는 야구부원 40명을 포함해 전교생이 131명에 불과한 '초미니 학교'이다. 이런 점만으로도 교토국제고의 고시엔 출전이 한국과 일본 양쪽에서 큰 주목을 받는 것은 당연하다.

더 나아가 교토국제고의 출전은 재일동포사회의 사기 진작과 한일 우호 증진에도 좋은 역할을 할 것이 분명하다. 1947년 개교 이래 불려온 '한글 교가'가 일본 전역에 'NHK' 생중계를 통해 흘러나갈 때 그동안 이국땅에서 수난의 역사를 견뎌온 재일동포들이 느낄 감동은, 생각만 해도 가슴이 벅차다. 3월 19일부터 시작되는 대회를 앞두고 민단을 비롯한 재일동포 사회는 벌써부터 물심양면의 지원과 응원 준비에 박차를 가하고 있다. 이 학교 야구팀 선수들은 모두 일본 국적이다. 하지만 한국 뿌리를 가지고 있는 선수들도 상당수 포함되어 있다. 일본 학생이 한국 학생보다 많은 학교의 재학생 구성까지 포함해, 교토국제고 야구팀은 '한일 혼성팀'이라고 해도 과언이 아니다.

'일본 고교야구의 성지'로 불리는 고시엔 구장에서 이들 선수들이 펼칠 일거수일투족은 한일 우호의 강한 메시지를 발신할 것이 분명하다. 한국에서도 걸음을 뗄 때마다 새 역사를 쓰고 있는 교토국제고 선수들을, 국경을 넘어 경계를 넘어 열렬하게 응원해주기를 바란다.

2021.2.13.
고시엔 출전 결정으로
기 받은 교토국제고 졸업식

2월 13일 토요일은 '화창한 봄날'을 방불케 하는 날씨였다. 최고기온이 17도까지 올라가고 하늘도 구름 한 점 없이 맑았다. 이날 교토에서 열린 두 개의 행사에 참석했다.

하나는 오전 10시부터 열린 교토국제고 졸업식이고, 두 번째는 오후 1시 30분에 열린 도시샤대의 윤동주 시인 추도식이다. 그러고 보니 지난해도 같은 날 2월 15일에 똑같이 두 행사에 참석했었다.

이날 교토국제고의 졸업식으로, 오사카총영사관 관내에 있는 3개 민족학교의 고교 졸업식이 모두 끝났다. 교토국제고 졸업식은 이 학교 야구부가 3월 19일부터 시작되는 센바츠봄 고시엔에 출전하는 것이 결정된 때문인지, 뭔가 꿈틀대는 기운이 느껴졌다. 졸업생이나 학부모, 교직원들의 어깨가 올라가고 목소리에도 탄력이 붙어 있었다. 나도 축사에서 외국계 학교로서 최초로 고시엔에 출전하게 된 것을 언급하면서, 이번 고시엔 출전으로 높아진 학

교토 국제고 졸업식 뒤 고시엔 선전을 다짐하며 화이팅!

교의 명성을 학업을 비롯한 전 교육 분야로 확대해 나가기 바란다고 말했다. 졸업식이 끝난 뒤에는 학교 이사장, 교장 등 관계자들과 함께, 고시엔에서 선전을 기원하는 기념사진도 찍었다.

오후에는 도시샤대로 가서 윤동주 시인의 추도식에 참석했다. 공동 주최자인 '윤동주를 추도하는 모임'과 '도시샤 코리아동창회'는 코로나 긴급사태 발령 중임을 감안해, 최소한의 인원만 초청하여 행사를 진행했다. 그래도 20여 명의 한일 시민이 참석해 추도 및 헌화를 했다. 규모는 작지만 어떤 어려움이 있어도 추도 행사는 이어간다는 강한 의지를 엿볼 수 있었다. 참석자 수는 예년에 비해 적었지만, 시비 옆 채플 강당 앞에 활짝 핀 매화꽃이 적적한 분위기를 달래줬다. 추도식과 함께 윤 시인의 시비 설립 때부터 줄곧 이 행사를 주도해온 박희균 '윤동주를 추도하는 모임' 회장에게 '총영사상'을 주는 행사도 가졌다.

매년 윤 시인의 명일에 추도식을 하는 교토예술대학은 올해는 코로나 때문에 외부 인사 초청 없이 진행하기로 했다. 그래서 교토예술대 행사에는 추도사만 보내줬다.

2021.2.17.
소통·공감·공유를 위한
동포단체 대표 워크숍

며칠 날씨가 포근해 봄이 온 듯했는데, 2월 17일 갑자기 추워졌다. 이날 오후 오사카총영사관 관내의 민단 각 지방본부를 비롯한 동포단체를 초청해, '소통·공감·공유를 위한 2021년도 동포단체 대표 워크숍'을 했다. 한 해 본격적인 사업을 시작하기에 앞서 관내에 있는 다양한 동포단체들이 올해 중점적으로 벌일 사업과 계획을 발표하고, 정보를 공유하는 행사다. 각자 열심히 활동하고 있는 동포 단체들이 의외로 많이 있지만 서로 무엇을 하는지 잘 모르고 있는 것에 착안해 지난해부터 의욕적으로 시작했다.

"백지장도 맞들면 낫다"는 속담도 있듯이, 동포 단체들이 서로 공유하고 협력하고 친목을 다지면서 사업을 효과적으로 해 나가자는 뜻에서 만든 '신년맞이 동포단체 합동 워크숍'으로 보면 된다. 이런 행사를 하는 날에 맞추어 갑자기 기온이 떨어지고 바람도 강하게 부니, 하늘이 심술을 부리는 것 아닌가 하는 생각이 들었다. 하지만 3시간여에 걸친 긴 시간 동안, 모든 참석자들이 전혀 흐트러짐 없이 서로의 발표를 진지하게 경청했다. 날씨도 참석자들의 열기를 식히지 못했다.

이날 워크숍에 참석한 단체는 모두 24개다. 민단에서 12개, 비 민단 단체에서 12개로 균형을 이뤘다. 가장 규모가 큰 오사카민단에서 본부를 포함해, 부인회, 청년회, 학생회, 체육회 등 5개 단체가 참석했다. 교토민단과 시가민단, 나라민단이 각각 본부와 부인회 2단체씩 참석했고, 와카야마민단은 본부만 참석했다.

비 민단 측 단체에서는 신정주자 단체인 관서한인회, 민주평통근기협의회, 코리아엔지오센터, 오사카한국청년회의소, 교토한국청년회의소, 오사카한국청년상공회, 옥타 오사카지회, 한글학교 관서지역협의회, 재일한국인변호사협회라작, LAZAK, 우리민주연합, 이쿠노 코리아타운상가회, 윤동주추모회가 참가했다. 이 가운데 라작, 우리민주연합, 이쿠노 코리아타운상점회, 윤동주추모회는 올해 처음 참가했다.

워크숍은 먼저 민단 측 단체들이 올해의 중점적인 사업 방향과 사업을 발표한 뒤, 비 민단 단체들이 발표하는 순서로 진행됐다. 3시간 정도의 한정된 시간에 24개 단체가 발표를 하다 보니, 발표 외에 추가적인 논의를 할 시간이 크게 부족했다. 하지만 내 옆에 이렇게 많은 단체들이 있고, 각자 의미 있는 활동을 하고 있구나 하는 것을 듣는 것만으로도 큰 힘이 되지 않았을까 생각한다.

동포 단체 대표들을 만나보면 상상 이상으로 옆 지역의 단체나 다른 단체들이 무엇을 어떻게 하는지 모르는 경우가 많다. 심지어 주위에 어떤 동포단

관할 지역 안 24개 동포단체 대표가 참석한 가운데 열린 신년맞이 워크숍

449
오사카총영사의 1000일

체가 있는지 모르는 경우도 있다. 그렇다고 한 단체가 주도적으로 나서 다른 단체들에게 같이 모여 얘기를 하자고 말하기도 어려운 실정이다.

역시 각 단체들이 구심점 없이 옆으로 퍼져 있는 상황에서는, 이들 단체들을 한 자리에 모아 얘기를 붙이고 연결을 도와주는 일을 할 곳은 공관밖에 없지 않을까 생각한다. 공관은 개별 단체들과 유기적으로 관계를 맺으며 일을 하는 과정에서 관내 단체의 전반적인 사정을 파악할 수 있고, 나라의 대표라는 상징성이 있기 때문에 네트워크의 구심점이 될 수 있는 위치에 있다.

이번 워크숍이 지난해보다 특히 의미가 있었던 것은 참가 단체들이 다양해졌다는 점이다. 라작과 같은 전문가 단체가 참여한 것이나, 우리민주연합과 같은 진보성향의 단체가 민단과 함께 자리한 것, 연대보다는 개별적인 활동에 집중해왔던 운동주추모회나 이쿠노 코리아타운상점회가 참석한 것은 의미가 크다. 이념적으로도 기능적으로도, 활동 영역의 면에서도 확장이 이뤄졌기 때문이다. 이런 계기를 통해 동포사회의 화합과 연대가 더욱 강화된다면 더할 나위가 없을 것이다.

긴 시간의 회의에 지루할 법도 했을 텐데, 행사가 끝난 뒤 참석한 동포들이 이구동성으로 "정말 의미 있는 행사였다. 많이 배우고 도움이 됐다"고 만족해했다. 워크숍 시작 전에는 그동안 시간을 잡지 못하거나 사정이 있어 하지 못한 2020년 민주평통 의장대통령 표창과 2020년 활동우수 동포 총영사상 수여식도 실시했다.

2021.2.19.
폐교되는 미유키모리소학교
민족학급의 마지막 발표회

오사카시 이쿠노구 코리아타운에 있는 미유키모리御幸森소학교가 2021년 4월부터 역사 속으로 들어간다. 학생 수의 감소로 이웃에 있는 나카가와

소학교로 통합되기 때문이다. 폐교되는 미유키모리소학교는 나카가와소학교와 합쳐 오이케소학교로 재출발한다.

미유키모리소학교는 전체 학생 수 75명 중에서, 한국 뿌리의 학생이 51명이나 된다. 51명 가운데 45명이 이 학교에 설치된 민족학급에서 우리말과 문화를 배우고 있다.

이 학교 자녀들에게 한국을 가르쳐주길 바라는 학부모들의 노력으로 민족학급이 설치된 것은 1988년이다. 2021년에 폐교가 되면서 30여 년 전통의 이 학교의 민족학급도 사라진다.

2월 19일, 폐교를 앞두고 민족학급 학생들의 마지막 발표회가 이 학교 강당에서 열렸다. 코로나 사태로 지난해 말에 하려다가 두 차례나 연기를 거듭한 끝에 이날 드디어 하게 됐다. 역시 코로나 사태로 인해, 내빈과 학부모 수를 제한하고, 발표 내용도 크게 압축했다.

준비했던 프로그램 가운데 사자춤과 노래, 학부모의 사물놀이 등을 빼는 바람에 2시간짜리 행사가 절반 정도로 줄어들었다. 몇 일째 계속되는 한파로 발표장인 강당 안이 몸이 떨릴 정도로 싸늘했다. 그래도 학생들의 공연이 시작되면서 슬슬 몸이 풀렸다.

1학년부터 6학년까지 전원이 참석해, 우리 민속놀이 공연을 멋지게 보여줬다. 판씻기, 사물놀이, 풍물놀이, 소고춤, 꽃바구니춤, 탈춤, 단심줄이 이들 학생이 보여준 공연내용이다. 아마 한국의 같은 또래 학생들은 이름도 모르는 민속놀이일 것이다. 이국땅에서 동포 어린이들에게 한국의 전통놀이를 훌륭하게 가르쳐준 홍우공 민족강사 선생님, 학생들을 지원해준 학부모와 선생님들이 대단하다는 생각이 들었다.

나는 공연이 다 끝난 뒤 인사말에서, 이 학교의 폐교가 민족학급의 끝을 뜻하는 것이 아니며 합쳐지는 나카가와소학교도 이 학교만큼 민족학급이 활발한 만큼 민족학급이 더욱 활성화되도록 노력하자고 말했다.

행사가 끝난 뒤 코리아타운 안의 한식당에서 학생들에게 한국의 얼을 심

폐교되는 미유키모리소학교 민족학급의 마지막 발표에서 인사말을 하고 있다

어주느라 애쓰신 홍우공 선생님을 초대해 격려를 겸한 점심을 했다. 홍 선생님은 행사가 끝난 뒤 학생들에게 마지막 인사를 하면서 울먹이기도 했는데, 이것이 이날 발표회를 본 모든 사람의 심정이었을 것이다.

1월 30일부터 시작한 4연속 토요일 행사 참가가, 드디어 2월 20일 '2021년 간사이지역 교육기관 업무계획 의견 교환회'를 끝으로 마무리됐다. 오사카총영사관 관할지역에는 동포가 많이 살고, 동포 행사는 동포들의 생업 때문에 휴일에 이뤄지는 경우가 많다. 그래도 이렇게 4주 연속으로 토요일에 열리는 행사에 참석한 것은 처음인 것 같다. 그것도 모두 교육과 관련한 행사로 말이다.

1월 30일 백두학원 건국고 졸업식, 2월 6일 금강학원 금강고 졸업식, 2월 13일 교토국제학원 교토국제고 졸업식 오전 및 도시샤대 윤동주 추도회 오후에 이어, 2월 20일 간사이지역 교육기관 의견교환회가 모두 토요일에 열렸다.

일반 동포단체를 대상으로 한 신년 워크숍은 지난해부터 시작됐다. 교육 분야 단체도 연초에 동포단체들처럼 의견교환을 하는 모임을 열면 좋겠다는 생각으로 처음 자리를 마련했다. 오사카총영사관 관할지는, 해외에서 민족교육을 비롯해 한국과 관련한 교육이 가장 활발하게 이뤄지는 곳이다. 백두학원, 금강학원, 교토국제학원 등 한국계 민족학교가 3개나 있고, 교육원도 오사카, 교토, 나라 등 3곳에 있다. 민족학교 외에도 일본의 공립 초중학교에 설치된 방과후학교 형식의 민족학급에서 3000여 명이 우리말과 문화를 배우고 있다. 한국어를 제2외국어로 채택하고 있는 일본 고교도 50개교가 있고, 세종학당 외에 재외동포재단의 지원을 받는 한글학교도 49

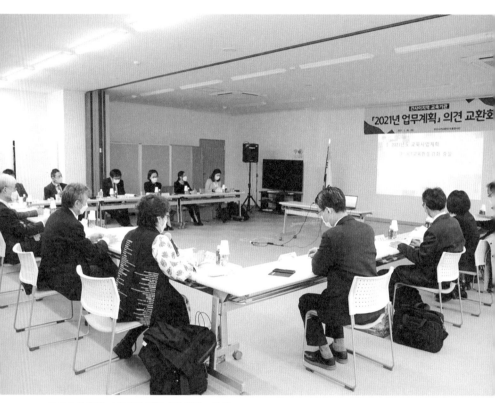

처음으로 열린 교육기관 업무계획 의견 교환회

개나 된다.

그러나 각 기관들은 자기가 맡은 영역에서 열심히 하고 있다고는 하지만, 의외로 횡적인 연대나 협력이 약한 편이다. 심지어 다른 기관이 구체적으로 어떤 일을 하고 있는지도 모르는 경우가 많다. 이런 분단 현상을 극복하고 연대와 공유를 통해 시너지효과를 내자는 게 이번 모임의 취지다. 이날 모임에는 세 민족학교 대표, 세 교육원장, 오사카문화원장, 오사카민단 문교부장, 한글학교관서지역협의회 회장, 민족학급 강사 대표, 일본고등학교 한국어교육네트워크JAKEHS 서부지역 대표 등 10여 명이 참가했다. 3시간 동안 각 기관 등에서 하는 일과 새해의 중점 사업을 발표했다. 할 말들이 많이 시간이 부족한 감이 있었지만 서로 협력하면 더욱 효과 있게 일을 할 수 있는 것이 많다는 것을 확인할 수 있었다.

이날은 첫 모임인 만큼 서로의 얼굴을 익히고 정보를 공유한 것만으로도 큰 성과였다고 생각한다. 첫 술에 배부를 수 없는 만큼 이 모임을 계기로 끈기 있게 한 발 한 발 앞으로 나가는 것이 중요하다고 본다.

2021.2.22.
국제고려학회 일본지부에서
특별강연

국제고려학회라는 학술단체가 있다. "세계적인 규모로 KOREA학 연구자를 망라하고 그들의 연구를 뒷받침하는 상설기구"이다. 일본 오사카에 본부가 있고, 본부 외에 아시아분회, 일본지부, 서울지부, 평양지부, 유럽지부, 북미지부, 대양주지부를 두고 있다. 2년에 한 번씩 국제학술토론회를 하고 있다. 2019년에는 체코 프라하에서 대회가 열렸고, 올해는 평양에서 대회를 열려고 준비해왔으나 코로나 감염 사태 등으로 1년 연기됐다고 한다.

이 학회의 일본지부가 오사카에 있다. 회원 수는 200명 정도고, 회장은 최근 '최후의 망명객' 상태로 숨진 통일운동가 정경모 씨의 둘째 아들인 정아

국제고려학회 일부지부에서 대담 형식으로 하는 강연을 웹으로 중계하고 있다

영 리츠메이칸대 교수가 맡고 있다.

2월 21일 오후 일본지부로부터 특별강연 초청을 받아 참석했다. 오사카부 이바라키시에 있는 리츠메이칸대 이바라키 캠퍼스에서 대담 형식으로 강연을 하고, 웹으로 중계를 했다. 현장에 10명 정도, 웹으로 50명 정도가 참가했다. 대담 진행은 정 회장이 맡았다. 부친상을 당한 지 얼마 되지 않아 경황이 없을 터인데도 꼼꼼하게 준비를 해줘서 행사를 잘 끝낼 수 있었다.

대담에서는 내가 매스컴 출신이기 때문인지 한일 양국의 매스컴 상황과 역할, 대학생활부터 한국사회의 미래와 위안부와 강제동원 노동자 문제를 포함한 한일관계, 재일동포, 젠더 문제까지 다양한 화제가 나왔다. 2시간여 동안 대담이 이어졌다. 역사 갈등의 해결책 등 즉답하기 어려운 문제도 나와 곤혹스러웠지만, 한국의 상황과 논리를 설명하려고 노력했다. 한일 갈등과 관련해 일본에서는 한국의 논리는 거두절미한 채 일방적으로 비난하는 언설만 횡행하고 있는 상황이다. 결론적으로 한일이 갈등 사항은 머리를 맞대고 풀어가면서, 서로 이익이 되는 교류는 활발하게 전개할 필요가 있다는 점을 강조했다.

대담 이후에 참석자들의 질문도 있었는데, 재일동포가 현지에서 겪는 이중의 차별과 혐오 발언 등에 관한 질문이 많았다. 아직도 재일동포들이 정치, 사회적으로 어려움을 겪으며 생활하고 있다는 걸 이런 질문을 통해 더욱 생생하게 알 수 있었다. 이 학회가 한국 공관장을 초청한 것은 처음이라고 해서 긴장을 많이 했는데, 행사가 끝나고 나니 마음이 가벼워졌다.

2021.2.26.
보수성향의 〈요미우리신문〉도
〈총영사일기〉 보도

일본의 신문도, 한국 정도는 아니지만 정보기술의 발전과 함께 부수가 크게 떨어지고 덩달아 광고 수입도 줄어드는 경향이 가속화하고 있다. 그럼에도 불구하고 일본의 종이 신문은 세계 어느 나라에 비해 아직 강한 영향력을 발휘하고 있다. 일본 신문 중에서 논조는 보수적이지만 가장 부수가 많은 신문이 〈요미우리신문〉이다. 이 신문이 2월 24일, 나의 저서 〈총영사일기〉를 보도해줬다. 지난해 11월 5일 〈오사카일일신문〉을 시작으로 〈아사히신문〉 12월 15일, 〈마이니치신문〉 2021년 1월 15일에 이은 보도다. 하지만 최대 부수이고 보수 성향의 신문이어서 그런지 이번 보도와 관련한 반응이 가장 많았다.

다음은 〈요미우리신문〉 보도의 한글 번역이다.

한국총영사 우호의 일기-오태규 오사카총영사 페이스북 기사를 출판

한국 주요 일간지 〈한겨레신문〉 기자 출신인 오태규 오사카총영사 60가 페이스북에 게재해왔던 총영사 활동기록을 책으로 정리하여 출판했다. 위안부문제 등으로 한일관계는 '전후최악'이라 불릴 정도이나 오 총영사는 "활동이 알려져 양국의 우호관계도 조금씩 호전되길 바란다"고 전했다.

-코리아타운을 교류 명소로-
신문기자 시절 도쿄특파원도 경험했던 오 총영사는 2018년 4월에 오사카총영사로 부임하였으나, 총영사관의 업무내용이 재일동포나 일본인들에게 별로 알려져 있지 않은 것처럼 느껴졌다고 한다.

"약 30년간의 기자경험을 살려 정보를 발신함으로써 한일관계를 호전시키기 위해 노력하고 있다는 점을 전하고자 했다." 부임한지 얼마 지나지 않은 시점에 페이스북에 게시물을 올리기 시작하여 게시물수도 작년 여름까지 약 200건이 됐다. 또한 게시물을 본 주변 사람들의 권유로 작년 11월에 <총영사 일기-간사이에서 깊어지는 한일관계 総領事日記－関西で深める韓日関係>를 출간했다.

<총영사일기>는 대학, 기업, 언론 등과의 교류와 한일관계 전망을 논하는 강연회 등 총영사로서의 업무는 물론 일상생활 속에서 느낀 거리의 인상 등을 소개했다. 간사이는 재일동포가 많이 거주하는 등 한국과의 교류가 활발한 지역으로 "오사카에서 살아보니 한국에 대해 친근감을 느끼고 있다는 것을 알 수 있었다"고 전했다. 저서에서도 오사카 이쿠노生野구의 코리아타운에 대해서 언급했다. <사랑의 불시착> 등 한국 드라마 인기로 방문하는 연령층이 넓어진 점 등 지역주민들이 느낀 최근 변화에 대해서도 소개하며 '정말 귀중한 보석과 같은 존재로 한일교류의 명소로 더욱 성장하길 기대한다'고 전했다.

한편, 간사이에는 한일 간의 불행한 역사와 관련된 장소도 적지 않다. 도요토미 히데요시가 일으킨 임진왜란에서 희생된 조선 사람들의 귀 등을 묻은 '귀무덤'에서 열린 위령제에 참석하거나 2차 대전 당시 한글로 시를 썼다는 이유로 치안유지법 위반 용의로 체포되어 옥사한 시인 윤동주가 공부했던 도시샤대학에 있는 시비를 방문하기도 했다. '아픈 역사가 반복되어서는 안 된다'는 마음을 공유하고 싶어 이러한 장소를 방문할 때마다 게시물을 작성해 왔다. 한일관계가 정상화될지 여부는 여전히 불투명하나 "민간 교류를 적극적으로 추진한다면 정부 간 관계에도 좋은 영향을 주지 않을까"라고 기대해 본다.

2021.3.1.
오후에 열려 오히려 좋았던
민단 삼일절 기념식

3월 1일부터 오사카를 포함한 6개현의 코로나 긴급사태선언이 해제됐다. 긴급사태선언이 아직 발령 중인 곳은 도쿄도, 가나가와현, 치바현, 사이타마현 등 수도권 4곳뿐이다.

이날 오사카 날씨는 최고기온이 20도가 될 정도로 따뜻했고 맑았다. 그러나 긴급사태선언 해제의 분위기는 느끼기 어려웠다. 선언이 해제되었지만 음식점 영업 제한시간이 오후 8시에서 9시로 한 시간 늘어난 것 말고는 이전

삼일절 대통령 기념사를 대독하는 동안 참석자들이 일어본 기념사를 집중해 보고 있다

과 크게 달라진 것이 없는 것과도 무관하지 않은 듯하다.

　이날은 삼일절 102주년 기념일이다. 민단 오사카본부도 이날 오랜만에 규모가 있는 기념행사를 했다. 코로나 감염 사태로 신년회도 못한 터여서, 이날 삼일절 행사가 본격적인 활동의 시작이라고 할 수 있는 셈이다.

　그래도 아직 코로나의 감염 우려가 완전히 가시지 않은 점을 감안해, 참석자를 평소 500명에서 100명 정도로 줄이고, 행사 내내 마스크 착용을 의무화했다. 행사 시간도 이전에는 한국보다 1시간 늦은 오전 11시에 했는데, 이날은 아예 오후 2시에 행사를 했다. 감염 방지 차원에서 식사 시간을 피하려는 배려다. 이날은 예년에 해오던 행사 뒤 공동 식사 대신 참석자들에게 떡과 김치를 선물로 나눠줬다.

　코로나 탓에 행사 시간을 오후로 늦춘 탓에 좋은 면도 있었다. 동포들은 한국말로 일상회화는 무리 없이 하더라도, 긴 한국말 기념사는 잘 이해하지 못한다. 그러나 한국의 행사 시간과 1시간밖에 차이가 나지 않아, 그간은 대통령의 기념사를 일어로 번역해 나눠줄 시간적 여유가 없었다. 대통령의 삼일절 기념사와 광복절 경축사에는 언제나 재일동포들에게도 매우 중요한 대일정책이 들어 있는데도 말이다. 그래서 행사에 참가할 때마다 늘 이런 소통의 어려움을 안타깝게 생각하곤 했다. 그런데 이번에는 청와대에서 대통령 기념사를 재빠르게 일역해 홈페이지에 올려줘서, 행사장의 동포들에게 일역 기념사를 배포해줄 수 있었다. 청와대의 일역이 늦게 나올 것에 대비해, 기념사 중 일본과 관련한 부분만 총영사관 차원에서 임시로 번역해 갔지만 이런 수고가 결코 아쉽지 않았다. 특히, 올해 삼일절 기념사에는 다른 해보다 일본과 관련한 내용이 길게 담겨 있어, 정부의 기동력 있는 일역본 제공이 동포들의 대일정책 이해에 큰 도움을 주었을 것이라 생각한다.

오사카총영사의 1000일

외국계 학교로서 처음으로 봄 고시엔센바츠 출전권을 따낸 교토국제고가 3월 23일 미야기현의 시바타고와 첫 경기를 치른다. 시바타고도 교토국제고와 마찬가지로 올해 93회를 맞는 센바츠에 첫 출전이다. 첫 출전 학교끼리의 대결이기 때문에 첫 승리에 대한 기대도, 경험이 있는 학교와의 대전보다는 크다.

교토국제고 야구팀의 센바츠 출정식일본식으로는 장행회이 10일 오후 이 학교 강당에서 열렸다. 40명의 야구부원들 외에 학교 관계자, 교토시교육위원회 교육정책감, 교토부고교야구연맹 부회장 및 이사장, 주최자인 마이니치신문사 교토지국장 등이 참석했다. 코로나 감염 상황에 때문에 최소의 인원만 초청을 받았다. 나도 한국계 민족학교의 첫 출전을 격려하기 위해 기쁜 마음으로 참석했다.

나는 축사에서 한국계 민족학교인 교토국제고의 센바츠 출전이, 한일 양국에 민족학교의 존재를 널리 알릴 수 있는 기회가 된 점, 어려운 상황 속에서 학교를 설립한 재일동포들에게 큰 기쁨을 안겨준 점, 한일관계가 어려운 속에서도 한일의 청소년들이 우호와 협력의 메시지를 발신하는 마당을 만든 점 등, 세 가지 면에서 큰 의미가 있다고 말했다. 그리고 선수들에게 23일 경기 때 여러분의 뒤에는 여러분들을 열렬하게 응원하는 한일 양국의 시민이 있다는 걸 잊지 말고 분투하기 바란다고 격려했다.

짧은 출정식이 끝난 뒤에는, 마침 강당 앞에 모여 있는 선수들과 즉석 기념사진을 찍었다. 생기발랄한 학생들 옆에 서니, 격려를 하러온 내가 오히려 기를 담뿍 받아간다는 생각이 들었다. 23일 경기 때는 나도 운동장에 직접 가서 조금이라도 응원의 목소리를 보탤 생각이다.

교토국제고 야구부의 출정식 이후에는 바로 교토역 근처 호텔에서 교토

출정식이 끝난 뒤 선수들과 함께 선전을 다짐하는 화이팅 구호를 외치고 있다

오사카총영사의 1000일

민단 주최의 삼일절 기념식이 있어, 그쪽으로 자리를 옮겼다. 삼일절 기념식에 이은 강연회 나카토 사치오 리츠메이칸대 교수의 '미중 전략경쟁 아래서의 한일관계'와 간친회까지 모두 마치니 저녁 7시가 되었다. 이날 삼일절 행사에서도 역시 교토국제고의 센바츠 출전이 큰 화제가 되었다. '야구의 나비효과'라나 할까. 그런 것을 기대해본다.

2021.3.11.
한일학생 대화:
'혐한'과 '반일'을 어떻게 보나

3월 11일, 동일본에서 대형 지진과 해일, 원전 참사가 난 지 꼭 10년이 되는 날이다. 일본의 모든 신문과 방송에서는 며칠 전부터 아직도 계속되고 있는 참사의 후유증을 크게 보도하고 있다. 당시 참사가 일본사회에 얼마나 큰 충격을 줬는지 매스컴의 보도만 봐도 충분히 짐작할 수 있다.

이날 오후 시가현 오쓰시의 시가현 공관에서 ''혐한'과 '반일'을 학생들은 어떻게 보고 있는가'를 주제로 한 한일학생 대화가 열렸다. 지난해 2월 14일 나가하마시 아메노모리 호슈암에서 열렸던 한일 교류 좌담회의 후속 행사다. 당시 좌담회에서, 내가 한일 사이에는 '반일'과 '혐한'이라는 말이 횡행하고 있다는 점을 지적하면서, 특히 '혐'이라는 단어는 상대의 존재 자체를 부정하는 말로, 서로 노력해 없앴으면 좋겠다는 취지의 발언을 한 바 있다. 당시 좌담에 참석했던 미카즈키 타이조 지사가 이것을 이어받는 형식으로, 이날 한일 대학생 대화를 기획했다.

1년 전에는 대학생뿐 아니라 각계에서 활약하는 성인들도 참석했지만, 이날은 대화 참석자 전원이 학생이란 점이 달랐다. 한국 유학 경험이 있는 일본 학생 2명과 재일동포 학생 1명, 시가현 소재 대학에 유학하고 있는 한국학생 3명이 참석해 자신들의 경험을 곁들인 대화를 나눴다. 사회는 지난해와 마찬가지로 시가현립대의 가와 가오루 교수가 맡았다.

혐한과 반일을 주제로 한 한일 학생대화 장면

오사카총영사의 1000일

1시간 30분 정도의 비교적 짧은 좌담회였지만, 가와 교수의 꼼꼼한 준비와 진행으로 알찬 내용의 대화가 이뤄졌다. 참석 학생들은 국적과 나이에 관계없이 지금의 한일관계에 대한 매스컴 보도와 여론이, 실제 상황과 매우 다르다는 점을 이구동성으로 지적했다. 한일관계가 악화됐던 시기에 한국에 유학했던 일본 학생들은 유학 중에 일본사람이라는 점 때문에 특별히 어려웠던 점은 없었다고 말했다. 또 한국의 유학생들도 대체로 한국 사람이라는 점 때문에 특별한 어려움을 겪지 않은 것은 비슷하지만, 일부 학생은 나이가 많은 사람으로부터 '혐한성' 행위로 어려움을 겪은 적이 있다고 말했다.

이들의 말을 거칠게 종합해보면, 한일 양쪽의 언론보도 등 여론이 실제 상황과 달리 나쁜 점을 과장해 강조하고 있고, 일본에서는 연령대에 따라 한국을 대하는 반응이 차이가 많다는 것이다. 그리고 직접 상대국을 가보거나 상대국 사람을 만나본 경험이 있는 사람과 그렇지 않은 사람의 차이가 크다는 점이다.

나와 미카즈키 지사를 포함한 대다수 참석자들은 이날 대화를 통해 양국 관계가 어렵지만 상대방을 더욱 폭넓고 깊게 이해하는 것의 중요성, 양국의 교류가 양에서 질로 발전할 필요성에 공감을 이뤘다. 특히, 젊은이들이 이날처럼 어렵고 힘든 주제라고 피하지 말고 꾸준히 대화를 이어가는 것이 중요하고 필요하다는 점에 동의했다. 1년 전 나의 문제제기를 잊지 않고 코로나 감염의 어려운 속에서도 의미 깊은 대화의 자리를 마련해준 미카즈키 지사의 마음 씀씀이와 행동력에 경의를 표한다. 그는 지난해부터 한글 공부를 본격적으로 시작했는데, 앞으로 윤동주의 시를 한글로 감상하는 것을 목표로 하고 있다고 한다. 세상은 꼭 여러 사람이 아니라, 한 사람의 노력에 의해서도 크게 바뀔 수 있다는 생각이 들었다.

올해 일본의 벚꽃 개화가 관측 사상 가장 이른 곳이 몇 곳 있다고 한다. 도쿄는 3월 14일 개화했다고 기상청이 발표했는데, 평년보다 2주 정도 이른 것이라 한다. 벚꽃이 핀 뒤에도 간혹 추위가 찾아오기도 하지만, 일본에서 벚꽃 개화는 봄이 본격적으로 시작됐음을 알리는 전령사로 보면 된다. 19일 간사이지역의 날씨도 완연히 봄 냄새를 풍겼다.

이날은 오전 일찍부터 저녁 늦게까지 교토에 머물렀다. 아침에 집을 나와 총영사관도 들리지 않고, 교토의 리츠메이칸대 기누가사 캠퍼스로 갔다. 기누가사 캠퍼스는 한국 사람들에게도 잘 알려져 있는 금각사와 료안지^{용안사}와 아주 가까이 있다.

이날 기누가사 캠퍼스에서 오사카총영사관과 이 대학의 동아시아평화협력센터 공동 주최로, '한일관계와 저널리즘의 역할'을 주제로 한 심포지엄이 열렸다. 아직 코로나 감염 사태의 와중이기 때문에, 대면과 비대면을 혼합해 행사를 했다. 대면으로는 발제자와 토론자를 포함해 50여 명, 온라인으로 250명 정도가 참석했다. 이 정도 규모이면, 엄청난 열기라고 할 수 있다. 아마 주제가 가지고 있는 매력 때문이지 않았을까, 생각한다.

이 심포지엄을 기획한 이유는 두 가지다. 하나는 악화일로에 있는 한일관계에 미디어의 책임이 상당하다는 것, 둘째는 그럼에도 양국관계에서 미디어의 역할은 매우 중요하다는 점에 인식을 같이했기 때문이다. 발표자와 토론자에는 전·현직의 서울특파원과 도쿄특파원, 양국의 미디어, 역사, 사회학 전공 학자들이 두루 참석했다. 서울과 홋카이도 등에서도 몇 사람이 온라인으로 참석했다. 온라인으로 참석할 수 있어 발표자와 토론자를 아주 쟁쟁한 인물들로 꾸릴 수 있었다. 이런 점을 생각하면, 코로나 감염 사태가 꼭 나쁜 것만 아니다.

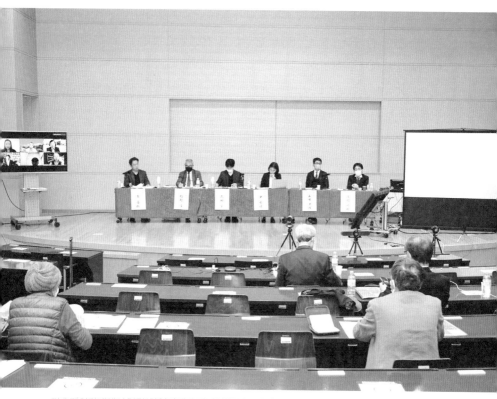

리츠메이칸대에서 열린 '한일관계와 저널리즘' 심포지엄

심포지엄은 제1부 한일보도의 메커니즘, 제2부 한일보도와 전문가 프레임, 제3부 종합토론으로 진행됐다. 1부는 전·현직 특파원들이 보도 현장의 문제를 보고했고, 2부는 양국의 학자가 발표를 했다. 긴 시간 동안, 워낙 다양한 의견이 나와 한마디로 '이거다' 하고 종합하기는 어렵다. 그렇지만 보도 현장이 어떤 식으로 돌아가고 있고, 어떤 문제가 있다는 것을 충분히 확인할 수 있는 자리였다.

특히, 나한테는 양국의 수뇌가 상대방 특파원을 직접 상대로 한 정보 발신이 전혀 없다는 사실이 좀 놀라웠다. 정보기술의 발달로 정보 발신자가 미디어의 중계 없이 직접 독자에게 접근할 수 있는 환경의 변화와 한일관계의 악화가 배경에 있지 않을까 생각하지만, 전통 미디어의 힘은 아직도 강하다. 인터넷과 SNS의 발신자들이 전통 미디어의 기사 내용을 첨부하는 등 적극 활용하는 경우가 대부분인 것만 봐도 알 수 있다. 더욱이 한일관계 보도에서는 이런 경향이 훨씬 크다고 생각한다.

또 한 가지 주목할 내용은 '한국의 피해자, 일본의 가해자'라는 국경을 중심으로 한 틀을 넘어, 양국에 있는 피해자 사이의 연대와 공감을 끌어내는 시각이 필요하다는 문제제기였다. 앞으로 양국의 미디어가 관심을 기울일 필요가 있는 문제제기라고 생각한다.

나는 마지막 폐회 인사말에서, 한일관계에서 미디어의 역할이 중요하다는 점, 이런 모임이 유익했다는 점을 확인한 것만으로도 이번 심포지엄은 성공이라고 평가했다.

2021.3.24.
교토국제고, 고시엔 첫 출전에
첫 승리 위업

3월 24일은 역사적인 날이다. 한국계 민족학교로서, 봄 고시엔센바츠에 첫 출전한 교토국제고가 첫 경기에서 승리를 거뒀다. 이로써 '동해 바다'로

고시엔 첫 출전에 첫승의 위업을 거둔 선수들이 응원석에 와 인사를 하고 있다

시작하는 교토국제고의 한글 교가가 생중계를 통해 두 번이나 일본 전국에 울려 퍼졌다. 한 번은 경기를 하는 두 학교의 교가가, 2회 초와 말 공격 전에 각기 소개된다. 그러나 경기가 끝난 뒤는 이긴 학교의 교가만이 울려 퍼진다.

나는 이번 교토국제고의 고시엔 출전과 함께, 한글 교가가 단 한 번 일본 전역에 전해지는 것만으로도 충분히 역할을 하는 것이라고 생각했다. 그런데 여기에 더해 첫 승리까지 하고 또 한 번 교가가 울려 퍼졌다. 이날 응원을 온 동포들은 감격의 눈물을 감추지 못했다. "이런 날이 올 줄은 꿈에도 생각하지 못했어요.", "정말 눈물이 나오네요." 나도 감정이 무딘 사람이지만 승리를 한 뒤, 동포들이 감동하는 모습을 보고 눈가가 촉촉해졌다.

경기는 매우 극적이었다. 1회에 2점을 내주더니, 7회 초에 일거에 3점을 내어 역전에 성공했다. 그러나 바로 7회 말에 동점을 허용했다. 이것이 9회 말까지 이어졌고, 10회 연장에 승리의 신이 교토국제고의 손을 들어줬다. 10회 초에 2점을 얻어 쉽게 이기는 듯했는데, 말에 위기 끝에 1점만 내주면서 5-4로 힘겨운 역전승을 거뒀다.

안타 수는 14-6으로 상대인 미야기현의 시바타고가 앞섰다. 전투에서는 졌지만 전쟁에서는 이겼다고나 할까. 아니 '역사의 간지'가 작용한 것이라고 하는 것이 맞을지 모르겠다. 여하튼 교토국제고는 이날 대단한 일을 해냈다. 나는 그것이 '동포들의 눈물'로 나타났다고 생각한다. 교토국제고는 27일 오전 11시 40분 지난해 도쿄지역 추계대회 우승팀 도카이다이스가오고와 2차전8강 진출전을 치른다. 나는 또 응원을 갈 생각이다. 이들이 쓰고 있는 역사에 많은 분들이 힘을 보태주기 바란다.

2021.3.28.

두껍고 깊어진
한일 양국 시민교류

벚꽃의 만개와 함께 오사카의 3월도 거의 끝나가고 있다. 나의 오사카 생

우치다 다쓰루 선생이 운영하는 가이후칸에서 일본 시민을 대상으로 강연을 하고 있다

활도 부임 '만 3년'이 다가오면서 결산 국면에 접어들고 있다.

3월의 마지막 토요일인 27일에는 좀 바빴다. 우선 고시엔구장에서 오전 11시 40분부터 열린 교토국제고와 도카이다이스가오고의 센바츠 2차전16강전 경기를 응원하러 갔다. 첫 출전에 첫 승을 거두었기 때문인지, 동포들을 비롯해 더욱 많은 응원단이 왔다. 그러나 경기는 안타깝게도 9회 말 굿바이 패배4-5로 끝났다.

거의 승리를 목전에 둔 경기였기에 아쉬움이 컸지만, 전교생 130여 명에 불과한 초미니 학교가 거둔 기적임이 분명하다. 이런 쓰라린 경험이 앞으로의 성장에 좋은 밑거름이 되길 기원하면서 운동장을 총총히 빠져나와 다음 행선지로 발걸음을 옮겼다.

무도가이자 사상가인 우치다 다쓰루 선생이 운영하는 합기도 도장 가이후칸개풍관으로 갔다. 이날 오후 3시부터 가이후칸을 중심으로 활동하는 시민을 대상으로 강연을 해달라는 요청을 받았기 때문이다. 아직 코로나 감염 사태가 끝나지 않은 상태여서 강연은 대면과 비대면의 혼합 방식으로 진행되었다. 가이후칸에 직접 온 사람이 40명 정도, 웹으로 참석한 사람이 100명 정도였다.

강연은 1부에 내가 오사카총영사로 일하면서 느낀 점을 말한 뒤, 2부는 우치다 선생과 대담, 3부는 질의응답 순으로 진행됐다. 강연이 모두 끝난 뒤 우치다 선생의 집에서 일부 참석자들과 함께한 뒤풀이까지 포함하면 5시간 여에 걸친 '마라톤 풀뿌리 교류'였다.

가이후칸에 들어가자마자 참석자들 가운데 여성이 많다는 것이 먼저 눈에 띄었다. 강연을 하면서는 참석자들의 집중력과 한일 풀뿌리 교류에 관한 뜨거운 관심에 다시 한 번 놀랐다. 이날 강연을 통해 한일 사이의 정치관계는 어려운 처지에 있지만, 민간 차원의 교류와 우호는 이전 어느 때에 비할 수 없을 정도로 깊고 넓어졌다는 걸 생생하게 체감했다. 이렇게 두껍고 깊어진 한일 양국 시민교류를 어떻게 나라 사이의 우호로까지 연결시켜 나갈 수 있을까? 나를 포함해 한일관계에 관심이 있는 사람들에게 놓여 있는 과제가 아 닐까 생각한다.

2021.4.9.
'아스카의 바람,
나라를 만들다' 답사 행사

올해는 정말 다른 해에 비해 벚꽃 개화가 빨랐던 것 같다. 벌써 벚꽃이 다 떨어지고 초록 잎이 싹트고 있다. 4월 7일에는 나라에서 문화행사가 열려서 갔는데, 나라 시내도 역시 벚꽃이 지고 있었다.

이날, 나라교육원이 올해부터 의욕적으로 시작하는 '아스카의 바람, 나라 를 만들다'라는, 나라지역 한일 교류 고대 유적 답사 행사 첫 회가 열렸다. 고 대시대부터 신라, 백제 등과 활발하게 교류한 중심지인 나라지역의 한일교 류 유적을 답사하면서 양국 교류사를 폭넓고 깊게 이해하고, 이를 바탕으로 건설적인 한일 우호관계를 구축해 나가자는 취지로 기획한 행사다.

이날부터 연말까지 모두 6회에 걸쳐 오전에 신라, 백제와 일본의 교류사 를 공부하고 오후에 유적 답사를 하는 프로그램이다. 첫 행사는 코로나 상황 도 감안해 버스 한 대에 타고 이동할 정도로 인원을 제한해 실시했다. 이날 행사에는 한국어 채택 일본고, 대학, 한국교육원 등에서 한국문화와 한글을 가르치는 관계자 20여 명이 참석했다. 나도 공부도 하고 행사에 힘도 실어줄 겸해서 오전 강의부터 저녁 뒤풀이까지 종일 자리를 함께했다.

오전에는 삼국사기를 전공한 오카야마 젠이치로 전 덴리대 교수의 야마토 정권과 신라의 교류에 대한 열강을 들었다. 워낙 의욕적으로 많이 강의 자료를 준비한 탓에 강의는 오후 버스 안까지 이어졌다. 오전 강의가 끝난 뒤에는 버 스를 타고 나라 시내에 있는 헤이죠궁 터 복원지 건당사선, 주작문, 태극전, 자료관 등 를 둘러본 뒤 가시하라시로 이동해 일본 초대 진무 천황의 산릉을 답사했다.

마지막에는 나라 시내 전체가 내려다보이는 와카쿠사산에 올라가 지형

제1회 나라지역 한일교류 유적지 답사, 헤이조궁 앞에서 기념사진

오사카총영사의 1000일

지세를 보며, '왜 야마토 정권이 나라에 자리 잡게 됐는지'에 관해 오카야마 교수의 설명을 들었다. 나라평야야마토평야가 중국이나 한반도에서 바닷길을 통한 침략을 효과적으로 방어할 수 있고 물산도 풍부한 지역이었기 때문인 것 같다고, 오카야마 교수는 설명했다. 산 위에서 지형지세를 보면서 얘기를 들으니 설명이 머릿속에 쏙쏙 들어왔다.

나는 오전 강의 시작 전 인사말에서 "고대시대의 한일 우호와 교류의 흔적을 직접 보고 배우면서 더욱 넓은 시야, 더욱 긴 시간 감각을 가지고 한일 양국관계를 바라볼 때 우리는 더욱 자신 있게 미래의 우호협력을 위해 나아갈 것으로 믿는다"고 말했다. 앞으로 일본에 체류할 날도 그리 많이 남아 있지 않아서인지, 한일교류에 힘쓰는 사람들에게 나름대로 희망의 메시지를 남기고 싶었다.

2021.4.17.
귀임 앞두고 풀뿌리 교류의
한일 주역들과 작별인사

4월 17일, 내가 오사카총영사로 부임한 지 꼭 3년이 되는 날이다. 돌아갈 날이 점점 가까워지고 있다는 것을 뜻한다. 시작이 있으면 끝이 있고, 산에 올랐으면 내려가야 하는 게 이치다. 요즘 오사카의 코로나 감염이 더욱 심해지고 있어 걱정이지만, 주의를 기울이면서 하루하루, 하나하나 질서정연하게 원점으로 회귀할 준비를 하고 있다. 그 일환으로 지난주부터 민간교류, 풀뿌리교류, 문화교류에 힘쓴 관계자들을 찾아보고 있다.

14일에는 이쿠노구 코리아타운상가회 관계자들을 만나, 점심을 같이 했다. 코리아타운은 내가 가장 애정을 가지고 지켜본 곳이다. 재일동포의 삶과 한일관계의 과거, 현재, 미래가 집약되어 있는 장소이기 때문이다. 이들과 만나 코리아타운이 건설적인 한일 우호의 상징지로 발전하도록 힘써주길 당부했다.

코리아타운 상가회 회장들과 작별인사

우키시마마루 순난자 추도회의 요에 가즈히코 회장의 자택 방문

오사카총영사의 1000일

조선불화 특별전이 열리는 고려미술관에서 정희두씨와 작별 기념사진

오사카 홍원사의 1000원

15일에는 승용차로 꼬박 2시간 걸리는 마이즈루시로 가서, 우키시마마루 순난자 추도회의 요에 가즈히코 회장을 만났다. 마이즈루 시민 주도로 매년 우키시마마루 폭침 희생자 추도회를 주최하고 있는 주역이다. 그는 중학교 미술 교사 출신으로, 1978년 사고 해역 근처에 세워진 순난비를 직접 제작했다. 바닷가여서 소금에 부식되지 않게 강화프라스틱에프알피으로 만들었는데, 만들면서 몇 번이나 시너 중독이 될 뻔했다는 비화를 전해줬다. 올해 80살인데도 추도회뿐 아니라 현지에서 한국역사와 문화를 정력적으로 알리고 있다. 같이 점심을 하고, 사무실을 겸한 자택을 방문해 여러 활동에 관한 얘기를 들었다. 집에는 손수 만든 한국의 탈과 장승 등이 곳곳에 배치되어 있었다. 행사 때 인사만 하고 헤어졌었는데, 한일교류 활동과 관련한 깊은 얘기를 들을 수 있었다.

16일에는 1963년 이래 교토민단 건물에 들어 있다가, 58년 만에 독립 사무실을 얻어 이전한 교토한국교육원 이전 개원식에 참석하기 위해 교토에 갔다. 교토에 간 김에 사재를 털어 구입한 한국의 미술품과 유물을 전시하고 있는 고려박물관에 들렀다. 박물관을 만든 아버지 정조문 씨의 뜻을 이어받아, 아들 정희두 씨가 어려움 속에서도 열성적으로 박물관을 운영하고 있다. 1년에 2번씩 전시물을 바꾸고 있는데, 이번에는 조선불화 특별전을 하고 있었다. 미술관을 나와 교육원 이전식에 가는 길에 귀무덤이총에도 잠시 들려 작별 인사를 했다.

12일에는 1995년 윤동주 시비를 도시샤대학 안에 처음 세움으로써 일본 안의 윤동주 추모 분위기를 한 단계 끌어올린 주역인 윤동주추모회와 도시샤 코리아동창회 관계자들을 만날 예정이었는데, 안타깝게도 코로나 때문에 무산됐다. 대신 전화로 아쉬움을 달랬다.

지금 한일관계가 어렵지만, 이렇게 여기저기 보이지 않는 곳에서 시민교류와 한일우호를 위해 열심히 노력하는 사람들이 있다. 그래서 떠날 날이 멀지 않지만 마음이 든든하다.

일본에 〈슈칸 킨요비〉주간 금요일라는 주간지가
있다. 1993년에 권력과 자본으로부터 독립을 표
방하면서 나온 진보적인 잡지다. 그러나 일본사회
의 전반적인 우경화 및 인터넷 시대의 종이 매체
퇴조의 물결 속에서 경영에 고전을 면치 못하고 있
다. 그런 속에서도 광고를 전혀 받지 않고 정기구
독을 중심으로 꿋꿋하게 진보적인 논지를 이어가
고 있다.

주간 금요일의 표지

내가 도쿄 특파원을 하던 시절2001-2004년, 이 잡지의 창간을 주도했던 사람
들을 만나 얘기를 들은 적이 있다. 〈한겨레신문〉의 창간에 자극을 받아 일본에
서도 권력과 자본으로부터 독립된 일간지 창간을 준비했는데, 일간지 창간은
자금 등의 문제로 어려워 주간지를 창간하기로 했다는 얘기였다. 나도 특파원
시절에 다른 나라 특파원 몇 명과 함께 이 주간지에 돌아가면서 칼럼을 쓴 인
연이 있다. 지금 이 잡지의 발행인사장이 〈아사히신문〉 서울특파원 출신의 우
에무라 다카시 씨다. 1991년 일본군위안부의 증언과 관련해 첫 보도를 한 사
람이다. 그러나 이 때문에 일본 우익으로부터 상징적인 공격의 표적이 되어,
지금도 곤경을 겪고 있다. 그가 신문사를 퇴직하고 고베에 있는 대학에 교원으
로 가기로 내정돼 있었으나, 우익의 집요한 공격으로 그마저도 무산됐다.

그가 이 잡지에 '우에무라 다카시 평사장이 간다'라는 권말 칼럼을 쓰고
있는데, 4월 16일자 발행 잡지1325호 63면에 나의 책 〈총영사일기〉와 관련해
썼다. 귀국을 얼마 남겨두지 않은 시점이어서 그런지, 귀한 '귀국 선물'을 받
았다는 생각이 들었다.

다음은 그의 칼럼의 한글 번역이다.

기자출신 오태규 오사카총영사의 책에서 배우다

〈한겨레신문〉 기자 출신인 오태규 주오사카총영사가 작년 11월 출간한 〈총영사일기-간사이에서 깊어지는 한일교류総領事日記—関西で深める韓日交流〉를 완독했다. 한일우호와 민족교육의 발전을 바라는 마음이 느껴지는 글에서 많은 것을 배울 수 있었다.

오 총영사는 한겨레신문에서 도쿄 특파원과 논설위원실장 등을 역임하고 2017년 퇴사했다. 문재인 정부에서 '한일 일본군위안부 피해자 문제 합의 검토 태스크포스' 위원장을 맡고, 2018년 4월에 총영사로 취임했다.

"낙하산 인사, 반일 공관장이란 이미지를 불식시키고 말이 아닌 행동으로 성과를 보여주기 위해서 무엇을 하면 좋을까." 총영사일기 중

고민 끝에 일본인과 재일동포와의 교류를 〈오사카 통신〉이라는 제목으로 페이스북에 올리기로 했다. 이 책은 이를 정리한 것이다.

'교토에는 윤동주 시비가 3곳에 세워져 있다' 18년 10월 20일에서는 치안유지법 위반으로 체포되어 옥사한 시인 윤동주에 대해 적었다. 그가 다녔던 도시샤대의 교정, 하숙집 터였던 교토예술대학 다카하라캠퍼스 앞, 소풍을 갔던 우지시 시즈가와강 시비를 소개했다.

"내를 건너 숲으로/ 고개를 건너서 마을로"로 시작되고 닫는 윤동주의 시 '새로운 길'이 새겨진 우지 시비의 건립 1주년 기념행사에 참석하여 '다른 두 곳의 시비에는 서시가 새겨져 있는데, 이곳에는 새로운 길이 새겨져 있다. 중략 한일 두 나라의 갈등과 대립의 '내와 고개'를 넘어 화해와 협력의 '숲과 마을'로 가자는 의미로 해석하고 싶다'고 인사한 것을 보고했다. 또한 이 세 곳을 둘러보는 교토여행을 추천하고 도시샤대의 시비에는 1년에 1만 명이 넘는 한국인이 방문하여 명소가 되었다는 내용도 전했다.

'일본 젊은이들의 놀라운 한국어실력' 2019년 12월 22일은 일본 젊은이들이 한국어 실력을 뽐내는 대회에 대한 감상이다. 'K-POP 가사와 한국드라마 대사를 듣고 영상을 보며 배우기 때문에 발음은 물론 상황 적응력이 이전에 책으로 배운 사람들에 비할 바가 아니다'라고 평가했다. 정말 대단한 일이 아닐 수 없다.

'재택근무와 민족학교 온라인 수업20년 5월 29일'에서는 간사이에 있는 한국계 민족학교 백두학원, 금강학원, 교토국제학원 3개교의 온라인 수업을 총영사관이 적극적으로 지원하겠다고 밝혔다. 3개 교가 교육 내용에 대해서 사실상 처음으로 합동협의를 실시한 점도 의미 깊었다는 감상도 적혀 있다.

植村隆　ヒラ社長が行く　vol.118

記者出身の韓国総領事 呉泰奎さんの本で学ぶ

イラストレーション　信濃八太郎

駐大阪韓国総領事の呉泰奎さん。「いまの韓日関係は『政冷民温』だ」と語る。（撮影／植村隆）

韓国紙「ハンギョレ」記者出身で駐大阪韓国総領事の呉泰奎さん（60歳）が昨年十月に出版した「総領事日記 関西で深める韓日交流『東方日記』定価1980円」を読了した。日韓友好や民族教育の発展を願う心情あふれる文章にたくさんのことを教えられた。

呉さんは、東京特派員や論説委員、退社、文在寅政権下で、2017年に「韓日日本軍慰安婦被害者問題合意検討タスクフォース」の委員長を務め、18年4月に総領事に就任した。「天皇公館長」「反日公館長」ではなく、行動によって成果を表すために何をどうすれば良いだろうと、日本人や在日同胞との交流を記録し、「大阪通信（FB）」と題して、フェイスブックに投稿することにした。

「日本の若い人たちの驚くばかりの韓国語能力」（19年12月22日）は、「K・POPの歌詞や韓国ドラマのせりふを映像を見ながら学んでいるので、発音だけでなく状況適応力も、昔日本で学んだ人たちと比べ数段上なのです」と評す。なるほど、スゴイなあ。

「テレワークと韓国系民族学校のオンライン授業」（20年5月29日）は、関西の韓国系民族学校の白頭学院、金剛学園、京都国際学園の3校のオンライン授業を総領事館の3校が教育内容などをめぐって事実上初の合同協議をおこなった。意義深い、と書く。

「京都」と「尹東柱詩碑が三つある「新しい道」で始まって終わる「18年10月20日」では、治安維持法違反で逮捕され、獄死した詩人尹東柱について、同志社大学のキャンパス、下宿のあった京都芸術大学高原校令原、ハイキングに行った宇治市志津川の詩碑を紹介する「川を渡って村へ」でまとめられた。「京都」の詩碑建立1周年行事に参加し、

「二つの碑には『序詩』が刻まれ、

ここの碑には『新しい道』が刻まれている〈中略〉韓日両国が葛藤と対立の『小川と峠』を越え、和解と協力の『森と村』へ行こうという意味に解釈したい」とあいさつしたことを報告した。3カ所巡りの京都旅行は、翌日の面で、3月19日には呉さんの京都旅行を報告。「同志社大学の詩碑には1年に1万人を超える韓国人が訪れ、名所になっているそうです」とも伝える。

新しいネットワーク誕生

全部で218本の記録だ。呉さんは3年の任期を終えて近く帰国する。韓国での出版も期待したい。

うえむら　たかし

총 218편의 칼럼으로 된 '발'로 뛰며 쓴 귀중한 기록이다. 오 총영사는 3년 임기를 마치고 곧 귀국한다. 한국판 출간도 기대해본다.

3월 18일 리쓰메이칸대 연구센터와 총영사관이 주최한 심포지엄에서 〈아사히신문〉 하사바 키요시 전 서울지국장에게 이 책을 받았다. 심포지엄에는 오 총영사도 참가하여 그 다음날 면담하기로 약속을 했다. 3월 19일 오사카 총영사관에서 이야기를 들었다. 원래 한국어로만 게시물을 올렸으나 도쿄에 거주하는 일본인 지인이 전용 블로그를 만들어 주고 일본어 번역문으로 읽을 수 있도록 해줬다고 한다. '형님 같은 분'이라며 소개를 받기도 했다. 출판사는 하사바 키요시 전 지국장과 편집자 가와세 슌지 씨가 소개해주었다고 한다. 오 총영사를 응원하는 일본인들의 우정에 마음이 따뜻해졌다.

4월 2일 오 총영사의 '형님' 오구리 아키라 씨와 그의 친구 오츠보 요이치 씨가 사무실을 방문했다. 오구리 씨는 '한국 외교관이 일본에서 무엇을 생각하고 무엇을 전하고자 하는지 알아주길 바라는 마음이었다'고 당시 심정을 전했다. 근처 야키토리 가게에서 오구리 씨의 한국어 독학 당시 이야기도 들었다. 평양방송도 들었다는 등 여러 이야기로 분위기는 더욱 화기애애해졌다. 오 총영사의 책 덕분에 새로운 네트워크가 생겼다.

오사카의 코로나 감염자 수가 연일 기록을 경신하고 있다. 그런 탓에 사회적 공기는 무겁지만, 4월 20일의 날씨는 매우 화창했다.

이날 시가현 나가하마시 다카쓰키정 아메노모리 마을에 있는 '아메노모리 호슈암'에 갔다. 정식 이름은 '동아시아 교류 하우스 아메노모리 호슈암'이다. 오사카총영사관에서 거리가 가장 먼 곳 중의 한 곳이다. 자동차로 쉬지 않고 1시간 30분 정도 걸린다.

원래는 이곳의 히라이 미스오 관장과 히라이 시게히코 전 관장 등 관계자들과 송별 인사 겸 점심을 하기로 했는데 코로나 감염 확대로 식사는 취소했다. 대신, 그동안 한일 풀뿌리 교류에 힘써온 시게히코 전 관장에게 감사패를 전하는 것으로 만남을 조정했다. 두 사람은 짧은 시간이었지만, 마음 가득한 환대를 해줬다.

시게히코 전 관장은 지난해 2월, 1년여 이상 걸쳐 손수 종이 찰흙으로 만든 조선통신사 행렬상을 총영사관에 기증한 바 있다. 내가 2018년 부임 인사차 방문했을 때 그곳에 전시된 행렬상을 보고 재건축하는 총영사관에도 있었으면 좋겠다고 하는 말을 잊지 않고 만들어줬다.

아메노모리 호슈는 유학자이자 외교관이다. 주로 대마도에서 일을 하면서 조선 외교를 담당했다. 그가 한일 사회에 본격적으로 알려지기 시작한 것은 1990년 5월 일본을 국빈 방문한 노태우 대통령이 궁중만찬 연설에서 그의 이름을 거론하면서부터다. 아메노모리 호슈암이 그의 탄생지인 시가현의 마을에 생긴 것은 그보다 앞선 1984년이다.

그가 주장한 '성신외교'는 그의 저서인 〈교린제성〉에 잘 표현되어 있다. "성신이란 서로 속이지 말고 싸우지 말고, 진실로써 사귀는 것이다"라는 대목이다. 호슈암 관계자들은 그의 정신을 이어받아 한일관계의 부침과 관계

히라이 미스오 아메노모리 호슈암 관장과 선물을 교환하며 작별인사를 하고 있다

없이 꾸준히 민간교류에 힘을 쏟고 있다. 나도 이들을 응원하자는 생각에 가급적 많이 그곳을 방문하려고 노력했다. 그래봤자 이번이 4번째에 불과하지만.

지난해 2월에는 미카즈키 다이조 시가현 지사와 함께 이곳에서 한일교류와 관련한 시민 대담을 한 바 있다. 이때 내가 "한일관계의 발전을 위해서라도 '반한'은 몰라도 상대의 존재를 아예 무시하는 뉘앙스를 가진 '혐한'이라는 말은 없애자"고 제안한 바 있는데, 마지막 인사를 하고 나오는 길에 히라이 미스오 관장이 다가와 "요즘 여기저기 기회가 있을 때마다, 혐한이란 말을 없애자는 얘기를 하고 있다"고 말했다. 슬며시 마음이 뜨거워졌다.

호슈암 방문을 마치고 돌아오는 길에 잠시 시가현청에 들려 미카즈키 지사와 작별인사를 나눴다.

2021.4.24.
한일 우호의 상징물,
'코리아타운 공중 화장실' 준공식

오사카시 이쿠노구는 일본 안에서 재일동포들이 가장 밀집해 사는 곳이다. 통계를 보면, 이쿠노구 전체 인구 12만9천여 명2021년 3월 기준 가운데 한국 또는 조선적무국적의 동포가 2만766명2020년 9월 기준이라고 한다. 귀화한 동포까지 포함하면, 한국 뿌리의 동포는 훨씬 많다.

이쿠노구에 코리아타운으로 불리는 상점가가 있다. 5백 미터 거리 양편에 김치를 비롯한 한국식품과 화장품, 케이팝과 관련한 상품을 파는 가게 백수십 개가 줄지어 있다.

최근 한일 사이에 정치 갈등이 심해지고, 코로나 감염이 기승을 부려도 코리아타운은 전혀 영향을 받지 않고 있다. 오사카의 내로라하는 상점가들이 외국 손님이 끊어지는 바람에 파리를 날리고 있는 상황 속에서도 이곳은 '제4차 한류 붐'을 타고 더욱 많은 손님들로 가득하다. 양국의 정치 갈등

코리아타운 숙원 사업인 공중화장실 준공식

고베 재일동포 밀집지인 나가타구의 한 소학교 교내에 세워진 재일동포 민족학교 비

에 영향을 받지 않는 한일 민간교류의 새 경향을 눈으로 확인할 수 있는 현장이다.

그러나 아쉬운 것은 이곳에 공중화장실이 없다는 것이다. 많은 사람들이 공중화장실을 가장 긴급한 시설로 꼽을 정도다. 드디어 4월 23일, 코리아타운의 미유키모리 제2공원에 공중화장실이 생겼다. 지난해 12월 공사를 시작한 것이 이날 완공되어 준공식을 했다. 이 화장실 사업은 한국 정부가 건설비를 대고, 오사카시가 부지를 제공하고, 관리와 운영을 민단과 상점회가 맡는 '삼위일체' 방식으로 이뤄졌다. 앞으로 한일 사이의 다양한 교류협력 사업을 하는 데 좋은 모델이 될 것이라고 생각한다.

이날 준공식에는 상점회 관계자, 주민, 민단 간부, 오사카관광국 미조하타 히로시 이사장을 포함한 일본 관계자 등 70여 명이 참가했다. 나는 축사에서 "화장실의 준공으로 화장실 건설 면에서는 끝이 났는지 모르지만, 한일우호의 발신지로서 코리아타운의 발전이라는 면에서는 겨우 첫걸음을 뗐다고 볼 수 있다"고 말했다. 그리고 "이번의 경험을 살려 코리아타운을 한일우호의 발신지로 만드는 데 모두 함께 힘을 모아나가자"고 말했다. 이어 "내가 총영사로 재임 중에 화장실 건설을 시작해 완공까지 하게 된 것을 귀국 직전의 선물로 생각한다"고 감상을 밝혔다.

오사카에서 이쿠노구가 동포 밀집지라면, 고베에는 나가타구가 그렇다. 한때는 1만 명 이상의 동포가 살았다고 한다. 그런데 1995년 한신·아와지 대지진 이후 수가 줄기 시작해 지금은 구 전체 인구 9만여 명 중 동포 수는 4천여 명이라고 한다. 코리아타운 화장실 준공 전날인 22일에는 나가타구에서 고베아사히병원을 운영하는 김수량 이사장의 초청으로 나가타구를 주마간산으로나마 훑어볼 기회를 가졌다. 이곳에서 코리아교육문화센터를 하는 김신용 씨의 안내로, 한신교육투쟁 기념비, 고베전철 조선인 노동자비, 재일동포가 많이 일했던 고무구두 공장가를 돌아봤다. 짧은 일정이었지만 인상 깊은 견학이었다.

4월 25일부터 5월 11일까지 도쿄도, 오사카부, 교토부, 효고현에 세 번째 코로나 긴급사태선언이 발령되었다. 긴급사태선언 발령 첫날인 25일, 오후 2시부터 오사카시 덴노지에 있는 재일동포 사찰 통국사에서 '재일본 제주 4·3 73주년 희생자 위령제'가 열렸다. 이곳에 2018년 11월에 제주 4·3 사건 희생자 위령비가 세워진 뒤, '재일본 제주 4·3 희생자유족회'는 이곳에서 매년 위령제를 열고 있다.

지난해는 코로나 감염 사태로 미루다가 11월에, 온라인으로 위령제를 했다. 올해도 여전히 코로나 감염이 심각하지만, 대면과 비대면을 혼합한 방식으로 위령제를 거행했다. 현장에는 30여 명만 참석하고, 공연은 모두 미리 제작한 영상을 온라인으로 발신했다. 추도사도 유족회장과 제주도민회장만 현장에서 낭독하고, 나머지는 온라인으로 전했다.

나는 이 행사가 임기 중 사실상 마지막 행사이고 제주 출신이 유독 많은 오사카에서 4·3 사건 희생자 위령제가 가지고 있는 무거운 의미를 생각해, 직접 참석해 시작부터 끝까지 2시간 동안 자리를 지켰다. 되돌아보니, 2018년 위령비 제막식을 포함해 이제까지 모두 4차례 통국사의 위령비 현장을 찾았다. 이곳의 위령비는 4·3 사건과 관련해 해외에 세워진 유일한 비인데, 갈 때마다 오사카에서 4·3사건의 기억을 이어가는 상징으로서 역할을 톡톡히 하고 있다는 걸 실감한다.

이날 추모식에서는 4·3 사건의 관련자이기도 한 김시종 시인의 메시지, 소리꾼 안성민-고수 조윤자 짝의 창작 판소리 〈4월 이야기〉 공연, 재일코리안 풍물패 '한마음'의 풍물놀이가 비디오로 상영됐다. 그 뒤 참가자들의 헌화로 행사가 끝났다.

그런데 폐회선언 뒤 갑자기 나한테 귀국 인사 겸 한마디 해달라는 요청이

마지막으로 참석한 4·3 희생자 위령제에서 갑자기 불려나와 작별 인사를 하고 있다

들어와 얼떨결에 앞에 나갔다.

"김시종 시인이 영상 메시지에서 희생자, 희생이란 말에 어색함을 느낀다고 한 것은 이런 위령 행사로 마치 할 일을 다 한 것처럼 생각하는 것을 경계한 것 아닌가 생각한다. 앞으로 4·3 사건이 일어난 배경과 역사를 생각하면서 더욱 할 일을 해야 한다는 뜻이 아닐까 생각한다"면서 "귀국하더라도 여러분과 함께 할 수 있는 일이 있으면 같이 하도록 노력하겠다."

즉석 인사를 마친 뒤 위령비와 참석자들에게 작별 인사을 하고 행사장을 떠나려 하니, 약간 목이 메었다.

2021.5.11.
애국가를 4절까지 부르는 기인,
미조하타 오사카관광국 이사장의 깜짝 '귀국 선물'

귀국할 날이 얼마 남지 않았지만, 돌아가는 것도 마냥 쉬운 일이 아니다. 코로나 감염 사태로 비행기 편이 확 줄어든 게 하나의 이유다. 더욱 중요한 것은 조직 안의 인간인지라 조직의 확실한 명령이 있어야만 움직일 수 있다는 것이다. 원래 5월 중순을 목표로 귀국을 준비해왔는데 이런저런 사정으로 보름 정도 일정이 미뤄졌다.

5월 11일 오사카관광국의 미조하타 히로시 이사장의 초대로 송별 점심을 했다. 오사카관광국이라고 하면, 오사카부 또는 시 안에 있는 관광 담당부서로 생각하기 쉽다. 그런데 그게 아니다. 오사카부와 시가 주도해, 오사카 지역의 관광진흥을 위해 2013년에 만든 공익재단법인이다. 제3섹터의 조직으로 보면 된다.

미조하타 이사장은 설립 당시의 오사카부 지사인 마쓰이 이치로 현 오사카시장과 하시모토 도루 당시 오사카시장이 영입한 인물이다. 원래 자치성 관료 출신으로 2대 관광청 장관을 지냈다. 오이타 풋볼클럽 대표도 지내 황보관, 윤정환 등 한국의 축구선수 출신들과도 친하다. 미조하타 이사장은 90

感 謝 状

駐大阪大韓民国総領事館
総領事　呉　泰　奎　殿

貴殿は平成三十年四月の総領事
就任以来韓日間の民間交流を率先
され生野コリアタウンが名所と
なるよう尽力されるなど韓日両国
の友好関係発展と大阪の観光振興
に多大なる貢献をされました
その情熱と永きにわたる功績に
対してここに深く感謝の意を
表します

令和三年五月十一日

公益財団法人　大阪観光局
理事長　溝畑　宏

미조하타 이사장으로부터 받은 감사장

년대 초부터 한국에 다니기 시작해 이제까지 통산 99번 한국을 방문했다. 최적의 시점을 잡아 100번째 방문을 하려고 했으나, 한일관계 악화와 코로나 사태로 추후 기회를 엿보고 있다고 한다. 기인 기질이 있는데, 한국의 애국가를 4절까지 부른다.

미조하타 이사장과는 그동안 한일 정부 사이의 갈등 속에서도 민간교류 활성화를 위해 함께 노력해왔다. 4월 말에 열린 이쿠노구 코리아타운의 공중화장실 준공식 때도 바쁜 일정 속에서도 참석해 애국가 부르기를 곁들인 유쾌한 축사를 해줬다. 이날 점심때도 앞으로 코리아타운을 우메다지역, 난바지역과 함께 오사카의 3대 명소로 만들기 위해 노력하겠다고 말했다. 또 100번째 방문 때는 나를 서울에서 만나, 그 진척 상황을 말해주겠다고 했다. 말만 들어도 배가 불렀다.

점심 식사가 끝나고 일어설 때 그가 줄 게 있으니 잠시 자기 사무실로 가자고 했다. 그래서 따라갔더니 직원 수십 명이 있는 사무실 앞 공간으로 데려가더니, 감사장과 꽃다발을 줬다. 전혀 예상치 못한 깜짝 선물이었다. 감사장 내용은 재임 기간에 코리아타운을 명소로 만들기 위해 노력하는 등, 한일교류와 우호증진에 힘쓴 것에 감사하다는 것이다. 이어서 직원들에게 한마디 인사를 하라고 부탁해, 정치관계는 어렵지만 한일교류의 깊은 역사와 인연이 있는 지역 특성을 살려 한일우호를 만들어가자고 말했다. 또 오늘의 깜짝이벤트가 가장 의미 있는 귀국 선물로 생각한다고 말했다.

2021.6.9.
일본의 비판적 지식인
우치다 다쓰루 선생의 과찬

오사카총영사로서 3년 1개월여의 근무를 마치고 6월 2일 귀국했다. 지금 2주간의 격리생활을 하며 문화 격차 조정도 함께하고 있다.

코로나 상황 속에서 귀국은 번잡하고 낯설었지만, 물샐틈없는 대한민국의 코로나 방역태세를 실감하는 기회였다. 검역 단계에서 PCR 음성확인서를 제출하고 휴대폰에 자가격리자 앱을 깔고 입국을 했다. 공항에서 집까지는 당국에서 안내해 준 방역택시를 이용했다. 그리고 매일 2차례씩 자가진단을 해 앱에 등록하고 한 차례씩 AI 확인전화에 응대하는 생활을 하고 있다. 나쁘게 말하면 '감옥생활' 중이고 좋게 말하면 한일 양국 사이의 각종 낙차를 조정하는 중이다.

격리기간 중 우연히 트위터를 살펴보다가 총영사 재직 중 알게 된 일본의 비판적 지식인 우치다 다쓰루 선생이 나에 관한 칼럼을 〈시나노마이니치신문〉에 쓴다는 사실을 알게 됐다. 프랑스 문학, 철학을 전공한 우치다 선생은 지금 일본을 대표하는 사상가다. 그에 관해 이러쿵저러쿵 설명하기보다 그의 저서 가운데 20여 권이 이미 우리나라에 번역되었다는 사실을 알리는 게 쉬울 것 같다. 시나노마이니치신문은 나가노현에 본거지를 둔 일본의 가장 오래된 신문1881년 창간 중 하나이다. 일본에서도 진보 성향에서 둘째가라면 서러운 신문이다.

8일자 석간에 실린 칼럼을 지인을 통해 어렵게 구해봤다. 제목부터 본문까지 너무 과분한 내용이었다. 무엇보다도 내가 재직하는 기간이 아니라 내가 귀국한 뒤 이런 칼럼을 써 주어서 기뻤다. 우치다 선생이 또 다른 출발선에 선 나에게 보내는 '최고의 격려'로 받아들인다. 다음은 신문의 칼럼 내용이다.

오태규 총영사에 관해

주오사카 대한민국 오태규 총영사가 임기를 마치고 자리를 떠나게 됐다.

오 총영사는 파격적인 외교관이었다. 리버럴한 논조의 한겨레신문 창간멤버로서 긴 시간 일본 특파원으로 일했는데, 이를 높게 산 문재인 대통령에게 외교관직을 제의받았다. "저널리스트는 현장에 발 벗고 나서 당사자의 이야기를 듣는 것이 기본입니다"를 신조로 삼았다. 그래서 이제까지의 직업적 외교관이 찾지 않던 장소나 모임에도 기꺼이 얼굴을 내비쳤다. 그리고 격식을 요구하지 않은 채 곧장 사람들의 품속에 뛰어들었다.

재일 코리언 세계는 복잡하다. 남과 북 어느 한 쪽에만 귀속감을 느끼는 사람이 있고, 둘 다 조국이라고 여기는 사람이 있으며, 어디에도 소속감을 갖지 않는 사람도 있다. 필자에게는 총영사가 모든 재일 코리언의 이해를 대표해 행동하려는 것처럼 보였다. 그것은 대한민국 정부에 속한 공무원으로서의 복무규정 범위를 때로는 벗어났을지도 모른다.

필자가 편저자로 낸 〈길거리의 한일론〉이라는 논집을 일

1　第49901号　【明治25年3月15日第三種郵便物認可】

今日の視角

-- 2021年6月8日 --

内田 樹

呉泰奎総領事のこと

大韓民国の呉泰奎在大阪総領事が任期を終えて離任されることになった。呉総領事は型破りの外交官だった。リベラルなハンギョレ新聞の創設メンバーをつとめた経験を買われて、長く日本特派員をつとめた。文在寅大統領に請われて外交官に転じた。「ジャーナリストは現場に足を運んで、本人の話を聴くのが基本です」というのが信条だった。これまで職業的な外交官が足を向けなかった場所や集まりにも気楽に顔を出した。そして、儀礼的な扱いを求めず、まっすぐ人々の懐に飛び込んだ。

在日コリアンの世界は複雑である。南と北のどちらかに帰属感を持つ人がおり、どちらをも祖国と思う人がおり、どちらにも帰属感を持たない人がいる。総領事はその設在日コリアンの利害を代表して行動しようとしていたように私には見えた。それは韓国政府の役人としての服務規定の範囲を時には超えることだったかもしれない。

私が編者の『街場の日韓論』という論集を一読して総領事は日韓の市民的連携のためのわれわれの努力を多として、神戸まで会いにいらっしゃった。それから何度かお会いした。『日韓論』の執筆陣で関西在住の6人（伊地知紀子、白井聡、平田オリザ、松竹伸幸、山崎雅弘と私）を総領事館に招いて感謝の宴席を設けてくれたこともあったし、私の道場で講演をしてくださったこともあった。

ソウルに戻った後はどうするのですかと訊いたが、何も決まっていないということだった。もうメディアの仕事には戻らない。一度途上に就いた者はジャーナリストとしては「汚染」されたものとみなされるからと笑っていた。

こんな時期に呉総領事のような見識の高い、置置の大きな方が日韓の懸け橋の役を担ってくれたことは日本にとって幸運だったと思う。

우치다 다쓰루 선생이 〈시나노마이니치신문〉에 쓴 필자에 관한 칼럼

독한 총영사는 양국의 시민적 연대를 위해 힘쓴 모두의 노력에 감사를 표하며 필자의 거처인 고베까지 찾아와주셨다. 그 뒤로도 몇 번 만남을 가졌다. 〈한일론〉 공저자 중 간사이에 기거하고 있는 여섯 명이지치 노리코, 시라이 사토시, 히라타 오리자, 마쓰다케 노부유키, 야마자키 마사히로 그리고 필자을 총영사 관저로 초청해 사례의 연회를 베풀어준 적도 있었고, 필자가 꾸리고 있는 합기도 도장에서 강연을 해주신 적도 있었다.

서울로 돌아가면 앞으로 어떻게 하실 거냐고 여쭈니, 아직 정해진 바가 없다는 것이었다. 이제 다시는 언론직에 종사할 수 없다. 일단 한 번 관직을 지내면 동료들 사이에서 '오염'된 자로 여겨지기 때문이라며 웃음지었다.

한일 관계는 현 시점에서도 1945년 이래 최악의 상태를 유지하고 있다. 이러한 시기에 오 총영사와 같이 견식이 뛰어나고 그릇이 큰 분이 두 나라의 가교 역할을 맡아주신 것은 일본에게 있어 행운이라고 생각한다.